U0681335

携手
共创职工美好生活

国网山东省电力公司
第十四届文化体育节成果集

GUOWANG SHANDONGSHENG DIANLI GONGSI
DISHISIJIE WENHUA TIYUJIE CHENGGUOJI

国网山东省电力公司工会　组编

中国电力出版社
CHINA ELECTRIC POWER PRESS

图书在版编目（CIP）数据

携手共创职工美好生活 : 国网山东省电力公司第十四届文化体育节成果集 /
国网山东省电力公司工会组编 . — 北京 : 中国电力出版社 , 2024.7
ISBN 978-7-5198-8959-3

Ⅰ . ①携⋯ Ⅱ . ①国⋯ Ⅲ . ①电力工业 – 工业企业 – 职工体育 – 体育文化 – 成果 –
汇编 – 山东 Ⅳ . ① G812.41

中国国家版本馆 CIP 数据核字 (2024) 第 110191 号

出版发行：中国电力出版社
地　　址：北京市东城区北京站西街 19 号（邮政编码 100005）
网　　址：http://www.cepp.sgcc.com.cn
责任编辑：王晓蕾（010–63412610）
责任校对：黄　蓓　常燕昆　张晨荻
装帧设计：张俊霞
责任印制：杨晓东

印　　刷：三河市万龙印装有限公司
版　　次：2024 年 7 月第一版
印　　次：2024 年 7 月北京第一次印刷
开　　本：787 毫米 ×1092 毫米　　16 开本
印　　张：33.25
字　　数：627 千字
定　　价：228.00 元

版权专有　侵权必究

本书如有印装质量问题，我社营销中心负责退换

编写组

主　编　韩丽雅

副主编　刘　凯　张　平

编　委　赵树生　李　欣　魏晓庆　姜铁军　邵　欣
　　　　　李　天　安晓华　代兆民　潘　雪　董　丽
　　　　　李铁峰　于绍迎　赵　萍　李　娜　刘心怡

前言
PREFACE

共创美好生活，聚能公司发展。历时两年的第十四届文化体育节圆满完成各项任务，取得丰硕成果。本届文化体育节为山东电力文化大家园注入了新的活力与绿色，同时也为公司（本书后文"公司"均指国网山东省电力公司）"十四五"的高质量发展注入了新的能量与希望。

第十四届文化体育节以"喜迎二十大、一起向未来"为主题，紧密围绕迎接、学习、贯彻党的二十大精神为主线，坚持思想引领，注重在机制、载体、形式和内容上创新。通过开展系列主题文化活动和全民健身体育活动，教育引导广大职工听党话、跟党走，凝聚起奋进新征程的精气神。

聚焦创新驱动，竭诚服务职工。两年来，公司工会充分利用内外部资源，坚持以老带新、协会育才，加强专业培训、联合培养，重点强化职工专业文艺人才的培养和储备，有针对性地加强播音主持、声乐演唱、舞蹈表演、编剧导演等青年人才培育扶持，职工文艺人才队伍专业水平显著提升。在这一过程中，职工们的参与热情高涨，活动成果的数量和质量均达到了新的高度。这不仅充分展现了公司广大职工的精神风貌和团结拼搏的精神，也彰显了公司文化建设的深厚底蕴和强大生命力。

"共创美好生活，聚能公司发展"不仅是本届文化体育节的响亮口号，更是国网山东省电力公司不懈追求的目标和愿景。我们深知，文化体育节不仅仅是一场活动，更是公司文化建设成果和职工精神风貌的集中展示。因此，我们将继续加强文化体育建设，不断提升职工的文化素质和身体素质，为公司的高质量发展注入更为强大的动力。

从 1996 年开始创办职工文化体育节，公司已连续举办了 14 届。每届文化节始终聚焦时代主题、立足电网特色，既为广大职工提供了丰富的文化活动套餐，也为整体推进职工文化工作提供了具体指引。各单位在文化体育节的引领下，因地制宜、广泛发动，营造了活动精彩纷呈、职工热情参与的良好生态，已成为国网系统一道靓丽的风景线。

此次文化体育节成果集共分为 9 个模块，通过文字、图片等多种形式，全方位地展示了 2022-2023 年各协会文体骨干及广大职工队伍奋发向前的风采和丰硕的成果。同时，成果集还附带了影音电子版本，进一步丰富了成果的应用形式。这一成果集的编纂，不仅是对山东电力职工文化建设的一次全面回顾，更是为山东电力职工文化建设史上增添浓墨重彩的一笔。

　　奋进无止境，明天更美好。新一届文化体育节即将拉开帷幕：千歌万曲汇成一种表达——共创美好生活；挥汗博弈凝成一个心声——赋能光明事业。因为有你，我们的工作才更有意义；因为有你，我们的家园才更加幸福；因为有你，山东电力的明天才更加美好。

目 录

011

旗帜领航　再创辉煌

183

坚守根脉　各展风采

261

奋斗精神　血脉传承

183

坚守根脉　各展风采

261

奋斗精神　血脉传承

荧屏传佳视　音符递真情

携手共创职工美好生活
——国网山东省电力公司第十四届文化体育节

综　述

携手共创职工美好生活

——国网山东省电力公司第十四届文化体育节综述

"一直以来，山东公司努力建设有温度的企业，打造了 S365 平台，连续举办了十四届职工文化体育节。通过良好的体育文化生态，促进了职工身心健康，形成了'企业关爱职工、职工感恩企业'的良性循环，汇聚起'再登高、走在前'的磅礴力量。"2023年 10 月 25 日，国家电网公司"奋进新征程 建功新时代"职工工间操决赛在日照开幕，公司董事长、党委书记王志伟在致辞时这样说。

　　经过激烈角逐，公司代表队从来自国网系统的 21 支代表队中脱颖而出，获得金奖，展示了山东电力职工昂扬的精神风貌，同时，也将公司第十四届文化体育节推向高潮。

　　"本届文化体育节以'喜迎二十大·一起向未来'为主题，坚持思想引领，通过开展司歌传唱、劳模精神宣讲等文化主题活动和工间操、足球、篮球、气排球等健身体育活动，引导广大职工坚定不移'听党话、跟党走，勇创新、走在前'。回顾本届文化体育节历程，有声有色有形有果，丰富了职工精神文化生活，促进了公司和谐健康发展。"2023 年 11 月 24 日，公司第十四届文化体育节闭幕式暨 2023 年职工音乐大赛颁奖仪式在聊城落下帷幕。公司工会主席韩丽雅出席活动，总结第十四届文化体育节工作情况，并对今后办好新一届文化体育节提出要求。

　　国网山东电力第十四届文化体育节历时两年（2022-2023 年），组织各层级文体活动累计 2300 余项，参与职工达 10 万余人次，建成综合性职工文体场所 313 处，获得省部级及以上职工文艺奖项 60 余项，参与度及活动数量、质量均创历史新高。

明导向　旗帜领航走在前

　　2022 年 5 月 18 日、20 日，公司举办了劳模精神"四进""四学""职工大讲堂"宣讲会，邀请公司系统劳动模范代表先后走进国网济南供电公司和国网山东党校等单位，开展劳模精神工匠精神宣讲。通过身边人说身边事，明确思想航标，传递正能量。

　　坚持正确导向、突出旗帜领航是公司历届文化体育节贯穿始终的主题。

　　2022 年 3 月 11 日，公司第十四届文化体育节开幕。本届文化体育节恰逢喜迎党的二十大、学习贯彻党的二十大精神重大政治节点。公司工会、协会及各单位工会，在组织开展文体活动中，特别注重思想引领，牢牢抓住政治灵魂这条纲，通过司歌传唱、劳模精神宣讲及运动赛事等丰富多彩的文化体育活动，把党的决策和部署贯彻到各项活动之中。以文化的独特魅力，引领广大职工坚定不移"听党话、跟党走，勇创新、走在前"。国网德州供电公司以"喜迎二十大　一起向未来"为主题开展了微信视频号主题展播、健康跑等系列文体活动；国网枣庄供电公司举办了"喜迎二十大　聚力攀高峰"职工羽毛球比赛；国网威海供电公司组织开展了"喜迎二十大"暨"精致电网杯"职工足球联赛、庆"七一"健康跑等活动；国网山东信通公司举办"喜迎二十大 登高走在前"职工摄影展，鼓励职工积极参与，感悟生活之美，激发工作激情。

国网山东超高压公司冯新岩荣获中华全国总工会、中央广播电视总台联合颁发的"2022年度大国工匠"证书，是该年度国网系统唯一获此殊荣的职工。4名职工获全国五一劳动奖章。公司在国网供电"服务之星"劳动竞赛总结会上作典型发言。2名职工获评国家电网公司"新基建"劳动模范，4个集体获工人先锋号。26人获省部级以上表彰，2名职工获国家电网公司特等劳动模范称号。

2022年4月至6月，公司工会部署开展了"学劳模勇登高 聚力量走在前"劳模精神、工匠精神集中宣传活动，旨在充分发挥劳模工匠等先进典型的示范引领作用，凝聚广大职工积极投身公司高质量发展的磅礴力量。其间，以公司所属各级劳模工匠为重点宣传对象，大力弘扬劳模精神、工匠精神，努力营造浓厚学习氛围，有效激励广大职工学习劳模工匠成长成才，形成劳模身边再出劳模、工匠身边再出工匠的良性循环。

重创新　丰富多彩全覆盖

"这个元宵节过得太有创意了，从省公司到基层一线，广大干部职工线上线下一块过节，感觉就是一个大家庭！"2022年2月15日，国网齐河县供电公司李欣哲在参与公司网上"庆冬奥 闹元宵"时，激动之情溢于言表。

此次，"庆冬奥 闹元宵"元宵节职工游艺活动由公司工会牵头举办。工会创新活动方式，由过去的以线上为主，改为线上线下同步模式。本部工会各分会职工在主会场参加线下活动，支援北京冬奥会现场保电人员及各基层单位职工利用 S365 线上参加活动。公司还针对不同模式组织了丰富多彩的游戏项目，在广大职工中引发强烈反响。新年伊始，便爆出文化聚能开门红。

创新是本届文化体育节一大亮点。

近年来，公司工会以数字化转型、创新提升为抓手，紧紧围绕"服务职工、凝心聚力"主线，在策划组织各项活动中，顺应时代发展潮流，通过机制创新、载体创新、形式创新、内容创新，不断强化资源整合和科技支撑，主动融入新技术、新形式、新媒体，突出"小型化、多样化、常态化、普及化"，广泛开展"零门槛"的文体活动，持续提高活动的覆盖面和群体效应。

充分开发利用 S365App 平台大数据、智能化优势，逐渐形成了线上与线下相融合，按职工需求灵活调整原则，先后开设了职工艺苑、歌曲展播、马拉松等 10 余个活动板块，有效拓展了活动项目规模和职工参与范围。两年来，累计组织开展最美歌声献祖国、摄影展、健步行等线上活动 200 余次，参与职工近 100 万人次；开展党的二十大精神宣讲、优秀文艺节目展演、劳模精神大讲堂等线上直播等 100 余场，成为职工文化建设的有效平台、凝心聚力的桥梁纽带。

建队伍　以人为本育英才

2023 年 6 月 17 日至 18 日，山东电力作家协会在泰安举办文学创作培训班。中国电力作家协会副主席潘飞、副秘书长周玉娴出席开班仪式并现场授课。山东电力作家协会有关负责人、创作骨干、职工文学爱好者 40 余人参加了培训。

此次培训旨在进一步落实国家电网公司关于繁荣职工文学创作部署安排，为打造更多具有鲜明电力特色的精品文学作品提供人才支撑。本届文化体育节期间，山东电力作家协会在省部级及以上主流媒体累计发表文学作品 50 余篇次，30 余篇在省部级及以上征文中获奖。其中，2 名职工作品获首届"中国电力文学奖"，3 名职工作品获提名奖。

打造一支高水平、高技能的文体骨干队伍，不仅是企业文化建设可持续发展的根本支撑，更是建设有温度企业的具体体现。公司在职工文化建设中，始终坚持以人为本、着力人才培养，形成了以工会为主导，以各部门分会、单位工会为依托，以协会为主阵地的常态保障机制。公司不断在内外部资源合理利用上挖潜，内部采取以老带新、协会育才，外部开展专业培训、联合培养等方式，重点加强职工文艺人才培养和储备，有针对性地加强播音主持、声乐演唱、舞蹈表演、编剧导演等青年人才培育扶持，努力建设一支高水平、成梯次的职工文艺人才队伍。

同时，公司不断完善激励机制建设，以提升职工达人成就感和职工参与获得感为主要途径，通过评选职工文化活动"达人"、讲述"达人"故事、以职工名字命名文化创作工作室、推荐参加高层次培训等方式，让职工达人成为职工中的明星，提升职工参与文化活动的成就感和自豪感。开展"零基础"职工书法、网球、乒乓球等系列培训，将活动奖品与水平提升挂钩，吸引更多职工参与，增强了职工参与的积极性。冯新岩、黄华等 14 名职工优秀达人入围"出彩国网人"行列。

2023 年 12 月 1 日，公司 2023 年职工文艺人才培训班完成全部课程，顺利结业。此次培训在蓬莱山东电力职工文艺创作基地举办，为期 14 天，课程涵盖播音主持与朗诵、声乐演唱（民族、美声、通俗），舞蹈表演（当代舞、古典舞、民族舞）、编创导演等内容。聘请 19 名省内外专家授课，来自全省电力系统的 77 名文艺骨干参加了培训。

工会、协会搭平台，达人、职工唱主角。公司所属音乐、美术、篮球等 25 个协会，各基层单位 300 余个协会分会构成一张逐层级、逐梯次、全覆盖的人才培养网络，为达人骨干成长提供了丰厚沃土，各专业协会人才队伍如雨后春笋破土而出、灿若星辰。

近年来，各协会涌现出 27 类、347 名职工达人，培养了周威涛、宋杰、王美鹤等一批在篆刻、书画、文艺方面的领军人才，出版职工文化成果集 11 部，300 余项文艺作品获省部级及以上奖项。在国家电网公司首届职工文创大赛中获 2 项金奖、5 项银奖，1 项最佳推广奖，公司获特别贡献奖。

筑平台　打造文化加油站

2023 年 12 月 20 日，中华全国总工会副主席、书记处书记朱建平一行到山东电力职工文艺创作基地现场调研，详细了解基地建设情况。朱建平对公司职工之家及职工文艺硬

件建设等工作给予充分肯定，认为公司高度重视文体平台建设，充分发挥了示范带动作用。

山东电力职工文艺创作基地位于蓬莱，共有五层，使用面积 3000 多平方米，原为国网烟台市蓬莱区供电公司职工业余艺术团办公和创作、排练节目的场所。2023 年 7 月，公司在原有基础上，对基地进行了全面升级改造，打造成了"五室一厅一棚"集职工文艺作品创作、成果展示和人才培训为一体的综合场馆，为持续做好公司文艺人才储备、提升艺术骨干专业水平、传承公司优秀职工文化平台建设经验提供了典型样板。

近年来，公司全面开展职工文体活动场所调研摸底，坚持量力而行、循序渐进、建管结合、以用定建的原则，优先把职工乐于使用、参与度高的文体活动设施建起来。公司采用集中、分散相结合的建设方式，在进行老场馆升级改造的同时，充分利用老旧厂站等现有资源，合理利用供电所和变电站空置场地、办公楼闲置区域等"金角银边"，配置分散式健身休闲设施，扩大文体活动场所覆盖面，精准解决好"职工健身到哪去"的问题。国网莱芜供电公司为 5 个供电所打造示范职工健身房，并将原职工之家羽毛球场升级改造成集羽毛球、网球、篮球于一体的多功能运动场；国网东营供电公司建设并完善 4500 平方米的职工健康管理中心，实现了"职工锻炼有设施、活动开展有场地"；国网临沂供电公司更新改造公司级"职工之家"1500 平方米，新增文体活动设施 11 类 58 件，最大限度地满足职工活动、健身需要；国网潍坊供电公司完成建设集中式职工之家 12 座、分布式职工小家 50 座，惠及 18 个基层单位和 70 个一线班组；国网青岛供电公司新建及改造职工网球场、羽毛球场、健身室等场地 11 处，共计 1700 余平方米，实现基层单位"职工小家"全覆盖……

至本届文化体育节闭幕，已累计建成各类文体活动场所 513 个，区域性综合或单项体育中心 148 个；实体书屋 402 个，其中全国最美职工书屋 37 个、职工文化工作室 147 个。各类文体活动场所有效满足了广大职工文体活动实际需求，成为满足职工幸福生活的好家园、锻造文艺骨干的大熔炉、促进文化建设的加油站。2022 年，公司获评山东省职工体育先进单位。

亮品牌 凝聚合力助发展

2023 年 4 月 8 日上午 9 时，在齐河黄河水乡国家湿地公园，随着一声清脆的发令枪响，公司"聚力攀高峰 矢志勇争先"2023 年走向卓越春季健步行活动拉开帷幕。来自公司本部工会各分会以及德州公司、齐河公司的 700 余名干部职工参加了活动。

公司每年举办的健步行活动已成为文化体育节的传统项目，是参加人数最多，普及面最广的文体活动之一，也是本届文化体育节的一大亮点。大家齐心协力，一路奔走，感受着大自然清新的气息、享受运动带来的畅快，更加坚定了奋勇争先、昂扬向上的勇气和信心。

乒乓球、羽毛球、足球、太极拳，职工运动会，职工大讲堂、读书征文、文艺创作……这些刻有鲁电烙印的华光如璀璨星辰，汇成了山东电力的文化品牌，映照美好生活、点燃争先激情、结出累累硕果，汇入公司高质量发展洪流。

2023 年 6 月 18 日，公司羽毛球代表队在山东省国有企业邀请赛中获第三名；2023 年 6 月 29 日，公司在山东省第十三届全民健身运动会太极拳比赛中荣获团体一等奖……

一座座奖杯、一张张奖牌，讲述着一个个共建美好生活、奋进拼搏的动人故事，对内传递正能量，对外扮靓了山东电力的品牌形象。

行远自迩，笃行不怠。新一届文化体育节即将开幕，公司职工文化建设永远在路上。让我们在公司党委的坚强领导下，继续以创新驱动为抓手，围绕"服务职工、服务企业"，携手共创职工美好生活，持续推动公司先进职工文化建设再上新台阶，为公司勇攀"一体四翼"高质量发展高峰提供坚强文化支撑。

扫描下方二维码，观看本届文化体育节宣传片

旗帜领航
再创辉煌

2022—2023

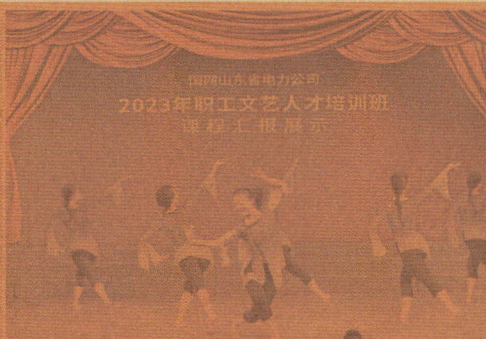

2022年 大事记

CHRONICLE OF EVENTS

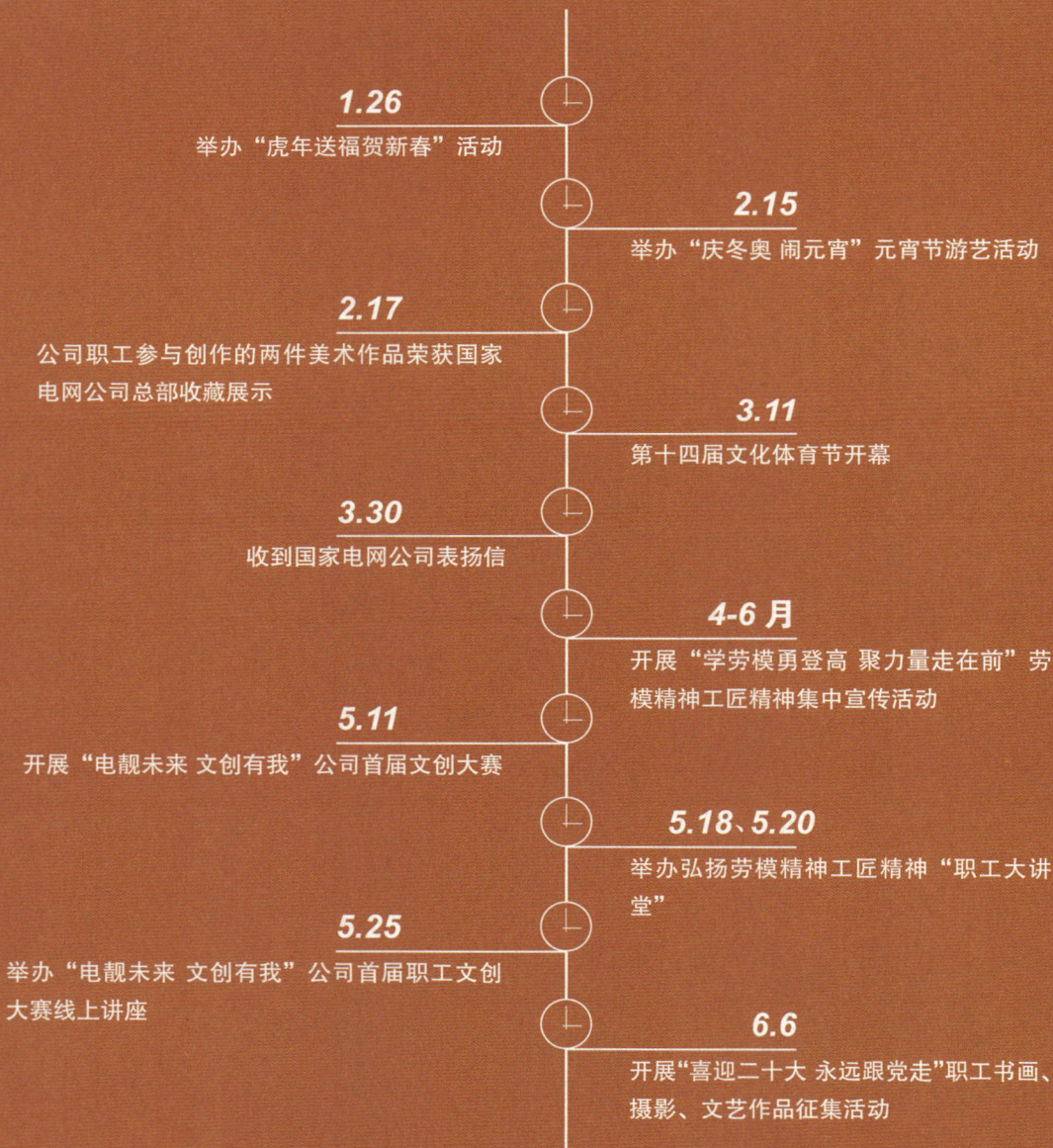

2022

1.26
举办"虎年送福贺新春"活动

2.15
举办"庆冬奥 闹元宵"元宵节游艺活动

2.17
公司职工参与创作的两件美术作品荣获国家
电网公司总部收藏展示

3.11
第十四届文化体育节开幕

3.30
收到国家电网公司表扬信

4-6月
开展"学劳模勇登高 聚力量走在前"劳
模精神工匠精神集中宣传活动

5.11
开展"电靓未来 文创有我"公司首届文创大赛

5.18、5.20
举办弘扬劳模精神工匠精神"职工大讲堂"

5.25
举办"电靓未来 文创有我"公司首届职工文创
大赛线上讲座

6.6
开展"喜迎二十大 永远跟党走"职工书画、
摄影、文艺作品征集活动

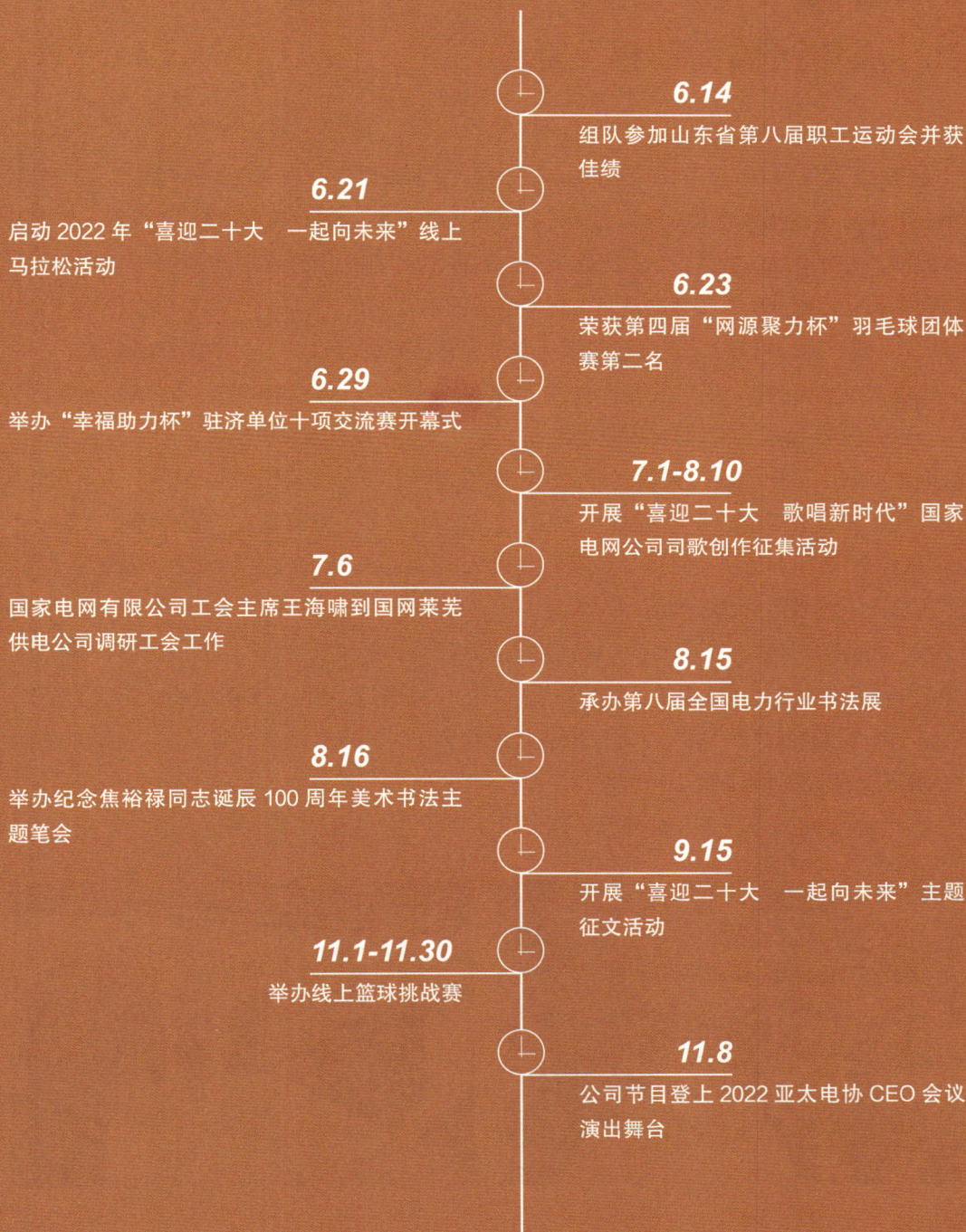

2022

6.14
组队参加山东省第八届职工运动会并获佳绩

6.21
启动 2022 年"喜迎二十大　一起向未来"线上马拉松活动

6.23
荣获第四届"网源聚力杯"羽毛球团体赛第二名

6.29
举办"幸福助力杯"驻济单位十项交流赛开幕式

7.1-8.10
开展"喜迎二十大　歌唱新时代"国家电网公司司歌创作征集活动

7.6
国家电网有限公司工会主席王海啸到国网莱芜供电公司调研工会工作

8.15
承办第八届全国电力行业书法展

8.16
举办纪念焦裕禄同志诞辰 100 周年美术书法主题笔会

9.15
开展"喜迎二十大　一起向未来"主题征文活动

11.1-11.30
举办线上篮球挑战赛

11.8
公司节目登上 2022 亚太电协 CEO 会议演出舞台

公司本部举办
"虎年送福贺新春"活动

2022年1月26日，公司工会、公司本部书画协会与山东网瑞物产有限公司、国网山东信通公司联合举办本部2022年"虎年送福贺新春"活动，组织11位职工书法家为本部职工书写春联、赠送福字。公司时任党委副书记、副总经理钱平，公司时任副总经理、工会主席杜军到本部书画活动室及书写现场指导慰问。

"虎添双翼前程远，大展宏图事业新""春色春光源春意，虎将虎年扬虎威"……一幅幅饱蘸墨香的春联，一个个大红的"福"字，饱含了浓浓的祝福和对新年的期盼。

在本部书画活动室，钱平、杜军观摩了职工书法作品，对大家的辛苦创作表示慰问，并向他们送上了慰问品，要求有关部门、单位为职工参与书画创作创造条件，为弘扬传统文化、丰富职工文化生活营造浓厚氛围。随后，钱平、杜军来到活动现场，与现场泼墨挥毫的书法家们亲切交流，向大家表示慰问和感谢，称赞新春送福活动为凝聚职工力量、烘托节日气氛起到了积极作用。

"我要两副春联，我要两个'福'字。"活动现场排起了长队，洋溢着浓厚的节日气氛。职工书法家们笔走龙蛇，用不同的字体把美好的祝福送给大家。拿到春联的职工喜上眉梢，纷纷表示要把春联和"福"字贴在家里，感受喜庆、祝福和浓浓的年味。同时，也祝愿公司新的一年各项事业更上一层楼。

本次活动还设置了职工体验区，邀请职工感受传统文化，体验书法乐趣。

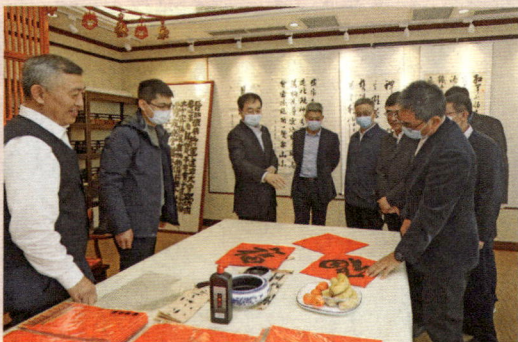

公司举办
"庆冬奥 闹元宵"元宵节游艺活动

2022年2月15日，公司举办"庆冬奥 闹元宵"元宵节职工游艺活动，本部工会各分会职工在本部会场参加线下活动，支援北京冬奥会现场保电人员参加线上活动。公司时任党委副书记、副总经理钱平，公司时任副总经理、工会主席杜军参加活动，与职工共度元宵佳节。

公司组织冬奥现场保电人员利用国家电网公司工会职工运动健康平台S365App（以下简称S365）开展线上闹元宵活动，设置了猜灯谜、秀技能、随手拍三个项目，全体保电人员利用S365展示了公司冬奥保电团队的劳动风采和专业技能，营造了"电靓冬奥 精彩有我"的浓厚氛围。保电人员纷纷表示感受到了公司大家庭的温暖，将以更加饱满的精神投入到保电工作中去。

在公司本部活动现场，设置了民俗普及、文化展示、知识竞猜、互动游戏等环节，在民俗活动区域，大家积极参加元宵节传统活动"猜灯谜"，现场制作元宵，观摩民俗师傅现场制作

糖葫芦和棉花糖。在游戏体验区，大家分组参与冬奥冰壶、超级飞镖、电子枪打气球等游艺活动。在互动游戏环节，大家纷纷参与爆破气球游戏，现场充满欢声笑语，气氛十分热烈。

公司本部 700 名职工错时参加现场活动，活动现场一切井然有序。在活动中，大家团结互助，文明参赛，展示出良好的精神风貌，广大职工度过了一个欢乐、祥和、奋进的元宵佳节。

公司两件职工美术作品
被国家电网有限公司总部收藏展示

近年来，国家电网公司坚决贯彻落实党中央、国务院决策部署，积极服务国家战略和"双碳"目标，各方面工作取得显著成效，得到了中央领导的充分肯定和社会各界的广泛认可。展望未来，聚焦保障电力供应和推动能源转型，国家电网公司肩负更高使命、承担更大责任，高规格交流越来越多，各方面关注度越来越高。为满足对外交往需要，国家电网公司总部决定改造部分会议室，强化会谈、会见功能，全面提升重要会议活动保障能力。为体现企业文化和职工风采，明确要求使用职工美术作品，展现简朴、大方、务实、高效的良好形象。

2022年2月17日至3月11日，国家电网公司党组办公室、工会在国网河北省电力公司培训中心组织开展了美术作品专题集中创作。国网泰安供电公司职工曹广迎、国网烟台市蓬莱区供电公司职工宋杰作为主创人员，克服时间紧、任务重等困难，加班加点、团结协作，在极短时间内创作完成了大型国画《锦绣江山尽朝晖》《绿水青山泽万代》，作品主题鲜明、底蕴深厚、功力上乘，体现了国家电网公司团结奋进的整体合力，得到了国家电网有限公司总部领导的充分肯定和职工的一致好评。

2022年3月30日，公司收到国家电网公司党组办公室、工会表扬信，对公司大力支持表示衷心的感谢，对曹广迎、宋杰同志的辛勤付出提出表扬。

公司开展

"学劳模勇登高　聚力量走在前"
劳模精神、工匠精神集中宣传活动

2022 年 4 月，公司以"学劳模勇登高　聚力量走在前"为主题，在公司系统深入开展大力弘扬劳模精神、工匠精神集中宣传活动，充分发挥劳模工匠等先进典型的示范引领作用，团结动员广大职工大力弘扬劳模精神、工匠精神，学劳模勇登高、聚力量走在前，汇聚起奋进新征程的强大合力，坚定不移在"一体四翼"发展中永创最好走在前列。

活动重点围绕 2022 年表彰的公司系统 2 名全国五一劳动奖章个人、3 个全国工人先锋号集体、12 名山东省五一劳动奖章个人和 20 名公司劳动模范和电力工匠等宣传对象，通过组织劳模工匠深化"四进""四学"、举办职工大讲堂、创作职工文学艺术作品、创作职工文创作品、开展学习诵读、推广活动典型经验等举措，线上线下集中宣传，大力营造劳动光荣的时代风尚

和精益求精的敬业风气。

　　活动启动后，公司系统各单位按照活动统一部署，细化具体措施，层层开展劳模工匠"四进"宣讲、职工"四学"等活动。

　　4月28日，公司向广大职工发出了"学劳模勇登高　聚力量走在前"学习劳模精神、工匠精神倡议书。

　　5月18日，公司举办劳模精神"四进""四学"宣讲活动，邀请劳模尹晓敏、王春义、赵令杰走进济南公司经济技术研究所，通过"职工大讲堂"的形式开展劳模精神、工匠精神宣讲。

　　活动现场，国家电网有限公司特等劳模尹晓敏作了《年过半百的我再次经历激情燃烧的岁月》主题讲座，从援藏心路历程、爱心与团队、"帮和扶"硕果累累等方面，详细讲述了在藏期间经受住身体和心理双重考验，用持久的爱心，持续不断的努力和付出，最终结出"青年人才成长"和"汉藏一家亲"的累累硕果。公司劳模王春义作了《处女座"龟毛"　不做"鬼画"做规划》主题讲座。援藏代表赵令杰作了《向身边劳模学习，争做最好的自己》主题讲座，从身边人的视角分享了国家电网有限公司特等劳模立足岗位建功的奋斗故事，并结合自身岗位谈学习劳模精神体会。

公司开展
"电靓未来　文创有我"首届职工文创大赛

为突出体现电的元素，倡导文化与科技相互赋能，激发职工的文化创新创造活力，培育一批高素质的职工文创人才，打造一批文创精品，以文创形式传播公司品牌形象，2022年5月至8月，公司开展"电靓未来 文创有我"首届文创大赛。

此次文创赛分实物作品和数字作品两大类。实物作品包括生活用品类、办公用品类和纪念品类；数字作品包括概念设计类和数字创意类。

文创大赛启动后，各单位充分利用职工文化活动场所、网上平台广泛开展文创培训、文创展示、文创沙龙等宣传交流活动，共推出文创产品200余项，形成了踊跃参与、相互学习，立足本职、创新创效的浓厚文创氛围。经过作品征集、初赛、复赛、决赛四个阶段，共评选出各类奖项100个。其中实物类金奖10个、银奖10个、铜奖10个、优秀奖43个；数字类金奖5个、银奖5个、铜奖5个、优秀奖12个。评选最佳创意、最佳设计、最佳推广、最佳应用单项奖各1个；评选团体特殊贡献奖1个，优秀组织奖9个。

在本次大赛中，公司共选送14个作品参加国家电网有限公司首届职工文创大赛，并取得2项金奖、5项银奖、1项最佳推广奖的优异成绩，公司获特别贡献奖。

"电靓未来　文创有我"首届职工文创大赛成绩榜

作品名称	创作人员	单位
实物类（73项）		
⭐⭐⭐ 金奖（10项）⭐⭐⭐		
职工职业生涯纪念盒	任 力　王 阳　唐 潇　李 彤　王军伟　刘 飞	国网威海供电公司
"环游中国 零碳到家" 低碳环保飞行棋	张福印　柳 波　赵盛甲　葛艳敏　安振英　郭丹丹　杨华建　胡艺伟	国网菏泽供电公司
"电靓未来"琉璃文创奖杯 印章	徐贵健　李 剑　李 天　席文娣　于 萍　孙毓洁　孙仕轩	国网淄博供电公司
"鲁班"文创系列作品	宋 畅	国网枣庄供电公司
"E-Cubic"电立方用电助手	魏 然　高 浩　曲大庆　焉 华　周 琪　王瑞琪　闫广超　毛欣怡	国网临沂供电公司 国网烟台供电公司 国网山东综合能源公司
施工现场休息折叠桌椅和天幕遮阳篷	腾云翀　白道静　房 一　孙书鑫　宋 鹏　张连凯	国网聊城供电公司
书香国网办公用品礼盒	贾 涛　吕晓强　张 维　白轩宇　王军波　于海东　姜 宁	国网烟台市牟平区供电公司
智能查线宝	马 伟　王 任　陈祥松　王 耀　宋 畅　李业行　郝 琨	国网枣庄供电公司
奇来电	梁嘉升　杨 莉　葛 亮　阎 涛　孟 博　刘 恺　王 松　张新伦	国网潍坊供电公司
智能电表益智类拼接玩具	荆 臻	国网山东营销服务中心
⭐⭐⭐ 银奖（10项）⭐⭐⭐		
国网印记	王 欢	国网日照供电公司
安全365台历	张雨利	国网济宁供电公司
百姓身边点灯人	陈健琦	山东网瑞物产公司
全球能源互联3D立体纸雕日历	马庆法　戚 岩　刘 闻　杜嘉寅	国网济南供电公司
伴手礼文创设计（1个项目2件实物）	李文涛	国网山东电力心理援助协会
多功能手机充电笔记本	徐 凯　李方元　王凌晨　杨 光　岳浩天　王淑芬	国网聊城供电公司
"十不干"安全口罩	朱琳娜	国网烟台供电公司
电力文化过门笺	王晓军	国网日照供电公司
钢笔书签台灯	朱 伟　刘 波　陈 露　张萌星　杨 芳　寻萧萧　朱 军	国网济宁供电公司
事事有印时时进取记事本鼠标垫	李文涛	国网山东电力心理援助协会

续 表

作品名称	创作人员	单位
★★★ 铜奖（10项） ★★★		
创意小夜灯	苏 静	国网德州供电公司
"你用电我用心"茶盘	李文涛	国网山东电力心理援助协会
文创手办礼	赵盛甲	国网菏泽供电公司
拨片机械日历	徐 凯　李方元　王凌晨　杨 光　岳浩天　王淑芬	国网聊城供电公司
会议室智能显示屏	张加茂	国网日照供电公司
电网卡通人物防蚊贴	刘 祥	国网济宁供电公司
员工工作指导手册	陈 露	国网济宁供电公司
吉祥物安安	李修军　段昌一　王晓莉　邢 靖	国网临沂供电公司
安全用电进校园宣传印章	苏 静	国网德州供电公司
启明载道办公套装	朱 伟　刘 波　陈 露　张萌星　杨 芳	国网曲阜市供电公司
★★★ 优秀奖（43项） ★★★		
安安·心心	戴佃侠	国网滨州供电公司
业精于勤篆刻印章	卞海波	国网东营供电公司
"悦读行动"书签	崔 峰	国网东营供电公司
屏风摆件文创	崔 峰	国网东营供电公司
温暖花园	何 珊	国网东营供电公司
安全用电 logo 设计	黄爱华	国网菏泽供电公司
电力铁军　永无止境	江传伟	国网菏泽供电公司
吉祥物 3D 设计	张 博	国网菏泽供电公司
电网主题宣传海报设计图	吴振亚	国网菏泽供电公司
生产现场"十不干"DIY 手机壳	侯 焰	国网济宁供电公司
热爱面塑	东 海	国网济宁供电公司

续　表

作品名称	创作人员	单位
安全用电节约用电冰箱贴　充电宝　雨伞礼盒	张宏伟	国网济宁供电公司
安全 E 卫士方案 1	马　贺　耿春燕　张翌璇　刘延静　苏慧霞	国网济宁供电公司
"七彩心"品牌服务文化	张宏伟	国网济宁供电公司
君子凉扇	赵　旭	国网济宁供电公司
疫情下的国网人	马若茜	国网济宁供电公司
电力工作人员玩偶	张　莉	国网济宁供电公司
"国网巾帼建功标兵"纪念品	亓　颖	国网莱芜供电公司
可重复式环保购物袋	赵　昕	国网聊城供电公司
铁塔喵喵灯	蒋明明	国网聊城供电公司
创意文化衫	师鲁琦　褚栋栋　孙　磊　沈妍妍	国网聊城供电公司
人民电业为人民	王亚玲	国网聊城供电公司
生产工具包	赵　昕　李　新　岳海燕　米　卿　许　硕	国网聊城供电公司
谷虎保供电万家灯火明	张　铭　金　梦　李梦江	国网聊城供电公司
公务车车辆标志挂坠	李　雷　苏　宁　孙春雷　田　英	国网聊城供电公司
活动奖品　车载物件　办公桌摆件	蒋明明　张　岩　吕瑞华	国网聊城供电公司
退休职工纪念章	苏　宁　孙春雷　田　英　王　阳	国网聊城供电公司
软陶电力公仔	许向阳　赵　晓　崔秀霞　徐匡翼	国网聊城供电公司
置物架设计	许向阳　赵　晓　崔秀霞　徐匡翼　张　凯	国网临沂供电公司
"新能源"包	张文轩	国网日照供电公司
鲁电杯	时　凯	国网日照供电公司
节能防隐患插排控制器	尉　龙	国网日照供电公司
3D 电网标志立体日历　便签	徐韫玉	国网日照供电公司

续　表

作品名称	创作人员	单位
立体电网车载香薰挂件	杜文凭	国网日照供电公司
退休留念	张　蓉	国网泰安供电公司
伴手礼	董　雪	国网威海供电公司
"绿色低碳"文化衫	于　瑾	国网烟台供电公司
电力主题办公套装	朱琳娜	国网烟台供电公司
"月莱"越好荣休牌	王世旭	国网烟台供电公司
护腕鼠标垫	张冬冬	国网枣庄供电公司
档案"存史　资政　育人"系列文创产品	郭希军	国网山东省电力公司
一路有你	陈健琦	山东鲁软科技公司
分布式光伏保护开关检测装置	周　鹏	山东鲁软科技公司
数字类（27 项）		
⭐⭐⭐　　金奖（5 项）　　⭐⭐⭐		
"光明护卫队"安全用电宣传动漫	李修军　徐再兴　王晓莉　段昌一	国网临沂供电公司
"你用电　我用心"IP 图形设计及实物衍生品	任　力　王　阳　唐　潇　刘龙海 李文妍　赵锦亮	国网威海供电公司
"电麟儿"IP 形象创意与衍生	董泽栋　杜　楠　李　敏　刘颖佳 陈家亮　邢文静　薛　振	国网山东体育文化分公司
"用心服务多一度　万家灯火夜长明"折纸 3D 动画宣传片	郭　祥	国网金乡县供电公司
电力数字化营销服务应用的 "元宇宙概念展示"	张爱群　高玉明　张青菁　孟　浩 李　想　刘　宁　魏珊珊　陶　成	国网山东省电力公司市场 营销部
⭐⭐⭐　　银奖（5 项）　　⭐⭐⭐		
"电靓未来"创意插画	常　霞	国网烟台供电公司
"电网之旅"—电力系列游戏棋	夏万川	国网聊城供电公司
E 酷 IP 形象	周君超　董　艳　高　慧　闫田润 李梦依　岳玉雯　王　哲　韩亚楠	国网临沂供电公司
智能电表专属表情包	荆　臻	国网山东营销服务中心
国家电网心理援助志愿者服务队标示	李文涛	国网山东电力心理援助协会

续　表

作品名称	创作人员	单位
★★★　铜奖（5项）　★★★		
电力文创彩图系列	刘殿楷	国网烟台供电公司
靓靓 IP 形象	刘　强	山东送变电工程有限公司
电小牛 IP 形象	李淑勇	山东鲁软数字科技有限公司
轻故事创意长图规划	张　涛　刘勇超　张　帝　程婷婷　张亚萍　刘宏国	国网山东营销服务中心
小闪 IP 形象	葛　亮	国网潍坊供电公司
★★★　优秀奖（12项）　★★★		
志愿者服务　慰问工作　"三必贺　三必访"LOGO 套装设计	李　金	国网东营供电公司
吉祥物—平安	王　震	国网东营供电公司
鲁电小彩虹	付　昂	国网菏泽供电公司
我的电网爸爸	东　海	国网济宁供电公司
葫芦烙画－高空舞者	蔚　龙	国网莱芜供电公司
"运航"logo	汉新宇	国网日照供电公司
E 享家园	范　晴　张玉慧　鞠　振　李国　李　妍　杨　丽	国网泰安供电公司
数字创意	王忠阳	国网威海供电公司
电力铁军	刘雪鹏	山东送变电工程有限公司
"绿色用电　助力双碳"概念创意图像	王　雷	国网山东信通公司
心容融	邵　欣	国网山东电力心理援助协会
平面设计 1	徐卫松	国网济宁供电公司
★★★　单项奖（4项）　★★★		
最佳创意奖　"用心服务多一度　万家灯火夜长明"折纸 3D 动画 宣传片	郭　祥	国网金乡县供电公司
最佳设计奖　电力数字化营销服务应用的"元宇宙概念展示"	张爱群　高玉明　张　菁　孟　浩　李　想　刘　宁　魏珊珊　陶　成	国网山东省电力公司市场营销部
最佳推广奖　职工职业生涯纪念盒	任　力　王　阳　唐　潇　李　彤　王军伟　刘　飞	国网威海供电公司
最佳应用奖　施工现场休息折叠桌椅和天幕遮阳篷	腾云翀　白道静　房　一　孙书鑫　宋　鹏　张连凯	国网聊城供电公司

公司荣获

第四届"网源聚力杯"羽毛球团体赛第二名

2022 年 6 月 23 日，第四届"网源聚力杯"羽毛球团体赛在济南举办，公司羽毛球队荣获团体赛第二名。公司时任党委副书记杜军宣布比赛开幕并开球。

本次比赛以"友谊、拼搏、向上"为宗旨，来自华能山东发电有限公司、中国华电山东公司、华润电力华北大区、国家能源集团山东电力有限公司和国网山东省电力公司的 5 支代表队 50 余名选手参加比赛。在比赛过程中，参赛选手坚持"友谊第一、比赛第二"，发扬团结友爱、公平竞争、共同进步的体育精神，赛出风格，赛出水平，

胜不骄、败不馁，尊重裁判，尊重对方，充分展现了参赛选手顽强拼搏、永创最好的精神风貌。

本次羽毛球团体赛参赛选手为各单位本部机关在岗员工，比赛为混合团体赛，出场顺序为混合双打、男子单打、女子单打、男子双打和女子双打。团体赛采用五场三胜制，每场比赛三局两胜，每局比赛先得 15 分者胜该局，参赛的 5 支队伍进行单循环比赛。此外，还设置了网源聚力、卓越争先等趣味比赛，受到全体参赛选手的喜爱。

"网源聚力杯"羽毛球比赛由公司 2016 年发起并承办首届比赛，以"网源聚力、共促发展"为宗旨，参赛单位包括公司和五大发电公司，由参赛单位轮值承办，旨在增强全省电力企业工作交流，提升源网协调水平，共同促进全省电力事业健康发展。本次比赛由国家能源集团山东电力有限公司承办。

公司开展

"幸福助力杯"驻济单位十项交流赛

2022年6月29日，公司举办"幸福助力计划"上线仪式暨"幸福助力杯"驻济单位十项交流赛开幕式，并举行十项交流赛足球首场比赛。公司时任党委副书记杜军出席活动并宣布十项交流赛开幕。公司时任三级顾问孙华向十项交流赛承办单位授旗并为足球赛开球。

公司认真贯彻国家电网公司战略部署，系统总结"学党史、守初心、我为职工办实事"经验，在充分调研的基础上，推出了"幸福助力计划"，搭建起了金融和市场化单位为职工服务的桥梁纽带，深化产融协同，推进互利共赢，为推进"一体四翼"发展布局提供有力支撑。

结合新冠肺炎疫情防控常态化要求，培养职工良好的运动健身习惯，自2022年6月29日至10月23日，公司选取足球、篮球、气排球、乒乓球、羽毛球等职工参与度高的活动项目，举办了以"喜迎二十大 聚力攀高峰"为主题的驻济单位十项交流赛，展示了职工良好的精神风貌，激发了广大职工以实际行动迎接党的二十大胜利召开的热情动力。

公司副总政工师刘玉树，财务部、宣传部、党建部负责人和相关部门人员，驻济各单位工会主席、副主席，电动汽车公司、英大财险、英大证券、英大人寿、英大经纪等单位有关负责人及相关人员参加活动。

★★★ "绿茵逐梦"驻济单位职工足球比赛 ★★★

　　"绿茵逐梦"驻济单位职工足球比赛由国网济南供电公司承办。比赛自6月29日揭幕，共有来自 17 家驻济单位的 8 支代表队近 300 名职工运动员，以球会友，赛出球技、赛出风格，增进友谊、振奋精神，充分享受足球运动带来的快乐和激情。球场上，无论疾风骤雨还是艳阳高照，队员们都勇于拼搏、奋力争先，每一次精彩的射门、抢断、传球，都将赛场氛围推向高潮，充分展现了队员们高超的技术水平、默契的团队配合和良好的球品球风。历经 30 余天 16 场次的紧张激烈比赛，2022 年 8 月 6 日，"幸福助力杯"驻济单位十项交流赛足球联赛圆满落幕。

冠　　　军	济电先锋队（国网济南供电公司）
亚　　　军	卓越本部队（国网山东省电力公司本部）
季　　　军	鲁超先锋队（国网山东超高压公司）
第　四　名	鲁软科数队（鲁软科技公司）
卓　越　射　手	姜　伟　国网济南供电公司
卓　越　运　动　员	董　旭　国网山东省电力公司本部
卓　越　守　门　员	送变电足球队（山东送变电工程有限公司）
	电科营服联队（国网山东电科院、国网山东营销服务中心）
体育道德风尚奖	英大驻鲁联队
	建设公司经研院联队（国网山东建设公司、国网山东经研院）

★★★ "稳中球进"驻济单位职工篮球比赛 ★★★

"稳中球进"驻济单位职工篮球比赛由国网智能公司承办。比赛自2022年7月21日揭幕，国网山东省电力公司和英大集团所属21家驻济单位、近300名篮球爱好者、17支参赛队伍积极参与。各队精锐尽出，捉对比拼，为现场观众呈现了一场精彩的体育盛宴。各参赛队伍秉承"激情执着、竞合共赢"的团队精神和"重在参与、重在学习、重在提高、重在交流"的原则，相互沟通、增进感情，赛出水平、赛出风格、赛出友谊。绘就赛场上最美的"同心圆"，汇聚工作上强大的正能量，展示了山东电力职工健康的体魄和积极向上的精神风貌。历经2个月的紧张角逐，2022年9月7日，"幸福助力杯"驻济单位十项交流赛篮球联赛圆满落幕。

🏅 冠　　　军	济电先锋队（国网济南供电公司）
🏅 亚　　　军	卓越本部队（国网山东省电力公司本部）
🏅 季　　　军	鲁超先锋队（国网山东超高压公司）
第　四　名	鲁软科数队（鲁软科技公司）
优 秀 组 织 奖	国网山东省电力公司本部篮球队
	国网山东经研院篮球队
精 神 文 明 奖	山东送变电工程有限公司篮球队
	山东网瑞物产有限公司篮球队
体育道德风尚奖	英大驻鲁单位
得 分 王 球 员	李　宝　国网济南供电公司
M V P 球 员	吴光洲　国网智能公司

★★★ "虹羽飞扬"驻济单位职工羽毛球比赛 ★★★

2022 年 8 月 6 日至 7 日，"虹羽飞扬"驻济单位羽毛球比赛在国网山东超高压公司文体活动中心举办。比赛共有公司本部和英大集团 21 家驻济单位、150 余名羽毛球爱好者踊跃报名，队员们组成 15 支参赛队，在比赛场中发扬"激情执着、竞合共赢"的团队精神，模范遵守运动员守则，团结协作，顽强拼搏，赛出风格、赛出水平、赛出友谊。

团体奖

一等奖	国网济南供电公司
二等奖	国网山东省电力公司本部
	国网山东超高压公司
三等奖	山东送变电工程有限公司
	国网山东电科院
	国网山东建设公司

优秀组织奖

山东网瑞物产有限公司
国网智能公司
国网山东经研院

男子单打

冠军	梅峻峰	国网济南供电公司
亚军	任庆帅	国网山东超高压公司
季军	黄峥	国网山东省电力公司本部

女子单打

冠军	胥芳	国网济南供电公司
亚军	王世蕾	国网山东营销服务中心
季军	王羽田	国网山东经研院

精神文明奖

英大驻鲁单位
鲁软科技公司

★★★ "勇争排头"驻济单位职工气排球比赛 ★★★

　　"勇争排头"驻济单位职工气排球比赛由山东网瑞物产有限公司承办。2022年8月31日至9月3日，共有来自13家驻济单位的10支代表队参赛进行了24场次紧张、激烈、精彩的气排球比赛。赛场上，运动员个个精神饱满，斗志昂扬，各参赛队互相尊重、互相学习，不断调整战术，精准发球、飞身救球、跃身扣杀、奋力拦网……默契地传接配合，一系列精彩动作让人目不暇接，运动员用激情和汗水展现了勇于争先、敢打敢拼的良好精神风貌。

冠军 瑞易联队（山东网瑞物产有限公司 山东电力交易中心有限公司）	王新红	国网济南供电公司
亚军 网瑞公司队（山东网瑞物产有限公司）	张　桐	国网山东信通公司
季军 济电爱普队（国网济南供电公司）	徐新源	国网山东物资公司
优秀组织奖 国网山东信通公司	赵　越	国网山东电科院
道德风尚奖 山东送变电工程有限公司	张力杨	国网山东经研院
	李修齐	国网山东超高压公司
优秀运动员	刘建东	山东送变电工程有限公司
王新红　国网济南供电公司	沙士超	国网山东体育文化分公司
张　桐　国网山东信通公司	赵　强	山东网瑞物产有限公司
徐新源　国网山东物资公司	王　森	山东电力交易中心有限公司

★★★ "奋泳争先"驻济单位职工游泳比赛 ★★★

2022 年 9 月 3 日，"奋泳争先"驻济单位职工游泳比赛在国网山东党校举办。比赛共有来自本部和驻济各单位的 13 支游泳代表队 40 余名运动员参加。伴随着裁判员的第一声发令枪响，选手们精神饱满、劈波斩浪，以各式泳姿在水中尽情地拼搏、你追我赶，上演精彩的水上追逐战。整场比赛组织有力、保障有序，全体参赛队员展现了奋发向上、敢为人先的团队协作和拼搏精神。

男子甲组 100 米蛙泳
冠军　李　智　国网山东综合能源公司
亚军　孟　瑜　国网山东电科院

男子乙组 100 米蛙泳
冠军　俞　隆　国网山东超高压公司
亚军　朱传睿　国网山东超高压公司
季军　李永青　国网山东党校

男子甲组 100 米自由泳
冠军　李永青　国网山东党校
亚军　李　智　国网山东综合能源公司
季军　张继峰　国网山东信通公司

男子乙组 100 米自由泳
冠军　俞　隆　国网山东超高压公司
亚军　刘云峰　国网济南供电公司
季军　郭玉新　国网山东建设公司

女子甲组 100 米蛙泳
冠军　邹　楠　国网济南供电公司
亚军　李　曼　国网济南供电公司

女子乙组 100 米蛙泳
冠军　刘　丹　山东网瑞物产有限公司
亚军　刘婷婷　国网济南供电公司
季军　王　敏　国网山东信通公司

女子甲组 100 米自由泳
冠军　林　力　国网济南供电公司
亚军　邹　楠　国网济南供电公司

女子乙组 100 米自由泳
冠军　杨哲洁　国网山东超高压公司
亚军　高　杉　国网山东经研院
季军　刘婷婷　国网济南供电公司

男子 4×50 米接力
冠军　国网济南供电公司
亚军　国网山东超高压公司

女子 4×50 米接力
冠军　国网济南供电公司

优秀组织奖
国网济南供电公司
国网山东党校
国网山东体育文化分公司

道德风尚奖
国网山东省电力公司本部
国网山东营销服务中心
鲁软科技公司

卓越运动员奖
邹　楠　国网济南供电公司
俞　隆　国网山东超高压公司
郭玉新　国网山东建设公司

✦✦✦ "棋开得胜"驻济单位职工棋牌比赛 ✦✦✦

　　"棋开得胜"驻济单位职工棋牌比赛由山东送变电工程有限公司承办。比赛自2022年9月揭幕，共有来自16个驻济单位的232名选手报名参加了比赛。竞技二打一比赛充分利用晚上业余时间举办，比赛采用电脑自动编排座次瑞士移位法淘汰制，胜负由App比赛系统自动判决。选手们两两对阵，凝神静想、落子谨慎、乐在棋中，够级、保皇比赛分组对战，讲究团队配合和技巧，巧妙利用规则出奇制胜。经过6天6场线上激烈角逐，"幸福助力杯"驻济单位十项交流赛棋牌联赛圆满落幕。

团体赛

1 山东送变电工程有限公司
2 国网山东电科院
3 国网山东建设公司
4 国网山东物资公司
5 国网济南供电公司
6 国网山东信通公司

个人赛

1 王本明　国网山东建设公司
2 郭晓军　山东送变电工程有限公司
3 李正利　国网山东电科院
4 李慧亭　国网济南供电公司
5 马景春　国网山东信通公司
6 朱　健　山东送变电工程有限公司

★★★ "乒向未来"驻济单位职工乒乓球比赛 ★★★

2022年9月16日至17日，"乒向未来"驻济单位职工乒乓球比赛在国网山东电科院举行。13家驻济单位的近百名乒乓球爱好者参与活动。本次比赛设置混合团体赛、男子单打和女子单打三个项目。赛场上，运动员们个个精神饱满，全身心投入比赛，时而拉下旋球、大力扣杀，时而发球强攻、吊边球，精彩场面不断涌现，现场比赛气氛活跃。

混合团体赛
1. 国网济南供电公司
2. 山东网瑞物产有限公司
3. 国网山东省电力公司本部
4. 鲁软科技公司
5. 国网山东信通公司
6. 国网山东营销服务中心
7. 英大集团驻济单位
8. 国网山东电科院

男子单打
1. 张 颜 山东送变电工程有限公司
2. 李晓新 国网济南供电公司
3. 丁 斌 山东网瑞物产有限公司
4. 郭鲁阳 国网山东电科院
5. 刘 永 国网山东建设公司
6. 郑 磊 国网山东建设公司
7. 王振华 国网山东超高压公司
8. 熊建成 鲁软科技公司

女子单打
1. 韩 霞 国网济南供电公司
2. 韩 薇 鲁软科技公司
3. 邢 晨 国网山东超高压公司
4. 李可心 国网智能公司
5. 刘红芸 国网山东电科院
6. 刘 洁 山东网瑞物产有限公司
7. 高玉华 国网山东营销服务中心
8. 李格格 国网山东建设公司

优秀组织奖
国网山东超高压公司
山东送变电工程有限公司

体育道德风尚奖
国网山东建设公司
国网智能公司

★★★ "e网情深"驻济单位职工网球比赛 ★★★

　　"e网情深"驻济单位职工网球比赛自2022年9月23日揭幕，由鲁软科技公司承办。随着网球的上下翻飞，运动员满场飞奔，既有犀利的进攻、又有严密的防守；既有后场大力发球，又有前场精准旋转球。这是一场场体力与耐力的比拼。队员奋勇拼搏、每球必争，展现了敢打敢拼、奋发向上的良好精神风貌。经过两天半紧张激烈的角逐，2022年9月25日，比赛圆满落幕。

女子单打		
一等奖	李雪燕	国网济南供电公司
二等奖	杨金玲	山东送变电工程有限公司
	张春秋	国网山东电科院
三等奖	窦方琴	鲁软科技公司
	黄玉慧	鲁软科技公司
	周　霁	国网山东省电力公司本部

男子单打		
一等奖	张志豪	国网山东电科院
二等奖	程　超	国网济南供电公司
	王　进	国网山东省电力公司本部
三等奖	赵　辛	国网山东超高压公司
	任　剑	国网山东省电力公司本部
	李克雷	国网山东电科院

女子双打			
一等奖	黄海静	许　伟	国网济南供电公司
二等奖	王大鹏	孙萌萌	国网山东电科院
三等奖	石冰珂	王羽田	国网山东经研院
	孙淑娟	刑　珊	鲁软科技公司

男子双打			
一等奖	孟　瑜	郭俊山	国网山东电科院
二等奖	安兆勇	马　杰	国网山东省电力公司本部
	李卫胜	范云鹏	国网山东省电力公司本部
三等奖	张　蒙	邓化凌	国网山东电科院
	王　磊	亓振新	国网山东省电力公司本部
	李启勇	于恩波	国网济南供电公司

优秀组织奖

国网山东省电力公司本部
鲁软科技公司
国网山东体育文化分公司
国网山东营销服务中心

精神文明奖

国网济南供电公司
国网山东经研院
国网山东电科院
国网山东超高压公司

混合双打			
一等奖	武　钢	李乔木	国网济南供电公司
二等奖	孙　涛	吴小川	国网山东省电力公司本部
三等奖	孙奎明	陈艳斐	国网山东体育文化分公司
	王　浩	迟文娜	国网山东电科院

✦✦✦ "瑜见美好"驻济单位职工瑜伽比赛 ✦✦✦

2022年9月24日，"瑜见美好"驻济单位职工瑜伽比赛由国网山东信通公司承办。比赛设置团体赛和个人赛两个环节，共有来自驻济单位的9支代表队和6名个人选手参加。伴随着优美的音乐，参赛选手完成各种健身瑜伽体式，张弛有度，伸屈自如，将"力与美""刚与柔""动与静""身与心"完美融合，充分展现瑜伽运动的美感，传递健康美丽的瑜伽健身理念，令现场观众充分感受瑜伽运动的迷人魅力。

团体赛

一等奖　国网济南供电公司
二等奖　山东送变电工程有限公司
　　　　本部营销服务中心联队
　　　　（国网山东省电力公司本部、
　　　　国网山东营销服务中心）
三等奖　国网山东信通公司
　　　　国网山东超高压公司
　　　　国网山东电科院

个人赛

一等奖　吕文媛　国网济南供电公司
二等奖　张婷祎　国网山东经研院
三等奖　张晓璐　山东网瑞物产有限公司

优秀组织奖

山东网瑞物产有限公司
国网山东经研院

道德风尚奖

国网智能公司

✦✦✦ "遇毽精彩"驻济单位职工毽球比赛 ✦✦✦

2022年10月23日,"遇毽精彩"驻济单位职工毽球比赛由国网山东经研院承办。比赛共有来自8家驻济单位的11支代表队参与。赛场上,亮丽的毽球忽上忽下,在队员们灵巧的脚法、精准的控球和默契的团队配合下,轻舞飞扬,婉转灵动。运动员们动作敏捷,随着踏球、倒钩、拨球一系列动作,毽球划出一道道优美的弧线。各参赛选手神采奕奕、斗志昂扬,各参赛队伍齐心协力、团结协作,五彩毽球上下翻飞,比赛生动有趣,精彩纷呈。

一等奖	国网济南供电公司一队
二等奖	国网济南供电公司二队
	国网山东电科院
三等奖	国网山东经研院一队
	国网山东经研院二队
	国网山东营销服务中心一队
	山东网瑞物产有限公司
	鲁软科技公司
	国网智能公司
	国网山东建设公司

公司开展

"喜迎二十大　歌唱新时代"
国家电网公司司歌创作征集活动

　　为大力弘扬人民电业为人民企业宗旨，生动反映公司充分发挥"大国重器"和央企"顶梁柱"作用，全力服务经济社会高质量发展的责任担当，推出更多电网题材优秀作品，丰富新时代电力企业职工文化，2022年7月至8月10日，公司组织开展了"喜迎二十大　歌唱新时代" 国家电网公司司歌创作征集活动和"学劳模勇登高 聚力量走在前"主题文艺作品创作之"卓越之路 音为有你"职工原创音乐创作征集等两项活动。

　　活动期间，各单位高度重视、广泛动员，广大职工围绕主题，扎根职工，精心创作，踊跃参赛。各参赛作品旋律明快，感情饱满，艺术展现了国家电网人奋进新征程、建功新时代的理想信念和壮志豪情。通过活动，进一步繁荣了职工文艺创作和职工文化生活，共同推动了公司职工文化生态圈建设，凝聚了推进"一体四翼"高质量发展、建设具有中国特色国际领先的能源互联网企业的强大精神力量。

　　在本次活动中，公司共推荐 2 首歌曲参评国家电网公司司歌评选活动。其中，《光明信仰》入选国家电网"光明组曲"曲目，《光明信仰》《情暖山河》被评为司歌征集职工创作优秀作品，公司被国家电网公司评为优秀组织单位。

　　2022 年 11 月 8 日，公司牵头组织的节目《光明组歌》走上在海南省举办的2022 亚太电协 CEO 会议文艺演出舞台。《光明组歌》选取了国家电网公司原创优秀歌曲加以演绎，表达了电力企业的辉煌成就以及走向未来的豪情壮志。

"喜迎二十大　歌唱新时代" 国家电网公司司歌创作优秀作品 （国网山东电力）	"卓越之路　音为有你" 职工原创音乐优秀作品
一等奖	**一等奖**
国网临沂供电公司　《情暖山河》	国网聊城供电公司　《点灯人》
国网烟台供电公司　《光明信仰》	国网泰安供电公司　《最美黄河》
国网聊城供电公司　《我们是国家电网人》	国网烟台供电公司　《亮在人心头》
国网潍坊供电公司　《光的模样》	
国网泰安供电公司　《黎明之光》	**二等奖**
山东网瑞物产有限公司　《我们》	国网菏泽供电公司　《光明电力》
	国网东营供电公司　《黄河入海 绿电未来》
二等奖	国网聊城供电公司　《人民电业为人民》
国网烟台供电公司　《向着太阳跑》	国网菏泽供电公司　《中国劳模》
国网临沂供电公司　《希望之光》	国网泰安供电公司　《明天我要做你的新娘》
国网菏泽供电公司　《点亮灯光》	
国网济宁供电公司　《最美家园》	**三等奖**
国网泰安供电公司　《光明颂》	国网烟台供电公司　《彩虹》
国网聊城供电公司　《新时代之光》	国网枣庄供电公司　《觉醒》
国网日照供电公司　《因为有你》	国网烟台供电公司　《光》
国网滨州供电公司　《国家电网之歌》	山东送变电工程有限公司　《那是光》
	国网德州供电公司　《彩虹》
三等奖	山东送变电工程有限公司　《你我》
国网临沂供电公司　《奔赴新的百年》	山东送变电工程有限公司　《中国梦电力梦》
山东网瑞物产有限公司　《彩虹天使》	
国网菏泽供电公司　《平凡如光》	
国网泰安供电公司　《向着太阳飞翔》	
国网烟台供电公司　《筑梦未来向明天》	
国网滨州供电公司　《跟党走》	
国网泰安供电公司　《精诚》	
国网潍坊供电公司　《破晓》	
国网日照供电公司　《电工老张》	
国网烟台供电公司　《凝心聚力"疫"情抵抗》	

国家电网公司司歌

光明之路

1=G 4/4

辛保安　阮晓星词
印　青曲

♩=118　明快、自豪地

（1·5 2 5 | 5·5 5 — — ‖: 3·3 5 5 6 6·6 i i | 2·i 7 6 5 — | 3·3 5 5 6 6·6 i i |

5·5 6 5 2 — | 1·1 1 2 3 2 3 | 3·3 3 4 5 4 5 | i 6·i 6 5 3 | 2·2 3 2 1·5）|

5· 5 5 3 | 2 3 2 6 5· — | 1 1 2 3 6 | 2 1 2 3 2 — |
大　江蜿蜒　高山巍　峨，　追光的身影　一路跋　涉。
星　在歌唱　灯在闪　烁，　阳光在编织　新时代传说。

5· 5 5 3 | 2 1 2 6 6 — | 5 5 6 5 2 — | 3·3 2 1 — | (0 1 2 3·3 2 2 1 —)|
你　我胸膛　初心依　然，　就像烈火　那样炽热。
银　线最懂　万家心　愿，　高塔情牵　大地山河。

6·6 i 2 6 — | 3 3 2 i 6· — | 2 2 2 3 2 — | 5 5 5 3 2 — |
忠诚担　当，　求实创　新，　追求卓　越，　奉献光　明。

3 3 5 6 3 — | 6 5 5 2 3 — | 2 3 2 1 2 2 6 | 5 — — — |
这是点燃　青春的嘱托，　平凡人生也有焰　火。
这是大国　重器的承诺，　更高更强电力之　歌。

% 3 5 6 i — | 6· 5 5 — | 3 5 6 i — | 6· 3 2 — | 3 2 3 5 3 |
我们向光　而　行，　我们为梦　拼　搏。　奋进的征程

5 5 5 6 6 — | i 6·i 6 5 3 | 2· 2 3 2 | 1.2. 1 — — — :‖ 3. i — — — |
波澜壮　阔，　光明的事　业　闪耀中　国。　D.S. 国。

i 6·i 6 5 3 | 5· 5 6 i | i — — | i — — 0 ‖
光明的事　业　闪耀中　国。

国家电网有限公司工会
到莱芜公司调研工会工作

2022 年 7 月 6 日，国家电网有限公司工会主席王海啸到国网莱芜供电公司调研工会工作，为职工健康小屋建成揭牌，实地查看职工活动中心，对该公司工会工作给予充分肯定。国家电网有限公司工会副主席文祥云、公司时任党委副书记杜军陪同调研。

在职工健康小屋，王海啸一行听取了健康小屋功能设置和建设应用介绍，对国网莱芜供电公司积极响应国网公司工会"健康家园"课题，加快建设职工健康小屋给予充分肯定。针对健康小屋管理应用，他强调，要培养建立员工自我健康管理意识，利用信息数据支撑，打造线上线下融合的健康服务模式，做到运动、体检、健康管理相结合，为职工提供健康数据采集分析、体检报告解读、健康知识普及等贴心健康管理和心理咨询服务。要结合企业办公区域设置，科学规划建设布局，提高健康小屋的利

用率，为全省健康小屋推广建设提供成熟经验。同时，要通过健康小屋大数据平台分析应用，建立职工身体健康状况数据库，跟踪对比员工健康数据曲线，提升实用效果。

在职工活动中心，王海啸详细了解了职工活动中心建设和使用情况，参观了羽毛球室、乒乓球室、健身房和音乐协会、摄影协会、书画协会等各类协会活动场所，观看了员工节目录像，对国网莱芜供电公司丰富多彩的职工文化生活给予充分肯定。

杜军在调研时指出，一要积极总结推广健康小屋建设经验。加强健康管理和实际工作的有机结合，探索员工健康管理有效模式，助力开展实际业务工作。二要整合运动、健康管理功能。利用 S365 平台功能数据，做好安全生产、高空作业、营销服务人员的健康管理和情绪管理，做好人员状态分析，为企业健康发展做好支撑。三要加强 S365 平台功能应用。通过采用随手拍模式，做到平台功能和业务工作的紧密结合，真正实现为员工的美好生活服务，为企业发展服务。

调研期间，王海啸一行还到职工实训基地、党员政治生活馆调研，对该公司开展创新创效、科研攻关以及"钢铁铸魂·过硬党建"特色实践给予充分肯定。国家电网有限公司工会宣教文体部、生产生活部有关负责人，公司副总政工师刘玉树，国网莱芜供电公司主要负责同志参加活动。

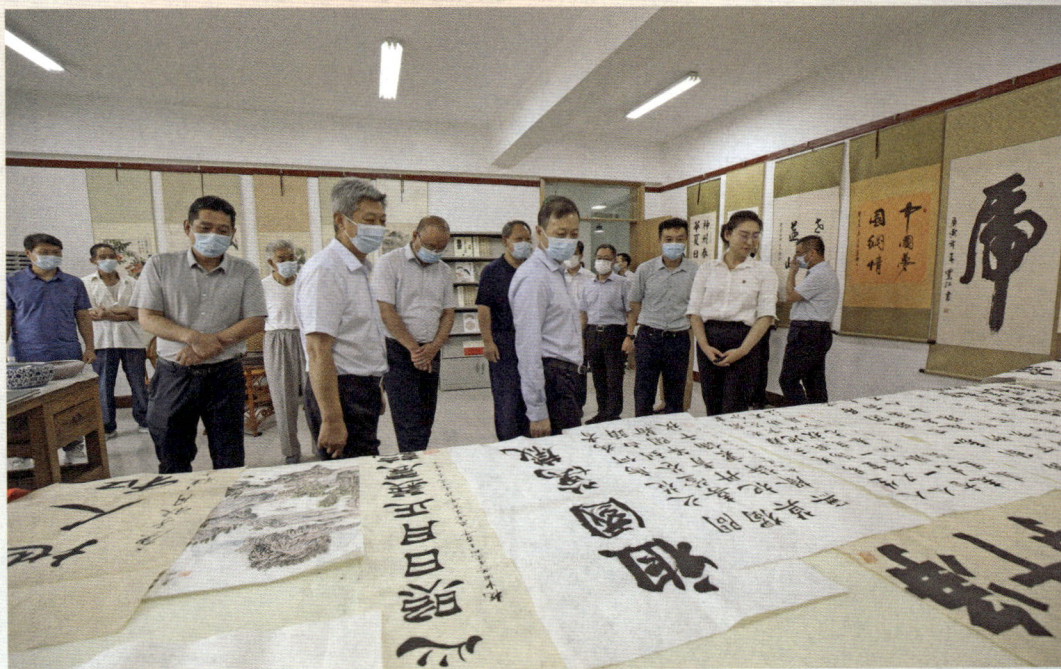

公司承办
第八届全国电力行业书法展

2022年8月15日，由中国电力文学艺术协会和中国电力书法家协会主办、公司工会承办的第八届全国电力行业书法作品展在临沂开幕，书法展以"发扬优良传统 赓续红色血脉"为主题，汇聚全国电力行业书法名家数百件精品力作，赞颂电力发展成果，讴歌党的伟大成就，为喜迎党的二十大胜利召开献上一份厚礼。中国电力企业联合会监事长潘跃龙，公司时任党委副书记杜军，临沂市人大常委会副主任、市总工会主席刘飞，以及全国电力系统100多名书法家及电力职工代表出席开幕式。

潘跃龙在讲话中表示，电力行业文化建设是电力发展不可或缺的精神力量、思想保障和智力支持，对电力行业发展发挥着重要的导向、规范、凝结和激励作用。希望电力行业的书法家和广大书法爱好者坚定文化自信，坚守艺术理想，将自身艺术追求

与行业发展紧密结合，心怀"国之大者"，为时代画像、为行业立传，为电力职工书写；遵循艺术规律，坚持传承与创新，充分发挥专业水准和特长，用优秀作品提升审美、引领风尚，共同创造电力行业发展新的辉煌。

杜军致辞说，一直以来，公司持续深化职工文化生态圈建设，努力建设有温度的企业。注重发挥职工达人的引领带动作用，注重发挥文体协会的组织辐射作用，成立了包括国网山东电力书法协会在内的 23 个文体协会组织，连续 28 年举办了十四届职工文化体育节，职工每年参与各项文化体育活动达 6 万余人次。下一步，公司将进一步加强职工文化建设，持续提升职工文化自信和文化素养，团结凝聚、引领激励广大职工以实际行动迎接党的二十大胜利召开。

经过评审委员会组织专家认真筛选，本次书法展共评选出优秀作品 37 幅、入展作品 114 幅。开幕式上，表彰了本次活动的优秀组织单位、优秀作品、入展作品和突出贡献单位，举行了赠送书法作品活动。开幕式结束后，参加活动人员集体参观了书圣王羲之故居，并到"户户通电"精神教育基地、大青山胜利突围纪念馆、沂蒙抽水蓄能电站进行交流学习。

公司举办

纪念焦裕禄同志 100 周年诞辰美术书法主题笔会

2022 年 8 月 15 日至 16 日，公司在淄博举办纪念焦裕禄同志 100 周年诞辰主题笔会，公司时任党委副书记杜军出席主题笔会并为公司焦裕禄精神教育实践基地揭牌，要求进一步继承和发扬焦裕禄精神，推动各项工作不断取得新成绩。中央广播电视总台山东总站党委书记陈永庆出席相关活动。

杜军在主题笔会上指出，公司系统书法、美术骨干要以焦裕禄精神、故居和北崮山乡村振兴为题材，创作一批书画精品，用笔墨描绘"亲民爱民、艰苦奋斗、科学求实、迎难而上、无私奉献"的焦裕禄精神，用好的作品激励大家在今后的工作中以焦裕禄同志为榜样，坚定理想信念，牢记职责使命，保持昂扬奋进的精神状态，以实际行动向党的二十大献礼。

主题笔会期间，杜军参观了公司"喜迎党的二十大"职工摄影展，观摩了职工书画作品创作，与职工书画家一起走进焦裕禄纪念馆和焦裕禄故居进行参观学习。职工书画家围绕"发扬优良传统 赓续红色血脉"主题，创作出了一系列传承

弘扬焦裕禄精神的优秀作品，让焦裕禄精神更加深入人心、催人奋进。

在焦裕禄同志的故乡淄博市博山区北崮山村，杜军与陈永庆共同为公司焦裕禄精神教育实践基地揭牌，并调研指导国网淄博供电公司焦裕禄彩虹共产党员服务分队建设情况。杜军强调，公司建立焦裕禄精神教育实践基地，是践行为民服务的现实需要，也是落实焦裕禄精神的重要举措。我们要用好焦裕禄精神教育实践基地，进一步传承和弘扬好焦裕禄精神，用心用情为群众提供最优质、最真心的供电服务。

公司党建部、宣传部、工会以及国网淄博供电公司负责同志，公司部分职工书画家，国网淄博供电公司优秀党组织书记、共产党员服务队和"善小"志愿者代表参加相关活动。

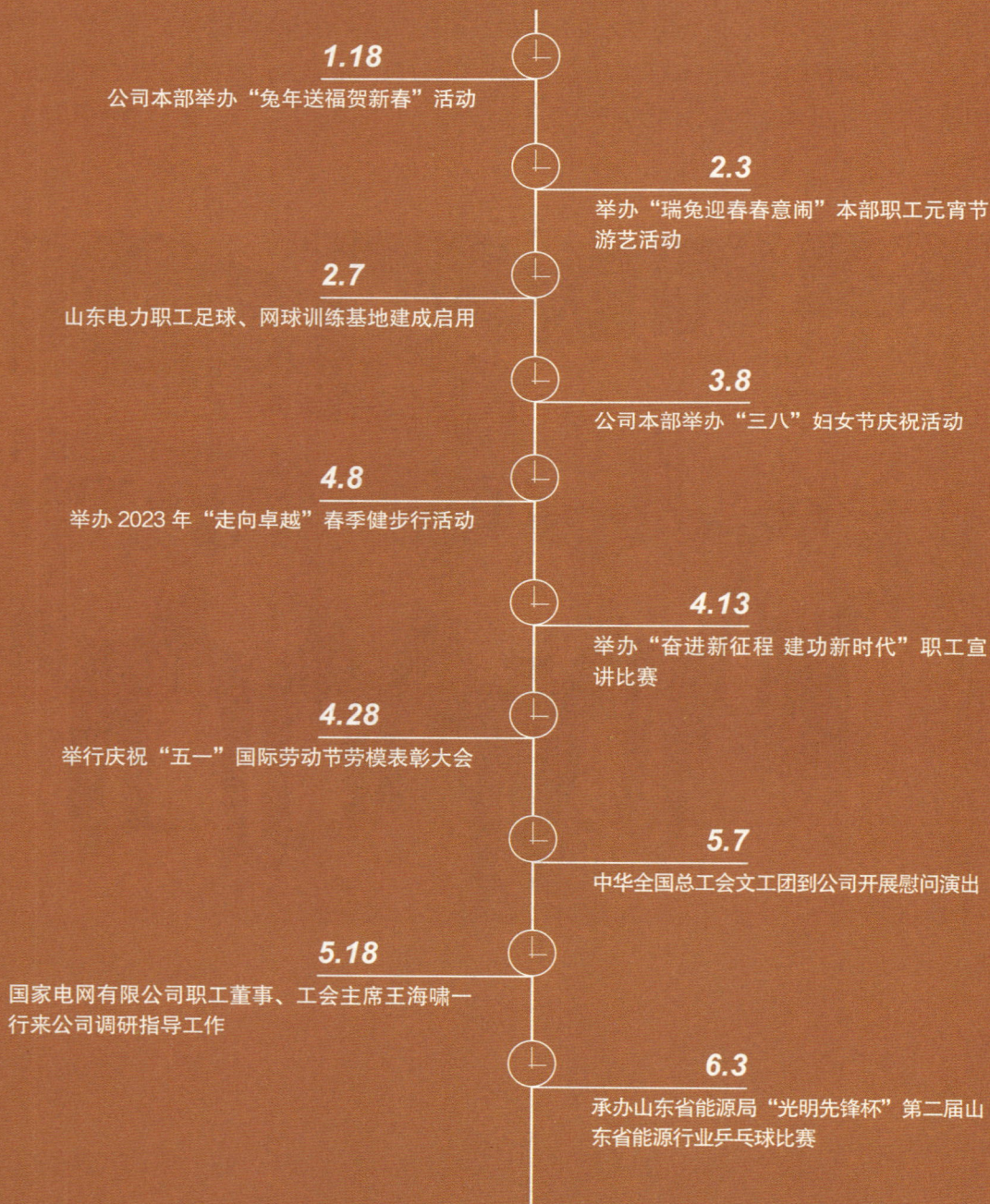

2023年 大事记

CHRONICLE OF EVENTS

2023

1.18
公司本部举办"兔年送福贺新春"活动

2.3
举办"瑞兔迎春春意闹"本部职工元宵节游艺活动

2.7
山东电力职工足球、网球训练基地建成启用

3.8
公司本部举办"三八"妇女节庆祝活动

4.8
举办2023年"走向卓越"春季健步行活动

4.13
举办"奋进新征程 建功新时代"职工宣讲比赛

4.28
举行庆祝"五一"国际劳动节劳模表彰大会

5.7
中华全国总工会文工团到公司开展慰问演出

5.18
国家电网有限公司职工董事、工会主席王海啸一行来公司调研指导工作

6.3
承办山东省能源局"光明先锋杯"第二届山东省能源行业乒乓球比赛

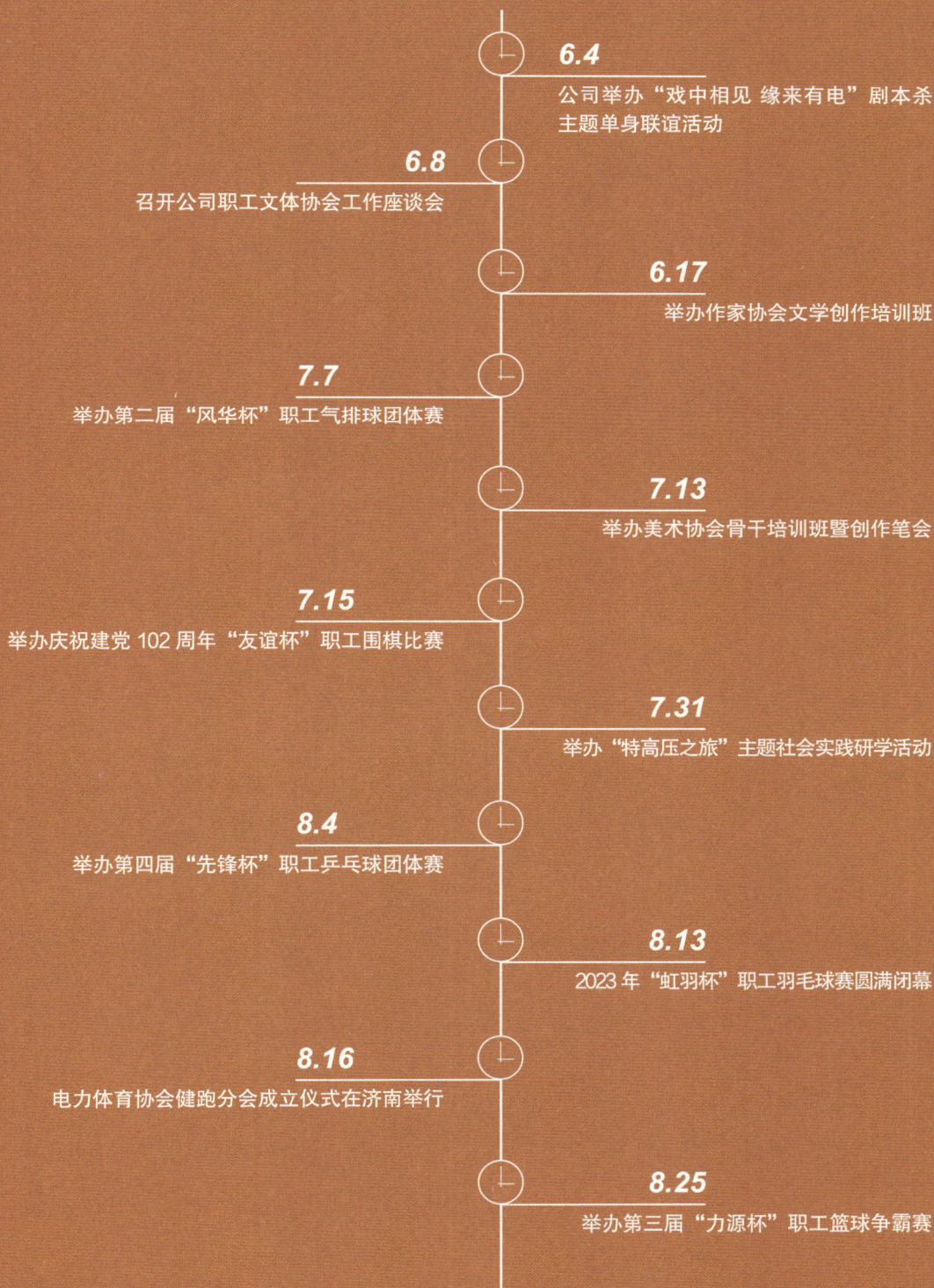

2023

6.4
公司举办"戏中相见 缘来有电"剧本杀主题单身联谊活动

6.8
召开公司职工文体协会工作座谈会

6.17
举办作家协会文学创作培训班

7.7
举办第二届"风华杯"职工气排球团体赛

7.13
举办美术协会骨干培训班暨创作笔会

7.15
举办庆祝建党102周年"友谊杯"职工围棋比赛

7.31
举办"特高压之旅"主题社会实践研学活动

8.4
举办第四届"先锋杯"职工乒乓球团体赛

8.13
2023年"虹羽杯"职工羽毛球赛圆满闭幕

8.16
电力体育协会健跑分会成立仪式在济南举行

8.25
举办第三届"力源杯"职工篮球争霸赛

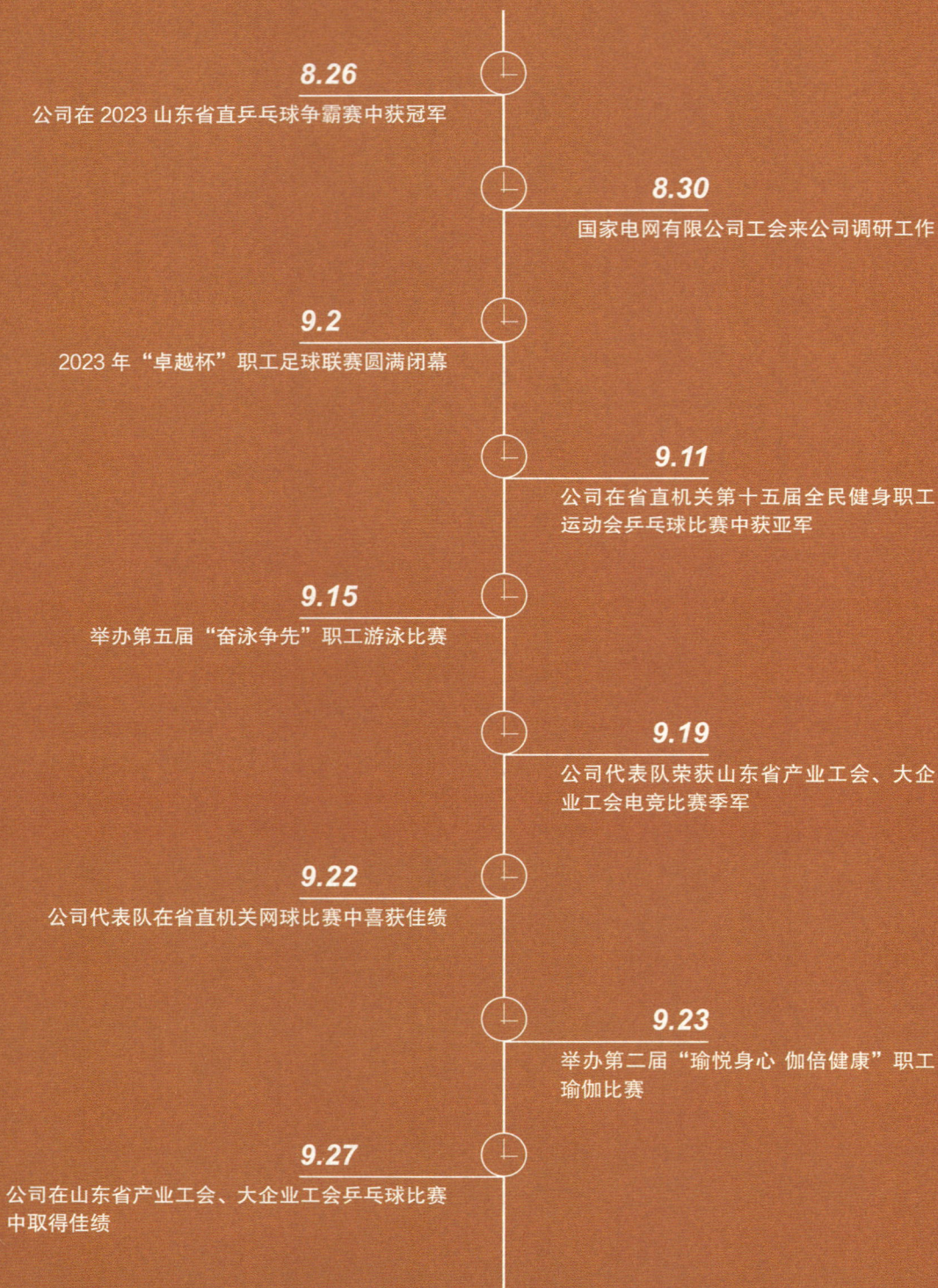

2023

8.26
公司在 2023 山东省直乒乓球争霸赛中获冠军

8.30
国家电网有限公司工会来公司调研工作

9.2
2023 年"卓越杯"职工足球联赛圆满闭幕

9.11
公司在省直机关第十五届全民健身职工
运动会乒乓球比赛中获亚军

9.15
举办第五届"奋泳争先"职工游泳比赛

9.19
公司代表队荣获山东省产业工会、大企
业工会电竞比赛季军

9.22
公司代表队在省直机关网球比赛中喜获佳绩

9.23
举办第二届"瑜悦身心 伽倍健康"职工
瑜伽比赛

9.27
公司在山东省产业工会、大企业工会乒乓球比赛
中取得佳绩

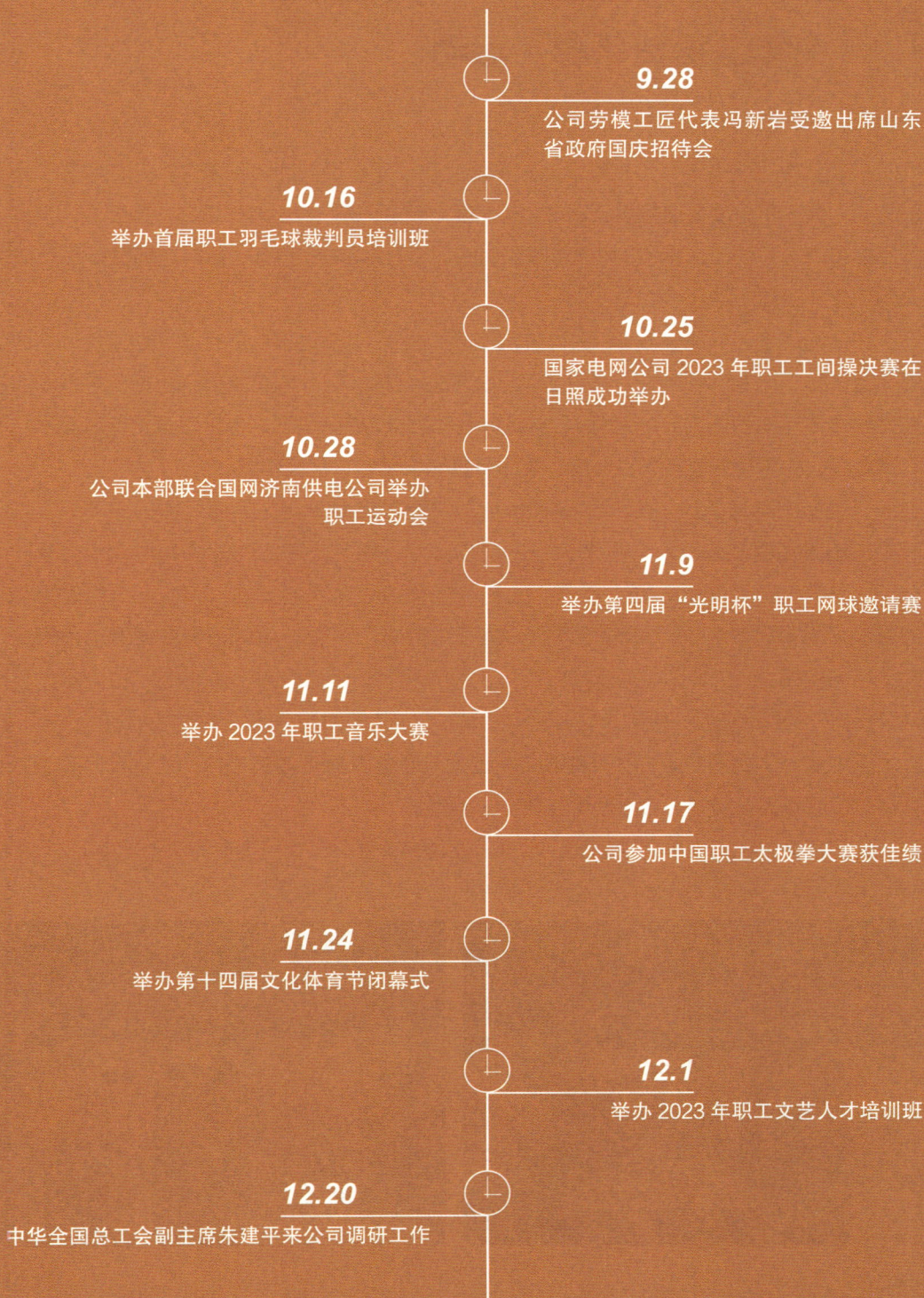

2023

9.28
公司劳模工匠代表冯新岩受邀出席山东省政府国庆招待会

10.16
举办首届职工羽毛球裁判员培训班

10.25
国家电网公司 2023 年职工工间操决赛在日照成功举办

10.28
公司本部联合国网济南供电公司举办职工运动会

11.9
举办第四届"光明杯"职工网球邀请赛

11.11
举办 2023 年职工音乐大赛

11.17
公司参加中国职工太极拳大赛获佳绩

11.24
举办第十四届文化体育节闭幕式

12.1
举办 2023 年职工文艺人才培训班

12.20
中华全国总工会副主席朱建平来公司调研工作

公司本部举办
"兔年送福贺新春"活动

　　"迎新春、贴福字"是中华民族的传统文化，新春佳节即将到来之际，为烘托节日喜庆气氛，促进有温度企业建设，2023年1月18日下午，公司本部工会、本部书画协会与国网山东信通公司、山东网瑞物产有限公司联合举办本部2023年"兔年送福贺新春"活动。公司工会主席韩丽雅出席活动。

　　在活动现场，韩丽雅观摩了职工书法作品，与职工书法家们进行了亲切交流，对大家的辛苦创作表示慰问和感谢，并向大家送上节日祝福。她叮嘱有关部门和单位要为职工参与文化体育活动创造良好的条件，为弘扬传统文化、丰富职工文化生活营造浓厚氛围，并称赞新春送福活动为凝聚职工力量、烘托节日气氛起到了积极作用。

　　"民安国泰逢盛世　风调雨顺颂华年""喜居宝地千年旺　福照家门万事兴"……一幅幅饱蘸墨香的春联，一个个大红的"福"字，饱含了浓浓的祝福和对新年的期盼。职工书法家们挥毫泼墨，精心创作，写出一幅幅各具风采的"福"字和一组组妙趣吉祥的对联。大家笔锋各异，或精巧隽秀，或苍劲有力，一撇一捺中无不凝聚着对美好生活的向往与祝福。

　　在送"福"活动中，每到一处，现场气氛热烈。大家纷纷表示，一幅幅大红的"福"字，让大家感受到了公司党委的关怀和企业的温暖，也感受到浓浓的年味，收获了满满的新春祝福，祝愿公司在新的一年各项事业更上一层楼。

　　公司工会、国网山东信通公司、山东网瑞物产有限公司有关负责同志参加活动。

公司举办
"瑞兔迎春春意闹"本部职工元宵节游艺活动

元宵节是中国的传统节日。2023年2月3日，公司本部举办以"瑞兔迎春春意闹"为主题的元宵节职工游艺活动，激发职工参与健身健心热情，更好地在"一体四翼"高质量发展中勇攀高峰。公司工会主席韩丽雅参加活动，并现场抽取了10名幸运奖。

吃元宵、猜灯谜、赏民俗，本次职工游艺活动突出知识性、趣味性、体验性、互动性等特点，线上线下同步开展。活动设置传统民俗、灯谜竞答、互动游戏、现场抽奖等环节。在民俗活动区域，大家纷纷参加元宵节传统习俗"猜灯谜"，观摩民俗师傅现场制作糖葫芦。工作人员及职工现场学习捏面人、制作糖画，亲身体验面塑和糖画制作乐趣，亲口品尝元宵等食品美食。在游戏体验区，大家争先参与飞兔奔月、超级飞镖、电子枪打气球、趣味套圈等民俗游艺活动。在互动游戏环节，在场职工在主持人的组织下，踊跃参与爆破气球游戏，现场气氛十分热烈。活动同步开展了"线上元宵游艺会"。2023年2月3日至5日，职工纷纷登录S365 App，参与了线上猜灯谜、才艺展示等活动。

这次游艺活动内容丰富多彩，现场气氛热烈，大家团结互助，文明参赛，展示出公司职工良好的精神风貌，增强了职工之间的感情沟通和生活交流，提升了职工的幸福感、获得感，使广大职工亲身感受到了企业大家庭的温暖。

山东电力
职工足球、网球训练基地建成启用

2023 年 2 月 7 日，公司工会主席韩丽雅到体育文化分公司开展工作调研，并为山东电力职工足球、网球训练基地揭牌。

在工作调研座谈会上，韩丽雅对体育文化分公司在改革过渡期内，一手抓资产管理、俱乐部帮扶等重要改革任务，一手抓 S365 平台建设等创新发展业务的做法给予充分肯定。她指出，S365 平台作为体育文化分公司当前的主营业务，在支持"幸福助力杯"驻济单位十项交流赛、文创大赛、"出彩国网人"等工会活动中发挥了十分重要的作用。针对下一步工作，韩丽雅强调，一是要继续依托 S365 平台做好工会各项活动的宣传、运维与支撑，协助完善公司"职工之家"改版，创新打造移动的"职工之家"。二是要发挥自身优势，加大与各医疗机构的沟通交流，通过多方合作共享，让职工真正享受到更多实惠、便利的健康服务。三是要加强与国家电网公司工会的沟通汇报，紧密做好配合，高质量承接各类文体活动，努力在工会工作数字化转型、创新提升中发挥好"三个平台"作用。

公司后勤部、工会负责人，体育文化分公司领导班子成员参加座谈。

公司本部举办
"三八"妇女节庆祝活动

2023 年 3 月 8 日，在国际劳动妇女节到来之际，公司本部举办"奋进新时代　巾帼绽芳华"主题庆祝活动，向全体女职工致以节日问候，引导广大女职工凝聚争先士气、展现巾帼风采，在工作和生活中做最好的自己，在公司"一体四翼"高质量发展中勇攀高峰。公司工会主席韩丽雅参加活动。

本次活动突出趣味性、体验性、互动性等特点：现场设置"英姿飒爽"穿搭指南、"精神焕发"手工咖啡体验、"甜美生活"西点烘焙、"馨香满溢"精油香薰制作、合影打卡留念、美食品鉴等活动区域；邀请专业老师现场讲解，设计形式多样的体验环节，女职工根据自身兴趣选择参加项目，还为每位女职工送上一束鲜花，表达节日的美好祝福。活动内容丰富，现场气氛热烈，欢声笑语不断。

来自公司本部各部门、有关单位的 270 多名女职工参加了活动。通过现场学习交流体验，不仅丰富了女职工的业余生活，缓解了紧张的工作压力，而且还加深了同事友谊，提升了女职工的满足感和幸福感，让广大女职工能够以更加饱满的热情、最佳的精神状态投入到工作生活中，奋战新征程、迎接新挑战、展现新作为，为加快建设具有中国特色国际领先的能源互联网企业贡献巾帼力量。

公司举办
2023 年 "走向卓越" 春季健步行活动

2023 年 4 月 8 日，公司在齐河黄河水乡国家湿地公园举办"聚力攀高峰　矢志勇争先" 2023 年 "走向卓越" 春季健步行活动。公司副总经理刘伟生，公司时任总会计师马瑞霞，工会主席韩丽雅，来自公司本部工会各分会以及国网德州供电公司、国网齐河县供电公司的 700 余名职工参加了活动。

本次健步行的活动线路是沿黄河水乡国家湿地公园园内道路环行一周，行程约 11 千米。职工通过"S365"App 进行报名，佩戴统一发放的号码布和计时芯片参加活动。为体现同级别竞赛的公平性，增强活动的吸引力和趣味，激发大家的参与热情，本次健步行根据职工性别和年龄进行分组，共分为女子飞跃、劲走、健步组和男子飞跃、劲走、健步组 6 个组别。

在完成流畅、充分的热身运动后，上午 9 时，随着一声清脆的发令枪响，健步行活动正式开始。广大员工齐心协力、奋勇争先，一边感受大自然清新的空气，一边享受运动带来的畅快，用坚实的脚步向着终点迈进。历时 2 个多小时，参加活动的员工全部顺

利抵达终点。最终每个分组的前三名、共 18 名员工荣获健步达人奖，10 名员工通过现场抽奖获得幸运奖，所有现场参与人员均获得参与奖，在运动的同时也收获了快乐。

　　今年以来，公司工会不断深化"职工文化生态圈"建设，努力建设有温度的企业，切实增强职工的获得感、幸福感。本次健步行特别设置了公司两会"12 字"精神特质宣传、有奖拼图等活动，将主题学习融入运动健身过程中，寓教于乐。活动还在起终点现场设置群众性互动专区，其中游戏区包括趣味套圈、趣味投篮、桌上冰壶、趣味保龄球等多类游戏，参加健步行的员工可根据规则自行选择多种游戏进行参与，赢得纪念奖品。简餐区提供面包、红茶、水果等能量简餐，以及德州扒鸡、风味点心等特色食品，方便职工在运动后补充能量，恢复体力。应急保障区在为活动提供应急保障的同时，向广大员工宣传普及应急知识，获得大家的一致好评。

公司举办

"奋进新征程 建功新时代"职工宣讲比赛

"从抗美援朝到脱贫攻坚，从保家卫国到乡村振兴，从第一书记到供电所长，延续的是军人的红色血脉，传承的是党的红色基因……"2023年4月13日，公司"奋进新征程建功新时代"职工宣讲现场比赛在济南举办。27名宣讲人紧密结合党的二十大精神，深入挖掘基层班组、职工学习宣传贯彻党的二十大精神的生动实践，以声情并茂的宣讲，引导职工提高站位、强化担当，以高度自信主动践行新时代工人阶级的使命担当。

宣讲活动旨在深入宣传党的二十大精神提出的重大思想观点、重大制度安排、重大工作部署，通过宣讲进一步引导职工深刻领悟"两个确立"的决定性意义，增强"四个意识"、坚定"四个自信"、做到"两个维护"，以讲传声、以讲化人，切实加强职工思想政治引领。

自2023年3月20日活动开始以来，公司系统各单位经过精心选拔，认真准备，共推荐27名选手参赛。比赛现场，各选手坚持政治性、思想性、艺术性相统一，弘扬主旋律、传递正能量。作为人大代表的班长、"一带一路"上的电力好儿女、电费红色娘子军、鸡鸣岛上坚守24载的掌灯人、面对艰难抉择的电力援藏人……随着宣讲人字正腔圆、感染力强的宣讲，一个个感人至深、血肉丰满的电力人形象跃然眼前，彰显了广大一线职工的爱岗敬业和铁军精神。

"奋进新征程 建功新时代"职工宣讲比赛成绩榜

★★★ 一等奖 ★★★

序号	宣讲成果	主创人					宣讲人	单位
1	征程刚延进 凤霞犹漫天	戚 岩	马庆法	侯云婷	吴延进	吕锦绣	侯云婷	国网济南供电公司
2	"一带一路"上的 电力好儿女	邱绪尧	李 超	娄 欣	杨昆仑	吴 迪	邢雪芹	国网山东超高压公司
3	英雄血脉铸就 铁军精神	白玉娥	张 琳	孔 琳	鞠 振	李 国	毛 静	国网泰安供电公司
4	弘扬工匠精神 续写时代华章	陈 菁	白秉鑫	张潇丹	于 瑾	任 伟	陈 菁	国网烟台供电公司
5	永不停歇的脚步	李昕伟	张 坤	曹维时			李昕伟	国网山东党校
6	老吴的三色人生	王智刚	成良浩	刘 杰			成良浩	国网滨州供电公司
7	践诺二十四载 甘做鸡鸣岛上的 掌灯人	姜红胜	鞠淑娜	王录刚	王怀洲		张芷毓	国网威海供电公司

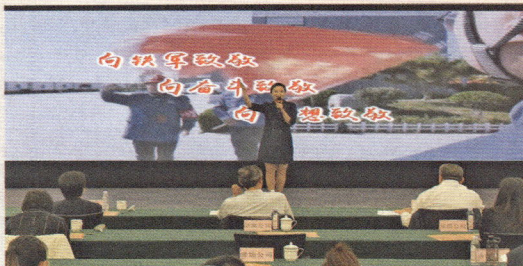

★★★ 二等奖 ★★★

序号	宣讲成果	主创人					宣讲人	单位
1	学习二十大精神 勇攀新时代高峰	赵文锦	李 天	李 剑			李春东	国网淄博供电公司
2	梦圆黄河滩	张福印	陈 琳	柳 波	赵思鉴	胡艺伟	胡艺伟	国网菏泽供电公司
3	我们是电费红色娘 子军	陆 媛	徐 璐	田梦雨	刘宏国	解 磊	陆 媛	国网山东营销服务中心
4	守护万家灯火 演绎最美青春	张 弛	徐韫玉	安晓华	王 欢	王儒新	何芳婷	国网日照供电公司
5	抉择	段昌一	王 红	张建敏	凌小茹		伏奕曈	国网临沂供电公司
6	铁塔留印跨天堑 奋勇争先山送人	傅一凡	崔 婷				傅一凡	山东送变电工程 有限公司
7	追光	贾 童	刘 慧	朱子剑	韩金林	姬晟翔	贾 童	国网山东建设公司
8	从"你的样子" 看"自信自立"	葛 亮	孟 博	张 鹏	伊西娟	张兰燕	张智禹	国网潍坊供电公司

续　表

序号	宣讲成果	主创人	宣讲人	单位
9	我的班长是"人大代表"	秦建华　韩广瑞　张连凯	韩广瑞	国网聊城供电公司
10	勇敢的你向前一步	黄　涛　董　翠　邵　欣　张焕云	辛卫环	国网德州供电公司

★★★ 三等奖 ★★★				
序号	宣讲成果	主创人	宣讲人	单位
1	电力机器人智能尖兵，"锐"不可挡	吴琼珊　王兴光　李春彦　马翠兰　赵　珊	赵　珊	国网智能公司
2	柔肩担重任 榴花结硕果	吕高科　王玉莹　宋　畅　周立人　陈广巍	王玉莹	国网枣庄供电公司
3	科技赋能 初心接力	韩　悦　刘国玉　田镕嘉　郑珊珊　张　劲	韩　悦	国网山东电科院
4	他和他的3万4千小时	刘子函　黄　华　赵丽娜　王新惠	刘子函	国网山东信通公司
5	坚守三十载 平凡铸微光	李怡帆　刘　浩　张　正　张浩田　王　琨	李怡帆	国网莱芜供电公司
6	以青春之我奋斗新时代	李伟建　程海涛　王晓静　吴凤春	于文洁	国网青岛供电公司
7	乘风奋进的经研人	郑　征　曾凡斐　叶　涵	曾凡斐	国网山东经研院
8	以自我之奉献 成万家之光明	杨家铭　王俊峰　马克敏　程志红	杨家铭	国网临沂供电公司
9	以青春之名 赴时代之约	刘学文　司志远　马　贺　耿春燕	司志远	国网济宁供电公司
10	赤诚之心 薪火相传	孙　健　崔连君　刘雪芳　郭奉胜　马梦岩	薄瑞霖	国网东营供电公司

公司职工荣获

全国电力行业宣讲比赛"金牌宣讲员"

2023年6月20日，"奋进新征程 建功新时代"全国电力行业学习宣传贯彻习近平新时代中国特色社会主义思想和党的二十大精神宣讲比赛决赛在吉林省举行。公司职工邢雪芹代表国家电网公司参赛，与电力行业14家单位的53名选手同台竞技，最终荣获"金牌宣讲员"称号。

本次全国电力行业宣讲比赛由中国能源化学地质工会全国委员会举办，参加宣讲比赛的选手均为各单位严格筛选的成绩优异者。来自国网山东超高压公司的职工邢雪芹在公司决赛、国家电网公司决赛中过关斩将、脱颖而出，以《"一带一路"上的电力好儿女》为主题，讲述了国网山东超高压公司赴巴运维人员以习近平新时代中国特色社会主义思想为指引，全力参与到中巴经济走廊建设的先进事迹，赞颂了他们克服重重困难，顺利完成了工程联网、商业投运等一项项艰巨任务，推动共建"一带一路"高质量发展的责任担当，全面展现了中国质量和国家电网品牌形象。精彩的宣讲和感人的内容赢得了现场评委的一致好评。

公司举行
庆祝"五一"国际劳动节劳模表彰大会

2023年4月28日，公司举行庆祝"五一"国际劳动节劳模表彰大会展现劳模风采、感悟劳模精神，发扬"12字"精神特质，凝聚勇攀"一体四翼"高峰的强大合力。公司时任董事长、党委书记蒋斌，时任总经理、党委副书记钱平为公司十大劳模颁奖，党的二十大代表、大国工匠、全国劳模冯新岩，全国技术能手、齐鲁大工匠黄华为十名电网工匠颁奖。公司领导董京营、孙国宇、刘伟生、郑建雄、卢刚、韩丽雅出席大会。

会议指出，过去一年，公司上下紧紧围绕迎接和学习宣传贯彻党的二十大精神这一主线，攻坚克难、拼搏奋进，打赢了电力保供等一场场大仗硬仗，取得了新高地建设等一次次创新突破，擦亮了"宜商三电"等一个个金色品牌。成绩的背后，凝结着公司广大干部职工的心血和汗水，特别是受表彰的劳模先进，在平凡岗位上干出了不平凡的业绩，是我们学习的榜样。

会议强调，公司上下要对标先进，追随信仰之光，筑牢理想信念

根基，始终"听党话、跟党走"；深植为民服务情怀，在服务大局、服务人民中体现个人价值、成就精彩人生。要追随奋斗之光，培养爱岗敬业、精益求精的优秀品质；弘扬勇攀高峰、敢为人先的创新精神，以创新思维破解发展难题，以高地标准提升工作质效。要追随榜样之光，营造见贤思齐的浓厚氛围；建好联系职工的桥梁纽带，让劳动最光荣、劳动最崇高、劳动最伟大、劳动最美丽蔚然成风。

会上，大家共同观看了电网工匠专题片，感受了工匠们精益求精、专业专注的工匠精神。通过"讲政治、精业务、敢斗争、勇争先"四个篇章，十大劳模深情讲述了一个个感人至深的故事，生动展现了"爱岗敬业、艰苦奋斗、勇于创新、甘于奉献"的劳模精神。表彰大会在合唱司歌《光明之路》中落下帷幕。

会前，蒋斌、钱平、韩丽雅在本部接见了公司十大劳模。公司一级职员、助理、副总师，本部各部门副主任及以上人员，公司巡察组组长、副组长，有关单位领导班子成员，2023年公司十大劳模、电网工匠在主会场参加大会。

"大国工匠"冯新岩走进工地开展宣讲活动

为认真学习宣传贯彻党的二十大精神，大力弘扬劳模精神工匠精神，按照国家电网公司劳模进工地、进班组、进校园、进社区"四进"工作部署，2023年4月7日，党的二十大代表、大国工匠年度人物、国家电网公司特等劳模、国网山东超高压公司变电检修中心五级职员、电气试验班副班长冯新岩及其身边同事，到齐河500千伏变电站新建工程开展了"永远跟党走　奋进光明路"首场宣讲活动，向工程人员讲述他立足岗位建功成长历程和奋斗故事。

冯新岩向工程项目人员讲述了他参加党的二十大会议感想及立足岗位、学习创新、苦练技术技能故事。他表示，党的二十大为我们描绘了中国式现代化的宏伟蓝图，学习弘扬并贯彻落实党的二十大精神是每名党员和国网人肩负着的光荣使命。冯新岩的同事郭柯辛和吕晓禄，分别讲述了个人在冯新岩的影响带动下，如何实现自我突破与成长成才经历。

宣讲活动采取"线上＋线下"形式举行，国网系统近14万

名员工通过书香国网 App 收看活动直播。

聆听宣讲的人员被冯新岩踏踏实实钻研技术、孜孜以求创新突破的敬业奋斗精神所感动。大家纷纷表示将以冯新岩同志为榜样，学习发扬好劳模精神、劳动精神和工匠精神，撸起袖子加油干，齐心合力攻坚工程建设，确保安全优质 高效完成项目建设任务。

公司劳模工匠代表出席山东省政府国庆招待会

2023 年 9 月 28 日，山东省人民政府举行国庆招待会，庆祝中华人民共和国成立 74 周年。山东省委书记林武，省委副书记、省长周乃翔，省政协主席葛慧君，省人大常委会副主任、党组书记杨东奇等省领导出席活动。公司职工冯新岩受邀出席，是受邀出席的全省 5 名劳动模范和先进工作者代表之一。

在招待会上，省领导与中外人士欢聚一堂，共庆佳节。周乃翔代表省委、省政府，向全省人民致以节日祝贺，向在鲁的香港同胞、澳门同胞和海外侨胞致以亲切问候，向长期以来关心支持山东发展的国际友人表示诚挚感谢。在喜庆欢快的乐曲声中，各界宾朋畅叙友情、共话发展，祝愿伟大祖国繁荣昌盛、各族人民幸福安康。

吉尔吉斯斯坦副总理埃迪尔·拜萨洛夫，省领导张海波、宋军继，柬埔寨驻济南总领事山索峰，外国驻鲁总领馆代表，外国友人代表，港澳台同胞和华侨代表，山东省劳动模范和先进工作者代表，省各民主党派、工商联负责人和无党派人士代表，省直有关部门（单位）负责同志，部分大企业负责人等参加招待会。

党的二十大代表、山东省总工会兼职副主席，国网山东超高压公司变电检修中心五级职员、电气试验班副班长冯新岩，从事特超高压电网电气试验一线工作 20 余年，曾荣获 2022 年"大国工匠年度人物"、全国五一劳动奖章、山东省劳动模范、山东省优秀共产党员、国家电网公司首席专家等称号。

中华全国总工会
文工团到公司进行慰问演出

2023 年 5 月 7 日，"中国梦·劳动美——凝心铸魂跟党走　团结奋斗新征程"中华全国总工会文工团慰问演出活动暨庆祝"五一"国际劳动节劳模表彰颁奖仪式在国网日照供电公司圆满结束，这是全国总工会文工团首次走进公司系统演出。全国总工会文工团党委书记、团长钱磊，省总工会党组成员、副主席史玉良，日照市人大常委会副主任、市总工会主席李仲强，公司工会主席韩丽雅出席活动。

活动表彰了国网日照供电公司 2023 年先进集体和劳模工匠。钱磊和史玉良分别为 2023 年获奖集体全国工人先锋号、日照市五一先锋单位、日照市五一先锋号颁奖。李仲强和韩丽雅分别为山东省劳动模范、日照市劳动模范、第五届日照工匠、国网日照供电公司劳动模范及电力工匠颁奖。

全国总工会文工团带来的《美好祝福》《最美是你》《劳动者最美》《丝路画卷》《欢歌笑语》等 9 个节目，与公司职工倾情演唱的歌伴舞《光明之路》共同组成了异彩纷呈的视听盛宴，表演者们娴熟优美的舞蹈、悦耳动听的歌声、扣人心弦的民乐、诙谐幽默的相声等文艺形式赢得了现场观众的热烈掌声。当《光明之路》音乐响起，全场观众深受感染，台上台下齐声合唱，更是将整场演出活动推向了高潮。

国家电网有限公司

职工董事、工会主席王海啸一行来公司调研指导工作

2023 年 5 月 18 日，国家电网有限公司职工董事、工会主席王海啸一行到国网烟台供电公司调研指导工作，看望慰问一线职工，实地了解职工关心关爱等工作，深入基层开展为职工办实事专题调研，对公司创新创效工作给予高度评价。公司工会主席韩丽雅陪同调研。

在山东电力职工文艺创作基地，王海啸参观了职工书法、美术、摄影、篆刻展及职工民俗文化展，观看了国网烟台市蓬莱区供电公司职工业余艺术团的原创文艺节目，对职工业余艺术团坚持 27 年"自编、自演、演自己"的做法表示肯定，对公司结合实际创新落实"有温度国网家园"建设给予赞扬，要求继续发扬传统，创造更多的文艺精品。在调研刘家沟和养马岛供电所时，他详细了解了供电所"五小 + '班组文化'"、职工创新实训等工作，对公司采取的一系列助推供电所业务提质增效、为民服务等创新性举措给予高度评价，并代表国家电网公司工会现场慰问一线职工。在山东电力海缆运检中心，王海啸一行实地调研了中心文化展厅和海缆监控指挥大厅，听取了业务开展情况汇报，询问了解了海上风电建设、海缆防外破、人员配置等工作开展情况，要求切实做好特殊艰苦环境职工的关心关爱。在烟台市职工创新创效服务基地，王海啸在听取了烟台市职工创新创效工作汇报后，与工匠代表进行现场座谈交流，对国网山东电力联合地方工会，积极发挥供电力量，深化职工创新创效，推动产业工人队伍建设改革的做法给予充分肯定。

公司承办山东省能源局
"光明先锋杯"第二届山东省能源行业乒乓球比赛

2023年6月3日，由山东省直机关工委、山东省能源局、国网山东省电力公司联合主办，国网潍坊供电公司承办的"光明先锋杯"第二届驻济能源企业乒乓球比赛在山东鲁能乒乓球学校圆满收官。公司代表队荣获亚军。公司时任副总经理董京营、工会主席韩丽雅出席活动。

本次比赛以"发展绿色能源，助力动能转换"为主题，旨在深入贯彻国家"双碳"目标，大力倡导绿色低碳、健康环保理念。来自省直机关工委、省能源局以及驻济南能源企业等15支队伍、127名队员参加比赛活动。经过精彩激烈、紧张有序的角逐，水发集团、国网山东电力、省直机关工委代表队分获比赛冠、亚、季军，山东能源集团、三峡新能源山东分公司、中国华电山东公司、国家能源山东电力、大唐山东发电有限公司代表队获得优胜奖，公司取得该项赛事历史最佳成绩。

比赛活动加深了各单位间的沟通了解，激励各方聚力同行、共赢发展，以更加昂扬的斗志、饱满的热情投身到高质量发展新征程，为推进绿色低碳高质量发展先行区建设、构建现代能源体系做出新的更大贡献。

活动期间，公司工会主席韩丽雅到国网潍坊供电公司开展专题调研，听取该公司为职工美好生活赋能"六项激活"行动等工作汇报，慰问了一线班组职工代表，并先后深入到职工文体活动中心、员工关爱中心、智能运检基地实地调研，对潍坊公司各项工作给予充分肯定。

公司召开

职工文体协会工作座谈会

2023年6月8日，公司职工文体协会工作座谈会在济南召开。公司工会副主席刘凯、张平出席座谈会，各协会承办单位工会副主席、协会秘书长参加会议。

会上，25个职工文体协会总结了本协会上半年工作开展情况，梳理了下半年重点任务，并对加强全省职工文体场所建设提出了意见建议。会议对协会工作提出三点要求。一要充分认识加强职工文体活动的重要意义。职工文体活动是工会工作的重要组成部分，是工会履行职责的重要载体，是主责主业。要提高站位，将职工文体活动与公司中心工作相结合，通过活动凝心聚力，促进职工身心健康，推动公司高质量发展。二要超前谋划，合理安排。各协会要坚持常态化、普及化、大众化，坚持节俭办活动原则，各项活动安排既要避开春秋检等重要工作时段，又要做到全年均衡开展。三要加强职工文体人才队伍建设。要针对职工文体人才断层等问题，加强职工文化体育培训，吸引更多年轻职工参与协会活动，培养职工"达人"，要创新活动组织形式，搭建职工展示才华的舞台平台，涌现更多"出彩国网人"。

公司举办
职工文学创作培训班

2023 年 6 月 17 日至 18 日，公司在泰安举办文学创作培训班。中国电力作家协会副主席潘飞出席开班仪式并讲话，中国电力作家协会副秘书长周玉娴出席，国网山东电力作家协会有关负责人、职工文学创作骨干、职工文学爱好者 60 余人参加活动。

潘飞传达了辛保安董事长在中国电力作家协会第四次代表大会上的讲话精神，宣贯了 2023 年中国电力作协重点工作安排，号召国网山东电力作家协会深入学习贯彻党的二十大精神，坚定推进文化自信自强，要结合重大事件、重点工程、重要典型奋力打造新时代电力文学精品力作，不断开拓电力文学新境界，创建电力文学新高峰，全力推进 "新时代电力文学攀登计划" 在国网山东电力落地实施。

培训班邀请中国电力作家协会副秘书长周玉娴、山东省作家协会副主席铁流、山东文艺出版社夏海涛等专家进行授课，专家们分享了小说、散文、戏剧等多种文学体裁的创作心得。讲解《脊梁》《万松浦》杂志投稿的流程及注意事项，广泛征求学员关于走基层采风活动的意见建议。培训班进一步落实了国家电网公司关于繁荣职工文学创作的部署安排，有助于创作更多具有鲜明电力特色的精品文学作品，为繁荣电力职工文学创作再添动力，为电力事业蓬勃发展注入文学动能。

公司作家协会将以本次培训为契机，充分发挥协会承办单位示范带动作用，服务基层，统筹谋划文学创作、项目扶持、传播转化等各项工作。积极搭建平台、畅通机制，推出务实有效的创作扶持资助计划，动员电力作家坚守文学理想，精心倾心打造原创文本、创作更多更好的电力文学精品，为"一体四翼"高质量发展作贡献。

公司荣获山东省第十三届
全民健身运动会太极拳比赛团体一等奖

　　2023 年 6 月 29 日，由山东省总工会、山东省体育局等 9 部门主办的山东省第十三届全民健身运动会太极拳比赛在威海落下帷幕。公司代表队从 29 支代表队 300 余名运动员中脱颖而出，共荣获集体项目一等奖 1 个、三等奖 1 个，个人项目一等奖 10 个、二等奖 10 个、三等奖 8 个。公司代表队荣获本次比赛团体一等奖。

　　本次比赛由公司委托国网山东电力太极拳协会精心组织、统筹协调，按照比赛要求选拔了 18 名太极拳爱好者组队。代表队全体成员刻苦训练，全力准备，团结协作，克服种种困难全身心投入比赛训练中，最终凭借扎实的基本功与过硬的心理素质，从激烈角逐中脱颖而出，勇夺佳绩。

公司举办第二届
"风华杯"职工气排球团体赛

　　骄阳明媚，小暑至；鲁电健儿，展风采。2023年7月7日至8日，公司第二届"风华杯"职工气排球团体赛在国网德州供电公司举办。来自全省17个地市公司、5个支撑单位的22支代表队、260余名运动员参加比赛。

　　此次比赛为男女混合五人制气排球团体赛，分为小组循环赛积分赛和交叉淘汰赛两个阶段。活动旨在积极推进气排球运动项目发展、锻炼职工体魄、丰富职工业余文化生活，全力提升职工气排球竞技能力和水平。

　　赛场上，运动员们精诚团结、顽强拼搏，一次次精彩地传球、扣杀、拦网，充分展现了大家昂扬向上的精神风貌和努力拼搏的竞技精神，将比赛推向一个又一个高潮。

　　经过两天激烈的比拼，决出比赛前六名。通过此次比赛有效增强了广大员工体魄，营造出积极向上、健康和谐的良好氛围，进一步提升了团队凝聚力和战斗力，让员工们以更加饱满的热情、更加昂扬的精神状态投入到工作和生活中去。

★★★ 第二届"风华杯"职工气排球团体赛成绩榜 ★★★

1. 国网临沂供电公司
2. 国网德州供电公司
3. 国网潍坊供电公司
4. 山东网瑞物产有限公司
5. 国网淄博供电公司
6. 国网聊城供电公司

优秀组织奖

国网济南供电公司	国网烟台供电公司
国网济宁供电公司	国网滨州供电公司

体育道德风尚奖

国网青岛供电公司	国网泰安供电公司
国网枣庄供电公司	国网威海供电公司
国网菏泽供电公司	国网东营供电公司
国网莱芜供电公司	国网日照供电公司
国网山东物资公司	国网山东电科院
国网山东建设公司	山东送变电工程有限公司

公司举办
美术协会骨干培训班暨创作笔会

2023 年 7 月 13 日至 14 日，国网山东电力美术协会骨干培训班暨创作笔会在国网济宁供电公司举办。来自公司系统的近 50 名美术骨干参加了培训。

授课老师为学员讲解了中国画发展史，山水画、花鸟人物画的临摹写生技巧，并对学员作品进行点评，解疑释惑，交流创作心得。活动期间，学员还到济宁美术馆开展现场观摩。大家纷纷表示，这次培训受益匪浅，提高了美术素养和技能，增进了友谊，下一步努力创作优秀美术作品，生动展现公司改革发展成果和职工队伍风采，为助力公司勇攀"一体四翼"高峰贡献力量。

公司举办

庆祝建党 102 周年"友谊杯"职工围棋比赛

2023 年 7 月 15 日至 16 日，公司庆祝建党 102 周年"友谊杯"职工围棋比赛线下决赛在国网聊城供电公司举办，来自全省 11 家地市公司、4 家支撑单位的 36 名选手齐聚水城、逐鹿赛场。

赛场上，棋手们缜密思考、沉着应战，享受着对弈的乐趣。他们或静思默想、思维敏捷，或眼疾手快、招招紧逼，或双眉紧锁、纵观全局，每一颗棋子的起伏运行都体现了耐心与智慧。棋手们本着"友谊第一、比赛第二"的竞技精神和"以棋会友、切磋棋艺"的交流原则，相互尊重，同台竞技，精心布局，攻守有度，整场比赛精彩纷呈，始终洋溢着紧张、拼搏、向上的气氛。

经过两天七轮的激烈比拼，最终，决出了前十名、团体奖和优秀组织奖。

此前，国网山东电力棋牌协会开展了线上预选赛，81 名选手共进行 8 轮 328 台次预选赛，比赛前 32 名与上届比赛优秀选手共同晋级本次决赛。

★★★ 庆祝建党 102 周年"友谊杯"职工围棋比赛成绩榜 ★★★

团体奖		个人奖	
一等奖	山东送变电工程有限公司	一等奖	刘振山　国网德州供电公司
二等奖	国网临沂供电公司	二等奖	何子亨　国网山东信通公司
	国网威海供电公司		杨　春　山东送变电工程有限公司
三等奖	国网潍坊供电公司		赵加雷　国网临沂供电公司
	国网德州供电公司	三等奖	仝庆宇　山东送变电工程有限公司
	国网聊城供电公司		王兆坡　国网临沂供电公司
优秀组织奖			陈雪峰　国网菏泽供电公司
	国网聊城供电公司		许晓芳　国网东营供电公司
	国网烟台供电公司		张乐亭　国网潍坊供电公司
			于富泷　国网滨州供电公司

公司举办

"特高压之旅"主题社会实践研学活动

2023年7月31日，公司成功举办了"特高压之旅"主题社会实践研学活动，来自公司本部和部分驻济单位的共30名职工子女报名参与。

本次社会实践研学活动是应广大干部职工需求，为方便初高中阶段的职工子女在暑期开展社会实践及研学活动而统一组织的活动。活动分为特高压变电站生产现场观摩、国网山东超高压公司党代表工作室和大国工匠创新工作室参观、大国工匠精神宣讲等主题教学部分。

在特高压泉城变电站，活动人员参观了特高压设备区、主控室、智能巡检机器人、无人机巢、消防队应急演练等演示。泉城站运维人员用通俗易懂的语言详细介绍了泉城站作为山东省首座特高压变电站重要意义、变电站运行方式、智能运检技术等情况，现场观看了无人机自主巡视，使活动一行人员身临其境感受到山东电网的高速发展及大国重器的魅力。

公司举办第四届
"先锋杯"职工乒乓球团体赛

2023 年 8 月 4 日，公司第四届"先锋杯"职工乒乓球团体赛在国网济宁供电公司举办，公司一级职员安兆勇出席开、闭幕式并为获奖人员颁奖；公司工会、国网济宁供电公司有关负责人出席开闭幕式。

乒乓球运动在公司系统有着十分深厚的群众基础，是繁荣职工文化的重要载体。本次比赛共有来自全省 26 支队伍的 190 余名职工参加，比赛分为 8 个小组进行积分赛，小组前两名进行淘汰赛，直至决出冠军。赛场上，运动员们顽强拼搏、奋勇争先，一个个精彩绝妙的发球、承接、扣杀引得观众阵阵喝彩。各代表队赛出了风格、赛出了水平。经过一天紧张激烈角逐，最终，国网威海、临沂、潍坊、淄博、济南、青岛、菏泽供电公司和公司本部分获一至八名。

✦✦✦ 第四届"先锋杯"职工乒乓球团体赛成绩榜 ✦✦✦

团体成绩

1. 国网威海供电公司
2. 国网临沂供电公司
3. 国网潍坊供电公司
4. 国网淄博供电公司
5. 国网济南供电公司
6. 国网青岛供电公司
7. 国网菏泽供电公司
8. 国网山东省电力公司本部

嘉宾组成绩

1. 李作兵　国网山东省电力公司本部
2. 彭国平　国网青岛供电公司
3. 崔法强　国网山东省电力公司本部
4. 李　龙　国网济南供电公司
5. 郑　凯　山东鲁软数字科技有限公司
6. 郭学林　国网山东电科院
7. 边海生　国网莱芜供电公司
8. 房　明　国网枣庄供电公司

公司举办

2023 年"虹羽杯"职工羽毛球赛

2023 年 8 月 11 日至 13 日，公司 2023 年"虹羽杯"职工羽毛球总决赛在国网滨州供电公司举行。公司一级职员安兆勇，工会、滨州公司负责同志参加活动并为获奖人员颁奖。

本次比赛包括单项决赛、团体赛、2023 年新员工赛三项赛事，历时 2 天半，来自 28 个单位的 304 名羽毛球爱好者欢聚一堂，盛况空前。赛场上，选手们脱下工装换上运动装，精神抖擞的身影在赛场中跳跃、穿梭，将扣球、劈杀、吊球等球技展现得淋漓尽致，大家活力四射、奋力拼搏；赛场外，选手转身变成"啦啦队"，鼓掌声、加油声、喝彩声此起彼伏，充满了整个球场。最终国网东营供电公司获团体赛冠军，11 个单项冠军被国网东营、临沂、聊城、莱芜、日照、威海、烟台供电公司选手摘得。

此前，"虹羽杯"职工羽毛球片组赛于 7 月 29 日至 30 日和 8 月 5 日至 6 日，分别在国网聊城、莱芜供电公司举办，共有 225 名选手参加角逐，经过 254 场比赛，共 17 个单位 66 人进入六个单项的片组前四名参加决赛。

国网山东电力羽毛球协会用好比赛平台，比赛组织、协会管理、球队发展"三位一体"

打出一套组合拳。2023 年 8 月 11 日，公司羽毛球协会召开 2023 年年会，一是审议通过了协会章程，系统规划了协会的日常管理、运行机制，以及比赛、训练、裁判、场地等。二是成立了国网山东电力羽毛球队，一队为当前优秀选手，代表省公司组队参加全国及省级各项外部比赛；二队由优秀青年选手组成，作为一队的预备队。球队实行球员淘汰递补制，设置领队和教练组。

年会指出，羽毛球协会实行年会制度、主动开展课题研究、成立省公司球队、增设新员工比赛都是首创，是一次很好的探索尝试，为各协会强化自我管理、自我发展提供了借鉴推广的范本。会议要求，协会管理、活动组织一要围绕"服务企业、服务职工"的职责来开展，承担起"为电网放歌、为职工抒写"的使命任务，让职工能够健康生活、快乐工作；二要抓好统筹兼顾，正确处理好文体活动与业务工作之间的关系；三要坚持勤俭办事，确保工会经费用在刀刃上，花在职工身上。各项文体活动做到活泼热烈不张扬；文体场所建设做到经济实用不豪华。

★★★ 2023 年"虹羽杯"职工羽毛球赛成绩榜 ★★★

团体成绩

1 国网东营供电公司
2 国网临沂供电公司
3 国网山东省电力公司本部
　 国网济南供电公司
5 国网聊城供电公司
　 国网德州供电公司
　 国网菏泽供电公司
　 鲁软科技公司

男子单打

1 周鸿业　国网东营供电公司
2 杨永康　国网潍坊供电公司
3 常　青　国网青岛供电公司
　 葛怀梁　国网日照供电公司

女子单打

1 马　群　国网临沂供电公司
2 师　帅　国网济宁供电公司
3 李　敏　国网德州供电公司
　 付桂红　国网东营供电公司

男子双打

1 王　一　张泽龙　国网聊城供电公司
2 张冉冉　武孟秋　国网临沂供电公司
3 杨继春　王　帅　国网泰安供电公司
　 李林聪　邓化运　国网山东电科院

女子双打

1 张玉倩　纪永芹　国网莱芜供电公司
2 胥　芳　徐园园　国网济南供电公司
3 付桂红　温彩霞　国网东营供电公司
　 陈文丽　师　帅　国网济宁供电公司

混合双打

1 张泽龙　陶玉民　国网聊城供电公司
2 刘永锋　贾晗雪　国网青岛供电公司
3 檀翠真　王桂娟　国网菏泽供电公司
　 葛　华　纪永芹　国网莱芜供电公司

95+ 双打

1 孙家信　蔡世迪　国网日照供电公司
2 贺振国　曹　勇　国网德州供电公司
3 于继恩　孙　鑫　国网山东省电力公司本部
　 曹梁军　檀翠真　国网菏泽供电公司

新员工赛男子单打

1 董金镛　国网威海供电公司
2 程　钎　国网济南供电公司
3 王延浩　国网淄博供电公司
　 刘茂康　山东送变电工程有限公司
5 郑遵国　国网聊城供电公司
　 史文轩　国网青岛供电公司
　 许金戈　国网德州供电公司
　 丁　冉　国网枣庄供电公司

新员工赛女子单打

1 孙姗姗　国网聊城供电公司
2 刘帅瑶　国网烟台供电公司
3 公冶令姣　国网济宁供电公司
　 武奕彤　国网济南供电公司
5 宋永秀　国网枣庄供电公司
　 丛冰玉　国网威海供电公司
　 张艺萱　国网日照供电公司
　 冯佳琳　国网菏泽供电公司

新员工赛男子双打

1	董金铺	马文强	国网威海供电公司
2	郑遵国	题　恒	国网聊城供电公司
3	杜东旭	杜政奇	国网滨州供电公司
	侯启鑫	史文轩	国网青岛供电公司
5	刘茂康	李柏阳	山东送变电工程有限公司
	王延浩	于泽旭	国网淄博供电公司
	程　钎	李元良	国网济南供电公司
	董鑫剑	丁　冉	国网枣庄供电公司

新员工赛女子双打

1	刘帅瑶	宋蓓蓓	国网烟台供电公司
2	亓俊鹏	武奕彤	国网济南供电公司
3	杨子菲	马东伟	国网泰安供电公司
	袁梦寒	杨可欣	国网东营供电公司
5	姜建文	公冶令姣	国网济宁供电公司
	李　扬	赵慧灵	国网青岛供电公司
	丛冰玉	江淑娜	国网威海供电公司
	冯佳琳	刘　平	国网菏泽供电公司

新员工赛混合双打

1	题　恒	孙姗姗	国网聊城供电公司		5	邓惠璨	刘　平	国网菏泽供电公司
2	杜东旭	陈思敏	国网滨州供电公司			孙丰田	马东伟	国网泰安供电公司
3	修炳杰	宋蓓蓓	国网烟台供电公司			王若镍	曹心宁	国网山东信通公司
	郭之栋	李菲菲	国网德州供电公司			于泽旭	张梦媛	国网淄博供电公司

国网山东省电力公司2023年"虹羽杯"职工羽毛球总决赛

电力体育协会
健跑分会成立仪式在济南举行

2023 年 8 月 16 日，电力体育协会健跑分会成立仪式在济南莱芜举行。中国电力企业联合会副秘书长、电力体育协会第七届理事会会长沈维春，电力体育协会第七届理事会秘书长王宏斌，国家电网公司（分会会长单位）工会宣教文体部部长赵秀坤出席仪式。公司（分会执行会长单位）一级职员安兆勇致辞，公司工会副主席刘凯讲话。国网浙江省电力公司、中国三峡新能源（集团）股份有限公司、浙能台州发电厂等 5 家分会副会长单位代表，秘书长单位负责人，会员单位代表以及 30 位健跑爱好者参加仪式。仪式结束后，沈维春副秘书长一行到国网莱芜供电公司调研指导工作。

健跑运动有着广泛的群众基础，深受职工喜爱，是一项非常有益、老少皆宜的有氧运动，有助于提高职工身体素质、增强心肺功能、减少疾病发生。健跑分会的成立，将为广大电力职工搭建交流互动、组织参与、增强体质、分享健康的良好平台，吸引更多职工参与健跑运动，进一步促进健跑运动的普及和发展，助力健康中国建设。健跑分会将重点做好三方面工作：一是全心推动健跑运动发展。强化分会自身管理，加强健跑运动线下活动组织

和线上平台建设，积极推动电力行业职工健跑运动向着规范、科学、有序的方向蓬勃发展。二是精心打造健跑运动品牌。依托 S365 职工运动健康平台，加大健跑运动宣传力度，创新健跑活动开展方式，为广大电力职工带来线上线下相融合的健跑新体验，打造和擦亮电力健跑运动品牌。三是用心服务广大职工。树立竭诚服务职工的理念，用分会的力量凝聚和吸引广大职工参与健跑运动，掀起职工全民健身热潮，让职工体会到健跑分会大家庭的温暖，形成热爱体育、崇尚健身、关心健康的浓厚氛围。

在调研中，沈维春一行听取了健康小屋建设和管理应用情况汇报，体验了智能体检终端、便携式健康一体机等检测设备，参观了文体协会活动场所和自助洗车点，着重听取了国网莱芜供电公司文艺协会、读书协会、篮球协会和足球协会的工作汇报，对该公司全方位健康管理和丰富多彩的职工文化生活给予充分肯定，认为该公司立足职工需求和企业发展需要，职工活动中心建设有特点、活动开展有特色、为职工办实事有温度，真正实现了为职工美好生活需要服务、为企业高质量发展服务的目标。

国网浙江省电力有限公司工会、公司工会、国网山东体育文化分公司负责人，国网莱芜供电公司有关负责人参加调研并交流工作。

公司举办第三届
"力源杯"职工篮球争霸赛

2023 年 8 月 25 日至 27 日，公司第三届"力源杯"职工篮球争霸赛在国网枣庄供电公司举办。公司工会副主席刘凯出席开幕式并宣布比赛开幕，公司工会、国网枣庄供电公司有关负责人出席开闭幕式并为获奖人员颁奖。

本次比赛赛期两天半，共有 170 余名领队、教练、运动员参加。比赛划分 4 个小组进行单循环积分赛，小组第一名进行淘汰赛，直至决出冠亚季军。此前，全省共有 29 支队伍分 4 个片组参加了片组赛，12 支队伍脱颖而出。

经过激烈角逐，国网济宁供电公司荣获冠军，国网烟台供电公司荣获亚军，国网德州供电公司荣获季军，国网济宁供电公司队员李书贺荣获"最有价值球员"称号；国网济南供电公司等 5 个公司荣获优秀组织奖，公司本部与体育文化公司联队等 4 支队伍荣获道德风尚奖。

公司篮球协会邀请专业团队对本次比赛进行现场直播，组织志愿者对参赛队伍进行一对一服务，为场内外提供全方位比

赛保障服务，确保了比赛的高质量举办。比赛期间，还举行了趣味篮球挑战赛活动，设置3个篮球挑战项目，丰富运动员赛程空闲时间，得到了大家的一致好评。

✦✦✦ 第三届"力源杯"职工篮球争霸赛成绩榜 ✦✦✦

🥇 冠军　国网济宁供电公司
🥈 亚军　国网烟台供电公司
🥉 季军　国网德州供电公司

最有价值球员
李书贺　国网济宁供电公司

优秀组织奖
国网济南供电公司
国网潍坊供电公司
国网泰安供电公司
国网枣庄供电公司
国网日照供电公司

道德风尚奖
国网山东省电力公司本部与体育文化分公司联队
国网滨州供电公司
国网山东电科院
国网山东超高压公司

公司举办
2023 年"英大人寿杯"职工骑行比赛

2023 年 8 月 26 日，公司举办 2023 年"英大人寿杯"职工骑行比赛，来自淄博、莱芜、泰安、济宁、枣庄、潍坊、日照、临沂 8 个地市公司参赛选手在蒙阴云蒙湖主赛场参加比赛，其他地市公司、各支撑单位在属地同步开展比赛活动。公司工会主席韩丽雅出席主赛场活动并鸣枪开赛。

本次比赛为个人精英计时赛，比赛全过程 18 公里，分男子组和女子组，间隔 1 分钟先后检录发车。比赛采取电子计时、终点录像，用时最少者名次列前，并分别设置团体奖、个人奖。经过激烈角逐，国网潍坊供电公司获得团体一等奖，国网济宁、临沂供电公司获得团体二等奖，国网泰安供电公司等 5 个公司获得团体三等奖。国网临沂供电公司陈锐等 10 名队员获得个人金牌。

职工骑行比赛已成为公司系统文化体育活动的重要内容和品牌赛事，受到广大职工的热烈欢迎和踊跃参与。下一步，公司工会将继续积极推广自行车运动，以"全民健身促进全民健康"为宗旨，积极倡导时尚、健康、环保、向上的生活理念，鼓励和引导广大职工积极参加骑行活动，绿色出行，低碳生活，凝聚起建设具有中国特色国际领先的能源互联网企业的强大力量。

在临沂期间，韩丽雅到国网临沂供电公司盛庄供电所慰问了一线职工，并深入临沂公司职工之家和临沂技能实训站进行了现场调研。

★★★ 2023 年"英大人寿杯"职工骑行比赛成绩榜 ★★★

团体奖		个人金牌	
1	国网潍坊供电公司	陈　锐	国网临沂供电公司
2	国网济宁供电公司	曹衍佩	国网济宁供电公司
3	国网临沂供电公司	庄所玉	国网济宁供电公司
4	国网泰安供电公司	张安东	国网泰安供电公司
5	国网日照供电公司	刘　晓	国网泰安供电公司
6	国网淄博供电公司	齐乃胜	国网潍坊供电公司
7	国网枣庄供电公司	宋汝丛	国网泰安供电公司
8	国网莱芜供电公司	刘　峰	国网济宁供电公司
		满光涛	国网潍坊供电公司
		李　欢	国网日照供电公司

国家电网有限公司工会
副主席田晓蕾一行来公司调研工作

2023 年 8 月 30 日，国家电网有限公司工会副主席田晓蕾一行到国网山东省电力公司体育文化分公司、国网济南供电公司开展"送文化到基层"慰问活动，实地调研 S365 职工运动健康平台、"五小 +"供电所建设等工作情况。公司工会主席韩丽雅陪同调研。

在体育文化分公司，田晓蕾详细了解了体育文化分公司总体工作情况汇报，现场观摩了职工数字化服务平台，并召开工作座谈会，听取 S365 平台运营情况汇报及国家电网公司 2023 年职工工间操大赛筹备情况汇报。田晓蕾对公司多年来在支持工会、服务职工方面作出的积极努力表示感谢，对公司职工数字化服务平台建设探索、工间操大赛筹备工作给予充分肯定，希望共同努力把国家电网公司工间操大赛办好办出精彩。在国网济南供电公司历城仲宫供电所，田晓蕾先后到综合实训室、职工书屋、健身活动室、自助营业厅，详细了解"五小"供电所建设和职工生产生活情况，并为职工送去书画、书籍等文化用品和防暑降温慰问品，对公司工会在关心关爱职工、推进"五小"建设等方面取得的成效给予充分肯定，勉励大家持续发扬"电力铁军"精神，保持好健康的体魄和阳光的心态，努力为国网公司"一体四翼"高质量发展作出新的更大贡献。

韩丽雅对国家电网公司工会长期以来的关心支持表示感谢。她表示，公司将深入落实国家电网公司工会关心关爱职工、为职工办实事的部署要求，迭代升级 S365 平台，精心筹备好国家电网公司职工工间操大赛，用心做好各项服务保障，积极为建设有温度的国网家园贡献山东力量。

公司举办
2023年"卓越杯"职工足球联赛

2023年9月2日，公司"卓越杯"职工足球联赛在济南圆满落幕。公司工会、国网济南供电公司工会负责人出席闭幕式并颁奖。

本次联赛自7月21日开赛，采用9人制模式，分预决赛两个阶段，先由四大片组赛决出前八名，再会师决赛争夺冠军，共有38家单位组成的25支代表队700余人参赛。各单位坚持友谊第一、比赛第二，以球会友、奋力争先，充分展现了高超的技术水平、默契的团队配合和良好的球品球风。经一个半月的精彩角逐，决出了比赛前4名和优秀组织奖、体育道德风尚奖，联赛同时评选了卓越射手、卓越守门员、卓越运动员。

为把公司"卓越杯"职工足球联赛办成一次精彩、热烈、团结、奋进的体育盛会，承办单位国网济南供电公司高度重视、用心谋划、精心筹备，与各单位密切配合、团结协作，确保了赛场内外既有全力以赴的较量比拼，更有温暖彼此的慰藉祝福，谱写了"各美其美、美美与共"的佳话，为当前及今后各项工作再登新高、再创佳绩注入了强劲动力。

★★★ 2023年"卓越杯"职工足球联赛成绩榜 ★★★

冠　军　国网青岛供电公司
亚　军　国网淄博供电公司
季　军　国网临沂供电公司
第四名　国网山东省电力公司本部
卓越射手　徐鸿鹏　国网青岛供电公司
卓越运动员　李静鹏　国网临沂供电公司
　　　　　张　帝　国网山东省电力公司本部
卓越守门员　杨沂霖　国网淄博供电公司

优秀组织奖

国网济南供电公司
国网淄博供电公司
网潍坊供电公司
国网临沂供电公司

体育道德风尚奖

国网济南供电公司
国网烟台供电公司
国网聊城供电公司
国网菏泽供电公司

公司在省直机关第十五届
全民健身职工运动会再创佳绩

2023年9月中旬，在山东省直机关第十五届全民健身职工运动会比赛中，公司乒乓球代表队荣获混合团体亚军、网球代表队勇夺3个第一名、5个第二名、6个第三名。

共有98支代表队的546名运动员参加本次乒乓球比赛，设置甲组、乙组、厅级干部组、混合团体五人对抗赛四个组别；混合团体赛分组循环赛，交叉淘汰赛。比赛中，参赛选手们身手敏捷、尽显风采，展现了良好的精神风貌。经过两天混合团体比赛的精彩角逐获得亚军，创出该项赛事历史最佳成绩。

在网球比赛，公司代表队参加全部7个单项赛，最终以总积分201分高分，夺得了3个第一名、5个第二名、6个第三名的成绩，展现了公司职工昂扬向上、拼搏登高的精神风貌。

本次网球比赛共设7个单项赛事，经过紧张激烈、层层角逐，公司中年混双比赛包揽前三名，中年男双、女双比赛分别获得第一、二名；青年女单、男双比赛分别获得第二、三名，青年男单、女双比赛均获第三名，充分展现山东电力"旗帜领航再登高　创新驱动走在前"的风采面貌。

公司举办
第五届"奋泳争先"职工游泳比赛

2023 年 9 月 15 日，公司第五届"奋泳争先"职工游泳比赛在青岛成功举办。公司工会有关负责人出席开幕式并宣布比赛开幕，来自公司系统各单位的 21 支游泳代表队、142 名运动员参加了开幕式。

经过一天激烈的角逐，最终国网威海、淄博、烟台、青岛、聊城等供电公司获得团体总分前八名，同时还评选了"奋泳争先"奖、道德风尚奖、优秀组织奖等奖项。

"奋泳争先"职工游泳比赛是公司文化体育节的重要组成部分。在国网山东电力游泳协会的组织下，游泳活动蓬勃开展，广大游泳爱好者利用业余时间积极参加训练，发扬了顽强拼搏、奋勇争先的精神，锻炼出了一支善游善战的游泳队伍，展现出了山东电力职工良好的精神风貌。

国网青岛供电公司作为公司游泳协会承办单位，在日常工作中做到了规范会员管理，重视活动品牌策划，连续承办五届"奋泳争先"职工游泳比赛，精心开展赛事组织，提供优质保障服务，形成了越来越多的职工参与协会活动的良好局面，"奋泳争先"品牌知名度持续提升。

✦✦✦ 第五届"奋泳争先"职工游泳比赛成绩榜 ✦✦✦

团体奖

1　国网威海供电公司
2　国网淄博供电公司
3　国网烟台供电公司
4　国网青岛供电公司
5　国网聊城供电公司
6　国网山东超高压公司
7　国网临沂供电公司
8　国网济宁供电公司

单项奖

甲组混合接力第一名		国网烟台供电公司
乙组混合接力第一名		国网威海供电公司
女子甲组 100 米蛙泳第一名	李　慧	国网聊城供电公司
女子甲组 100 米自由泳第一名	李晓路	国网淄博供电公司
男子甲组 100 米蛙泳第一名	王秀龙	国网临沂供电公司
男子甲组 100 米自由泳第一名	阎炳水	国网淄博供电公司
女子乙组 100 米蛙泳第一名	邹含秀	国网威海供电公司
女子乙组 100 米自由泳第一名	邹含秀	国网威海供电公司
男子乙组 100 米蛙泳第一名	俞　隆	国网山东超高压公司
男子乙组 100 米自由泳第一名	俞　隆	国网山东超高压公司

优秀组织奖

国网山东超高压公司
国网威海供电公司
国网临沂供电公司
国网青岛供电公司
国网烟台供电公司
国网淄博供电公司
国网济宁供电公司
国网德州供电公司

道德风尚奖

国网滨州供电公司
国网日照供电公司
国网泰安供电公司
国网东营供电公司
国网聊城供电公司
国网莱芜供电公司

奋泳争先奖

山东送变电工程有限公司
国网山东建设公司
国网菏泽供电公司
国网济南供电公司
国网山东信通公司
国网山东经研院
国网智能公司

公司代表队在山东省
产业工会、大企业工会系列体育比赛中获佳绩

2023 年 9 月 19 日，2023 年度山东省产业工会、大企业工会电子竞技比赛在青岛落下帷幕，公司代表队夺得决赛季军。本次比赛共有来自全省 19 支代表队 200 名电竞高手参赛。国网山东信通公司充分发挥组织优势，选拔了来自济宁、菏泽、莱芜、信通公司、智能公司、鲁软科技的 8 名选手参赛。赛场上，选手们一路过关斩将以小组赛 4 场全胜的战绩昂首挺进淘汰赛，最终获得竞赛季军，展现了优质的企业形象和昂扬的职工精神风貌。

2023 年 9 月 22 日，2023 年度山东省产业工会、大企业工会男子 640 公斤级拔河比赛在德州齐河县落下帷幕。来自全省不同行业和岗位的 12 支队伍参加比赛，经过三天的循环式竞技，最终公司代表队以小组第三成绩出线，取得全省第六的好成绩。为组织好本次比赛，德州公司选拔了 12 名队员参赛，聘请专业拔河教练进行 15 天的赛前集训。赛场上，队员们积极发扬"一根绳、一股劲、一条心、一个梦"的精神，展现出了电力铁军拼搏奋进的良好精神风貌，也充分体现了"拼搏奋进　运动同行"的比赛主题。

2023 年 9 月 27 日，2023 年山东省产业工会、大企业工会乒乓球赛在青岛落下帷幕，公司代表队夺得团体第六名。国网潍坊供电公司职工刘凯荣获男子组单打第四名，国网济宁供电公司职工时群荣获女子组单打第四名。本次比赛共有 14 支队伍、67 名队员参赛。比赛过程中，公司选手们拼搏的精神和精湛的球技赢得阵阵掌声与喝彩，展现了山东电力职工的良好精神风貌。

公司举办
第二届"瑜悦身心　伽倍健康"职工瑜伽比赛

2023 年 9 月 23 日，公司第二届"瑜悦身心 伽倍健康"职工瑜伽比赛在威海圆满落幕，来自公司系统的 21 支代表队共 122 名选手参加比赛。

本次赛事由公司工会主办，国网威海供电公司承办。本次比赛设团体赛和个人赛两个赛段。参赛选手伴随着优美的音乐，完成各种瑜伽体式，舒展有方，伸屈自如，各种动作一气呵成，充分展现了瑜伽运动的迷人魅力。经过三个多小时的比赛，分别评选出了团体赛奖项和个人赛奖项。

瑜伽，作为一项群众喜闻乐见的全民健身项目，在公司各单位拥有良好的群众基础，自 2018 年国网山东电力瑜伽协会成立后，更进一步促进了健身瑜伽的推广普及。

本次比赛各单位参赛选手不仅体验到了身心的放松和平静，更是深度认识自己，发现了内在力量和智慧，构建了"赛事竞技 + 身心提升 + 互动交流"的文体活动融合发展新格局。

★★★ 第二届"瑜悦身心 伽倍健康"职工瑜伽比赛成绩榜 ★★★

团体赛	个人赛
一等奖 国网威海供电公司	一等奖
二等奖 国网临沂供电公司	徐誉宁　国网威海供电公司
国网泰安供电公司	
国网聊城供电公司	二等奖
国网济南供电公司	李　霞　国网泰安供电公司
三等奖 山东送变电工程有限公司	陈思思　国网济南供电公司
山东网瑞物产有限公司	
国网淄博供电公司	三等奖
国网德州供电公司	彭　博　山东网瑞物产有限公司
山东鲁软数字科技有限公司	王一娟　国网临沂供电公司
国网烟台供电公司	胡龙云　山东送变电工程有限公司

公司举办
首届职工羽毛球裁判员培训班

2023 年 10 月 16 日，为期 3 天的公司首届职工羽毛球裁判员培训班在滨州成功举办，来自全省各地市公司及支撑单位共 60 余名羽毛球爱好者参加本次培训。本次培训采用考培一体模式，授课结束后开展理论和临场考试，考试成绩合格者颁发国家二级裁判员等级证书。

本次培训班邀请刚刚参加完杭州亚运会执裁的中国羽协裁委会委员吴健及国家级裁判员房继业老师授课，以中国羽毛球协会在 2023 年新修编的《羽毛球竞赛规则》为主线，结合比赛实际案例，为各位学员详解规则及临场执裁注意事项，同时指导比赛时组织编排，比赛活动策划及规范有序开展实施等内容。为帮助大家更好地理解与应用，在滨州东苑文体活动中心还进行了现场实操授课，现场讲解羽毛球比赛执裁。

本次培训班是 8 月份召开的国网山东电力羽毛球协会 2023 年年会确定的重要活动，补齐了协会运行中的一块短板。培训班由国网山东电力羽毛球协会组织、国网滨州供电公司羽毛球协会具体承办实施。培训得到了山东省、滨州市体育局、滨州市羽毛球运动协会的大力支持，派人观摩了培训过程，并对本次创新性举办企业职工裁判员培训班给予了肯定，同时表示将大力支持公司羽毛球运动。

公司圆满承办
国家电网有限公司 2023 年职工工间操决赛

2023 年 10 月 25 日，国家电网有限公司 2023 年"奋进新征程　建功新时代"职工工间操决赛在日照成功举办。国家电网公司职工董事、工会主席王海啸宣布决赛开幕，公司董事长、党委书记王志伟致辞，国家电网公司工会副主席、女工委主任田晓蕾主持开幕式，公司职工董事、工会主席韩丽雅出席开幕式。来自国家电网系统的 21 支代表队参赛。公司荣获金奖和突出贡献奖。

王海啸对公司圆满承办本次大赛表示感谢。他说，工间操是中华全国总工会和国家体育总局推广的群众性体育健身项目，推广工间操是国家电网公司今年为职工办实事的项目之一。今年年初，国家电网公司工会开设线上工间操推广专区，广大职工通过上传、观看、跟练的方式，踊跃参与工间操活动，激发了全民健身热情。举办这次职工工间操比赛，既是对工间操推广成果的一次集中检验，也是对普及工间操的再动员、再发力。王海啸指出，本次比赛赛事安排井然有序、协同高效。参赛队员英姿飒爽，编排新颖实用，充分展现了

国家电网人昂扬向上的精神风貌。希望各单位以此次活动为契机，将运动健身融入职工日常生活，以更加健康的体魄、更加旺盛的精力，投身公司"一体四翼"建设。

王志伟致辞说，国家电网公司2023年"奋进新征程　建功新时代"职工工间操决赛在山东举办，充分体现了国家电网公司工会对公司的信任、对职工体育文化发展的高度重视、对职工身心健康的关注关爱。一直以来，公司努力建设有温度的企业，打造了S365平台，连续举办了十四届职工文化体育节，每年开展各级各类体育文化活动1000余次，参与职工6万余人次。通过良好的体育文化生态，促进了职工身心健康，形成了"企业关爱职工、职工感恩企业"的良好氛围，汇聚起"再登高、走在前"的磅礴力量。王志伟表示，下一步，公司将认真落实国家电网公司工会部署，进一步推动工间操普及，繁荣职工体育文化，团结凝聚广大职工，为全面建设具有中国特色国际领先的能源互联网企业作出新的更大贡献。

本次决赛项目包括第九套广播体操和职工特色工间操两项比赛。经过激烈角逐，最终国网山东、安徽电力等10个单位获得金奖，国网浙江、福建电力等11个单位获得银奖。比赛还评选出优秀组织奖、最佳创意奖等奖项。

国家电网公司工会有关部门负责人、各参赛单位工会负责人；公

司总经理助理李政，公司工会、国网日照供电公司、国网山东体育文化分公司负责人和相关人员参加活动。

活动期间，王海啸、王志伟一行还到国网日照供电公司电运检中心、日照港进行调研，听取班组文化建设、班组大讲堂、人才培养等工作汇报，参观劳模创新实训室、党建活动室，并与一线劳模工匠亲切交流，强调要做好生命体班组建设，发挥劳模工匠传帮带作用，让劳模身边再出劳模、能手身边再出能手，示范带动广大职工成为创新能手和高技能人才。加强劳模工匠创新工作室机制建设，推进创新成果转化，让职工创新成果在实际工作中发挥作用、创造价值。

公司本部

联合国网济南供电公司举办职工运动会

2023 年 10 月 28 日，公司本部职工运动会暨国网济南供电公司第 23 届职工运动会在济南举行。来自公司本部、国网济南供电公司及所属县公司的 27 支代表队参加比赛。公司工会主席韩丽雅宣布开幕。

上午 9 时，"国旗""司旗""会旗""红旗"方队及各单位方队入场，整个入场仪式分为《歌唱祖国》《我们走在大路上》《走向复兴》《请您检阅》四大篇章，充分展现了广大职工"再登高、走在前"的昂扬斗志。开幕式上国网济南市历城区供电公司的合唱展演，赢得现场观众热烈的掌声。

　　本届运动会分拔河比赛、田径项目、技能项目、趣味项目四大类别的个人项目与团体项目，比赛设置知识竞答、智力拼图、齐心协力保安全、锚定目标、精工巧匠、步步高升、勇攀高峰等 63 个项目，省市县公司职工同场竞技，创历年来现场参加人数之最。

　　经过激烈角逐，爱普公司、长清公司、历城公司、公司本部、章丘公司及格瑞德公司 6 个代表队分别荣获团体总成绩前六名。公司本部、历城公司、商河公司 4 个代表队荣获"优秀组织奖"，变电检修中心、槐荫供电中心、森源控股公司 3 个代表队荣获"精神文明奖"。

　　本届运动会组织有序、内容丰富，全体运动员团结协作、顽强拼搏，赛出了水平，赛出了风格，赛出了友谊，展现了公司职工队伍努力超越、追求卓越的精神风貌。

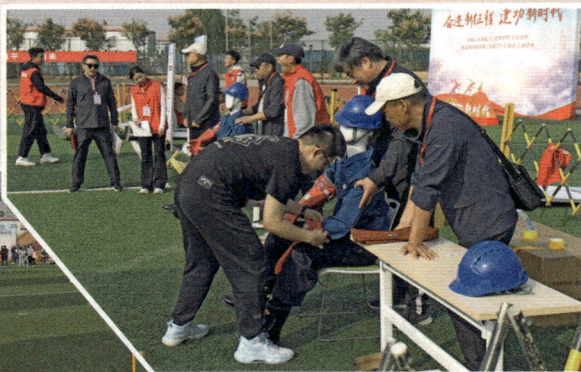

公司举办

第四届"光明杯"职工网球邀请赛

2023 年 11 月 9 日至 11 日，公司第四届"光明杯"职工网球邀请赛暨国网山东电力网球协会 2023 年年会在日照成功举办。公司一级职员安兆勇宣布比赛开幕，公司工会副主席刘凯出席开幕式。来自公司本部、各地市公司和支撑单位共 22 支代表队的 180 余人参赛。

本次比赛设置友谊赛、常规赛、金球赛三项赛事。经过激烈角逐，最终国网滨州、威海供电公司获得团体并列第一名，国网淄博、临沂供电公司等 6 个单位分获团体第三至第八名。公司本部、国网日照供电公司等 6 个单位获优秀组织奖，国网青岛供电公司、山东电科院等 11 个单位获道德风尚奖。比赛还评选出男子单打、双打前八名，女子单打、双打前八名，混合双打前八名，友谊赛前八名，金球赛男子、女子冠军。

赛事期间还召开了公司网球协会 2023 年年会。会上，安兆勇为国网山东电力网球协会授旗，公司工会副主席张平讲话，各单位参赛领队或网球协会负责人出席年会。年会听取了国网济南、济宁、威海和东营供电公司 4 家巡回赛承办单位的工作汇报，通过了《国网山东电力网球协会章程》，讨论了《国网山东电力网球协会 2024 年工作计划》。

国网山东电力网球协会按照公司第十四届文化体育节工作部署，以"工会搭台、基层承办、达人牵头"的模式，有力促进了有温度企业建设。协会勇于探索，将本次比赛和年会融为一体，通过比赛把全体网球爱好者组织起来，进行实战练兵、人才选拔、梯队建设。下一步，公司将结合协会自身特点，持续深入研究把握职工需求，推动协会活动更好地凝聚广大职工融入公司发展大局，为公司"再登高、走在前"提供坚强保障。

★ ★ ★ 第四届"光明杯"职工网球邀请赛成绩榜 ★ ★ ★

团体赛

1. 国网滨州供电公司
2. 国网威海供电公司
3. 国网淄博供电公司
4. 国网临沂供电公司
5. 国网济南供电公司
6. 国网泰安供电公司
7. 国网东营供电公司
8. 国网烟台供电公司

友谊赛双打

1. 王志伟　刘国明　国网泰安供电公司
2. 马建生　王　青　国网东营供电公司
3. 安兆勇　孙　涛　国网山东省电力公司本部
4. 杨德慈　王炳钧　国网烟台供电公司
5. 张　亮　刘海泳　国网滨州供电公司
6. 任　力　戚洋铭　国网威海供电公司
7. 王　浩　张　蒙　国网山东电科院
8. 王兆坡　魏洪昌　国网临沂供电公司

男子金球奖 刘海泳　国网滨州供电公司　　**女子金球奖** 毕静霞　国网淄博供电公司

男子单打

1. 戚洋铭　国网威海供电公司
2. 刘国明　国网泰安供电公司
3. 沙士超　国网山东体育文化分公司
4. 宋宏雷　国网东营供电公司
5. 张志豪　国网山东电科院
6. 戚文光　美里湖联队
   （国网山东建设公司
   国网山东超高压公司
   山东送变电工程有限公司
   国网智能公司）
7. 王炳钧　国网烟台供电公司
8. 郭顺森　国网青岛供电公司

女子单打

1. 毕静霞　国网淄博供电公司
2. 李红梅　国网滨州供电公司
3. 吴　静　国网淄博供电公司
4. 杨金玲　美里湖联队
   （国网山东建设公司
   国网山东超高压公司
   山东送变电工程有限公司
   国网智能公司）
5. 崔咏梅　国网济南供电公司
6. 徐　琳　国网日照供电公司
7. 郭　萱　国网烟台供电公司
8. 卜　寒　国网莱芜供电公司

男子双打

1 孙术伟 魏洪昌 国网临沂供电公司
2 车 明 李长久 国网威海供电公司
3 梁文祥 王 晔 国网淄博供电公司
4 焉树仓 李 峰 国网威海供电公司
5 徐晓强 孔庆立 国网济宁供电公司
6 朱志强 刘海泳 国网滨州供电公司
7 晋 京 马小伟 国网日照供电公司
8 范云鹏 李卫胜 国网山东省电力公司本部

女子双打

1 吕 梅 吕 艳 国网滨州供电公司
2 李 玮 杨彩云 国网泰安供电公司
3 侯 婷 吴小川 国网山东省电力公司本部
4 万 红 傅 梅 国网烟台供电公司
5 王大鹏 张春秋 国网山东电科院

混合双打

1 李雪燕 武 刚 国网济南供电公司
2 张 霞 刘 勇 国网滨州供电公司
3 巩 静 李文成 国网临沂供电公司
4 张荣华 高贵云 国网东营供电公司
5 李 娟 侯冠清 国网济宁供电公司
6 杨德慈 陈 佩 国网烟台供电公司
7 周清会 杨冉昕 国网威海供电公司
8 黄海静 张 民 国网济南供电公司

公司举办
2023 年职工音乐大赛

2023 年 11 月 11 日，公司"旗帜领航再登高　创新驱动走在前"2023 年职工音乐大赛在聊城圆满落下帷幕。

本次比赛共设职工原创歌曲和职工歌手大赛 2 项评比。其中原创歌曲独立评选，歌手大赛由职工歌手演唱职工原创歌曲。经过大赛组委会的精心筹备、各单位的鼎力支持、音乐爱好者的辛勤创作和广大职工的踊跃参赛，共征集《清风》等职工原创歌曲 29 首，共有来自国网济南、东营供电公司等 13 家地市公司和山东送变电工程有限公司的 48 名职工歌手报名参赛。

舞台上，选手们精神抖擞、倾情献唱，或个人独唱或多人组合，或弹奏吉他或伴以钢琴，或工装在身或华美礼服，他们用优美的旋律生动刻画国网人全力服务经济社会高质量发展的责任与担当，用跳动的音符全面展现山东电力人昂扬向上的精神风貌和实干担当的奋斗姿态，用饱满的热情唱响"一体四翼"高质量发展的新航程。一首首动听动情的歌曲，唱出了广大职工对党对国的感恩之情、坚定澎湃的爱企热情，以及新时代电力人奋力拼搏的万丈豪情，精彩的演唱让现场观众热血沸腾，赢得阵阵喝彩和掌声。

本次比赛邀请中国音乐家协会会员、中国好声音山东总决赛评委等知名音乐人担任比赛评委，评选出了"十佳原创歌曲"和"十佳歌手"，颁奖典礼将在公司第十四届文化体育节闭幕上举办。

本次比赛不仅是公司系统音乐创作人和广大音乐爱好者的盛会，也将为加强公司文体人才储备和培养打下坚实基础，国网山东电力音乐协会将紧紧围绕以职工为中心，积极开展丰富多彩、职工喜闻乐见的活动，持续活跃职工文化生活，团结动员广大职工为全面建设具有中国特色国际领先的能源互联网企业作出更大贡献。

★★★"旗帜领航再登高 创新驱动走在前"2023 年职工音乐大赛成绩榜★★★

十佳原创歌曲奖

《一阕爱莲说》　国网聊城供电公司	《最美电力人》　国网菏泽供电公司
《夜归人》　国网泰安供电公司	《信仰之光》　国网滨州供电公司
《永恒的信仰》　国网淄博供电公司	《一路芬芳》　国网泰安供电公司
《灿烂星河》　国网聊城供电公司	《电靓青春》　国网德州供电公司
《起点》　国网德州供电公司	《情暖山河》　国网临沂供电公司

优秀原创歌曲奖

《赋能新征程》　国网威海供电公司	《灯火人间》　国网济宁供电公司
《巡线路上（新）》　国网济南供电公司	《微光彩虹》　国网济宁供电公司
《清风》　国网济南供电公司	《点亮山川》　国网济宁供电公司
《共筑光明梦》　国网威海供电公司	《电力人的家常话》　国网潍坊供电公司
《光芒》　国网潍坊供电公司	《力量》　国网临沂供电公司
《缘来有电》　国网泰安供电公司	《我们是圣地人》　国网济宁供电公司
《电力档案工作者》　国网济宁供电公司	《写风的人》　国网淄博供电公司
《传承》　国网枣庄供电公司	

十佳歌手奖

《情暖山河》	孙　超、姜　磊、张　霞 孙冠军、王　宾、陈倩倩	国网临沂供电公司
《永恒的信仰》	黄文龙	国网淄博供电公司
《写风的人》	李娇娇	国网淄博供电公司
《光的模样》	王　帅	国网潍坊供电公司
《电靓青春》	刘　璐、李非凡	国网德州供电公司
《共筑光明梦》	张长胜	国网威海供电公司
《赋能新征程》	崔纪丽	国网威海供电公司
《因为有你》	朱伟浩	国网日照供电公司
《灿烂星河》	李建敏、孙庆钊、郭　洋	国网聊城供电公司
《清风》	刘子昂、许　伟	国网济南供电公司

优秀歌手奖

曲目	演唱者	单位
《夜归人》	王　雪、黄文龙（淄博公司）	国网泰安供电公司
《一阕爱莲说》	张　峰	国网聊城供电公司
《灯火人间》	顾　灏	国网济宁供电公司
《我们是圣地人》	刘海涛	国网济宁供电公司
《起点》	高　琦	国网德州供电公司
《光芒》	刘晨阳、孙　娜	国网潍坊供电公司
《最美电力人》	周国敬、李娇娇（淄博公司）	国网菏泽供电公司
《信仰之光》	丁士伦	国网滨州供电公司
《你我》	李文硕	山东送变电工程有限公司
《破晓》	张凯翔、张立宇、汤　华、孙　铭、秦铭玥	国网潍坊供电公司
《微光彩虹》	滑　夏	国网济宁供电公司
《电力人的家常话》	王　乾	国网潍坊供电公司
《电力档案工作者》	张飘羽	国网济宁供电公司
《传承》	杜育霏	国网枣庄供电公司
《有缘来电》	赵乐水、李文硕（送变电公司）	国网泰安供电公司
《巡线路上（新）》	魏　征	国网济南供电公司
《点亮山川》	孙凯静、杨潇珂、孙　宇、孔明阳	国网济宁供电公司
《力量》	管　明	国网临沂供电公司

公司参加
中国职工太极拳大赛获佳绩

2023 年 11 月 17 日至 19 日，由中国企业体育协会主办的以"聚焦职工体育 弘扬太极文化"为主题的 2023 年中国职工太极拳大赛在海南举行。公司代表队获个人项目一等奖 16 个、二等奖 12 个、三等奖 4 个，太极混编剑项目荣获集体项目第一名，被授予一等奖，公司被组委会授予优秀组织奖。

本次大赛是全国最大规模的职工太极拳大赛，被认证为中国职工体育 A 级赛事。在本次大赛中，取得较好成绩的运动员将获得中企体协认证的职工运动员等级资质。本次大赛致力于太极文化的传播、打造中国太极拳精品赛事，加强全民太极拳的普及，弘扬世界非物质文化遗产太极拳，向世界传播中华优秀传统文化。共有来自全国各地的 17 个省市 36 支代表队共 360 余名运动员同台竞技，以拳会友。

为确保比赛成绩，公司依托国网山东电力太极拳协会积极备赛，组织国网临沂、东营、烟台、菏泽供电公司和国网山东超高压公司的 16 名高水平太极拳爱好者齐聚菏泽，展开为期 9 天的集训，选手们认真学习、反复排练，努力将一招一式烂熟于心。11 月 18 日，大赛正式开赛。随着悠扬的音乐，选手们缓缓起势，个个气息沉稳、刚柔并济，松柔慢匀的马步，开合有序的动作，把太极拳中以柔克刚、中正安舒的特点逐一呈现，一招一式尽展中华太极的博大精深。集体项目中，大家动作整齐划一，一气呵成，场面恢宏，令人震撼。

国网山东电力太极拳协会成立于 2010 年，以"健康生活、快乐工作"为理念，以丰富职工文体生活为主导，以提升职工身心健康、陶冶职工情操为目的，以传承太极国粹文化为宗旨，扎实开展职工文化体育活动。一是推广太极运动，促进全员

健身。协会利用深厚的群众基础把职工文化活动作为精神文化生活的主要体现，在提升职工幸福感、获得感、价值感，增强企业凝聚力、向心力和战斗力方面发挥着重要作用。二是定期开展培训，提升会员技能。协会积极组织开展太极拳培训、推广和普及工作，大大提高了协会会员的技艺水平和参赛热情，发掘和培育了一大批骨干人才，吸引了越来越多的职工主动参与到太极拳运动中去。三是搭建竞技平台，获奖佳绩频传。

自 2017 年以来，协会积极组织优秀人才参加省级以上比赛，骨干人才王素英荣获中华人民共和国第十三届运动会群众性体育赛事吴式女子中年组个人第一名，太极混编剑荣获中华人民共和国第十四届运动会群众性体育项目集体项目团体三等奖，在国家电网公司工间操总决赛开幕式中大型太极表演《谁不说俺家乡好》，受到网省各级领导的好评。

公司第十四届
文化体育节圆满闭幕

2023 年 11 月 24 日，公司第十四届文化体育节闭幕式暨 2023 年职工音乐大赛颁奖仪式在聊城落下帷幕。公司工会主席韩丽雅出席活动并讲话。

韩丽雅在讲话中指出，本届文化体育节以"喜迎二十大　一起向未来"为主题，坚持思想引领，通过开展司歌传唱、劳模精神宣讲等文化主题活动和工间操、足球、篮球、气排球等健身体育活动，凝聚了智慧力量，彰显了职工精气神，引导广大职工坚定不移"听党话、跟党走，勇登高、走在前"。回顾本届文化体育节历程，有声有色有形有果，丰富了职工精神文化生活，愉悦了身心，陶冶了情操，提高了职工综合素质和健康水平，促进了公司和谐健康发展，实现了企业与职工的双赢，打造了一场别开生面、喜闻乐见的职工文化盛会。就办好第十五届文化体育节，她要求，一是要强化旗帜领航、坚持正确导向。要切实把党的决策和部署贯彻到各项活动之中，把党的意志和主张在潜移默化中融入广大职工心中。二是要强化服务职工、坚持创新驱动。坚持以职工为中心，突出"小型化、多样化、常态化、普及化"，提高活动覆盖面和职工参与度。三是要强化人才培养、坚持以人为本。充分利用

内外部资源，加强职工文艺人才培养和储备，加快建设一支高水平的职工文艺人才队伍。四是要强化阵地建设、坚持系统规划。坚持"因地制宜、配置均衡、安全便利、资源共享"，全面加强文体阵地建设，打造专业化的职工文化建设加油站。五是要强化品牌意识、坚持打造精品。要紧紧围绕勇攀"一体四翼"高质量发展高峰，集中力量创作一批精品力作，用职工作品展现新时代电网发展成就，讲好国网故事、讲好职工故事，绘就同心圆、凝聚正能量。

★★★ 第十四届文化体育节荣誉榜 ★★★

特殊贡献奖

国网菏泽供电公司
国网日照供电公司
国网山东体育文化分公司

优秀组织单位

国网济南供电公司　　　　国网临沂供电公司
国网青岛供电公司　　　　国网聊城供电公司
国网淄博供电公司　　　　国网山东经研院
国网烟台供电公司　　　　山东网瑞物产有限公司
国网济宁供电公司　　　　山东鲁软数字科技有限公司

公司举办
2023 年职工文艺人才培训班

2023 年 12 月 1 日，公司 2023 年职工文艺人才培训班在烟台市蓬莱区山东电力职工文艺创作基地圆满结业，为公司储备了更多的文艺人才，有利于公司先进职工文化的传承和有温度的企业建设。

公司职工文艺人才培训班于 2023 年 11 月 19 日开班，为期 14 天，旨在培养一批传递国网声音、讲好电力故事、具备文化艺术表现能力、符合职工文化繁荣要求的复合型电力人才。此次培训设置了播音主持与朗诵、声乐演唱（民族、美声、流行）、舞蹈表演（当代舞、古典舞、民族舞）、编创导演等 4 个培训类别。课程安排采取"艺"起学、"艺"起演的形式，以山东电力职工文艺创作基地为依托，在全省电力系统广泛推荐选拔优秀文艺后备人才，聘请 19 位享誉省内外专家老师授课。来自公司系统的 77 名学员参加培训学习、文艺创作及才艺交流。

在培训班结业仪式上，汇报展示了阿卡贝拉《龙的传人》、蒙古舞《白马》、朗诵《风雨彩虹》《我是光荣的国家电网人》、情景表演《一堂编导课》等 15 个课程节目，全面展现了学员在专业技术、理论水平、综合素养等方面取得的进步提升和创新创意能力。

公司将以此次培训为契机，使用山东电力职工文艺创作基地，积极搭建"小荷人才"培养平台，储备更多的文艺人才，不断创作出留得下、传得开，思想精深、艺术精湛、制作精良的精品力作，努力打造公司先进职工文化亮点和有温度的企业特色品牌。

中华全国总工会
副主席朱建平来公司调研工作

　　2023 年 12 月 20 日，中华全国总工会副主席朱建平一行到烟台市职工创新创效服务基地、山东电力职工文艺创作基地现场调研，详细了解公司职工创新创效、职工之家、文化生态圈建设等工作，对服务基地的建设成效、公司职工创新、职工之家及职工文艺建设等工作给予充分肯定。中国能源化学地质工会主席蔡毅德，山东省总工会党组成员谭博，烟台市人大常委会副主任、市总工会主席刘森，公司工会主席韩丽雅参加调研活动。

　　在烟台市职工创新创效服务基地，朱建平亲切慰问了李红新等劳模工匠代表，现场听取了服务基地建设情况以及公司创新创效工作开展情况的汇报。在山东电力职工文艺创作基地，朱建平听取了国网烟台市蓬莱区供电公司职工之家相关工作情况汇报，参观了文艺创作基地，调研了职工文化生态圈建设、文艺人才培养等工作。他指出，国网山东电力高度重视职工创新和职工之家建设工作，充分发挥了示范带动作用，希望继续把创新摆在核心位置，持续完善创新体系，不断创新职工成长成才平台，全力推动各项工作实现新突破。同时要以文化赋能为核心，持续繁荣发展职工文化生活和职工文化创作，不断提高职工的文化素养和创新创造活力。

国网山东省电力公司工会在齐鲁大地砥砺奋进，深耕沃土，播撒下希望的种子，用辛勤的汗水浇灌、呵护。这些种子迎着新时代的春风，扎根、发芽，向着太阳，生长出一片片绿叶，怒放出一季季的花朵，奉献金秋的累累硕果。

　　匠心的种子根植沃土，在青春奋斗的时光里，心怀"国之大者"，始终坚信"追风赶月莫停留，平芜尽处是春山"，将艺术与电力事业紧密结合，饱蘸一腔深情，在齐鲁广袤的天地间，吸纳泰山黄河之气势，浸润齐鲁文化之精神，点燃自己照亮艺术殿堂，笔走龙蛇写春秋，栩栩如生入佳境。层出不穷涌现出一大批体育文艺人才，紧跟时代步伐，将艺术作品融入了国家文化艺术发展主流，丰富了职工文化生活，陶冶了情操，也为国网山东电力全面发展夯实了精神文化基础。

匠心之路
光耀齐鲁

荣誉榜

职工体育类

"劳动者杯" 2022 中国职工乒乓球联赛总决赛

项目	奖项	姓名	单位
男子团体行业组	第二名	刘 凯	国网潍坊供电公司

2022 年第五届"汉酱杯"全国业余围棋大赛（东部赛区）

组别	奖项	姓名	单位
名人组	第三名	杨 春	山东送变电工程有限公司

2022 年第五届"汉酱杯"全国业余围棋大赛（北部赛区）

组别	奖项	姓名	单位
名人组	第六名	杨 春	山东送变电工程有限公司

2022 年山东省第八届职工运动会乒乓球比赛

项目	奖项	姓名	单位
男子青年组单打	第四名	刘 凯	国网潍坊供电公司
团体	第六名		国网山东省电力公司

2022 年山东省第十二届全民健身运动会太极拳比赛

项目	奖项	姓名	单位
团体总分	二等奖		国网山东省电力公司
集体项目太极拳器械	三等奖		国网山东省电力公司
体育道德风尚奖			国网山东省电力公司
男子 C 组陈式传统拳	三等奖	唐 荣	国网烟台供电公司
男子 C 组陈式规定拳	三等奖	孙海亮	国网东营供电公司

续　表

项目	奖项	姓名	单位
男子C组杨式传统拳	二等奖	程中华	国网山东应急管理中心
男子D组24式规定太极拳	二等奖	王保成	国网菏泽供电公司
男子D组42式规定太极拳	一等奖	徐鲁军	国网菏泽供电公司
男子D组陈式传统太极拳	二等奖	苏　雷	国网山东超高压公司
	二等奖	候成超	国网菏泽供电公司
	三等奖	徐少华	国网临沂供电公司
	三等奖	闫合平	国网临沂供电公司
	三等奖	刘启超	国网菏泽供电公司
女子C组杨式传统太极拳	二等奖	于相洁	国网山东营销服务中心
女子D组24式规定太极拳	二等奖	王冬梅	国网菏泽供电公司
女子D组42式规定太极拳	三等奖	王秀玲	国网菏泽供电公司
女子D组陈式传统太极拳	二等奖	陈　宇	国网临沂供电公司
男子C组传统太极剑	三等奖	孙海亮	国网东营供电公司
	三等奖	唐　荣	国网烟台供电公司
男子D组42式规定太极剑	二等奖	徐鲁军	国网菏泽供电公司
男子D组传统太极刀	二等奖	候成超	国网菏泽供电公司
	二等奖	闫合平	国网临沂供电公司
男子D组传统太极剑	二等奖	刘启超	国网菏泽供电公司
	二等奖	苏　雷	国网山东超高压公司
	三等奖	徐少华	国网临沂供电公司
	三等奖	王保成	国网菏泽供电公司
女子C组传统太极刀	二等奖	于相洁	国网山东营销服务中心
女子D组42式规定太极剑	二等奖	王秀玲	国网菏泽供电公司
	二等奖	王冬梅	国网菏泽供电公司
女子D组传统太极剑	二等奖	陈　宇	国网临沂供电公司

2023 年中国职工太极拳大赛

项目	奖项	姓名	单位
优秀组织奖		国网山东省电力公司	
集体项目《混编太极剑》	一等奖　第一名	徐鲁军	国网菏泽供电公司
		王素英	国网菏泽供电公司
		王雪梅	国网菏泽供电公司
		王秀玲	国网菏泽供电公司
		王冬梅	国网菏泽供电公司
		侯成超	国网菏泽供电公司
		孙海亮	国网东营供电公司
		胡家宝	国网临沂供电公司
陈式太极剑男子青年组	三等奖	唐　荣	国网烟台供电公司
陈式传统太极拳男子青年组	二等奖（个人第二）	唐　荣	国网烟台供电公司
陈式 56 式太极拳男子中年组	三等奖	刘啟超	国网菏泽供电公司
42 式太极剑男子中年组	三等奖（个人第四）	刘啟超	国网菏泽供电公司
42 式太极拳男子中年组	三等奖	胡家宝	国网临沂供电公司
42 式太极剑男子中年组	二等奖	胡家宝	国网临沂供电公司
陈式传统太极拳男子中年组	一等奖（个人第一）	王卫东	国网临沂供电公司
陈式传统太极刀男子中年组	二等奖	王卫东	国网临沂供电公司
其他太极拳男子中年组	一等奖（个人第一）	苏　雷	国网山东超高压公司
陈式太极剑男子中年组	二等奖	苏　雷	国网山东超高压公司
陈式传统太极拳女子中年组	一等奖（个人第一）	陈　宇	国网临沂供电公司
陈式太极剑女子中年组	二等奖	陈　宇	国网临沂供电公司
杨式太极拳 40 式女子中年组	二等奖	孟　丽	国网菏泽供电公司

续　表

项目	奖项	姓名	单位
32 式太极剑女子中年组	二等奖（个人第三）	孟　丽	国网菏泽供电公司
42 式太极剑女子中年组	二等奖	王秀玲	国网菏泽供电公司
24 式太极拳女子中年组	二等奖（个人第三）	王秀玲	国网菏泽供电公司
陈式春秋大刀男子中年组	一等奖（个人第一）	侯全胜	国网菏泽供电公司
传统陈式太极拳男子中年组	二等奖	侯全胜	国网菏泽供电公司
陈式太极剑男子中年组	二等奖	徐少华	国网临沂供电公司
陈式传统太极拳男子中年组	一等奖（个人第一）	徐少华	国网临沂供电公司
陈式 56 式太极拳男子中年组	二等奖	孙海亮	国网东营供电公司
其他传统器械男子中年组	一等奖（个人第一）	孙海亮	国网东营供电公司
陈式传统太极刀男子中年组	一等奖（个人第一）	侯成超	国网菏泽供电公司
陈式传统太极拳男子中年组	一等奖	侯成超	国网菏泽供电公司
杨式太极拳女子中年组	一等奖	王雪梅	国网菏泽供电公司
42 式太极剑女子中年组	一等奖（个人第一）	王雪梅	国网菏泽供电公司
32 式太极剑女子中年组	一等奖（个人第一）	王冬梅	国网菏泽供电公司
24 式太极拳女子中年组	一等奖	王冬梅	国网菏泽供电公司
传统杨式太极拳女子中年组	一等奖	王素英	国网菏泽供电公司
传统杨式太极刀女子中年组	一等奖（个人第一）	王素英	国网菏泽供电公司
42 式太极剑男子中年组	一等奖	徐鲁军	国网菏泽供电公司
42 式太极拳男子中年组	一等奖（个人第一）	徐鲁军	国网菏泽供电公司

2023 年全国第十四届运动会群众赛事气排球比赛

项目	奖项	姓名	单位
团体	第二名	黄　伟	国网临沂供电公司

2023 年国家电网有限公司职工工间操比赛

奖项	单位
金奖（第一名）	国网山东省电力公司
突出贡献奖	国网山东省电力公司

2023 年山东省第十三届全民健身运动会太极拳比赛

项目	奖项	姓名	单位
团体总分	一等奖		国网山东省电力公司
太极混编集体项目	一等奖		国网山东省电力公司
42 式太极拳集体项目	三等奖		国网山东省电力公司
男子 D 组 42 式规定太极拳	二等奖	徐鲁军	国网菏泽供电公司
	二等奖	胡家宝	国网临沂供电公司
男子 D 组八法五步	一等奖	王保成	国网菏泽供电公司
男子 D 组 42 式规定太极剑	一等奖	徐鲁军	国网菏泽供电公司
	二等奖	胡家宝	国网临沂供电公司
男子 C 组其他传统器械	一等奖	孙海亮	国网东营供电公司
男子 D 组其他传统器械	二等奖	侯全胜	国网菏泽供电公司
	三等奖	王保成	国网菏泽供电公司
男子 C 组陈式传统太极拳	二等奖	唐 荣	国网烟台供电公司
男子 D 组陈式传统太极拳	一等奖	侯成超	国网菏泽供电公司
	一等奖	徐少华	国网临沂供电公司
	二等奖	侯全胜	国网菏泽供电公司
	二等奖	苏 雷	国网山东超高压公司
	三等奖	谷东昭	国网威海供电公司
男子 C 组传统太极剑	一等奖	唐 荣	国网烟台供电公司
男子 D 组传统太极剑	一等奖	徐少华	国网临沂供电公司

项目	奖项	姓名	单位
男子 D 组传统太极剑	二等奖	苏雷	国网山东超高压公司
男子 D 组传统太极刀	一等奖	侯成超	国网菏泽供电公司
	三等奖	刘涛	国网威海供电公司
女子 D 组 24 式规定太极拳	一等奖	王秀玲	国网菏泽供电公司
女子 D 组八法五步	二等奖	王冬梅	国网菏泽供电公司
女子 D 组 42 式规定太极剑	三等奖	王秀玲	国网菏泽供电公司
女子 D 组 32 式规定太极剑	二等奖	王冬梅	国网菏泽供电公司
女子 D 组陈式传统太极拳	一等奖	陈宇	国网临沂供电公司
女子 D 组传统太极剑	三等奖	陈宇	国网临沂供电公司

2023 年山东省产业工会、大企业工会电子竞技比赛

奖项	单位
团体第三名	国网山东省电力公司

2023 年山东省产业工会、大企业工会乒乓球比赛

项目	奖项	姓名	单位
男子单打	第四名	刘凯	国网潍坊供电公司
女子单打	第四名	时群	国网济宁供电公司
混合团体	第六名		国网山东省电力公司
优秀组织奖			国网山东省电力公司

2023 年山东省产业工会、大企业工会男子拔河比赛

奖项	单位
团体第六名	国网山东省电力公司
优秀组织奖	国网山东省电力公司

2023 年山东省第八届省级行业体协乒乓球比赛

项目	奖项	姓名	单位
男子青年组单打	第一名	刘 凯	国网潍坊供电公司
女子中年组单打	第一名	时 群	国网济宁供电公司
女子中年组单打	第二名	耿春燕	国网济宁供电公司
混合团体	第一名	国网山东省电力公司	

2023 年山东省第十届围棋齐鲁名人战

组别	奖项	姓名	单位
四十岁及以上组	第三名	杨 春	山东送变电工程有限公司

2023 年山东省直机关第十五届全民健身运动会乒乓球比赛

奖项	单位
混合团体第二名	国网山东省电力公司

2023 年山东省直机关第十五届全民健身运动会网球比赛

项目	奖项	姓名	单位
男单	第三名	张志豪	国网山东电科院
	第五名	郭俊山	国网山东电科院
	第九名	沙士超	国网山东体育文化分公司
	第九名	魏洪昌	国网临沂供电公司
女单	第二名	李红梅	国网滨州供电公司
	第三名	吴小川	国网山东综合能源公司
	第五名	辛青春	国网滨州供电公司
青年男双	第二名	孙 涛	国网山东省电力公司本部
		沙士超	国网山东体育文化分公司

项目	奖项	姓名	单位
青年男双	第三名	王 进	国网山东省电力公司本部
		魏洪昌	国网临沂供电公司
	第五名	郭俊山	国网山东电科院
		张志豪	国网山东电科院
青年女双	第三名	李红梅	国网滨州供电公司
		辛青春	国网滨州供电公司
中年男双	第一名	刘国明	国网泰安供电公司
		任维庆	国网莱芜供电公司
	第二名	王 晔	国网淄博供电公司
		梁文祥	国网淄博供电公司
	第五名	安兆勇	国网山东省电力公司本部
		武 刚	国网济南供电公司
中年女双	第一名	李雪燕	国网济南供电公司
		毕静霞	国网淄博供电公司
	第二名	杨金玲	山东送变电工程有限公司
		迟文娜	国网山东电科院
中年混双	第一名	刘国明	国网泰安供电公司
		李雪燕	国网济南供电公司
	第二名	梁文祥	国网淄博供电公司
		迟文娜	国网山东电科院
	第三名	任维庆	国网莱芜供电公司
		杨金玲	山东送变电工程有限公司
	第三名	王 晔	国网淄博供电公司
		毕静霞	国网淄博供电公司

2023 年完美杯"我是球王"山东省直机关乒乓球争霸赛

奖项	单位
团体第一名	国网山东省电力公司

2023 年"光明先锋杯"第二届驻济能源企业乒乓球比赛

奖项	单位
团体第二名	国网山东省电力公司

2023 山东省能源系统第一届"绿色能源杯"羽毛球比赛

奖项	单位
混合团体亚军	国网德州供电公司

2023 年全国职工健康运动展演大赛

奖项	单位
第九套广播体操季军	国网禹城市供电公司

职工文化类

全国电力行业学习宣贯习近平新时代中国特色社会主义思想和党的二十大精神宣讲比赛

奖项	姓名	单位
第一名	邢雪芹	国网山东超高压公司

2023 年"内蒙古电力"杯第四届全国电力职工摄影大展

入展类别	作品	作者	单位
优秀组织奖	国网山东省电力公司		
纪实类摄影作品	《你用电我用心》组照	王　斌	国网山东电科院

续 表

入展类别	作品	作者	单位
纪实类摄影作品	《光明音符——长龙当空舞》组照	方 军	国网东平县供电公司
纪实类摄影作品	《特高压之上》组照	徐 可	国网山东省电力公司党委宣传部
视频类	《烧烤夜未央》	高黎娜、远德亮刘 达、鲍春明	国网淄博供电公司
视频类	《世界首次无人机穿越特高压》	徐 可	国网山东省电力公司党委宣传部
视频类	《彩虹天使＋情暖万家》	刘 波马 琳	国网枣庄供电公司

首届中国电力文学奖

奖项	作品	作者	单位
短篇报告文学奖	《风云一举到天关》	赵静怡	国网泰安供电公司
影视文学奖	《英雄列电》	姜铁军	山东网瑞物产有限公司文化传媒分公司
中篇小说提名奖	《牵牛花盛开的那个地方》	张俊杰	国网梁山县供电公司
长篇报告文学提名奖	《先行官——铁鞋和它的师傅们》	蒋 新	国网淄博供电公司
短篇报告文学提名奖	《单间》	代兆民	国网德州供电公司

中国电力作家协会首批"百名重要中青年作家人才"

姓名	单位
赵静怡	国网泰安供电公司
赵 萍	国网微山县供电公司

国家电网有限公司司歌创作

奖项	作品及单位
入选国家电网"光明组曲"曲目	《光明信仰》（国网烟台供电公司）
优秀作品	《光明信仰》
优秀作品	《情暖山河》（国网临沂供电公司）
优秀组织单位	国网山东省电力公司

国家电网有限公司首届职工文创大赛

项目	奖项	作品	作者		单位
特别金奖		国网印吧			
特别贡献奖		国网山东省电力公司			
实物类 纪念品类	金奖	职工职业生涯纪念盒	陈学民 任 力 唐 潇 王军伟	赵树生 王 阳 李 彤 刘 飞	国网威海供电公司
实物类 生活用品类	金奖	"环游中国 零碳到家" 低碳环保飞行棋	张福印 赵盛甲 安振英 杨华建	柳 波 葛艳敏 郭丹丹 胡艺伟	国网菏泽供电公司
实物类 生活用品类	银奖	"E-cubic"电立方用电助手	魏 然 曲大庆 周 琪 闫广超	高 浩 焉 华 王瑞琪 毛欣怡	国网烟台供电公司 国网临沂供电公司 国网山东综合能源公司
实物类 生活用品类 办公用品类	银奖	智能查线宝	马 伟 陈祥松 宋 畅 郝 琨	王 任 王 耀 李业行	国网枣庄供电公司
实物类 办公用品类	银奖	书香国网办公用品礼盒	贾 涛 张 维 王军波 姜 宁	吕晓强 白轩宇 于海东	国网烟台市牟平区供电公司
实物类 纪念品类	铜奖	"电靓未来"琉璃文创奖杯、印章	徐贵健 李 剑 席文娣 孙毓洁	赵树生 李 天 于 萍	国网淄博供电公司
实物类 办公用品类	铜奖	施工现场休息折叠桌椅和天幕遮阳篷	腾云翀 房 一 宋 鹏	白道静 孙书鑫 张连凯	国网聊城供电公司
数字类 数字创意类	银奖	电力数字化营销服务应用的"元宇宙概念展示"	张爱群 张 菁 李 想 魏珊珊	高玉明 孟 浩 刘 宁 陶 成	国网山东省电力公司市场营销部
数字类 数字创意类	银奖	"你用电 我用心"IP图形设计及实物衍生品	陈学民 任 力 唐 潇 李文妍	赵树生 王 阳 刘龙海 赵锦亮	国网威海供电公司
数字类 数字创意类	铜奖	"光明护卫队"安全用电宣传动漫	陈学民 李 欣 李修军 王晓莉	赵树生 魏晓庆 徐再兴 段昌一	国网临沂供电公司
数字类 概念设计类	优秀奖	"电麟儿"IP形象创意与衍生	董泽栋 李 敏 陈家亮 薛 振	杜 楠 刘颖佳 邢文静	国网山东体育文化分公司

项目	奖项	作品	作者	单位
数字类 数字创意类	最佳推广奖	"用心服务多一度 万家灯火夜长明"折纸3D动画宣传片	郭　祥	国网金乡县供电公司

2023年国家电网有限公司"光明之路"职工文化作品展

入展类别	作品	作者	单位
绘画类	《家园新绿》	曹广迎	国网泰安供电公司
	《晨光暖心》	曹广迎	国网泰安供电公司
	《绿色电力进万家》	宋　杰	国网烟台市蓬莱区供电公司

国家电网有限公司"出彩国网人"（2023年）

出彩项目	姓名	单位
国家电网公司第一个获得"大国工匠年度人物"称号的职工	王　进	国网山东超高压公司
国家电网公司唯一获得2022年"大国工匠年度人物"的职工	冯新岩	国网山东超高压公司
获得2005年国家电网公司供电营业"服务之星"劳动竞赛"十佳服务之星"个人第一名的职工	彭　静	国网临沂供电公司
国家电网公司唯一荣获两届（2019年、2020年）百度AI网络安全技术对抗赛总冠军的职工、国家电网公司唯一获得2021年全国能源化学地质系统首届网络安全职业技能竞赛个人一等奖并被授予"金牌技工"称号的职工	黄　华	国网山东信通公司
国家电网公司获得《一种高压线路施工用多功能施工车》专利且排序第一的职工	牛德成	国网成武县供电公司
国家电网公司唯一获2019年大数据应用暨信息运行和网络安全技能竞赛网络安全专业个人第一名的职工、国家电网公司获2019年中国技能大赛（中国技能大赛－全国信息安全管理职业技能竞赛）冠军中最年轻的职工	管　朔	国网东营供电公司
特高压拍摄国网第一人	徐　可	国网山东省电力公司党委宣传部
第一位"两次捐献造血干细胞和淋巴细胞"的国网职工	吕明玉	国网威海供电公司
发起成立地方蓝天救援队的国网第一人	朱恒顺	国网微山县供电公司
国家电网公司唯一参加2023年央视春晚演出的女职工	王美鹤	国网威海市文登区供电公司
国家电网公司唯一获得2015年全国电力行业职工乒乓球比赛男子团体、单打两项冠军的职工	刘　凯	国网潍坊供电公司
国家电网公司第一个书法作品被联合国永久收藏的职工	赵国良	国网广饶县供电公司

出彩项目	姓名	单位
国家电网公司唯一担任《印记抗疫》《印记初心》《印记冬奥》大众篆刻作品展评委的职工，国家电网公司第一位被中国美术馆馆藏作品的职工	周威涛	国网威海供电公司
国家电网公司第一个由企业注册的教育类志愿服务品牌的团队	"善小"志愿服务队	国网淄博供电公司

其他文化体育类荣誉

项目	奖项	作品	作者	单位
2023年"首届星光杯书画作品评选大赛"	书法类金奖	《白居易诗一首》	许锡洋	国网枣庄供电公司
第十六届中国重阳节书画摄影展	金奖	《毛泽东诗一首》	许锡洋	国网枣庄供电公司
山东省书法临帖作品展	入展	《临帖作品》	许锡洋	国网枣庄供电公司
"学习二十大永远跟党走"全省职工优秀书法好巡展	入展	《习近平语录》	杨 建	国网菏泽供电公司
印记冬奥大众篆刻作品展	入展	篆刻《王曼丽》	李龙奇	国网枣庄供电公司
纪念中国有电140周年书法精品展	优秀作品奖	《赞电力工人》	赵国良	国网广饶县供电公司
全省能源系统"翰墨书盛世·丹青谱华章"学习宣传贯彻二十大精神职工书画展	书法作品一等奖	《华山庙碑节录》	刘慧丽	国网广饶县供电公司
中工网2021—2022"这十年 奋斗在路上"主题活动	视频类三等奖	MV《假如你要认识我》		国网烟台市牟平区供电公司
2022年中国能源传媒"能源奥斯卡"优秀影视作品展评活动	综合专题组二等奖	《烈火青春勇担当》		国网烟台市蓬莱区供电公司
2022年全国企业民主管理微视频大赛	优秀奖	《回响》		国网淄博供电公司
2022年全省企业民主管理微视频大赛	一等奖	《回响》		国网淄博供电公司
2022年全省企业民主管理微视频大赛	一等奖	《狠抓"三个三"举措 促进企业和谐发展》		国网聊城供电公司
2022年全省企业民主管理微视频大赛	二等奖	《居然过了》		国网济南市济阳区供电公司
2022年全省企业民主管理微视频大赛	一等奖	《有事好商议 民主聚合力》		国网威海市文登区供电公司
2022年全省企业民主管理微视频大赛	三等奖	《线鸟和谐相处 共建美丽家园》		国网东营供电公司

项目	奖项	作品	作者	单位
2022年全省企业民主管理微视频大赛	三等奖	《一荐成媒》		国网烟台市牟平区供电公司
山东省能源系统职工书屋示范点				国网东营供电公司
山东省能源系统职工书屋建设先进个人			张云奇	国网东营供电公司
"中国梦　劳动美——凝心聚魂跟党走　团结奋斗新征程"山东省职工宣讲比赛	优秀奖		张春璐	国网滨州供电公司
山东省国有企业羽毛球邀请赛	团体第三名			国网山东省电力公司
"龙源杯"南通2023全国电力行业第四届集邮展	大镀金奖	《映日荷花》	杨金海	国网枣庄供电公司

在山东电力丰厚的沃土上，文化体育事业双向并举，25 个协会勠力同心、各放异彩，团结广大职工队伍共同谱写了一曲奋斗凯歌。

职工文体协会是职工的家园，更是培养职工队伍外铸品牌、内塑文化的广阔平台。在社会主义核心价值观引领下，注重文化自信自强打造，以新气象新作为不断开创工作新局面。文体协会立足电网特色，走基层送文化，广泛吸纳文体爱好者参与，走出去引进来，用心培养出了一批文体人才。通过多项活动的开展，极大丰富了职工文化生活，激发了职工展示自我才华的热情和干事创业的动力，获得了一系列荣誉。艺术来源于基层，反哺基层，举旗帜凝心聚力，成风化人谱华章，有力推进了企业职工文化体育事业繁荣和发展。

万马奔腾
奋勇争先

健步行协会　　　　　　　　　　　　　　承办单位：国网山东电力本部工会

聚力健行
走向卓越

国网山东电力健步行协会全面贯彻国网山东省电力公司工作部署，采用"互联网＋文体活动"工作模式，充分发挥 S365 平台作用，坚持"线上＋线下""健康＋特色"的工作理念，形成活动精彩纷呈、职工热情参与、成果竞相绽放的良好局面。

创新载体，助推全员运动平台。协会坚持"大众化、信息化、常态化、一体化、品牌化"的原则，活动覆盖山东区域内所有电力单位和职工，参与规模达 7 万余人。"学党史　强信念　跟党走"走向卓

越春季健步行活动整体参与规模达 2 万余人，极大提高了职工的健身热情，推动了全民健身的热潮，增强了公司广大职工的身体素质。

强基固本，打造电力健走品牌。协会认真履行职责，真诚做好"服务员"，加强各单位和广大职工的联系与交流，多次组织省市县一体化的线上线下健步走活动。组织开展了"永远跟党走 奋进新征程""喜迎二十大 永远跟党走"等线上健步走活动，"聚力攀高峰　矢志勇争先""旗帜领航再登高　创新驱动走在前"等主题春秋季健步走活动。14 家公司单位先后举办健步走活动 17 场，参与人数 5000 余人。涌现出曹卫兵、马腾、张瑞峰等健步行达人，促进了全体职工健身健心、共建共享。

足球协会　　　　　　　　　　　　　　　　承办单位：国网济南供电公司

绿茵追梦
　　奋勇争先

国网山东电力足球协会是在国网山东省电力公司工会领导下，由公司系统广大足球爱好者自发组成的群众性组织，现有分会 31 个。

十年磨一剑，打造专业职工足球联赛。协会引进中超联赛运作机制，连续五年举办"卓越杯"职工足球联赛，打造了公司系统"文化体育节"品牌赛事，成为职工共同期待和广泛参与的体育盛会。协会先后承办国家电网公司首届"卓越杯"职工足球联赛，勇夺山东省第一届"泉城联盟杯"足球联赛第三名。

搭平台促交流，广泛传播足球文化。近年来，协会以足球为纽带，坚持"小型化、多样化、常态化、普及化"的原则，广泛开展了足球嘉年华、S365 线上竞猜、走进特高压、

牵手校园足球、唱响绿茵联赛主题曲创作等活动，既是落实全民健身发展战略、服务职工美好生活的重要体现，也是加强产业工人队伍建设、激发职工卓越精神的重要举措。

抓骨干强队伍，以赛促训展形象。深耕职工足球沃土、厚植职工文化底蕴，国网山东省电力公司工会主导协调建立山东电力职工足球训练基地，建立以赛促训、常态化集训和优秀职工球员选拔培养机制，吸引了更多职工参与到足球运动中来，促进公司职工文化蓬勃发展。

戏曲票友协会　　　　　　　　　　　　　　承办单位：国网济南供电公司

国粹生辉
电力传承

　　国网山东电力戏曲票友协会是在国网山东省电力公司工会领导下，由公司系统广大戏曲爱好者自发组成的群众性组织，以活跃职工文化为宗旨，以搭建艺术平台、传承戏曲国粹为责任，为广大戏曲爱好者搭建了自我展示、学习交流的舞台。协会成立15年来，指导各单位初步成立7家戏曲票友协会分会组织，目前有骨干会员42人。

　　内外兼修展鲁电风采。协会成立艺术指导小组，聘请专家对会员表演唱、乐队伴奏、剧目选择等关键环节进行艺术把关，保障了整体较高的艺术水准。相继成功举办"我和祖国共奋进"红色京剧演唱会等大型活动演出30余次，会员于红五、东旭、方丽萍、王梅、王新代表协会多次登上中央电视台等大型舞台。

　　原创京剧《我是一个电力人》，创新摇滚京剧《一马当先创辉煌》获"国网好声音"华北赛区银奖。

　　热心公益展鲁电担当。协会创新开展电力戏曲协会进基层等活动，为公司离退休人员，国网莱芜、东营供电公司等多家单位举办京剧讲座，极大丰富了企业的文化生活。协会积极参加各类公益演出 20 余次，引起了系统内外的广泛关注和热烈好评。

婚恋协会　　　　　　　　　　　　　承办单位：国网济南供电公司

缘来有电
善作良媒

　　国网山东电力婚恋协会是在国网山东省电力公司工会领导下，由各单位热心红娘自发组成的群众性组织。协会以搭建单身青年婚恋平台，促进青年成长发展为己任，坚持"一人一策""一对一"的精准服务，建立"常态化、小型化、递进式"运作机制，开展信息共享、红娘培训、大型联谊、小型拓展、线上联欢等服务，打造"缘来有电"品牌。

　　信息翔实、资源共享、红娘加持，提供精准服务。协会动态更新单身青年信息库，推行各单位场地、设施等优势资源清单式共享。定期组织红娘培训，邀请山东省 EAP 特聘专家解读单身青年婚恋心理，传授牵线技巧。匹配一对一红娘，实行一对一精准服务，提高牵线成功率。

大型联谊、小型拓展、线上联姻，扩展交友圈。协会常态联合省市直、教育、金融、军队、医疗系统及驻鲁央企，开展大型婚恋交友联谊活动。今年主办书香满缘、单身市集、密室逃脱、剧本杀等 4 场定向联谊，协办"会聚良缘""热恋泉城""相约历下""山东文艺广播浪漫初春"等 14 场外部联谊，年均助力牵手成功 100 余对。创新开展春夏秋冬四季联谊，相继举办春之约"鲁电采蜜人"开心农场、夏之约"鲁电联席会"山大专场、秋之约"鲁电乐分享"顶奢露营活动，深受青年员工欢迎，叫响"缘来·有电"品牌。

乘风破浪
"泳"往直前

国网山东电力游泳协会成立至今，在日常工作中做到了规范管理，重视活动品牌策划。活动组织体现较好的专业性、创新性，不断加强协会队伍建设，充分激发公司广大游泳爱好者活动参与热情，助力推动全民健身活动。

协会比赛有品质。协会先后举办了五届"奋泳争先"职工游泳比赛。聘请专业游泳裁判进行全过程管控及比赛执法；设计、征集了比赛吉祥物图案并编订比赛秩序册；为参赛选手提供了优质的后勤保障服务工作；受到各参赛单位及选手的一致好评。在今年的第五届"奋泳争先"职工游泳比赛中，有 21 支代表队 142 名选手参加了比赛，参赛人数同比增长近 50%。

　　协会活动有温度。多年来，游泳协会积极发挥文化体育活动，促进职工健康、共创美好生活的重要作用，坚持以职工为中心，推动建设"职工文化生态圈"，使得"奋泳争先"游泳比赛得到长足发展，越来越多的游泳爱好者主动加入到游泳队伍中来。协会常态化组织开展"畅享自游"职工游泳技能培训活动，持续提升职工健康水平，提高职工应对突发溺水情况时的应急自救能力。

　　协会管理有制度。游泳协会持续加强规范化建设，认真履行活动上报、审批制度。对协会现有规章制度进行全面梳理，进一步健全完善协会规章制度，对协会会员做好登记管理，为协会规范化建设打好基础。

摄影协会　　　　　　　　　　　　　　　　承办单位：国网淄博供电公司

感动瞬间
光影留念

国网山东电力摄影协会由公司系统摄影爱好者自发组成，目前在册会员 223 名。协会坚持以光影描绘中国梦，以镜头记录国网情，组织广大职工摄影爱好者开展摄影作品创作展示交流活动。

第十四届文化体育节期间，协会相继举办"奋进新征程　建功新时代""旗帜领航再登高 创新驱动走在前"主题职工摄影展，共展示职工优秀摄影作品 300 余组。

繁花似锦，硕果累累。多年来协会在公司党委的关心关怀下，茁壮成长、成绩斐然。2023 年协会组织职工摄影爱好者参加全国电力职工摄影作品大展，3 组纪实类摄影作品入展，3 件视频类作品入展，公司荣获第四届全国电力职工摄影大展优秀组织奖。1 幅职工摄影作品入选全国摄影艺术展览，为近年来国家电网公司职工作品首次入国展。

下一步，协会将加大活动开展力度，继续为公司广大摄影爱好者搭建良好的沟通交流展示平台，让更多职工摄影作品走上高层次舞台，更好展示公司发展成果和职工的精神面貌。

乒乓球协会

承办单位：国网潍坊供电公司

激情旋转
梦想飞扬

国网山东电力乒乓球协会把握工作定位，强化协会管理，丰富活动载体，打造品牌赛事，锻炼职工队伍体魄，促进公司职工文化体育活动水平的不断提高，为推动"一体四翼"高质量发展做好服务。

发挥优势，品牌引领，着力打造职工体育新名片。精心策划品牌赛事，以"先

锋杯"系列赛事为主线，持续优化完善团体赛、精英赛、新锐赛三大比赛。举办第四届"先锋杯"职工乒乓球团体赛，承办"光明先锋杯"第二届驻济能源企业乒乓球比赛。充分发挥协会优势，邀请国内高水平乒乓球运动员，与公司职工近距离交流，搭建技术提升高质量平台。

以人为本，深挖促提，不断增强协会吸引力和凝聚力。协会积极贯彻公司建设有温度企业部署要求，以促进员工全面发展和提高企业活力为目的，以职工为中心，引导职工广泛参与，公司协会会员增长到2000余人。深入挖掘职工达人，定期开展专项训练，先后涌现出刘凯、单一峰、于忠、李亚涛、耿春燕、曲雪靖、时群、赵娜等多名乒乓球运动达人。

统筹引领，练赛结合，不断提高职工专业技术水平。2023年，协会会员参加山东省直乒乓球争霸赛获得冠军；参加"光明先锋杯"第二届驻济能源企业乒乓球比赛获得亚军；参加山东省第十五届全民健身职工运动会乒乓球比赛获得亚军；参加山东省产业工会、大企业工

会乒乓球比赛中获得团体第六名；参加山东省第八届职工运动会乒乓球团体比赛中获得第六名。

文艺协会   承办单位：国网烟台供电公司

舞台显风采
文艺展情怀

　　国网山东电力文艺协会以"丰富职工生活，弘扬企业文化"为宗旨，通过形式多样的文艺活动，繁荣公司职工文化生活，激发公司职工的工作热情和创作活力，唱响主旋律，展示文艺发展的丰硕成果。

　　唱响国网主旋律，弘扬国网使命担当。公司创作歌曲《光明的信仰》入选国家电网公司司歌组曲。公司职工徐胜利在国网舞台上首唱国家电网公司司歌《光明之路》。创作编排小品《拜师》《攀亲》、情景剧《烈火青春勇担当》、情景说唱《企业的温度》、朗诵剧《我不走留下来》等一批原创节目，展现劳模风采、关爱职工等感人事迹，在山东省、国家电网公司舞台屡获佳绩。

　　创新工作思路，拓宽文化视野。创新举办"塑强新优势 聚力勇争先"2023年职工文化成果巡演活动。高质量完成市县公司10场次、31个节目的演出，参演职工演员100多人，职工观众2000人，获各区市政府、总工会、共建部队和一线职工的广泛支持和好评。

　　搭建活动平台，激发职工热情。依托职工文体活动场所广泛开展小型化、多样化的文体活动，实现市县公司职工书屋全覆盖、基层单位职工文体活动场所全覆盖。

　　升级改造职工文艺创作基地，新建六教室，一影音棚，一综合展厅，集实训、录音录像、成果展示为一体，打造山东电力职工文艺新名片。

美术协会   承办单位：国网济宁供电公司

妙手绘创新
丹青画蓝图

　　国网山东电力美术协会坚持以职工为中心的工作导向，通过美术作品展现电力事业发展成就、企业文化及公司职工砥砺奋进、无私奉献的精神风貌，始终把建设优秀的职工文化摆在重要位置。

　　坚持旗帜领航，积极开展活动。美术协会认真贯彻落实公司党委各项工作部署，坚持"为电网放歌、为职工抒写"的创作导向，积极组织会员开展学习交流活动。在今年国家电网公司"光明之路"职工文化作品展中，公司有 3 幅绘画作品入展，展现了山东电力良好的企业形象和职工精神风貌。

国网山东省电力公司
美术协会骨干培训班暨创作笔会

　　持续提质登高，加强文化建设。通过学习交流、经验分享，进一步抓好职工文化建设，提升员工美术素养。定期组织学习培训活动，开展线上、线下培训，聘请名家授课，为职工搭建交流学习、共同提升的平台，累计参培 300 余人次，营造了浓厚的文化氛围。

　　弘扬传统文化，融入创新活力。协会全面贯彻落实公司"旗帜领航再登高、创新驱动走在前"行动要求，深入基层，采风创作，了解电力发展实际。积极创作符合创新主题、体现电网特色、深受职工欢迎的优秀作品，充分发挥职工文艺对提升职工素质的带动作用。

书法协会   承办单位：国网临沂供电公司

笔走写乾坤
翰墨书华章

　　国网山东电力书法协会以习近平新时代中国特色社会主义思想为指导，全面贯彻落实党的二十大精神和中国工会十八大会议精神，紧紧围绕服务企业、服务职工这条主线，不断创作具有时代精神、山东特征、电力印记的书法作品，持续繁荣公司优秀企业文化。

　　发挥协会作用，丰富活动内容。充分发挥书法协会作用，依托"工会搭台、协会组织、职工参与"的工作模式，不定期开展书法创作培训交流，举办"中国梦·劳动美"等主题书法展，举办春节送福、安全进班组、弘扬劳模精神等书法创作，承办第八届全国电力行业书法展，弘扬了中华民族优秀文化，赞颂了电力发展丰硕成果。

　　突出创作主线，注入发展动力。贯彻落实习近平总书记在党的二十大上的重要讲话精神，聚焦国家、公司重要发展节点，以公司第十四届文化体育节为主线，开展"翰墨送楷模"职工书法美术作品征集活动、"翰墨飘香 新春送福"等形式多样的主题活动，举办新中国成立 73 周年、喜迎二十大等主题书法展。公司广大书法家和书法爱好者创作了近千幅反映时代精神、展现电力风采的书法佳作。

　　展示协会风采，营造书香氛围。采取"走出去、请进来"的方式，拓展协会会员思想眼界，开展交流学习、红色教育等活动，邀请中国电力书协、山东省书协等专家讲授专业知识，指导职工提升技能。积极选派多名优秀书法家参加中国电力书协、国家电网公司以及地方各级书法比赛及展示活动，50 余名会员获得不同等级的奖励，大大激发了书法协会会员的创作热情。

骑行协会　　　　　　　　　　　　　　　　　承办单位：国网临沂供电公司

逐梦远方
"骑" 乐融融

　　国网山东电力骑行协会以"全民健身促进全民健康"为宗旨，积极倡导时尚、健康、环保、向上的生活理念，鼓励和引导广大职工积极参加骑行活动，绿色出行，低碳生活，营造了崇尚健身、参与健身、追求健康文明生活方式的良好氛围，有力促进了公司和职工和谐共赢发展。

　　强化协会建设，完善工作机制。骑行协会制定了协会章程，设计制作了会徽、会旗，成立了各单位分会组织，不断完善组织机构。健全的工作机制、完善的组织机构和日益壮大的会员队伍为骑行协会的健康、协调、可持续运转提供了有力保障。

开展骑行活动，促进全民健身。骑行协会以职工文化体育节为载体，市县一体，充分利用业余时间，组织开展了骨干会员骑行交流活动。各单位分会发挥骨干会员特长优势，自行开展各具特色的小型化骑行活动，增强职工身体素质，解除疫情阴影，释放心理压力，有力推动了骑行运动的普及。

弘扬骑行文化，倡导低碳生活。骑行不仅是一种健康便捷的生活方式，更是一种践行绿色低碳的生活态度。骑行协会积极参与社会各项公益主题活动，注重做好结合文章，将骑行活动与线路巡视、电力设施保护、安全用电、"获得电力"、低碳环保宣传及公益活动有机结合，树立了国家电网良好的社会形象。

气排球协会   承办单位：国网德州供电公司

传播气排新活力
叩响健康新生活

　　国网山东电力气排球协会始终致力于推广和宣传气排球运动，通过开展丰富多彩、形式多样的活动，让更多职工了解和参与到气排球运动中来。

　　成绩斐然，气排球运动展现新风采。协会积极为职工文体达人搭建广阔平台，组建山东电力气排球代表队，2022年参加山东省第八届职工运动会气排球（混合）比赛获得团体第9名；2023年参加全国第十四届运动会群众赛事气排球比赛获得团体亚军，充分展现了山东电力职工的良好精神风貌。

　　特色品牌，气排球运动呈现新高潮。"风华杯"职工气排球团体赛是山东电力气排球协会的品牌项目，每两年举办一次。2023年7月，第二届"风华杯"职工气排球团体赛在德州乐陵举办，来自全省17个地市公司、5个支撑单位的22支代表队、370余名运动员齐聚"枣乡乐陵"，为了共同热爱的气排球运动奋力拼搏、勇争第一，本次比赛创下了队伍最多、人数最多、场次最多的多项赛事纪录。

　　创新突破，气排球活动实现新秩序。协会依托 S365 App 研发气排球协会线上管理模块，该模块具备会员注册与管理、教学培训、赛事活动、风采展示、运动积分等多项功能，目前该模块正在优化升级中。未来还将不断完善线上会员管理系统，提升服务质量，为会员提供更多更好的服务。

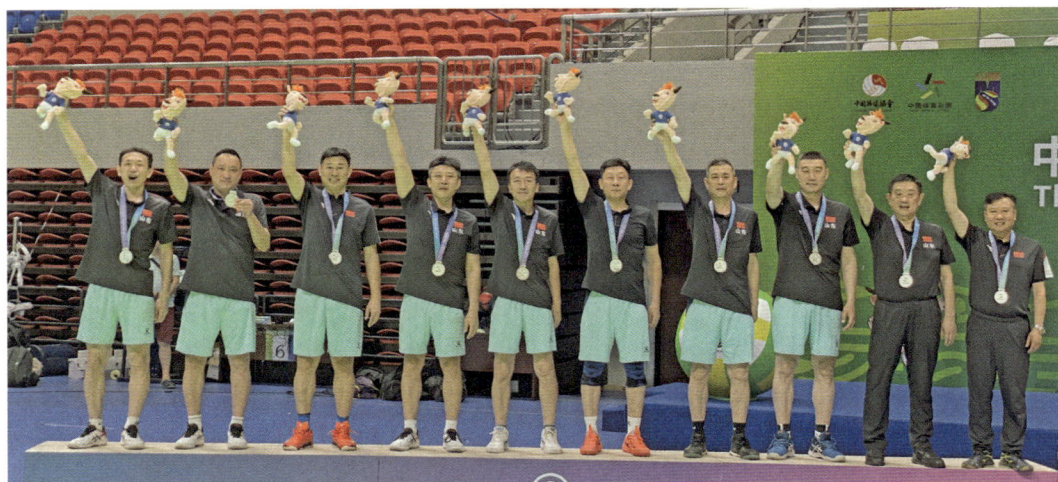

心理援助协会　　　　　　　　　　　　　承办单位：国网德州供电公司

赋能"心"能量
激发"心"活力

　　国网山东电力心理援助协会成立于 2019 年，协会始终秉承"服务职工美好生活需要、服务企业高质量发展"的工作目标，高标准谋划、协同化推进、多维度实践，着力将职工心理援助建设为员工的加油站、班组的赋能地、公司的聚力场。

　　高站位，重结合，援"心"活动落地生根。2022 年以来，心理援助工作逐渐由"台前"转至"幕后"，实施内融外联、协同推进成为协会的首要任务。一是强化内部支撑，搭建"1+N"心理援助组织体系；二是实施外部联动，引进专业指导与师资，开设高品质公益培训课程，累计开展心理健康讲座 97 场次，累计参与职工 13.5 万人次。

　　明需求，重结果，场景化 EAP 初见成效。作为协会会长单位，国网德州供电公司在全省率先实施"EAP+ 党建"，实现党务工作者 EAP 培训全覆盖。一是联合德州市心理健康促进会，全面开展场景化 EAP 现场调研，撰写《场景化 EAP 落地实施工作方案》；二是开展职工诉求中心升级改造，充分利用心理辅助工具，为职工开展心理疏导、援助；三是创新建立员工心理健康档案，逐步做好职工从入职到退休全周期"心理健康监测"。

再聚焦，再创新，形成职工援助"心"经验。深入了解职工思想，以员工幸福的出发点和落脚点，打造融合教育培训、帮扶服务、心理咨询等于一体的职工综合服务体系。一是聚焦主业，服务大局，先后开设系列特色课程；二是因地制宜，资源综合，将心理健康纳入职工文化阵地建设内容，实现身心健康活动有制度、有标准、有场所；三是当好健康宣传员，持续推进"企业家庭日"活动覆盖面。

作家协会　　　　　　　　　　　　承办单位：国网泰安供电公司

为电网放歌
　　为职工抒写

　　国网山东电力作家协会是在国网山东省电力公司工会领导下，由公司系统作者和文学爱好者自发组成的群众性组织，现有会员 256 名，其中中国作家协会会员 5 名，山东省作家协会会员 30 名。协会按照"业余自愿、形式多样、健康有益、开拓创新"的原则，组织职工广泛开展形式多样的文学创作活动。

　　用心搭建成长平台，培育作家人才。2023 年 6 月，山东电力作家协会举办文学创作培训班，中国电力作家协会副主席潘飞出席开班仪式并讲话。培训班邀请中国电力作家协会副秘书长周玉娴、山东省作家协会副主席铁流、山东文艺出版社夏海涛授课。授课专家从散文创作、报告文学创作等方面分享创作心得，提升了职工作者的写作水平。

会员赵静怡、赵萍入选中国电力作家协会首批"百名重要中青年作家人才"。会员姜铁军、李晓燕、刘淑清等5人申报的7项选题入选中国电力作家协会2023年度"深扎"重点选题。

精心开展活动策划，文学成果丰硕。2022年，姜铁军的长篇小说《国宴——1949》入选国家广电总局向全国广电部门推荐适宜影视转化优秀作品。2023年，该作品入选第十一届茅盾文学奖参评目录。姜铁军的电影剧本《英雄列电》、赵静怡的短篇报告文学《风云一举到天关》荣获首届中国电力文学奖，张俊杰、蒋新、代兆民的三部作品荣获首届中国电力文学奖提名奖。

第十四届文化体育节期间，电力作家协会分别举办"五月的芳华"和"劳动最光荣"主题征文活动，得到各地市公司和支撑单位的大力支持。分别收到征文350篇和353篇，有180篇优秀征文获奖。

协会会员30余篇文章在省部级及以上征文中获奖；80余篇作品在《脊梁》《中国电力报》《国家电网报》《山东文学》《时代文学》等主流媒体发表。

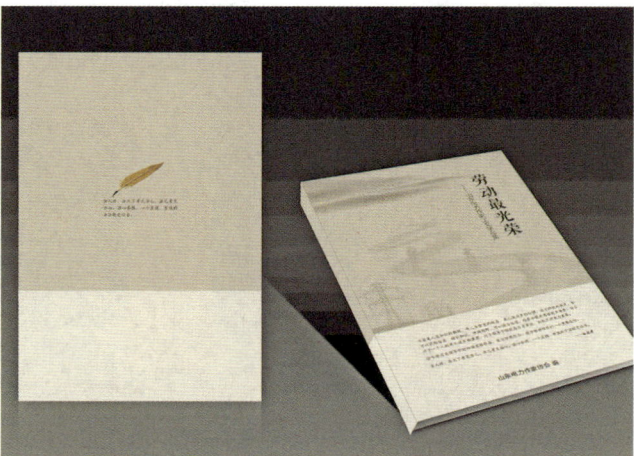

音乐协会
承办单位：国网聊城供电公司

唱响光明之路
谱写时代强音

  国网山东电力音乐协会积极贯彻国网山东省电力公司工会工作要求，弘扬主旋律、传递国网情，不断创作好歌曲，发掘好歌手，传播好声音，致力于多角度展示职工文化生活，歌颂山东电力人"特别负责任、特别能吃苦、特别能战斗、特别能奉献"的电力铁军精神。至今，协会已创作歌曲 140 余首，其中 20 余首作品获得全国一、二等奖及国家电网公司、省公司奖项，并在各大高端媒体广泛传播。

  弘扬主旋律，传唱国网情。音乐协会着力打造具有山东电力特色的职工原创音乐基地，多部职工作品获全国奖项。《你的深情我们懂》《泰山挑山工》《泰山吟》等荣获首届感

动中国词曲作家音乐会"最佳原创作品奖";《信仰》获"颂歌中国"全国十大原创作词奖;《迈进新时代》《信念》分别被中国能源化学地质工会评为一等奖、二等奖;《为人民服务》《善行天下》《顶梁柱》"战疫"三部曲全网点击量超 1000 万人次,唱遍长城内外,大江南北;《追逐梦想》获优秀电网歌曲银奖、职工作词一等奖;《顶梁柱》《你是一束光》分获国网好声音职工歌手银奖、原创歌曲银奖。圆满完成国家电网公司交办的歌曲《点灯人》创作任务,获得一致好评。

深耕责任田,凝聚向心力。2022 年,协助公司组织开展"喜迎二十大　歌唱

新时代"国家电网公司司歌创作征集和"学劳模　勇登高　聚力量走在前"主题文艺作品创作之"卓越之路　音为有你"职工原创音乐创作征集等两项活动,共征集作品 39 首;2023 年,协助公司举办"旗帜领航再登高　创新驱动走在前"2023 年职工音乐大赛,共设"十佳原创歌曲""十佳歌手"两项评比,其中,"原创歌曲"独立评选,"歌手大赛"由职工歌手演唱职工原创歌曲。

一件件作品聚焦时代主题,饱含山东电力人勇于担当、砥砺奋斗的奉献精神和昂扬向上的良好风貌。

篮球协会　　　　　　　　　　　　　　　　　承办单位：国网枣庄供电公司

迎"篮"而上
激战赛场

　　国网山东电力篮球协会认真落实第十四届文化体育节工作部署，坚持党建统领，充分发挥协会主阵地作用，倾力普及篮球运动，激发职工工作热情和创造活力，为公司高质量发展提供了强劲动力。

　　"三同机制"推动协会发展新跃升。强化思想政治引领，突出策划、组织、实施"三个同步"，推进协会工作走深走实。一是党建工作与文体活动同步策划，二是会长单位与片区小组同步组织，三是交流互动与全员参与同步实施。

　　"三大平台"打造篮球运动新名片。一是创新篮球活动载体平台。充分发挥 S365 阵地作用，创新线上篮球挑战赛，将活动由"集体化"向惠及更多职工、形式更加灵活、便于隔空竞技的"小型化"转变，赛事参与达 326 人次，浏览点击量 3.78 万次。二是拓展更高更广竞技平台。组建山东电力篮球代表队，积极对接系统内外优势资源，常态与政府机关、大型国企、重要客户等现场竞技，全面展现公司形象和职工风采。三是建立篮球达人储备平台。从参赛得分、规则遵守、上场时间等维度进行科学评价，建立篮球达人动态储备库，累计储备"篮球达人"16 名。

　　"三力提升"掀起全民健身新热潮。一是提升活动吸引力。统筹推进活动场所建设，山东电力系统累计建有篮球场地 117 处。二是提升品牌影响力。成功举办三届山东电力"力源杯"职工篮球争霸赛，基层单位参与率 100%。三是提升服务保障力。充分利用活动场地，定期开展职工子女暑期篮球培训班、旱地冰壶家庭体验日等活动。

羽毛球协会

承办单位：国网滨州供电公司

扬羽球风采
促电力腾飞

　　国网山东电力羽毛球协会在国网山东省电力公司工会的坚强领导下，找准工作定位，强化自我管理，提高组织水平，探索羽毛球运动专业化之路，为公司系统广大羽毛球爱好者提供了广阔舞台，为公司强化协会管理、发挥协会作用做出了贡献。

　　创新完善体系，构建协会管理新格局。健全协会体系机制，突出"规范管理、自我管理"，以协会章程的方式固化协会运行、球队球员管理、裁判队伍建设等方面的基本规则。完善协会运行机制，首创协会年会和常态化的会长办公会制度，对协会组织管理、重要活动、重大事项进行研讨，规范协会日常运行。

系统策划组织，提升协会活动新高度。丰富赛事项目内容，创新设置新员工赛，团体赛引进新兴的"五羽伦比"模式，2023年的"虹羽杯"羽毛球比赛成为比赛项目最多、赛程最复杂、参赛人数最多的一次赛事。提升比赛文化品质，用地域特色文化为赛事增添文化品位，组织40名志愿者建立随队服务、物资保障等服务小组，擦亮了"到滨州、滨周到"志愿服务品牌。

强化专业能力，拓展协会发展新视野。补齐专业短板，成功举办首个裁判员培训班，邀请山东省总裁判长、亚运会主裁担任主讲老师，组建了自己的裁判员队伍，补齐了协会活动中的一块短板。推动球队专业化，选拔56名队员组成国网山东电力羽毛球队，并划分两个梯队，制定了资格审查、选拔和退出机制，在尝试推动球队专业化道路上迈出第一步。组织国网山东电力羽毛球队集训，参加山东省业余羽毛球联赛获聊城站冠军，参加山东省国有企业邀请赛获第三名，参加济南市恒固邀请赛获8强，展现了山东电力职工奋勇争先的拼搏精神和追求卓越的技术水平。

瑜伽协会   承办单位：**国网威海供电公司**

"瑜"你同行
身心俱"伽"

国网山东电力瑜伽协会成立于 2018 年，协会坚持以"外增体质、内增素质，享受运动、陶冶情操"为宗旨，以"崇尚科学、追求健康"为目标，全心全意为职工创造良好的健身氛围，提高自身综合素质。围绕"三个一"的工作思路，让每位成员在这里找到自我、回归自我、感受快乐，找到自然与生命的和谐之美。

紧扣一个中心。协会以第"十四届"文化体育节为主线，紧紧围绕瑜伽"练就内在耐力，展现外在柔美"这一中心，充分发挥瑜伽协会、瑜伽达人带动和辐射作用，以协会为主体广泛开展各类交流活动。

　　激活一个网络。利用瑜伽健身群交流各类瑜伽习得的身体感受，及时对会员在习练过程中出现的疑问进行解答。协会分别开展了初级、中级、高级等不同层次形式的瑜伽课程，会员可以根据自身的瑜伽基础选择适合自己的课程种类。

　　打造一个平台。公司瑜伽协会定期开展协会会员的展演交流，以不同曲目、不同形式、不同内容的整体思路，打造风格各异的多样美。特别是在公司工会举办的第二届"瑜悦身心　伽倍健康"职工瑜伽比赛中，来自公司系统的 21 支代表队共 122 名选手参加比赛。参赛选手舒展有方，伸屈自如，将"力与美""刚与柔""动与静""身与心"完美融合，充分展现了瑜伽运动的迷人魅力。

太极拳协会　　　　　　　　　　　　　　承办单位：国网菏泽供电公司

刚柔相济
化养正气

　　国网山东电力太极拳协会以"健康生活、快乐工作"为理念，以丰富职工文体生活为主导，以提升职工身心健康、陶冶职工情操为目的，以传承太极国粹文化为宗旨，扎实开展职工文化体育活动，大大促进了职工身心健康，为公司高质量发展奠定了坚实基础。

　　推广太极运动，促进全员健身。协会利用深厚的群众基础把职工文化活动作为精神文化生活的主要体现，在提升职工幸福感、获得感、价值感，增强企业凝聚力、向心力和战斗力方面发挥着重要作用。

定期开展培训，提升会员技能。协会积极组织开展太极拳培训、推广和普及工作，发挥太极拳"国粹"优势，大大提高了协会会员的技艺水平和参赛热情。通过各类活动的开展，发掘和培育一大批骨干人才，在各类赛事中多次取得优异成绩，在他们的辐射带动下，越来越多的职工主动参与到太极拳运动中去。

搭建竞技平台，获奖佳绩频传。在国家电网公司工间操比赛开幕式中大型太极表演节目《谁不说俺家乡好》受到了国家电网各级领导的好评。协会多次组织参加太极拳大赛和各种开幕式表演活动，在2022年山东省第十二届全民健身运动会太极拳比赛中，荣获团体总分二等奖，集体项目荣获三等奖，个人项目一等奖1个，二等奖16个，三等奖10个。在山东省第十三届全民健身运动会太极拳比赛中，共荣获集体项目一等奖1个，三等奖1个；个人项目一等奖10个，二等奖10个，三等奖8个。2023年11月18日至21日，太极拳协会代表公司参加2023年中国职工太极拳比赛，荣获集体项目一等奖1个，个人项目一等奖16个，二等奖12个，三等奖4个。

马拉松协会　　　　　　　　　　　　　　　　承办单位：国网东营供电公司

跑出精彩
强健体魄

　　国网山东电力马拉松协会积极贯彻国网山东省电力公司工会工作要求，坚持"小型化、多样化、常态化、普及化"的原则，热心、用心、精心做好各项工作。通过各类马拉松赛事的开展，引领越来越多的员工参与其中，辐射带动越来越多员工爱运动、爱生活、爱工作。持续增强公司职工身体素质和健康水平，充分展现电力员工良好的精神风貌。

　　精心策划，跑出精彩。协会依托 S365 线上平台，组织开展"喜迎二十大 一起向未来""奋进新征程·建功新时代"

国网山东电力2023黄河口（东营）马拉松热身赛启动仪式

等线上活动 10 余次，参与职工 2 万余人次；策划 2023 马拉松赛季启动仪式，组织 200 余名协会会员参加 2023 黄河口（东营）马拉松比赛。

培养阳光心态，打造健康生活。公司长跑群众基础好，运动氛围浓厚，协会现有分会 25 个，会员 600 余人，随着各类线上、线下长跑活动的开展，职工参与度再创新高，活动效果十分显著，为各类活动奠定了坚实基础。

融入中心，服务大局。马拉松协会围绕公司各项决策部署谋划工作，牢固树立围绕中心、服务大局意识，以马拉松的形式向会员展示公司服务职工美好生活、不断改革前行的决心和信心，向社会展示公司服务营商环境，服务地域发展的良好形象。

读书协会

阅读怡情
书香致远

　　国网山东电力读书协会始终坚持融入中心、服务大局，牢牢把握正确政治方向，充分发挥协会"读书育人"的本质作用，强化创新策划，积极搭建载体，用生动活泼、灵活多样的活动形式，努力把协会小平台搭建成思想教育大舞台。

　　丰富活动载体，营造书香国网的浓厚氛围。读书协会精心开展"书香国网 镜间藏春"踏青采风活动，为协会会员积累创作素材，增加协会间的合作交流创造了有利条件。鼓励各单位开展形式的多样的新春赠书和送祝福活动。结合"世界读书日"，开展各类主

题征文等丰富多彩的读书交流活动。精心策划开展"喜迎二十大　一起向未来""向光而行"等系列主题征文活动，先后收到征文100多篇，并组织专家对参赛作品进行评选，并对选出的优秀作品进行表彰奖励，结集出版。

　　落实全员"悦"读，打造基层阅读文化圈。为班组配备流动书箱585个，其中由书香国网统一配书的成套书箱210个，自行配书的独立书箱375个，打造职工方便的阅读文化圈，切实满足职工的阅读需求。

　　带动数字共享，引领学习新风尚。紧跟时代步伐，适应信息化要求，充分利用书香国网数字阅读平台、kindle阅读器、各类听书App等新型载体，培养年轻员工读书爱好。通过微信群、网上荐书、作品展示等方式，激发各单位开展活动的积极性，形成了各基层协会百花齐放、万木争春的良好态势，全员"悦读行动"进一步走向深入。

网球协会

承办单位：国网日照供电公司

勇"网"直前
追"球"卓越

　　国网山东电力网球协会在国网山东省电力公司工会领导下，按照公司第十四届文化体育节工作部署，紧紧围绕"快乐工作　健康生活""践行二十大　勇攀新高峰""奋进新征程　建功新时代"等活动主题，全力做好网球文化的普及和传播，为广大职工网球爱好者提供各项网球服务。协会下设 13 个分会，在册会员 251 人。

　　健全组织机构，队伍发展有堡垒。优化完善协会组织机构，健全协会章程，设计会徽、会旗。协会以"勇'网'直前追'球'卓越"为口号，寓意以网球为魂，团结山东电力的网球爱好者，推动网球运动向更深、更高、更强发展。

　　丰富文体栏目，协会活动接地气。积极推动职工网球运动普及，助推网球运动"小型化、多样化、常态化、普及化"。突出网球运动的群众性、基础性和竞技性，举办首届鲁电网球巡回赛，组织第四届"光明杯"职工网球邀请赛。通过"晨练式"基础班、"训战式"提升班、"集中式"备战班，提升会员球技，为公司组队参加系统内外比赛做好队员储备。

　　深化平台应用，职工交流有圈子。充分运用"互联网＋"思维，深化 S365、齐鲁工惠等平台应用，建立鲁电网球协会交流群，以"一流设施、一流组织、一流服务"打造山东电力一流的网球赛事 IP，搭建职工网球生态圈。

　　注重典型培养，文体赛事攀高峰。协会会员参加山东省直机关第十五届全民健身职工运动会网球比赛，勇夺 3 个第一名，喜获大满贯，创最好成绩；参加日照市首届职工运动会网球比赛，获得女子单打第二名、男子双打第二名，展现出公司职工昂扬向上、拼搏登高的精神风貌。

棋牌协会

承办单位：山东送变电工程有限公司

手谈天下事
博弈方寸间

国网山东电力棋牌协会是公司系统内棋牌爱好者自愿组成的群众性组织。协会成立以来，在国网山东省电力公司工会领导下，以活跃职工文化为宗旨，坚持"小型化、多样化、常态化、普及化"的原则，发动和组织广大职工广泛开展活动，陶冶情操，提高技艺，为丰富职工业余文化生活，发展和繁荣公司企业文化建设做出了积极贡献。

突出文化特色。围棋等棋牌项目是中国的国粹，有着深厚的文化底蕴，是历久弥新的精神财富。自 2018 年成立山东电力棋牌协会以来，积极发展会员组织开展活动，在"弈客围棋"上创建了"鲁电围棋家园"俱乐部。鲁电围棋家园目前已有成员 740 人，创建以来先后组织了第一届、第二届名人战，围棋超级联赛等赛事。

国网山东省电力公司庆祝建党 102 周年"友谊杯"职工围棋比赛线下决赛

　　转变发展方式。棋牌协会积极探索开展协会活动新方式，充分发挥"线上云端"平台优势，积极组织开展协会各类活动，力求打造成山东电力文体协会的精品赛事。多次举办"卓越杯""幸福助力杯"职工竞技二打一线上比赛，组织开展"友谊杯"职工围棋比赛等赛事，受到广大职工棋牌爱好者的欢迎。

　　拓宽交流视野。棋牌协会通过"请进来、走出去"形式加强棋牌文化的交流，利用各种比赛机会，宣传自己，展示形象，扩大影响，并多次在"汉酱杯"全国业余围棋比赛中取得了较好的成绩。

文化自信是一个国家、一个民族发展中更基本、更深沉、更持久的力量。对企业而言，文化是强有力的支撑，是企业面向未来持续发展的希望所在。

　　公司带领和引导各单位加强先进职工文化建设，形成人文关怀制度，搭建职工素质提升平台，建好职工文化活动场所，建设职工文化人才队伍。通过以评促创，进一步提升了企业竞争新优势、发展软实力，建立健全了各具地方特色的先进职工文化，各单位职工文化呈现欣欣向荣的发展态势，增强了企业凝聚力和向心力。职工文化建设工作不断发展，丰富了广大职工共享文化建设的活动载体，提升了企业职工的主人翁责任感。

坚守根脉
各展风采

» 国网济南供电公司

国网济南供电公司始终坚持"忠诚党的事业、竭诚服务职工"宗旨，紧紧围绕第十四届职工文化体育节主题，统筹工会、协会、职工"3个层面"，持续强化职工思想引领，广泛开展职工文化生态建设，为勇攀"一体四翼"高质量发展高峰凝聚强大合力。

多渠道繁荣职工文化生活，奏响奋进主旋律。切实发挥工会宣教载体作用，以职工文化建设推动思想引领走深走实。承办公司"奋进新征程 建功新时代"职工宣讲比赛并荣获第一名。全面参加济南市"劳动我最美"主题文化赛事，在大合唱、征文比赛中荣获一等奖，在职工美术书法比赛中荣获二等奖。3名职工作品入选全国电力行业书法展。举办书画展、庆三八节等系列活动。组织劳模工匠集中宣传、专项慰问。创作《以奋斗者为本》济电劳模文化作品，荣获济南市新媒体原创作品大赛视频类一等奖。

多层次联动举办体育活动，增强兴业聚合力。搭建载体多样、赛制科学的职工体育赛事平台，以精彩热烈的体育活动增强职工健康体魄、激发奋进活力。省市县一体举办职工运动会，精心设置63个比赛项目，省市县公司职工同场竞技，创历年来现场参加人数之最。代表公司参加省八运会拔河比赛及开闭幕式。选拔职工加入公司代表队参加国家电网公司工间操比赛并荣获第一名。承办省公司足球联赛、网球片组赛，组队参加省公司羽毛球、篮球等比赛，勇夺省公司驻济单位十项交流赛8项团体第一。市县一体开展健步行、骑行、乒乓球、羽毛球、游泳等比赛，促进职工队伍融合交流，凝聚永创最好、走在前列的强大合力。

多维度保障阵地平台建设，绘就最好同心圆。打造"工会赋能、协会搭台、达人牵头、全员参与"模式，持续提升职工文体阵地的覆盖面和吸引力。按照"一协会一品牌"目标，做好山东电力戏曲票友协会、足球协会、青年婚恋协会品牌活动，规范公司17个文体协会管理，坚持"零门槛、全员性、菜单式"原则，常态化开展球类、瑜伽等培训班，全面提升职工文体素质。动态更新职工兴趣圈、人才库，实施"职工达人"培育计划，1名职工入选全省"职工达人"秀。充

分调研职工活动半径，新建格瑞德文体中心、历城、长清、济阳职工之家，因需制宜为基层单位增配运动器材，满足职工近距离融入文体活动、悦享幸福生活的需求。基层职工小家相继荣获济南市总工会共享职工之家、济南市十佳职工信赖的职工之家等称号。

» 国网青岛供电公司

　　国网青岛供电公司深入贯彻第十四届文化体育节工作部署，紧扣"健康生活、快乐工作"主旋律，充分发挥文体活动团结职工、服务职工、引导职工的重要作用，通过搭建平台、创新载体、强化服务，持续完善职工文化生态圈建设，激发职工文化活力，以高质量职工文化助力公司高质量发展。

　　抓导向突显"高度"，提升职工文化"引领力"。坚持正确政治方向，开展"喜迎二十大　一起向未来"职工文学创作、书法美术摄影展评，收集职工各类文化作品125项；组建"党的二十大精神劳模宣讲团"，开展各级主题宣讲32次；开展"庆七一　颂党恩"主题观影活动，以文化引领公司广大职工听党话、跟党走。大力弘扬劳模精神、劳动精神、工匠精神，开展劳模工匠精神集中宣传月活动，召开公司先模表彰大会，运用宣传片、短视频、劳模故事等形式多渠道进行宣传报道，营造浓厚氛围，引领广大职工向先进典型"学精神、学作风、学品质、学技能"。坚持价值引领，持续强化支撑中心工作，组织演艺协会、摄影协会、写作协会等到重大项

目、保供一线进行文化慰问与采风。以创新文化激发职工创新活力，搭建"五维创新登高"职工创新创效服务平台与"1+N"职工创新实训体系，平台运行以来职工张榜创新意见建议820余项，揭榜解决360余项，职工参观基地26批次1700余人，助力公司获评2023年山东省全员创新企业，让职工文化在公司高质量发展中发挥作用、展现价值。

建阵地突显"力度"，提升职工文化"保障力"。持续提升文体活动硬件保障，两年来，新建及改造职工网球场、羽毛球、健身室等场地11处1700余平方米，新装2台迷你KTV，新建职工小家16个，采购设备78台，新增流动书箱60个，实现基层单位"职工小家"全覆盖，为职工文化活动开展提供更优质保障。持续提升17个文体协会管理水平，强化活动策划与考核评价。探索成立RPA俱乐部，以协会模式助力班组科技减负。采用"工会搭台、协会承办"的模式，开展音乐沙龙、健身讲堂等主

题鲜明、覆盖面广的协会活动。2023 年，公司4100 多人次参加公司各项协会活动，成为职工文化活动重要阵地。持续提升职工达人数量和技艺水平，充分提供展示交流平台。组织达人参与国家电网公司工间操比赛表演项目，代表公司参加多项比赛，参与青岛市职工运动会、机关运动会等联赛，与国网包头供电公司、海尔、中车等单位进行文体交流活动，有效锻炼了达人队伍。

　　强载体突显"温度"，提升职工文化"活跃力"。打造以职工运动会为代表的职工文化"品牌名片"。2023 年，第 58 届职工运动会创新增加劳模工匠方阵展演、部门单位职工文化展演、协会现场展演等形

式，进一步丰富了职工运动会文化内涵。创新探索组织职工与子女共同参与文体活动，举办亲子运动会，激发职工参与文体活动热情。开展"走进传统节日，弘扬传统文化"活动，让中华传统美德发扬光大。为职工购买文化和健身服务。2023 年以来，930 余人次参加各项文体培训服务。积极为职工文体活动展示及成果晾晒搭建平台，以文艺汇展、合唱展演等多种形式开展覆盖广泛的职工文艺活动。将文化成果在国网家园、齐鲁工惠、公司网站等多渠道广泛宣传，发挥"青电家园"公众号作用，一年来发表相关文章 102 篇，成为展示职工文化的重要窗口。

» 国网淄博供电公司

　　国网淄博供电公司以文化体育节为载体，高度重视职工文化生态圈建设，主题引领、价值导向、自主管理、工会保障，充分发挥职工文体协会作用，广泛开展职工喜闻乐见的文化体育活动，搭建职工文化交流平台，培养职工良好生活习惯，激发广大干部职工的工作激情和生活热情，唱响了"我们工会有力量"的工会工作主旋律。

　　强策划，打造职工文化体育精品工程。 以"我与春天有个约会"为主题，编演了职工文化成果展示晚会，200 余名职工参加演出，受到了广大干部职工和来访的新疆公司工会来宾的一致好评。举办了线上健步行、羽毛球、乒乓球、网球等赛事。组织百名职工参加了环文昌湖马拉松比赛。各类趣味活动在基层单位遍地开花。

　　建阵地，推动文化体育场所建设。 以"建好、管好、用好"为原则，持续加大职工文化体育设施的投入，对公司职工之家进行了维护提升，新建临淄供电中心、博山供电

中心、培训中心 3 个职工文体活动室，对周村供电中心和输电运检室文体活动设施进行了持续提升。

夯基础，充分发挥职工文体协会作用。以"文体协会"作为活动开展的基本单元，常态化组织开展羽毛球、网球、乒乓球、瑜伽、动感单车、游泳等六个项目的文体技能培训班，参加职工达 350 余人。结合传统节日开展传统特色手作 DIY 活动，得到广大干部职工的广泛参与。

» 国网潍坊供电公司

　　国网潍坊供电公司认真贯彻落实公司工会工作部署，坚持"以职工为中心"，一切依靠职工、一切为了职工，服务公司高质量发展，服务职工美好生活，把企业建设成职工最想要的模样。

　　全员创新创效百花齐放。聚焦"人才、成果、资源"关键要素，荣获"山东省全员创新企业"。首创探索职工创新"三项机制"，即职工创新"4+2"部门联动机制、职工创新"领航者联盟"机制、职工创新成果"全生命周期管理"机制，职工创新成果销售金额203.2万元。6项职工创新成果获得全国能源化学地质工会、山东省总工会优秀成果奖等省部级表彰。高质量举办青年大讲堂、供电"服务之星"、创新创效等劳动竞赛5项，参与职工1000余人次，职工成长成才平台不断完善，一线职工参与创新的热情持续高涨。

　　劳模先进选树再创新高。深化先进典型"选树＋引领"机制作用，统筹市县荣誉推报渠道与资源，市县一体争创高端典型、重大荣誉，省部级及以上荣誉夺得"大满贯"，1个班组荣获全国五一巾帼标兵岗，2名职工荣获山东省劳动模范，同年度内获评国家电网公司和国网山东电力"双"劳模，首获齐鲁工匠，完成该项荣誉"零"的突破。地市级及以上荣誉表彰收获"满堂彩"，3名职工荣获潍坊市五一劳动奖章，9名职工荣获潍坊（金

牌）工匠，市级以上工匠当选数量累计达 40 人。

　　职工文体关爱亮点纷呈。坚持以职工需求为导向，聚焦
职工急难愁盼问题，大力实施为职工办实事"六项行动"。完成
建设集中式职工之家 12 座、分布式职工小家 50 座，惠及 18 个基层
单位和 70 个一线班组。以第八届职工文化体育节为平台，举办第八届职工运动会、非遗
成果展等 23 项文体活动。市县一体开展 4 期"健康守护"讲座、2 期职工车辆服务季、3
期青年职工联谊沙龙等 20 余项现代化关爱活动，常态化落实"三必贺、三必访"，惠及
职工 2.2 万人次。全面升级公司职工文体活动中心，县公司实现职工文体活动中心全覆盖，
广大职工的幸福感、获得感、价值感进一步增强。

» 国网烟台供电公司

　　两年来，国网烟台供电公司工会紧紧围绕"服务企业，服务职工"，面向基层，全面提升职工文化阵地服务效能；两年来，各文体协会充分发挥文体活动团结职工、服务职工、引导职工的重要作用，广泛动员，持续壮大职工文化建设队伍；两年来，广大职工突破自我、创作精彩，欢呼与拼搏交织，执着与热血共燃，铸就新时代职工文化的新高峰。

　　10 场职工文化成果巡演打通服务职工"最后一公里"。盛夏之际，"塑强新优势 聚力勇争先"职工文化成果巡演活动历时一个月，在所属全部 10 个市县公司拉开序幕，利用电网迎峰度夏封网间

隙，经过前期深入调研，遴选出优秀文化成果，以职工文艺曲艺达人为核心，采取"8+N"模式，即集中展示 8 个固定优秀节目 +N 个巡演单位特色节目，力求将每一场演出做得精益求精。活动得到了各部门、各单位积极配合，100 余名职工自编自导自演，将身边的故事搬上了舞台，用音乐、戏曲、舞蹈展现了电网人的风采。每场巡演由一名市级供电公司领导带队，同时邀请各区市政府、总工会、共建部队观看，有力提升了公司的品牌形象。

　　打造山东电力文艺创作新名片。2023 年 7 月，在公司工会的大力支持下，山东电力职工文艺创作基地在烟台市蓬莱区落成。基地建设规模 3200 平方米，精心打造了舞蹈、器乐、声乐、曲艺等五个专业实训室，一个文化成果展厅，一个影音影像工作室。基地的建立旨在推进优质文艺资源深入基层，服务广大职工，为加强职工文化建设、打造精品文化作品奠定坚实基础。11 月 19 日，山东电力 2023 年职工文艺人才培训班在基地开班，国网山东省电力公司工会副主席刘凯、张平，文体部部长赵树生出席活动，并对基地今后的发展提出具体要求。

聚是一团火，散是满天星。9 月 16 日，黄海之畔，国网烟台供电公司第二十二届职工运动会在烟台市体育公园拉开帷幕。伴随着激昂的《运动员进行曲》，36 支代表队方队，1700 余名职工在国旗队、司旗队、彩旗队的引领下，踏着矫健的步伐、喊着响亮的口号步入会场。随着国网烟台供电公司总经理邹吉全宣布运动会开幕，千余名职工集体表演自创工间操《一路花开》，将开幕式推向高潮。运动会设有田径、技能、趣味和亲子活动共 28 个项目，同时开辟职工技术创新成果展区、文化成果展区，具有很强的文化性、娱乐性、群众性，内容丰富、形式多样、趣味十足，为公司高质量发展提供了强大的文化凝聚力和精神推动力。

» 国网济宁供电公司

　　第十四届文化体育节开幕以来，国网济宁供电公司深入贯彻国网山东省电力公司工会关于职工文化工作部署，坚持"用心用情为职工送好温暖，真心实意为职工办好实事"，重点围绕服务公司中心工作、服务职工群众，搭平台、建机制、送温暖、保落实，团结凝聚广大职工永创最好、走在前列。

　　丰富健康文化，深化文体场所建设。突出以人为本，为进一步发挥群众性文体组织的作用，将文体场所作为职工文化生态圈主阵地，按照公司办实事工作要求，持续做好文体场所建设。围绕"快乐工作 健康生活"这一目标，组织所属 16 大文体协会按计划开展全年文体活动。 通过多种形式组织开展文体活动，鼓励职工健身健心，增强身体素质。积极参加公司各项文体活动赛事，被授予第十四届文化体育节"优秀组织奖"，以优异成绩展示公司锐意进取、永创最好的精神风貌。

　　精心组织，文化活动硕果累累。承办公司美术协会骨干培训班暨主题创作笔会、第四届"先锋杯"职工乒乓球团体赛、鲁电网球第四片组赛

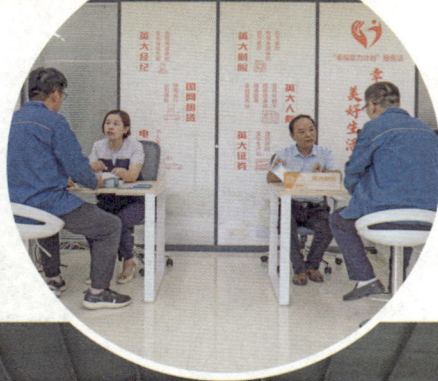

等活动，勇夺公司第三届"力源杯"职工篮球争霸赛总冠军。结合职工文娱特长，相继举办国网济宁供电公司第十届职工运动会、主题书法美术笔会、"奋进新征程　建功新时代"职工健步行、游泳、工间操、徒步登山等活动 10 余次，确保各项工作取得实效。举办员工健康讲座活动，专题宣传传染病、心脑血管疾病、慢性病等内容，引导职工践行健康生活理念、养成健康生活方式。

以点带面，着力搭建宣传平台。建立固定宣传阵地，利用宣传栏、宣传展板、楼宇电视等方式开展有针对性宣传活动。同时，丰富拓展宣传渠道，在职工活动中心设置职工书屋，通过职工捐建、集中购置，"宁心书苑"藏书达 6000 余册，结合基层单位工作实际，派发"流动书箱"，分门别类放置到一线班组、基层供电所等场所，营造良好的工作氛围。

深化"诉求＋服务"模式，用心办好实事。连续 9 年为职工办"十件实事"，不断延伸为职工办实事内涵，提升职工幸福指数。高质量建成"人为本"职工服务中心，对涉及职工切身利益的服务项目进行整合，实现跨部门业务"一站式"办理，擦亮"五心换一心"职工服务品牌。健全完善办实事工作机制，完善职工诉求网络答复和处理流程，提前做好办实事意见征集，制定细化工作措施，聚焦职工所需所求所想，增强办实事的计划性与针对性。关注青年群体，助力解决婚恋生活等问题，不断增强企业凝聚力、向心力。

» 国网临沂供电公司

第十四届文化体育节以来，国网临沂供电公司坚持以"奋进新征程　建功新时代"为主题，依托职工文体协会，大力繁荣职工文化生活，持续提高职工健康水平，通过文体活动团结职工、服务职工、引导职工，进一步激发了职工的工作热情和创造活力，为公司在"一体四翼"发展中永创最好走在前列提供了强劲动力。

把阵地建设作为推动职工文化繁荣发展的重要平台。坚持以"用"为根本，明确"好用"的价值导向，分市县公司、基层单位两个层面开展职工文体场所需求调研，更新改造公司级"职工之家"1500 平方米，完善健康驿站、巾帼之家、电子竞技室、棋艺室等 4 大功能区，新增唱吧机、桌上冰球、划船机、心理沙盘等文体活动设施、健身器材 11 类 58 件，按照打造"3 分钟健身圈"要求，提出"让运动成为习惯、让生活更加精彩"的健身口号，最大限度地满足职工活动、健身需要。

把文体活动作为推动职工文化繁荣发展的重要依托。积极响应国家"全民建设"号召，坚持"工会支撑保障、协会自我管理、职工自主参与"的工作模式，市县公司组织开展职工健步行、元宵喜乐会、单身职工户外联谊、"薪火相传"职工讲谈会等文体活动 300 余场，

高质量承办国家电网公司工会通讯员培训班、中电联第八届全国电力行业书法展、公司职工骑行比赛及足球联赛第三片组比赛。积极参加公司第十四届职工文化体育节各项赛事，获气排球冠军，乒乓球、羽毛球团体亚军，瑜伽、围棋比赛团体第二名，骑行比赛团体二等奖，足球比赛第三片组冠军、总决赛季军等优异成绩，荣获"优秀组织单位"荣誉称号。参加临沂市第五届职工运动会5个项目比赛，获工间操比赛二等奖、气排球比赛第四名，并获"优秀组织奖"。

把创精品出人才作为职工文化繁荣发展的重要标志。国网临沂供电公司作为山东电力职工书法协会会长单位，在第十四届文化体育节期间，先后组织开展了"翰墨颂楷模""中国梦　劳动美——喜迎二十大　建功新时代"以及文化体育节闭幕式展览职工书法作品创作活动，征集作品558幅。22幅书法作品、12幅美术作品、5幅摄影作品、11幅文学作品获公司优秀作品奖。1首原创歌曲获公司2023年职工音乐大赛"十佳原创歌曲"，6名职工组合获评"十佳歌手"。2项文创产品分获国家电网公司首届职工文创大赛银奖、铜奖。1名职工作为山东省企业联队队长参加第十四届全运会群众赛事气排球项目获亚军，6名职工代表公司参加国家电网公司工间操比赛获金奖，4名职工代表公司参加中国职工太极拳大赛和山东省第十三届全民健身运动会太极拳比赛荣获团体一等奖。组织举办市县公司气排球、瑜伽、摄影骨干等培训班13期，3名职工在公司2023年文艺人才培训班中获评"十佳优秀学员"，1人获"最佳创作奖"。

» 国网德州供电公司

　　第十四届文化体育节开幕以来，国网德州供电公司深入贯彻习近平新时代中国特色社会主义思想，全面贯彻党的二十大精神，紧紧围绕迎接、学习、贯彻党的二十大精神主线，以职工为中心，以创新为动力，提升价值、彰显作为，组织动员广大职工奋力推动"一体四翼"高质量发展，通过系列主题文化活动和全民健身体育活动，教育引导广大职工听党话、跟党走，凝聚精气神、建功新征程。

　　凝心聚力，职工文化活动精彩纷呈。一是以"喜迎二十大　一起向未来"为主题开展系列主题活动，提升政治引领力，彰显职工精气神，营造迎接、宣传和贯彻党的二十大精神的浓厚氛围，充分利用"亮德暖心"微信视频号开展学习宣传贯彻党的二十大精神主题展播活动。先后举办"喜迎二十大　奋进新征程"健康跑、"喜迎二十大　永远跟党走"书画美术爱好者培训班、"喜迎二十大　礼赞新时代"全员悦读活动，1名职工书法作品获国家电网公司优秀奖，职工美术作品《国网礼赞》获公司优秀奖，1名职工绘画作品入选中国电力美术大展，公司获评"喜迎二十大　一起向未来"主题征文活动优秀组织单位。二是发挥职工文体协会主阵地作用，突出"小型化、多样化、常态化、普及化"，广泛开展"零门槛"的文体活动，提高活动的覆盖面和群众性。圆满完成公司春季健步行、第二

届"风华杯"职工气排球团体赛、"力源杯"职工篮球争霸赛片组赛承办任务。全面开展司歌传唱与网络展播，元宵节司歌传唱特色快闪活动在"国网家园"微信公众号、"书香国网"微信视频号刊发。实施特色文化活动助力，成功举办国网德州供电公司第二届职工运动会、职工篮球团体赛和乒乓球团体赛，举办气排球、网球、篮球"政企同心　携手共赢"文化联谊赛，激发全员健身活力，团结凝聚攻坚力量。代表电力行业参加中央电视台五一国际劳动节"心连心"特别节目，配合著名歌唱家廖昌永完成歌曲《记得》录制。参加公司"虹羽杯"职工羽毛球团体赛，获一枚银牌、两枚铜牌、团体第五。代表山东省电

力工会参加山东省产业工会、大企业工会男子 640 公斤拔河比赛，获全省第六。代表德州市参加山东省第一届"绿色能源杯"羽毛球比赛，获团体亚军、女单亚军。1 名职工在公司庆祝建党 102 周年"友谊杯"职工围棋比赛中获得个人第一名，国网德州供电公司获团体第三名。2 名职工获"旗帜领航再登高　创新驱动走在前"职工原创音乐大赛十佳歌手，2 首歌曲获十佳原创歌曲。气排球协会获公司第十四届文化体育节优秀职工文体协会。在德州市首届职工运动会羽毛球比赛中荣获市直组团体赛冠军。

关心关爱，为职工办实事成效显著。深入开展基层一线慰问活动，创新慰问活动的方式方法，切实将关心关爱职工落到实处，保障职工合法权益，增强职工的幸福感和归属感。2022-2023 年，累计开展迎峰度夏、迎峰度冬、重点项目保电、抗震救灾、抢险保电职工一线专项慰问 37 次，累计慰问职工 4371 人次，累计发放慰问品 63.81 万元。深化"EAP+诉求"服务体系建设，市县公司诉求服务中心实现 100% 全覆盖。联合英大传媒举办备战中高考线上讲座，观看人数 8.4 万人次。联合德州市心理健康促进会开展"关爱职工情绪，震后应激心理健康调适"抗震心理援助线上活动，累计开展职工健康关爱活动 22 次，实施职工心理援助服务 2315 人次。联合德州市总工会"爱在德州"青年婚恋平台开展活动 17 次，累计为 89 名未婚青年提供婚恋服务。迭代优化职工个性化体检套餐，圆满完成 8810 名职工健康体检，为 64 名重点关注职工提供分析体检指标、评估疾病风险、大病就医帮扶等精准健康服务。开展"食堂年货节""夜宵一站式配送"及市县美食交流等活动。

» 国网泰安供电公司

第十四届文化体育节开幕以来，国网泰安供电公司按照公司整体工作部署，围绕"奋进新征程　建功新时代"主题开展了丰富多彩的文体活动，充分激发广大干部职工的工作激情和生活热情，职工幸福感、获得感、价值感进一步提升。

持续深化作家协会平台建设。国网泰安供电公司作为山东电力作家协会的承办单位，高质量承办文学创作培训班，邀请中国电力作家协会副主席潘飞、副秘书长周玉娴，山东省作家协会副主席铁流出席并授课。相继开展"五月的芳华"和"劳动最光荣"主题征文活动及现场评审会，累计收到征文703篇。编写《五月的芳华》《劳动最光荣》职工文学作品集，着力打造出一批具有鲜明电力特色的精品文学作品。2篇作品荣获首届中国电力文学奖（赵静怡《风云一举到天关》、姜铁军《英雄列电》），1篇报告文学在《人民文学》发表（赵静怡《泰山巡线记》），2人首批入选"中国电力作家协会百名重要中青年作家人才"（赵静怡、赵萍）。30余篇作品获山东省"劳动最光荣"主题征文奖、刘勰散文奖等奖项。姜铁军长篇小说《国宴——1949》入选第十一届茅盾文学奖参评目录，长篇小说《云端上的歌》入选山东省作家协会扶持重点文学项目。

积极推动文体活动蓬勃开展。 选拔文体骨干、达人参加公司篮球、网球、羽毛球、瑜伽等各项文体赛事，在单项赛中获冠军3项、亚军5项、季军4项。国网泰安供电公司瑜伽和骑行代表队在公司比赛中分获团体二、三等奖，羽毛球队受邀参加泰山冠军杯体育邀请赛并获团体季军，篮球队获公司片区赛季军，并在总决赛上获第五名的历史最好成绩。

刘国明入选公司网球队，并参加山东省老年人网球比赛、山东省直机关网球比赛，获团体金奖和单打冠军；王帅、杨继春入选公司羽毛球队，并在公司羽毛球总决赛上获男双季军。葛阳作词的歌曲《夜归人》亮相中国教育电视台，歌曲《一路芬芳》获评公司十佳"职工原创歌曲"奖。曹广迎的6幅美术作品被国家电网公司、国网山东省电力公司收藏布展。方军的摄影作品《光明音符——长龙当空舞》入围全国电力职工摄影展。

以国网泰安供电公司成立50周年为主线，组织策划职工健步行、书画创作笔会等交流活动，举办工间操、羽毛球、网球、气排球等培训班，累计参与职工2000余人次，加强了公司各文体项目的储备人才梯度建设。

高标准完成活动中心改造升级。 以"建好、管好、用好"为原则，高标准完成

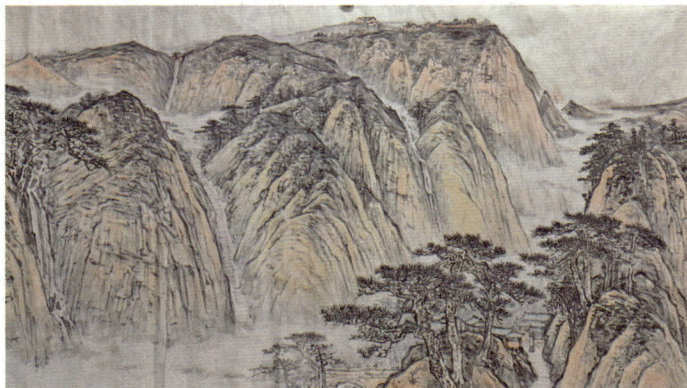

傲徕峰职工活动中心羽毛球场和网球场改造升级工作。其中羽毛球场采用双层木龙骨加枫木运动地板的施工工艺，网球场采用沥青混凝土基础加弹性丙烯酸涂刷的施工方案，场地的改造升级坚持"关爱职工、以人为本"的设计理念，充分考虑到缓冲抗震、防滑耐磨、环保耐蚀等因素，可有效降低职工运动损伤风险，着力打造规范标准、配置一流、功能齐全的职工文体活动场所。

» 国网聊城供电公司

第十四届文化体育节期间，国网聊城供电公司认真贯彻落实公司各项工作部署，以促进企业和谐发展、满足职工精神文化需求为主线，牢牢把握服务大局、服务基层、服务职工的要求，以"四个突出"着力提升职工文化建设的高度、深度、广度和力度，用"娘家人"的真情服务架起连心桥，不断充实职工文化生活，推动职工文化繁荣发展，团结凝聚广大职工坚定不移"听党话、跟党走，走前列、做表率"。

突出高度，高标站位做支撑。积极承办公司各项文体赛事，以"请进来、搭平台"为交流载体，对标先进找差距，学习先进明方向，争做先进促提升。圆满承办公司第十四届文化体育节闭幕式，获评"优秀组织单位"。高质量承办公司"友谊杯"职工围棋线下决赛、"虹羽杯"职工羽毛球单项片区赛、2023 年职工音乐大赛等赛事活动，累计服务 260 余人次来聊参会参赛，抢抓赛事机遇，组织文体骨干现场参观学习。

突出深度，全民健身促推广。将全民健身与为职工办实事相融合，确立 2023 年为国网聊城供电公司首届全民健身体育年，细化 25 项年度计划，圆满举办第九届职工运动会，开幕式融合职工文化成果展示，太极拳、健美操展演和工间操比赛等多个环节，市县一体 1400 余人相聚赛场。1 名公司职工代表公司出战国家电网公司 2023 年工间操比赛，获团体金奖。2 名职工获山东省"职业健康达人"，5 名职工获聊城市"职业健康达人"，聚力打造"健康聊电"全民健身品牌。

突出广度，丰富载体求实效。统筹排定课程表，文体活动做到"月有计划、周有重点、日有活动"。组织开展健身、乐器、太极拳等各类培训460余场（期）次，举办书画展及游泳、足球等多项大型赛事，各类活动参与职工达9500余人次。组织拔河、围棋、羽毛球等6个项目参加聊城市第三届运动会，斩获积分榜企业组第一名，荣获大会"道德风尚奖""贡献奖"等四块奖牌。参加全市职工趣味运动会比赛，获得总决赛铜奖和市直组亚军等两项大奖。组队参加全市足球、乒乓球和公司气排球、游泳、瑜伽等

多个项目比赛，对外展示职工良好精神风貌。

突出力度，职工生态成果丰。1 项职工作品获全国总工会、中央网信办联合主办主题活动二等奖，1 项作品荣获国网文创优秀奖，5 名职工新晋为中国电力书法家协会会员，2 名职工获评山东省"职工达人"，上榜人数为地市供电公司之最。18 项职工作品分获公司第十四届文化体育节书画、摄影和原创音乐各级奖项，职工原创《党校姓党》《信仰》等歌曲在全国第三届迎新春职工文化节联欢晚会、凤凰网客户端、中能传媒、国网家园等平台展演播发，职工音乐创作事迹在《国家电网报》专栏刊发。

» 国网枣庄供电公司

国网枣庄供电公司全面贯彻党的二十大精神，深入落实第十四届文化体育节工作部署，紧紧围绕服务职工、服务企业，用心架好连心桥、用情绘就同心圆，发挥先进职工文化激励人、感染人、鼓舞人的重要作用，团结凝聚广大职工为公司在"一体四翼"发展中永创最好走在前列提供强劲动力。

强化政治引领，凝聚职工思想合力。坚持党建引领，上下联动，开展系列主题文化活动。一是党建工作与文体活动同步策划，坚持用"党建＋"思维谋划推动协会工作。以迎接、宣传和贯彻党的二十大为主线，牵头策划承办公司"喜庆二十大　奋发勇争先"线上篮球赛活动，开展"喜迎二十大 聚力攀高峰"职工羽毛球比赛、"喜迎二十大　一起向未来"职工征文比赛等，用文体活动凝聚思想合力，引领职工坚定不移听党话、跟党走。二是讲好枣电故事，赓续优良传统。以国网枣庄供电公司建制 60 周年为契机，精心策划系列"有特色、接地气、针对性、差异化"的活动，以"砥砺六十年　奋进新

时代"为主题，开展职工文艺作品创作，线上展示职工书法美术摄影文学作品，线下开展职工宣讲、劳模"四进"活动，营造昂扬向上、全员参与的职工文化氛围。

深化共建共享，满足职工美好生活需要。 充分调研基层一线实际需求，统筹推进文体活动场所建设管理，让公司改革发展的成果更广泛地惠及广大职工。一是增强活动吸引力。近两年累计翻新修缮文体场地 6 处，新建健康微驿站、妈妈小屋、心理健康辅导室，更新文体活动设施 40 余套。与各级政府机关、重要客户开展友谊赛，展示公司良好品牌形象和职工风采。二是提升服务保障力。发挥网络平台作用，提供场地、活动发布、信息咨询等线上服务，针对职工实际需求提供市场化、专业化培训服务，着力提升职工幸福指数。充分利用活动场所先后开展职工子女暑期托管班、旱地冰壶家庭体验日、迎新春送春联、工间操等活动，推动全民健身向基层拓展、向家庭延伸。

服务中心工作，营造安全和谐文化氛围。坚持融入中心、服务大局，统筹好活动内容和组织形式，将公司战略和企业文化落地生根。一是将安全文化融入趣味活动。先后开展"喜迎元宵·安全有我"安全知识竞答趣味活动、安全文化表达征集活动、"安全杯"职工篮球赛等，丰富职工安全知识，分享安全文化成果，推动企业安全文化建设落地。二是坚持创新驱动，将职工技术创新与企业文化紧密结合，打造职工文创精品。"智能查线宝"文创作品荣获国家电网公司首届职工文创大赛银奖，2件文创作品获得公司表彰，国网枣庄供电公司被国网山东省电力公司授予文创大赛优秀组织奖。

» 国网滨州供电公司

　　国网滨州供电公司全面落实第十四届文化体育节工作部署，扎实推进职工文化建设，着力打造"职工文化生态圈"，凝聚力量，共同精彩，丰富职工文化生活的同时，充分激发职工干事创业热情，为公司争先发展奠定了坚实的文化基础。

　　创新完善体系，构建文化建设新格局。一是健全制度体系。总结近年来公司职工文体协会组织管理经验，突出"规范管理、自我管理"，统筹谋划协会管理和职工文化建设战略，编制协会管理办法，固化协会运行、达人管理、场地建设等方面的基本规则，为职工文化发展奠定了坚实基础。二是完善运行机制。定期召开文体协会会长、秘书长专题会议，完成协会组织人员换届，对协会组织管理、重要活动、重大事项进行研讨，规范协会日常运行。

　　系统策划组织，提升文化建设新高度。一是高质量承办公司大型赛事。承办 2023 年"虹羽杯"羽毛球赛，创新组织 66 名 2023 年新入职羽毛球爱好者举办新员工赛，团体赛引进新兴的"五羽伦比"模式，把非物质文化遗产引入活动之中，共吸引 303 名职工参加，成为比赛项目最多、赛程最复杂、参赛人数最多的一次赛事。二是大力提升活动品质。大力强化职工文化活动阵地建设，开展职工文体需求调研，更新迭代两个职工文体中心配置，开通场地预约、线上约课等功能，设立文体协会驻馆日，为班组配备"5 分钟"健身角、流动书箱、健康保健箱等好用实用物品 500 余件。2023 年新春创新运用 S365 平台为广大职工送去祝福，营造了"快乐工作、健康生活"的企业文化氛围。

　　遵循两个服务，开创文化建设新局面。一是全方位关心关爱职工。两年间，国网滨州供电公司努力满足职工的精神文化需求，举办"朝夕阅读 不负韶华"职工读书、线上文学讲座和交流分享等文化活动 6 项，组织球类、拳操类等体育比赛 7 项，文化体育培训班 6 个，改造升级职工文体中心、"五小"供电所文化体育角 6 处，为一线班组发放流动书箱 8 个。二是大力提升竞技能力。针对爱好者，组织各分会结合单位实际举办竞技培训班，鼓励职工与地方单位交流提升。针对文体骨干，开展多种形式的集训活动，提高个体竞技水平，优化球队配对组合，多项运动在公司比赛中获佳绩。

» 国网威海供电公司

　　第十四届文化体育节开展以来，国网威海供电公司全面贯彻习近平新时代中国特色社会主义思想和党的二十大精神，深入落实国网工会、省公司工会和公司 2023 年两会部署，紧紧围绕服务职工、服务企业工作，按照"紧扣一个中心的精致思想境界、打造一个平台的精致工作标准、激活两项行动的精致作风要求"，进一步提升了工会文化服务职工群众，服务中心工作的能力。

　　紧扣"一个中心"，持续提升职工思想政治引领力。将建设忠诚于党的红色工会为中心工作，持续打造职工文创品牌。1 名职工担任国家电网公司首届文创大赛评审、展览设计、作品提升、奖杯证书设计、视频策划、展览布置等工作，承办起草编写国家电网公司首届职工文创大赛和启动大赛方案，在国家电网公司文创汇报会上，山东电力此项工作得到高度赞扬。组织、策划、布置了首届职工文创成果展和学习贯彻党的二十大精神职工书法篆刻美术作品展，国家电网有限公司董事、党组副书记庞骁刚，国家电网公司职工董事、工会主席王海啸等领导参观展览，庞骁刚对公司获奖作品给予高度评价，王海啸多次指导公司承担编写的国家电网公司工会《大众篆刻十八讲》一书，为山东电力文化品牌打造提供了坚强支撑。

　　打造"一个平台"，持续提升职工文化创新力。打造职工文体活动平台。加强文体阵地建设，采用集中、分散相结合方式，充分利用，合理利用公司空置场地、老旧仓库等"金

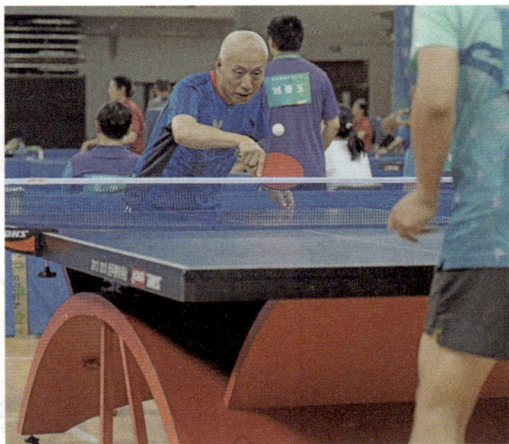

角银边"配置分散式健身休闲设施，扩大文体活动场所覆盖面。目前市县公司共有室内综合类健身活动场所 4 处，网球场、足球场、篮球场等专项体育活动场地 12 处。按照"按需定制、自主选择、分类服务、工会保障"的原则，组织 16 个文体协会广泛开展乒乓球、篮球、足球等群众性体育项目 22 次，争取每人都有健身项目，职工参会率达到 90% 以上。

　　激活"两项行动"，持续提升产业工人队伍影响力。一是激活职工创新文化良好生态行动。职工原创歌曲《滨海之光》在电网头条等媒体展播，原创歌曲《一起走》在新浪微博等平台发表。原创情景剧《承诺》在书香国网视频号发表。开展"喜迎二十大暨精致电网杯"职工足球联赛，与文旅集团开展庆"七一"健康跑等四十余项活动。制定山东电力文创大赛比赛方案，先后组织召开6次职工文创作品研讨会、文创作品讲习会，两项文创作品代表公司参加国家电网公司文创大赛，获得实物类金奖、数字类银奖。二是激活推动文体活动再提升行动。今年以来，国网威海供电公司先后获得山东省乒乓球比赛团体第一名，羽毛球比赛新员工个人、双打第一名，游泳比赛团体第一名，瑜伽比赛团体、个人第一名，文体比赛成绩获历史最好。开展喜迎新年送春联、情暖三八节、全员"悦读行动"、盘点文创出圈等专题群众性文化活动6次，承办公司瑜伽比赛、第二片组网球比赛，以创造性思维打造工会文体活动创新实践。周威涛、王美鹤多次代表公司参加国家电网公司文化体育活动，展示了威电职工的良好风貌。

» 国网菏泽供电公司

第十四届文化体育节开幕以来，国网菏泽供电公司认真落实省公司贯彻部署，以有温度企业建设为目标，强化服务职工、坚持创新驱动，着力提升职工综合素质和健康水平，启动职工文化建设"124"保障体系，极大丰富职工精神文化生活，促进公司和谐健康发展。

优化"1项服务"，用心将基础工作做得扎实有效。组织各分会、各协会结合工作特点，自主举办瑜伽、插花、足球、羽毛球等活动，起用文体达人当教练，自己人教自己人，以培训激发职工爱好，以活动推动习惯养成，力争让每个职工都有一项文体爱好和特长。创新开展职工子女硬笔书法、乒乓球培训班，累计服务职工子女60余人。拓展提升职工活动中心资源效能和服务水平，广泛开展"零门槛、全员性、常态化、普及化"文体活动，做到"全年有计划、月月有活动、活动有声势"。工会做好各类支撑服务，让职工"快乐工作、健康生活"。

强化"2项保障"，用力将重点工作做得细致到位。充分发挥公司太极拳协会和摄影协会承办单位作用，根据公司文体工作计划开展太极拳活动 5 次，不断提升山东电力太极拳爱好者水平。在国家电网公司工间操比赛中牵头组建国网山东省电力公司代表队并组织集训、编排，最终荣获广播体操、工间操双第一，总分第一。组织编排太极健身操，组织太极拳爱好者参加国家电网公司工间操比赛开幕式表演。代表公司参加 2023 年中国职工太极拳比赛、山东省第十三届全民健身运动会太极拳比赛，均取得优异成绩。

　　深化"4项行动"，用情将特色工作做得有声有色。深化创新科学健身、专家坐诊、健康讲座、青年婚恋4大专项行动模式。参加公司职工重大疾病医疗救助模式现场调研，举办公司"职工健康素质提升年"启动仪式及系列活动。在活动中心3楼健身室组织开展"我运动、我健康、我快乐"减压健身交流培训，指导职工科学健身。深度调研职工身心健康情况，定向邀请心理专家坐诊，及时为职工提供心理疏导服务。常态化开展职工专场心理健康讲座，有效缓解职工工作、生活压力。实施青年婚恋"搭建平台、打造品牌、提高成效"三项举措，与志愿服务创新结合，开展单身青年职工"一对一"服务，切实提升职工的获得感、归属感。

» 国网东营供电公司

　　国网东营供电公司以文化体育节为抓手，坚持以职工为中心，推进有温度企业建设，积极发挥各协会作用，高质量策划开展了丰富多彩的职工文体活动，职工参与度不断提升，有力推动了健康管理和企业文化建设。

　　加强阵地建设，深化"工会搭平台、协会唱主角"，打造职工文化品牌。 围绕提升文体场所建设标准、提升文体设备覆盖率、提升资源利用效能，持续加大投入，建设并完善4500平方米的职工健康管理中心。合理规划场所空间，功能涵盖足篮网羽乒排球运动项目，配备健身房、瑜伽室、台球室、书画室等活动场所，最大限度满足职工文化生活需求，实现了"职工锻炼有设施、活动开展有场地"。各协会充分发掘职工"兴趣圈"和爱好特长，广泛吸纳会员，搭建会员管理和联系沟通平台，根据职工兴趣爱好，制定文体活动计划，引导职工全面参与，充分利用职工健康管理中心，广泛开展有利于职工身心健康和素质提升的文体活动。

　　强化主题引导，落实"健身健心、共建共享"，丰富职工文化生活。紧扣新时代、立足大背景，国网山东电力马拉松协会依托 S365 平台，发挥大数据分析优势，更好地为广大职工提供专业化健身指导和精准化个性服务。积极承办"喜迎二十大""奋进新征程、建功新时代""迎国庆·庆中秋"等线上马拉松赛 4 次。组织公司马拉松爱好者参加 2023 黄河口马拉松赛，参与人数超过 10000 余人次。顺利承办公司网球第三片组赛，突破斩获山东电力羽毛球团体及男单两项冠军，1 项工会专业管理成果荣获第三十七届山东省企业管理现代化创新成果一等奖。国网东营供电公司第三届文化体育节顺利闭幕，两年来累计举办 56 项职工文体活动参与职工 5000 余人次，职工获得感、幸福感持续提升。

　　构建健康文化生态，提升"三个实效"，倾力打造有温度企业。一是突出健康管理，开展大数据指标竞赛。坚持活动与健身相结合。开展文体活动要积极转变活动方式，将文体活动有机地渗透到职工平时的健身活动之中，重在普及，重在参与，开展健步走活动，激发员工从"强迫走"到"习惯走"到"爱好走"的转变。二是突出减压提效、融入中心服务一线。坚持活动方式与工作实际相结合，在活动方式上，由大型综合活动转变为小型特色活动。针对班组实际情况制定"小、活、新、实、精、俭"的活动思路，突出群众性、教育性、引导性、趣味性，利用周末或晚上的时间开展小型多样的文体活动，在身心健康发展及工作开展之间找到最大"平衡点"。三是突出企业文化、增强内生动力。坚持文化引领、铸造品牌的原则，举办职工足球赛、篮球赛、书画摄影展等，既展示职工丰厚的文化底蕴和高雅的艺术修养，又培育职工的文化涵养，从而成为改进企业文体活动的基础力量，在文体活动的开展过程中发挥主人翁作用。

» 国网莱芜供电公司

　　第十四届体育文化节期间，国网莱芜供电公司坚持以职工为中心的工作导向，加大主题宣传教育力度，搭建职工素质提升平台，深化为职工办实事持续建设有温度的企业，团结动员广大职工为加快建设具有中国特色国际领先的能源互联网企业做出新贡献，不断取得新成绩。

　　坚持高站位，工作引领再提高。深度"幸福助力计划"，结合职工需求和现有条件，与市场化单位英大财险进行深度合作，建成地下停车场和自助洗车点，受到了公司工会的充分肯定，并在兄弟单位进行经验推广。依托"健康小屋"，持续探索职工健康全链条管理模式，现已初步形成"五个一"智慧健康服务体系。

　　坚持架梯搭台，职工创新创效再突破。有针对性培育重点课题、重点项目，聚焦重点奖项突破攻关，QC 成果首次入围国际质量管理小组成果发布赛，并获得国际金奖，工作取得历史性突破。1 项 QC 成果获中国水利电力质量管理协会特等成果。1 项职工技术创新成果获评中电

联三等奖。苑超同志被评为公司"电网工匠"，魏延彬同志获评"济南工匠"，任杰同志获评山东省劳动模范、"齐鲁大工匠"。创新演讲形式，高标准举办劳模工匠事迹宣讲会，在公司上下引起强烈共鸣。

丰富办实事载体，职工幸福指数再提升。年初明确9件办实事项目，所有办实事项目均已落实到位，并受到公司职工的一致好评。开展暑期职工子女夏令营等活动，解决职工后顾之忧。组织青年员工开展"缘莱有电·相约金秋"联谊交友活动，为青年婚恋打造平台，已有3对青年步入婚姻殿堂。充分利用职工"健

康小屋"，邀请专家到健康小屋开展中医健康问诊活动，为职工免费问诊。精心策划庆祝国网莱芜供电公司成立 30 周年系列活动，完成 logo 发布、节目演出工作，评选表彰 60 名公司"最美奋斗者"，唱响主旋律，凝聚正能量，极大提升了工作自豪感。

创新工作载体，职工文化建设再登高。为进一步打造升级版"五小供电所"，结合工会资金现状，为 5 个供电所打造示范职工健身房。以职工需求为导向，对现有职工之家羽毛球场进行升级改造，打造成集羽毛球、网球、篮球于一体的多功能运动场。以读书协会为依托，开展"向光而行"女职工征文活动，进一步汇聚女职工投身公司"一体四翼"发展布局的强大合力。积极承办公司羽毛球比赛，受到兄弟参赛单位的广泛好评。先后组织开展篮球、健步行、拔河、棋牌、庆"三八"等各类文体活动，组织游泳、网球、瑜伽、曲艺培训班，职工文化生活、文体水平进一步提高，在公司各项赛事中成绩获得较大突破。

» 国网日照供电公司

第十四届文化体育节以来,国网日照供电公司坚持"工会支撑保障、协会自主管理、职工主动参与"工作模式,积极搭建以各协会为主线、以各单位分会为支撑的职工文化生态圈,从协会管理、阵地建设、线上应用、文体栏目、典型培养五个方面,大力推进文体活动发展,提高职工的身心素质和健康水平,为团结凝聚广大职工助力省公司"再登高、走在前"贡献文体力量。

强化协会管理,职工生态有圈子。 职工文体协会是开展文体活动的主阵地,构建文化生态圈的主渠道,工会服务职工的连心桥。国网日照供电公司围绕时代发展和职工需求,按照"基层承办、达人牵头"原则成立网球、篮球、足球、羽毛球、心理援助等 16 个文体协会,形成协会、分会、兴趣小组纵横协调运作的工作模式。紧紧围绕"践行二十大 勇攀新高峰""奋进新征程 建功新时代"等主题,开展竞技、娱乐、悦读等文体活动,为职工搭建专业工作和业余爱好之间的桥梁,增强企业凝聚力和向心力。

突出阵地建设,职工活动有场所。 坚持"能用、实用、在用",科学推进职工文体活动场所建设管理,建成职工活动中心、足球场、篮球场等集中活动场所,在基层单位建立活动室、健身角、读书角等分散式活动场所,坚持集中式、分散式活动场所同建设、

同运行，实现"公司、车间、班组"三级活动场所全覆盖，最大限度满足职工文体活动需求，荣获山东省十佳职工信赖的职工之家，全国总工会、山东省总工会现场授牌。

深化线上应用，职工展示有平台。充分运用"互联网+"思维，深化S365、爱如电、书香国网、齐鲁工惠等App平台应用，在渠道载体、活动形式、资源整合等方面加大创新力度，加强协会会员间的平台互动交流，开展"线上+线下"系列职工文体活动，为职工提供展示风采的舞台，扩大为职工服务的覆盖面和职工的受益度。

丰富文体栏目，职工活动接地气。以"倡导健康生活方式、培养良好生活习惯"为导向，坚持文体活动"小型化、多样化、常态化、普及化"，推广丰富多彩的"健身+健心"系列活动，创新"菜单式"服务，让职工都能找到兴趣、爱好，促进职工身心健康。针

对职工在身心健康、文化生活方面的不同需求，举办拔河、闹元宵、三八节 DIY、飞盘友谊赛等各类"零门槛""接地气"的文体活动，争取每人都有健身项目、全员参与健身运动，提高活动的覆盖面和群众性。

注重典型培养，文化成果结满枝。制定文艺骨干培养计划，引入专业师资力量，定期开展网球特训营、瑜伽培训、体能训练大讲堂等活动，为职工文艺人才创造良好的成长环境。聚焦国网日照供电公司发展成就和先进典型，举办各具特色、健康有益的活动，攻关创作文艺精品，涌现出一批职工文体达人，创作出一批优秀文化成果。1 名职工荣获公司"十佳歌手奖"，原创歌曲《因为有你》荣获公司"喜迎二十大 歌唱新时代"国家电网公司司歌创作二等奖，文创作品《国网印记》《电力文化过门笺》荣获公司首届职工文创大赛实物类银奖，工会专业大讲堂连续两年获公司"金牌课程"，EAP 工作室被评为市级心理健康服务示范点。

发挥专业优势，文体赛事攀高峰。依托国网日照供电公司职工活动中心和日照市新兴国际文化体育资源，圆满承办国家电网公司工间操、公司职工网球赛等多项大型活动，举办中华全国总工会文工团慰问演出活动、国网日照供电公司职工运动会、文化体育节，充分展现山东电力深厚的文化底蕴、电网职工勇于担当的良好形象，唱响"快乐工作 健康生活"的昂扬旋律。在公司第十四届文化体育节中，国网日照供电公司荣获特殊贡献奖、优秀文体协会。

» 国网山东信通公司

　　第十四届文化体育节期间，国网山东信通公司认真贯彻落实公司职工文化建设工作要求，以满足职工对美好生活需要为出发点和落脚点，坚持精准全面、倡导全员参与、力求传承发展，在探索前行中不断丰富提升职工文体活动的内容和质量，努力建设有温度的企业，充分激发职工的劳动热情和创造活力，深化"四个信通"建设，奋力推动公司"一体四翼"战略落地高质量发展，为全面建设具有中国特色国际领先的能源互联网企业贡献智慧力量。

　　坚持精准全面，活动契合大众效果赞。鼓励以分会、班组为单位经常开展小型化、灵活化、多样化的文体活动。继续丰富完善职工小家健身角设施器材，让职工利用闲暇时间更加便利地开展体育锻炼，培养良好健身习惯。持续加强职工之家职工书屋建设、设置流动书箱，常态化更新职工文化长廊及班组文化墙，规范职工小家读书角配置，根据职工需求购置订阅图书，选定优秀期刊或者作品，丰富职工精神文化生活。

　　倡导全员参与，队伍凝心聚力氛围佳。举办职工春秋季健步行、工间操比赛等全员参与、团队竞赛的活动，在竞技中增强凝聚力和荣誉感，在娱乐中增进交

流和友谊。举办"喜迎二十大　登高走在前"职工摄影展，鼓励职工积极参与，用相机记录点滴瞬间，感悟生活之美。时刻关注职工思想动态，举办关心关爱职工心理健康系列讲座，及时疏解职工身边的烦心事，引导职工以积极健康的心态从容面对生活中的各种压力，以"娘家人"的身份为职工排忧解难，助力职工身心健康。

　　力求传承发展，职工乐在其中口碑好。积极发挥优势特色，连续承办公司本部迎春送福活动，开展元宵节猜灯谜活动，为广大职工营造浓厚的年节氛围。作为公司指定参赛组织单位，精心策划、统筹协调，组队参加并荣获 2023 年度山东省产业工会、大企业工会电子竞技比赛季军。选派优秀职工书法家为公司本部书法培训班开

展授课。积极参加公司篮球赛、乒羽比赛、游泳比赛等活动，组织开展棋牌比赛、主题读书、作品征集等活动，让职工多元化的文体活动需求得到充分满足，增进幸福感、获得感。

» 国网山东物资公司

　　国网山东物资公司高度重视职工文化工作，致力于创造积极向上的工作氛围，提升员工的满意度和效率。在第十四届文化体育节期间，物资公司充分发挥工会宣传阵地和职工文化的浸润作用，通过多种方式在员工中塑造积极向上的价值观，增强员工的归属感和凝聚力。

　　文体繁荣筑同心。推行全员健身计划，引导职工积极参与健身活动。精心组织丰富多彩的文体活动，常态开展春秋季健步行活动，积极参加公司篮球赛、足球赛、羽毛球赛等活动，有效丰富职工业余生活，促进职工身心健康。推广以第九套广播体操为主的工间操，

营造浓厚运动健身氛围，推动公司职工文化生活更加繁荣活跃。

职工文化提信心。健全完善文体协会组织机构，充分发挥工会分会及文体协会的作用，针对不同年龄和兴趣爱好的受众，组织开展灵活多样、各具特色的文体活动，提高活动的覆盖面和群众性。开展多功能职工活动中心规划建设，尽量满足所有职工活动需求，推动公司职工文化生活更加繁荣活跃。加强女职工劳动保护，开展生理健康讲座、心理沟通讲座、"鹰瞳检测""肺常心安"检测活动，促进职工健康管理，获得职工广泛好评。

至诚服务暖人心。不断改善办公场所条件设施，积极争取职工活动场所规划建设。开展"迎峰度夏""重大保供电""送文化到基层"等慰问活动，为一线职工送去关心关爱和文化书籍。精准实施"三必贺、三必访"，做好春节、端午、中秋节等传统节日福利发放，让职工充分享有应享福利保障。落实职工疗养新政策，规范开展职工疗养，职工疗养完成率和满意率处于省内前列。

》 国网山东党校

国网山东党校始终以习近平新时代中国特色社会主义思想为指导，践行以人为本、共建共赢的价值理念，扎实开展各项文体活动，用真心真意服务职工，进一步增强职工获得感、幸福感、安全感。

坚持从"心"出发，建设"温暖之家"。充分发挥公司 EAP 协会作用，开展心理健康讲座 1 期，通过线上和线下两种方式进行展播，1300 余人通过网络在线观看，切实缓解职工心理压力和负面情绪。

坚持传播引导，建设"健康之家"。积极推广"1+N"工间操、推送健身视频、配备健身器材，不断完善"职工文化生态圈"。科普现代中医知识，开展 2023 年中医健康问诊活动，

传播健康理念，提升广大职工对疾病的预防和自我保健意识。

坚持价值引领，建设"文化之家"。秉承"统筹兼顾、精准服务"理念，举办形式多样、丰富多彩、覆盖面广的职工文体活动。先后开展"聚力攀高峰 矢志勇争先"趣味运动会和秋季健步行，不断激发职工队伍活力，促进职工以更加饱满的精神和更加昂扬的斗志投入到工作中。

坚持融入融合，建设"和谐之家"。组织各协会配合工会分阶段、分步骤、交叉举办足球比赛、羽毛球比赛、棋牌比赛等文体活动，邀请重点培训班次开展联谊活动，着力营造良好的企业文化氛围，增强企业的凝聚力和向心力。

» 国网山东营销服务中心

　　国网山东营销服务中心工会持续加强对职工群众的思想政治引领，打造健康文明、昂扬向上、全员参与的职工文化，丰富职工精神文化生活，不断满足广大职工精神文化需要。在丰富广大职工群众精神文化生活的同时，激发广大职工群众的积极性、主动性和创造性，从而全面提升广大职工的综合素质。

　　持续加强文化阵地建设。通过全面开展职工文体活动场所调研、有奖建议征集等方式，倾听职工建家心声，优先把职工感情交流、乐于使用、参与度高的文体活动场所、设施建起来。在公司大力支持帮助下，升级打造两处职工之家（文化阵地），完善健身健心器材 18 套，重点落地解决职工情感交流、风采展示、健心健身到哪里去的问题。充分利用班组文体活动角等现有资源，配置分散式健身休闲设施，累计发放小型健身器材 267 件，引导职工根据自身条件和爱好，利用业余时间进行锻炼，争取每人都有健身项目，全员参与健身运动。

持续打造"暖心"品牌文化。以"情系职工 暖心服务"的理念为指导，广泛开展举办职工慰问、健康义诊、心理援助、节日庆祝等活动 10 余次。接续成功举办两届职工文化体育节，针对广大基层职工个性化、差异化的活动需求，按照"按需定制、自主选择、分类服务、工会保障"的原则，以协会为主体精心策划、广泛开展了 20 余项体育文化活动。重视人文关怀和心理疏导，促进职工队伍全面健康发展，维护企业和谐稳定，持续营造"一盘棋、一家人、一条心、一股劲"浓厚氛围。

» 国网山东电科院

第十四届文化体育节开幕以来，国网山东电科院深入贯彻公司工会和院党委统一部署，坚持以职工为中心，着力在减压减负、精准服务、职工技术创新、班组建设质量上下功夫、出实招，全力打造安全健康、和谐温馨、共赢互促有温度的电科院。

聚焦职工诉求，全心全意办好实事。用心制定实施方案。准确把握职工实际需求，制定下发了实事征集通知，共征集建议 14 条。组织相关部门进行审定，提出了所办实事意向，编制了《2023 年为职工办实事方案》，经院党委会审议确立了今年为职工所办 7 件实事，明确了每项实事的牵头领导、责任部门和完成时限。真心办好每件实事。建立实事双月报告制度，定期跟踪了解每件实事办理进度，并形成总结报送公司。2023 年，联合英大财险、人寿、证券等，开展了"幸福助力·泰和 e 生"车险、百万医疗、夏季

车辆检测等活动，全院 500 余人次参加活动。开展了春节"送温暖"、迎峰度夏"送清凉"等慰问活动，组织 5 批次职工疗养，疗养人数共计 71 人，进一步提升了企业温度。

深化职工文化生态圈建设，持续打造"望岳"品牌文化。以文化体育节为载体，举办了电科院职工羽毛球、网球、台球、乒乓球等各项赛事，选拔有特长的职工组队参加了公司气排球、网球、瑜伽、篮球、羽毛球等比赛，并取得优异成绩。职工王斌参与公司第十四届文化体育节闭幕式讲解。举办书画摄影、三八节、元宵节游艺等活动，参与人数 1500 人左右，极大地丰富了职工文化生活，电科院"望岳"品牌文化持续推进。

》 国网山东经研院

　　第十四届文化体育节期间，国网山东经研院全面实施文体中心硬件提升行动，全力打造高品质运动场地；积极承办公司驻济片组篮球赛、毽球赛，积极参加公司征文、游泳、瑜伽等活动，搭建竞技交流平台，丰富职工文化生活；组织开展健步行、司歌传唱等活动，引导广大职工坚定不移"听党话、跟党走，勇登高、走在前"。

　　文体中心进阶升级，赛事竞技等你来约。国网山东经研院全面实施文体活动场所硬件提升行动，开展升级改造调研摸底，制定篮球馆和羽毛球馆地面翻新、加装空调和吊灯等一系列升级改造措施，多渠道争取资金支持，全面加强改造项目过程把控，力争文体中心改造又快又好。改造后的场地焕然一新，配套服务更加周到，职工好评不断。篮球场馆升级改造后，山东经研院积极承办"力源杯"驻济片组篮球赛，13 支篮球队齐聚经研院，呈现了 23 场精彩绝伦的体育赛事，职工们在凉爽的新场馆赛出了友谊、赛出了与时俱进的蓬勃锐气！

　　司歌传唱展风貌，职工奋进向未来。为庆祝共和国 74 岁华诞，展现山东经研院上下爱党、爱国、爱企情怀和积极向上的新时代风采，引导广大职工坚定不移"听党话、跟党走，勇登高、走在前"，山东经研院组织全体职工传唱国家电网公司司歌《光明之路》和《我和我的祖国》，歌颂敬爱的党、歌颂伟大的祖国、歌颂崭新的时代。全体职工饱含深情、歌声嘹亮，传递着对祖国繁荣昌盛的祝福，对全面推进"一体四翼"发展布局、建设具有中国特色国际领先的能源互联网企业的坚定信念。

　　毽球赛、篮球赛，赛事精彩纷呈。第十四届文化体育节开幕以来，山东经研院积极承办"幸福助力杯"驻济单位毽球赛、"力源杯"驻济单位篮球赛等赛事，比赛紧张激烈、精彩纷呈，既展现了职工的体育道德和竞技水平，体现了球队的团队协作和精神风貌，又丰富了职工的精神文化生活，促进了公司系统各单位之间的职工文化交流。山东经研院将继续发扬赛场上积极进取、勇往直前的拼搏精神，为建设具有中国特色国际领先的能源互联网企业作出新的更大贡献！

》 国网山东建设公司

　　在第十四届文化体育节期间，国网山东建设公司坚持以职工为中心的工作导向，开展了丰富多彩的文化体育活动，鼓励全员参与健身运动。倡导快乐工作、健康生活理念，持续关心关爱职工，传递企业温暖，不断活跃职工文化生活，促进职工文化生态圈建设。

　　加强协会建设，用好活动阵地。 先后成立公司气排球协会和网球协会，全面打造职工活动平台，为职工文化建设打造坚强支撑。提高美里湖检修基地职工活动中心设施利用，扩充职工文化活动舒适圈。分阶段开设职工参与度高的文体活动培训班并组织比赛，鼓励全员参与健身运动。关心关爱职工心理健康，组织开展心理健康疏导活动，让广大员工感受到哪里有困难，哪里就有"家"的温暖。先后举办春秋季健步行活动、羽毛球比赛、棋牌比赛等职工参与度高的项目。

加强一线关爱，服务一线职工。创新开展职工关怀活动，开展"职工家属进现场"参观活动，增进职工家属对职工工作的理解和支持。策划送文化到基层活动，丰富一线项目部职工文化生活。加强职工书屋建设，开展读书分享活动，及时更新图书，围绕重点工程项目等推广流动书箱服务。积极开展二十大保电职工慰问工作，为值守职工购买应急急救包，迅速高效精准做好保电慰问。坚持足额、及时发放职工节日慰问品，确保职工归属感、获得感和幸福感，促进和谐劳动关系建设。

学习贯彻二十大，激发内生动力。扎实推动党的二十大精神进基层、进班组，在齐河项目部现场承接国家电网公司工会劳模工匠"四进"宣讲职工大讲堂，精心编制活动方案，高质量开展活动策划组织。开展"奋进新征程　建功新时代"爱国观影观剧活动，团结凝聚广大职工坚定不移"听党话、跟党走，勇登高、走在前"。开展"巾帼建功　同心向党"读书分享会和观影采摘活动。切实增强公司凝聚力和向心力，繁荣职工文化生活。

国网山东建设公司"奋进新征程·建功新时代"春季健步行活动

» 国网山东超高压公司

国网山东超高压公司认真贯彻落实第十四届文化体育节各项工作要求，以"快乐工作，健康生活"为主题，因地制宜、精心策划，针对不同年龄、不同岗位的人群，开展多种形式的群众性体育健身活动。

　　因地制宜，差异化开展文体活动。国网山东超高压公司是山东省特、超高压电网运维检修管理单位，在淄博、临沂、济宁、青岛、胶州、烟台等地市均设有分部，管辖变电、线路设备覆盖全省。独特的机构设置，造成了该公司职工遍布在全省各地，人员分散的局面，这一问题严重制约了各种文体活动的开展。国网山东超高压公司工会面对问题，深入分析，积极找出对策，近年来，以车间（分会）为单位，开展各类文体活动，收效颇丰。例如淄博分部喜爱骑行，成立骑行兴趣小组，每年都会举办骑行活动；济宁分部员工喜爱台球，成立台球协会，每年都会举办台球比赛等。

持续完善职工之家建设。超高压公司本部现有羽毛球、乒乓球、篮球、足球等活动场地，驻外分会、特高压站、驻站运维班均有活动场地，是员工健身的主要场所。2023年，公司工会大力支持超高压公司文体建设，为超高压公司配备了职工喜爱的、利用率高的跑步机、登山机等健身器材。近两年，随着新进职工的增加，需求也越来越多，为满足员工的健身活动需求，超高压公司工会从实际出发，通过多方调研，自行为职工活动中心配备一些员工需要的文体器材，深受公司员工好评。

依托文体协会，常态化开展各类文体活动。根据员工需求及地域差别，超高压公司工会成立了足球、篮球、游泳等文体协会，文体协会由各分会承办，采取年初报送活动计划，超高压公司工会批准的模式开展活动。这样既能对应公司各项文体活动的开展，又能开展公司级的文体活动，同时，地域不同的分会承办的文体协会均是本分会员工热爱的活动，大大提升了员工参与率。

深入探索新的组织形式和活动方法。以团队竞赛为载体，以职工普遍参与为重点，形成分层组织、上下联动、横向交流、内外结合的工作格局，吸引广大职工积极、自觉、持续参与健身活动，形成长效机制。进一步健全完善职工体育协会管理，确保职工参与率，为深入推进职工体育文化建设创造良好环境。

» 山东送变电工程有限公司

　　山东送变电工程有限公司认真贯彻落实公司党委关心关爱职工工作部署，坚持以职工为中心，深化为职工办实事，努力建设有温度的企业，不断提升职工归属感、获得感、幸福感，开展形式丰富多彩、职工喜闻乐见的文化体育活动，不断活跃职工文化生活，促进职工文化生态圈建设。

　　有你有我，感受精彩山送。 开展生日祝福活动，工会制作精美生日祝福电子贺卡，每日更新，在公司楼宇电视大屏、微信视频号等媒体平台展示职工生日祝福及本人工作照。自2023 年 4 月开始至今，已为 700 余名职工开展了生日祝福，受到广大职工的好评，充分展示了公司职工自信自强、专业专注新时代风采，让职工切实感受到公司如家的温暖和关怀。开展"携手童行，感受精彩山送"亲子活动。活动现场，项目经理给家属和孩子们讲述"最美山送人"劳模故事，给孩子们带来一堂"有你有我"安全教育；在项目部食堂进行"美味家常菜"烹制分享，开展"大手拉小手"读书分享会，进行"携手童行"亲子游戏等活动，在职工与子女、职工与家属、职工与企业之间搭起一座沟通的桥梁，让职工及家属、子女切实感受到公司的温暖和关怀。

　　身心健康，建设良好文化生态。 广泛开展主题鲜明、形式多样、丰富多彩、覆盖面广的职工文化活动，着力提升职工整体身体素质和健康水平，让职工在潜移默化中提升素质，振奋精神，焕发活力。积极举办各具特色、健康有益的职工文化活动，开展写春联送祝福、"新春送文化"赠书、新春嘉年华等系列春节祝福活动，赠送各类书籍 990 余册；开展"最美山

送人"摄影展示活动，共征集 700 余幅职工摄影作品；开展"栉风沐雨 65 载·送电为民山送人"职工征文活动，积极推荐优秀作品参加公司"劳动最光荣"主题征文活动，多人次获奖，山东送变电公司荣获优秀组织单位；开展 S365 线上健步走活动，988 人报名参加；参加公司第二届"瑜悦身心伽倍健康"职工瑜伽比赛，荣获团体比赛三等奖；开展职工体检检后服务健康讲座及眼健康义诊活动；举办《安全管理与心理健康》一线职工心理健康专题讲座；开展幸福助力计划之"鹰瞳"检测活动；承办公司"友谊杯"职工围棋决赛，获得团体总分第一名，荣获公司第十四届文化体育节"优秀职工文体协会"。

发挥"两会"作用，强化阵地建设。积极发挥"两会"（工会分会和文体协会）作用，组织开展形式多样文体活动 11 次，3578 人次参加。瑜伽、太极拳、羽毛球、网球、篮球等协会常态化开展健身培训、锻炼，深受广大职工欢迎。开展"送文化、送健康到一线"活动，工会为一线职工赠送图书、配备小型多样健身器材，指导工会分会因地制宜适时组织开展文体活动，充分利用好各施工项目"读书角""健身角"，实现在建施工项目工地全覆盖，54 个在建项目 405 名职工参加，丰富职工的文化生活，提升职工的身体素质，让大家安心工作，愉快生活。

» 山东网瑞物产有限公司

第十四届文化体育节期间，山东网瑞物产有限公司积极参加公司主题征文、气排球、羽毛球、乒乓球、篮球、瑜伽等活动，丰富了职工文化生活。开展了"再登高 走在前"健步行、羽毛球、乒乓球等系列活动，贴合职工需求，健康有益、寓教于乐，持续激发网瑞职工的运动热情，提高职工身体素质，凝聚全员干事创业的奋进力量，积极投身公司高质量发展新征程。

积极参加公司文体活动，促进职工文化生态圈建设。广泛发动职工，积极参加公司各类文体活动和培训。荣获公司第十四届文化体育节优秀组织奖，两名职工分别荣获职工摄影展二等奖和三等奖，三名职工分别荣获"劳动最光荣"主题征文活动三等奖和优秀奖。选派一名职工进入公司职工工间操代表队参加国家电网公司 2023 年"奋进新征程 建功新时代"职工工间操比赛，公司选派职工在比赛中展现出较强的责任意识和大局意识，圆满完成比赛目标任务。

　　丰富协会活动，加强职工文体队伍建设。新成立山东网瑞物产有限公司篮球、书画 2 类协会，吸纳文体特长人才和爱好者，文艺协会细化组建民乐团、合唱团、舞蹈团等文艺团队，开展舞蹈培训、司歌传唱活动；书画协会成功举办首次书画交流活动。

　　开展"再登高 走在前"主题系列 5 项活动，营造良好氛围。加强职工文体活动培训和交流，文艺、瑜伽、羽毛球、篮球、足球协会每周开展集中培训，书画协会开展 7 次集中培训，协会会员参与率 80% 以上；气排球协会组队与缘泉俱乐部举办网瑞缘泉气排球交流赛，持续提升气排球队伍竞技水平。

» 国网智能科技股份有限公司

第十四届文化体育节期间，国网智能公司按照公司工会统一部署，党委抓总，工会牵头，全员参与，坚持思想引领、创新驱动、全员参与、共建共享，以"喜迎二十大、一起向未来"为主题，通过丰富多彩的职工文化体育活动，打造健康文明、昂扬向上、全员参与的职工文化，教育引导广大干部职工凝心聚力听党话、跟党走，勇攀"一体四翼"高质量发展高峰。

全方位打造职工文体活动阵地。树立"送健康就是最好的福利"理念，建成并持续完善职工活动中心，将活动中心室内面积扩建至近 4 倍，合理规划设置健身室、书画室、棋牌室、妈妈小屋、诉求服务中心（兼"健康驿站"），持续充盈职工书画室图书储备，打造多元化全民健身场所，倡导健康生活方式。根据职工体育训练活动需求，经过充分市场调研，就近，就便，就优为职工租赁篮球、足球、羽毛球等体育场地，最大限度满足职工多种文化活动需求，用心服务职工美好生活。

聚合力丰富职工体育文化活动。以职工兴趣爱好为导向，组建篮球、足球等 7 个文体协会。充分发挥文体协会效能，由各类文体协会根据职工需求，按需承办体育活动公益培训班，目前已组织开展羽毛球、乒乓球培训班，邀请专业教练为职工量身定制培训课程，提高了参训职工的体育竞技水平，丰富了职工业余文化生活。以文化体育节为载体，组织职工参加足球、羽毛球等公司文化体育节系列活动，承办首届驻济单位篮球赛，公司和英大集团 21 家驻济

单位、近 300 名篮球爱好者、17 支参赛队伍参赛，激发了团队凝聚力，展示了良好的企业形象。

多层次构建职工文化生态圈。深化职工文化生态圈建设，融合中华传统文化和智能公司特色，策划开展春节送福送书、元宵节喜乐会、春秋季健步走、三八妇女节女神 DIY 系列主题活动，传承中华优秀传统文化；开展"智能亲子行　科技嘉年华"大手牵小手科普实践活动，展现智能公司科技风采，活跃职工业余文化生活，激发家属自豪感，增强广大职工的归属感；持续落实"一人一策、一对一"精准服务要求，动态更新公司单身青年信息库，主动对接政府、教育、医疗、金融等优质企事业单位，拓宽青年职工交友联谊渠道，鼓励单身青年参与系统内外高质量单身联谊活动，提升青年职工幸福指数。

» 山东鲁软数字科技有限公司

　　山东鲁软数字科技有限公司始终坚持正确的政治方向，充分发挥工会组织服务职工的阵地作用，积极开展形式多样的文化体育活动，丰富职工文化生活，推动企业和谐发展。

　　坚持思想引领，用好工会宣传阵地。持续加强对职工的思想政治引领，紧紧围绕学习宣传贯彻党的二十大精神，用好工会文化阵地，发挥网站平台、职工书屋等宣传阵地作用，广泛开展形势教育，引领广大职工坚定不移听党话，矢志不渝跟党走。厚植劳模先进文化，大力弘扬劳模精神、劳动精神、工匠精神，持续做好劳模先进的发现、培养和选树工作。2023年，焦之明同志荣获国网山东省电力公司劳动模范，山东鲁软数字科技有限公司成为公司"双劳模、双工匠"单位，五月份召开劳模先进表彰大会、拍摄"致敬榜样 礼赞劳动"宣传片，开展劳模"四进"活动，大张旗鼓表彰劳模先进、宣传劳模先进。

　　坚持广泛参与，发挥协会凝聚作用。大力引导职工树立"健康生活、快乐工作"理念，充分发挥14个文体协会作用，工会搭台、协会唱戏，注重调动文体积极分子积极性，2023年先后组织了健步行、乒乓球、羽毛球、足球、篮球、网球、摄影等活动20余次，组织开展职工广播操、羽毛球、瑜伽、网球培训，积极参加公司第十四届文

化体育节活动，羽毛球、瑜伽获得历年最好成绩，并获评公司第十四届文化体育节"优秀组织单位"。

　　坚持务实高效，加强文体骨干培养。坚持"实际、实用、实效"的原则，注重通过活动引导职工加强活动锻炼，切实维护好职工健康权益，把服务职工与引导职工紧密结合起来，寓教于乐，汇聚合力。组织开展职工工间操、羽毛球、瑜伽、网球培训，选派职工参加公司组织的各类文体活动培训，文体骨干力量得到进一步加强。

劳模是一个时代的符号，记载了他们在当代事业发展中无私奉献、开拓创新的风采，引领一个个团队向着事业巅峰奋勇前行。

在公司发展历程中，始终以榜样为典范，引领广大员工队伍凝心聚力、干事创业，在齐鲁大地展开了一幅波澜壮阔的奋斗画卷。劳模在平凡的岗位创造了不平凡的业绩，铸就了爱岗敬业、争创一流、艰苦奋斗、勇于创新、淡泊名利、甘于奉献的劳模精神。劳模是职工队伍的杰出代表。劳动创造幸福，实干成就事业。大力弘扬劳模精神、劳动精神、工匠精神，勤于创造，勇于奋斗，更好发挥主力军作用，为山东电力发展贡献智慧和力量。

奋斗精神
血脉传承

劳模荣誉榜（2022-2023）

2022 年

序号	姓名	单位
全国五一劳动奖章		
1	岳宝强	国网临沂供电公司总经理、党委副书记
2	李　敏	国网山东超高压公司输电检修中心输电运维三班副班长
山东省五一劳动奖章		
1	王辉云	国网济南供电公司带电作业中心副主任
2	孙晓兰	国网青岛供电公司南区变电集控站站长
3	曾乐宏	国网潍坊供电公司营销部供电所管理
4	王　一	国网聊城市茌平区供电公司振兴供电所所长
5	李　锋	国网滨州供电公司总经理、党委副书记
6	于云成	国网威海供电公司副总经济师兼荣成市供电公司总经理、党委副书记
7	王鑫萌	国网菏泽供电公司营销部（农电工作部）主任兼客户服务中心（营销稽查服务中心）主任
8	刘连海	国网东明县供电公司总经理、党委副书记
9	张淑敏	国网成武县供电公司党委党建部（党委宣传部、工会、纪委办公室、团委）工会管理
10	申　晨	国网日照供电公司互联网部（数据中心）技术管理与对外合作管理
11	滕　杰	国网山东物资公司总经理、党委副书记
12	张　菁	国网山东省电力公司市场营销部（农电工作部）客户处处长
齐鲁大工匠		
1	黄　华	国网山东信通公司调运中心网络安全监测室主值
齐鲁工匠		
1	朱国军	国网济南供电公司带电作业中心带电作业班班长

序号	姓名	单位
2	卢永丰	国网青岛供电公司带电作业专责
3	刘广辉	国网枣庄供电公司变电运维中心变电运维技术
4	高永强	国网东营供电公司带电作业专责
5	孙强	国网威海市文登区供电公司运维检修部信通运检班副班长
6	亓富军	国网临沂供电公司供电服务指挥中心配网调控班班长
7	魏昌超	国网聊城供电公司互联网部网络安全管理专责
8	王万国	国网智能公司科技部人工智能研发室主任
9	张保民	山东送变电工程有限公司变电一公司工程管理室质检员
国家电网有限公司特等劳动模范		
1	尹晓敏	国网山东省电力公司发展策划部副主任
国家电网有限公司劳动模范		
1	翟兴丽	国网济南供电公司市中供电中心综合班班长
2	林丛玉	国网烟台供电公司东源投资有限公司总经理、烟台东源送变电工程有限责任公司执行董事
3	孙安青	国网日照供电公司变电运检中心（二次检修中心）电气试验技术
4	李金波	国网山东党校三级职员、培训管理部主任
5	武健	国网山东省电力公司审计部主任兼审计中心主任
6	魏树林	国网山东省电力公司后勤部本部事务处处长
7	韩鹏凯	国网山东省电力公司建设部安全质量处（质量监督中心站）处长
8	张华栋	国网山东省电力公司市场营销部（农电工作部）智电技术处（数据处）处长
国网山东省电力公司电网工匠		
1	张春波	国网济南供电公司项目管理中心基建项目组业主项目部经理
2	张爱国	国网昌乐县供电公司变电运检中心变电检修班变电一次检修
3	臧浩洋	国网烟台市牟平区供电公司检修工区带电作业班班长

序号	姓名	单位
4	孙允	国网济宁供电公司营销部（农电工作部）装表接电班班长
5	苏永义	国网临沂供电公司河东供电中心郑旺供电所所长
6	张玮	国网枣庄供电公司市中供电中心市场与智能用电技术
7	陈豪	国网威海供电公司营销部（农电工作部、营销稽查监控中心）综合能源服务与自备电厂管理
8	牛硕丰	国网菏泽供电公司变电运维中心变电运维技术
9	王燕	国网东营供电公司电力调度控制中心自动化运维班班长
10	段涛	国网山东超高压公司淄博运维分部变电运维二班班长

2023 年

序号	姓名	单位
全国五一劳动奖章		
1	任杰	国网山东省电力公司营设备管理部主任
2	化晨冰	国网临沂供电公司经济技术研究所规划评审室主任工程师
山东省劳动模范		
1	董罡	国网山东省电力公司总经理助理
2	孙晓兰	国网青岛供电公司南区变电集控站站长
3	冯忠奎	国网淄博供电公司张店供电中心客户服务一班班长
4	赵丁	国网沂源县供电公司党委书记、副总经理
5	刘巡	国网寿光市供电公司总经理、党委副书记
6	孟祥俊	国网烟台供电公司市场营销部（农电工作部）主任、党支部书记
7	孙伟	烟台市光明电力服务有限责任公司栖霞分公司臧家庄供电所农网配电营业工
8	贾亚军	国网济宁供电公司总经理、党委副书记
9	王守伟	国网泗水县供电公司检修工区副主任
10	岳宝强	国网山东省电力公司副总工程师，国网临沂供电公司总经理、党委副书记

序号	姓名	单位
11	谭焱	国网临朐县供电公司城区供电中心线路管理员
12	葛世杰	国网郯城县供电公司城区供电中心副主任
13	唐琳	国网德州供电公司数字化部调度管理专工
14	黄廷平	国网平原县供电公司变电运检中心主任
15	冯涛	国网聊城供电公司数字化部信息运检班班长
16	刘苹	国网枣庄供电公司峄城供电中心营业业务与用电检查技术
17	郭峰	国网滨州供电公司变电检修中心电气试验班电气试验（五级职员）
18	张志伟	国网菏泽供电公司数字化与通信工作部（数据中心）副主任
19	孔令稷	国网郓城县供电公司副总经理、工会主席
20	时圣雨	国网成武县供电公司总经理、党委副书记
21	刘天成	国网日照供电公司变电运检中心（二次检修中心）变电状态评价技术
22	杨方凯	国网泰安供电公司变电运检中心变电运维二班班长
23	任杰	国网莱芜供电公司光明电力服务有限责任公司综合班装表接电工
齐鲁大工匠		
1	任杰	国网莱芜供电公司光明电力服务有限责任公司综合班装表接电工
2	冯涛	国网聊城供电公司数字化部信息运检班班长
3	李敏	国网山东超高压公司输电检修中心输电运维二班班长
齐鲁工匠		
1	孙晓兰	国网青岛供电公司南区变电集控站站长
2	韩冬	国网东营供电公司市场营销部（农电工作部、营销稽查监控中心）能效服务技术
3	张爱国	国网昌乐县供电公司安全员
4	史玉峰	国网乳山市供电公司运检部六级职员
5	张之栓	聊城华昌实业有限责任公司电工

续表

序号	姓名	单位
6	杨 星	国网单县供电公司市场营销部主任
国家电网有限公司特等劳动模范		
1	冯新岩	国网山东省电力变电检修中心（二次检修中心、检修基地）五级职员兼电气试验班副班长
国家电网有限公司劳动模范		
1	万 伟	山东思极科技有限公司董事长、党支部书记
2	王春义	国网山东省电力公司发展策划部（碳资产管理办公室）配网规划处处长
3	林 涛	国网济宁供电公司市场营销部（农电工作部、营销稽查监控中心）主任
4	宋海霞	国网威海供电公司带电作业中心带电作业一班班长
5	张 博	国网菏泽供电公司总经理、党委副书记
6	菅明健	国网山东电科院电源技术中心材料室副主管
7	张学凯	国网山东省电力公司建设部建设管理处处长
国网山东省电力公司电网工匠		
1	高 强	国网济宁供电公司数字化与通信工作部（数据中心）网络安全管理
2	祝 超	国网夏津县供电公司输配电运检中心配电运维及配电检修技术
3	李红新	国网泰安供电公司供电服务指挥中心（配网调控中心）运营管控班技术员
4	付 强	国网枣庄供电公司市场营销部（农电工作部、营销稽查监控中心）装表接电技术兼装表采集班班长
5	王 政	国网滨州供电公司变电检修中心（二次检修中心）电气试验班副班长
6	李 明	国网菏泽供电公司变电检修中心（二次检修中心）二次设备检修技术
7	苑 超	国网莱芜供电公司数字化与通信工作部（数据中心）五级职员兼通信运检班班长
8	王士柏	国网山东电科院配电技术中心新能源技术室主管
9	郭宜果	国网山东经研院设计中心（中心设计院）系统室副主管
10	李 萌	国网山东营销服务中心客户服务与负荷管理部负荷管理室系统建设与负荷管理

学劳模勇登高　聚力量走在前

2022 年国网山东省电力公司劳动模范事迹

王　海　　国网胶州市供电公司电气安装公司胶州分公司安全工程部安全监察
　　　　　　及质量管理

周　田（女）国网德州供电公司审计部经营与财务审计

亓　鹏　　国网泰安供电公司运维检修部副主任

魏晓蔚　　国网聊城供电公司营销部（农电工作部、营销稽查监控中心）主任
　　　　　　兼党支部书记

王洪涛　　国网五莲县供电公司总经理、党委副书记

张　志　　国网山东营销服务中心量传质检部电器质检室主管

任成宾　　鲁软科技公司能源信息事业部设备可靠性产品室副主管

王春义　　国网山东省电力公司发展策划部规划二处处长

游大宁　　国网山东省电力公司电力调度控制中心调度计划处处长

赵　鹏　　国网山东省电力公司办公室（党委办公室、董事会办公室）副主任

（劳模事迹所涉及数据截至 2022 年 4 月）

不负每一度电的爱

国网胶州市供电公司电气安装公司胶州分公司
安全工程部安全监察及质量管理
王　海

生于 1965 年 1 月，1986 年 11 月参加工作，中共党员，高级技师。荣获国网山东省电力公司先进工作者等荣誉称号。2020 年荣获山东省总工会唯一"第二届山东省大数据创新应用技能大赛工匠精神奖"，同年荣获国网山东省电力公司第一届大数据挖掘应用劳动竞赛优秀项目第一位和先进个人荣誉称号；2021 年荣获胶州市精神文明建设委员会最美胶州人、国网山东省电力公司地市公司级工匠称号和山东省"技能兴鲁"职业技能大赛——第三届山东省大数据和人工智能应用技术技能竞赛二等奖。

参加工作 36 年来，王海始终坚持在实践中学习，在学习中创新，先后在线损管理、信息管理、技能培训、大数据挖掘应用等方面均取得优异的成绩。近年来，他积极参与大数据挖掘工作，研发多个产品在第二届、第三届山东省大数据创新应用技能大赛获奖，并在试点应用中取得良好的经济效益和社会效益。同时，申报成功 4 项国家发明专利。他先后荣获山东省第二届大数据创新应用技能大赛工匠精神奖、国网山东省电力公司先进工作者、地市公司级电力工匠等荣誉称号。

1986 年，高中毕业的王海通过招工考试进了胶州供电公司。上班第一天，在入职见面会上介绍特长时，因为之前自学过 BASIC 语言，王海说了一句"会微机"，人资科长很认真地反驳王海："这里没有养鸡场，会喂鸡没有用"，引起了哄堂大笑。

当时单位仅有一台 PC1500 型号的微机，是线损管理做得好，山东省电力工业局发的奖品，没有人会用，一直在闲置着。因为王海会微机，领导就让王海去干线损管理专责人。

那时，正赶上胶州供电公司第一次开展大规模的农网改造，电网发展迅速，但各种原因导致的线损很高。

这让王海很是痛心，他下决心要干好这项工作。在当时，计算线损计算全靠手工，计算一条线路需要一周时间。王海就琢磨着自己设计一套程序，一来提高计算效率，二来管好线损。

王海花了两个月的工资，托人从大学里买来了《高等数学》《电力网与电力系统》《线损理论导则》等书籍。他用了 3 年时间，将 49 万条信息按照拓扑关系录入数据库，编写了 15000 行代码，画了 965 张电网接线图，终于研发 Dbase Ⅲ 线损综合管理软件。这套软件不仅数据维护方便，计算精确度高，还可以将理论线损与实际线损展开比较，为无功补偿、线路改造、营业普查提供依据。

1993 年，公司应用该软件计算结果开展营业普查。白天，王海开展线损分析。晚上，他骑自行车去高线损的村庄、企业查窃电。3 年里，王海跑遍了全市 820 多个村庄里的 680 多个。记得有一次，王海利用软件对 10 千伏农场线计算得出，理论线损只有 4%，而实际线损却达到了 12.6%。经过反复排查，夜晚蹲守，王海他们掌握了该线路上一家砖厂窃电的证据，最终追补了电费 30 万元。这在当时可是一笔巨款，震惊了全公司，也让王海大受鼓舞。

就这样，经过全面治理，胶州供电公司综合线损由 1990 年的 9.63% 下降至 1994 年的 6.67%，名列山东省前茅，获得公司的好评。王海也成为公司系统的线损专家，应邀去全省各地市开办线损理论计算和软件推广应用的讲座。1998 年，山东省第一次农网改造期间，王海作为线损专家被公司抽调一年半时间，对所有网改项目开展了经济效益可行性研究分析。

近几年，随着年龄增大，王海从中层管理岗位转为普通管理岗位，很多人认为他该歇一歇、松口气了，王海却不这么认为。大数据时代的到来，让多年来一直心系线损的他再一次热血沸腾。

王海想，之前开发的降损软件，受技术制约不能提供智能降损措施，现在区块链、大数据等技术发展这么迅速，能不能更好地优化当年的线损软件呢？这个念头一出，王海很兴奋，他说干就干。每天午饭后，在附近的书店里总能看到一个爱蹭书的老头。区块链、大数据、物联网、人工智能，成了他的口头语，把年轻的职工都惊得一愣一愣的。这老同志不简单呀！

恰巧，省公司开展挖掘应用电力大数据劳动竞赛，在他的感染下，几个年轻大学生积极参与，项目团队也组建了起来。

全新的英文计算机编程技术，是 55 岁的王海要面对的第一关。记忆力减退，老花眼，整整半年，他每天坚持 4 个小时的学习，终于熟练地掌握了 Python 和 SQL 脚本的应用。

在设计相序优化的模型时，王海花了一个月的时间开展多次试验，都宣告失败，但他毫不气馁。经多方查阅资料，他从印度汉诺塔益智游戏中得到灵感，仿照它的模型设计了相序优化模型，该项成果也申请了国家发明专利。

靠着一股子拼劲，王海带着团队成员深入一线，手把手地指导他们快速入门，3 个月，跑了 30 多个村台。从现场构图、搭建模型、清洗数据，到优化算法、迭代测试、效果可视化、实地改造。挑灯夜战、周末无休成为常态。

最终，他们团队研发的《基于大数据的台区线损管控》《配网技术降损优化系统》分别在两届山东省职业技能大赛中获奖，王海获得唯一的工匠精神奖。同时，这两个产品衍生出 4 项国家发明专利，并在上合供电所开展应用试点。经前期试点测算，其降损方案可使高损台区降损 2.5 个百分点，今年已在全市推广应用。

很多人不理解，为什么王海都快退休了还在拼？"这么多年来，我从一个农村孩子成长为电力工匠、劳模，是公司培养了我，为公司守住每一分利益，让每一度电更有价值，是我的追求，也是我的荣耀。"王海如是说。■

审计路上苦为"田"

国网德州供电公司审计部经营与财务审计
周　田

生于 1987 年 10 月，2011 年 6 月参加工作，中共党员，国际注册内审师。荣获国网山东省电力公司先进个人荣誉称号。2018 总结成果获评中国内部审计报告质量提升奖；2020 开发数字产品获评中国山东数字经济大赛二等奖和山东省数据应用技能大赛二等奖；2021 年创新经验获评中国内部审计典型经验第一名，负责项目获评山东省电力公司第六届青创赛金奖；3 项开发课程连续三年获评省公司金牌课程；开发模型入选 2022 年国网公司大数据应用优秀成果。

"好久没见，最近又去哪里出差啦？"人们每每遇见熟识的审计同仁，总习惯这样打招呼。"在路上"已成为审计人的形象代言。国网德州供电公司审计部的周田就是这样一位"在路上"的人，这里就说说她审计路上的苦与甜。

2011 年，大学毕业后的周田来到夏津县供电公司营销部，成为一名电费核算人员。5 年下来，手边的工作处理起来已经得心应手。2016 年第一批市县人才集约，她鼓起勇气，毅然选择告别熟悉的工作和生活，走向更高的平台，加入审计这个完全陌生的专业。

比起连续的出差和高密度工作，让周田更迷茫的是审计知识匮乏带来的挫败感。任职培训后的第二天，周田就参加了一次电费专项审计，当财务部主任拿着厚厚的账册放到她面前，问"老师，您从哪里开始看起？"时，周田一下子就蒙了，毕竟第一次进入实战状态，心里真是底气不足。从那一刻起，如坐针毡的感觉让周田记忆犹新。

不会，就从头开始，学起来！

从此，每一位同事、每一位审计对象都成了她的师傅，几十本专业书籍成为她的学习对象。白天，周田仔细听其他同事是如何沟通的、疑点是如何进一步分析讨论的；晚上，就边看书边梳理当天所学。"一年两年跟着干，三年四年成骨干"，几个项目下来，周田也可以独立发现疑点、提供思路、形成线索、编写报告了。

2018年，德州分布式光伏数量呈爆发式增长，相关政策却并不清晰，周田感到有些潜在风险如不提前防范很可能会对国家资产和公司利益构成严重威胁。然而，过去审账本，现在审太阳，全新领域没有任何审计经验可借鉴。她深知要审别人，自己先得成为行家里手。于是，周田一有空就往营销部跑，不放过这项新兴业务的任何一个细节、一个问号。

经过两个月的努力，周田终于首次在全国系统内实施了分布式光伏管理专项审计。前后梳理了7万余家分布式光伏项目，查处隐患问题470余项，保证公司8300万元补贴资金的正确发放。周田总结的三大类光伏审计方法，为山东省光伏项目审计积累了经验。

由于工作特点所致，审计专业需要不断地接触各个专业，也许昨天还在讨论如何精准测算配电网项目投资成效，今天就要去了解现货结算及代理购电业务，而明天还要核查可再生能源电价附加资金相关风险。每每此时，只要一想起第一次审计时，那如坐针毡的感觉，周田就告诫自己一定要时刻保持"在路上"的姿态，不断学习新知识，工作起来才能更有底气。

审计路上注定没有鲜花和掌声，因为谁都不喜欢那个永远找茬的人。

2020年4月，周田发现某家工厂超容率连续两个月高达162%，有私自启用了多台变压器的嫌疑。然而，当她在当地营销人员陪同下查看该厂用电设施时，现场突然闯出四条大狼狗，后面还跟着两个有文身的彪形大汉，态度非常强硬，拒绝检查。周田先亮明身份，并严肃告诉了他们私自增容的严重性以及要承担的法律后果。后来经核查，该客户果然私自增容了3000千伏安。在监督下，该工厂追缴了60万元的电费。这次检查也为电网安全消除了一颗定时炸弹。

"说实话，当时心里确实有些打怵，但是想到我维护的是国家的财产、企业的利益、法律的正义，心底无私天地宽，心里也就有了十足的底气和硬气！"事后有人问周田当时

害不害怕时，周田这样说。

作为一名女同志，比起威胁和恐吓让周田更难受的是与孩子的长期分离。每次出审项目前为了安慰哭闹的儿子，她都会哄孩子说，"妈妈出差是去给你买玩具。"所以每次出差要回家前，她总是提前几天在淘宝上下单，确保她和快递同时到家。

仅 2017 年，周田就给孩子在淘宝买了 10 余件玩具。那一年，她出差 228 天。

印象最深的一次是参加国网项目审计时，周田因为水土不服加上熬夜加班患了严重的角膜炎。回到家，3 岁的儿子伸着手喊着妈妈抱抱，可她怕传染又不敢靠近，孩子看着 45 天没见的妈妈急得哇哇大哭，那一刻，那种"咫尺天涯"痛彻之感，让周田的心都要碎了。

常有人问周田，干上这一行后悔吗？她的回答很干脆："不后悔！"她觉着无怨无悔地奔跑在这条审计路上，是源于一份热爱，更源于一份责任，是对自己最初选择的坚守，更是对审计事业蒸蒸日上的信心。

在周田从事审计工作的 6 年间，正是公司依法治企的攻坚决胜期，这为审计专业提供了更多创新开拓的机会。线上、线下双管齐下，现场、非现场完美结合。周田和同伴们积极融入了大数据思维，走上了以科技引领审计之路的快车道。

2017 年，国家电网公司提出数字化审计理念，为审计人员接触和应用数据打开了新的大门。非计算机科班出身的周田倍感压力，她一行行学写代码，一遍遍查询数据字典，不断从数据中提炼规律，从规律中发现问题，从问题中寻找关联，在关联中刻画关系，在遇到个例问题时，周田总是提醒自己，不可盲人摸象，一定要覆盖全量，不断转换着思维和逻辑。

2018 年，周田和同伴们经过刻苦攻关，在山东省率先开发了社保审计模型，这项成果将所属 10 个县公司 1 万多名员工的信息审计由原来的 30 天缩短为 2 天。2019 年，她们又乘胜闯关，在全国首次提出"一类一标准"补贴审核体系，数据模型推广至国网系统。

由周田主审的项目也连续两年获评全省第一、国网优秀审计项目，她编写的审计报告被评为全国优秀审计报告，经验总结作为唯一的省公司成果获评全国典型审计经验进行推广。

一路探索、一路风尘，发展无止境，审计无终点。在公司"永创最好"、不断攀登"新高地"的征途上，周田走出了潇洒，走出了自信。■

抗灾抢险"急先锋"

国网泰安供电公司运维检修部副主任
亓 鹏

生于 1983 年 11 月，2006 年 7 月参加工作，中共党员，高级工程师。荣获国家电网有限公司河南特大暴雨抗洪抢险保供电先进个人、国家电网有限公司业主项目经理调考第二名、国网山东省电力公司优秀共产党员等荣誉称号。主持编写 17 项国网山东省电力公司电网建设管理标准，原创宣讲课题获山东省二等奖、泰安市一等奖，编写的 2 类电网建设管理书籍由中国电力出版社出版，多项管理技术课题和项目获国家授权专利、省公司管理创新奖和山东电力科学技术奖。

百年不遇！

2021 年 7 月 17 日至 23 日，特大暴雨持续袭击河南。

告急！告急！告急！

截至 7 月 20 日，特大暴雨导致郑州 10 千伏及以上线路停运 508 条，涉及用户数达到 126.6 万户，抗灾抢险和人民群众的正常生活受到严重影响。

洪水汹涌，灾情严峻！

郑州告急，河南告急！

以汛情为令，风雨共担。面对突发的汛情险情，国网山东电力按照国家电网公司部署，第一时间启动应急响应，派出队伍开展抢险救灾。

时任国网泰安供电公司运维检修部副主任的亓鹏，作为总领队带领泰安供电公司抗灾抢险队急赴河南。

"当时，没时间想别的。心里就一个念头：坚决贯彻国家电网公司'确保电网安全，确保电力供应，确保一方平安'的命令，恢复供电。"亓鹏说。

抗灾抢险，与暴雨较量。

7 月 25 日，亓鹏带领 101 名抢险队员，奔袭 430 公里抵达位于郑州外环的驻扎点。

在路上，亓鹏就和同事一起根据前期了解的抢险要求，按照专业特点和人员特点，将抢险队伍分为了 5 支小队，便于抵达现场就能开展工作。

"我们到郑州已经晚上十点多了。队员们工作热情高涨，纷纷要求立即投入抢险救灾。但是我到国网河南省电力公司指挥部领受任务后，就觉得情况比预估得要困难很多。"亓鹏回忆。

按照任务安排，亓鹏和同事们要在一周之内，完成 6 条 10 千伏线路及所接带台区的抢修任务。

"跨区抢险，工作量大、涉及范围广，线路和台区原始图纸缺少，各类施工机械奇缺；网架、设备选型、线路及台区命名、运维模式与山东完全不同……两眼完全一抹黑，我们拿到手的线路和台区资料基本没什么用。因为根本就不知道线路和设备已经被洪水损毁到什么程度了。"回忆起刚领受到任务时面临的困难，亓鹏言语之间依旧有些激动。

再难也要往前冲！

回到队伍驻地，亓鹏立即召集人员，根据已经掌握的情况调整工作方案，重新明确 5 支小队的工作分工，并分别领受任务清单。

从 7 月 25 日深夜开始，5 支小队开始各司其职开展工作：与国网郑州供电公司的同事们对接；带着图纸分赴现场勘查实际情况；技术负责人限时理清线路脉络、摸清差异点为各专业抢险人员详细讲解；与小区业委会、供应商沟通协调，解决设备缺乏难题……

一个又一个难题，逐个破解。

抗灾抢险，与时间赛跑。

7 月 26 日，全面现场勘查工作开始。

"同志，什么时候能送上电啊？日子没法过了！"

"你们是供电公司的人吧，再没电老人孩子要受不了了！"

暴雨过后的郑州，下蒸上晒。没有了电力供应的小区，正常的生活仿佛一切停滞。

恢复居民用电，已经刻不容缓。

　　"勘察现场的时候，当居民们询问我们的时候，那种焦急的眼神和期盼的语气，每一句话都揪着我们的心。迅速恢复供电，尽国家电网人的责任，就像是一块巨石压在我身上，很重很重。"亓鹏说。

　　而现场的情况，比前一天晚上预估得还要严重。

　　亓鹏与队员们要恢复供电的区域中，未来花园、广汇花园两个小区的配电室完全被水浸泡；观洲国际小区有一半的变压器毁坏。这也就意味着，两个超千户的小区配电设施需要推倒重建，一个小区几乎需要重建。

　　勘察现场，然后在现场制定方案，抢修同期开始。

　　一切工作，几乎都是在极端情况下开始。

　　头顶是烈日暴晒，脚下是脏水泥泞。

　　在未来花园小区，为了给新上的环网柜做电缆终端头，亓鹏和抢修队员一起，钻到环网柜底下，弓着腰缩着头制作终端头。柜底空间极为狭窄，等工作完成后，柜底的人只能被队员拽着脚拖出来。

　　"干完了，手脚都是麻的，腿也不会走路了。但就算是那样，能最快速度完成工作，心里也是舒坦的。"亓鹏说。

　　在观洲国际小区，应急发电机供电的大马力抽水机全力排水，配电室抽干水后，亓鹏带领抢险队员进入极度闷热潮湿的地下配电室勘察现场、安装设备……

　　与时间赛跑，争分夺秒抢修送电。

　　除了现场抢修指挥，亓鹏还要审核每天报送的抢修日报，安排接下来的工作任务、协调设备、抓现场安全管控、研究如何进一步提高抢修效率……

在郑州的每一天，亓鹏都是这样度过，与灾情全力抗争，为光明而战。

自 7 月 26 日深夜开始，亓鹏与队员们负责的小区开始陆续恢复供电，一座座楼宇逐次点亮。

"山东电力救援队，河南人民感谢您！"当未来花园小区恢复供电那一刻，在现场等待着合闸的小区居民们喊出了自己的声音，一句句感谢的言语延绵不绝回荡在夜空中。

"我是一名国家电网的员工，我更是一名共产党员。抗灾抢险，不仅是一项工作任务，更是一种使命！在抢修现场，我们戴上党徽、穿上红马甲、亮出党旗。穿着工装，我们代表国家电网；亮出身份，我们代表的就是党。"亓鹏说。

拉得出、顶得上、打得赢，一名党员就是一面旗帜。

亓鹏与队员们昼夜不停地抢修，这深深感染了小区居民。

在未来花园小区，居民们组成志愿者团队和抢险队员们扛起了电缆；在广汇花园小区，居民们帮抢险队员们搬运材料，送来了茶水、饮料、西瓜；在观洲国际小区，当看到浑身汗湿的抢险队员们在卸车，小区居民们自发来帮忙卸物资。

"在完成未来花园抢修后，我在小区大门口被一位老太太拦住了。她说不知道为什么，他们小区一半有电一半没电，问我们能不能帮忙抢修。"亓鹏回忆。

这位老人所在的小区并不在亓鹏与队员们的任务清单里，但亓鹏还是和队员跟随老太太到了隔壁小区。经过勘察，他们发现事故原因是由于相间故障造成跌落熔丝熔断，亓鹏立即进行安措布置，更换了熔管，为老人的小区恢复供电。

谁把人民扛在肩上，人民就把谁放在心上。

党员们在防汛抢险保供电一线坚定亮旗、扎实践诺；居民们自发帮助敷设电缆，专门送来解暑汤热饭菜，还有满声的真诚感谢，上演着一幕幕展现了新时代"人民电业为人民、人民电业人民爱"的鱼水情深。

"要带着光，驯服每一头怪兽。谁说污泥满身的不算英雄。"从郑州回来后，亓鹏开始喜欢歌曲《孤勇者》中的两句歌词。

"返程的时候，看着恢复生机的郑州，想着那些明亮灯光、热烈欢呼和感动泪水，我觉得我们的所有辛苦，都值得！"亓鹏说。 ■

践行"三种精神"
做到"蔚然于心"

国网聊城供电公司营销部（农电工作部、营销稽查监控中心）主任兼党支部书记
魏晓蔚

生于1972年11月，1992年7月参加工作，中共党员，正高级工程师。荣获国网山东省电力公司先进工作者荣誉称号。主持研发的《变电站全站智能监测系统的研制》创新成果获得2014年山东电力科学技术奖三等奖；2016年《10kV业扩工程标准化设计体系及应用》成果获得2016年山东省技术市场科技金桥奖二等奖；在核心期刊发表论文4篇；2018年研发的《一种可移动式电力施工红外监控装置》获得实用新型专利授权，2019年研发的《一种精准校时时钟误差计算方法》获得发明专利授权。

2022年3月28日，收到某企业因经营困难而一直拖欠的1869万元电费到账消息后，魏晓蔚长松了一口气。

2021年，国网聊城供电公司提出，大力发扬"担当、斗争、争先"三种精神，助力地方经济发展。该公司营销部主任兼党支部书记魏晓蔚就是用这种劲头，完成了开拓市场、电厂违规转供治理、确保电费颗粒归仓……这些营销人眼中最难的工作。

1975年至2021年，因历史原因，聊城莘县南部区域由河南省供电，是山东电网最后一块"孤岛"。

2020年4月2日，国网山东省电力公司下达了市场开拓的任务。可是，转网涉及多方利益、沟通壁垒重重，尤其是原有的市场转供电主体——莘县双源电力公司，更是彻底抵触。

为找到工作突破口，2021年4月6日，魏晓蔚组建了攻坚团队，围绕转网利益主体，仔细分析当地政府、河南政府、双源电力、兄弟单位和用电客户的各种得失，推演二十余种可能面对的问题和困难，一一制定应对办法。最终，他们制定了"1+3+2"的工作方案，即一条总体路线、三个专项方案、两套结算模式。

方案有了，如何落地成了最大的困难。每年售电14

亿千瓦时，转网后购电成本每度增长0.2元左右，这是双源电力抵触的根本。

"转网后我们损失可就大了，有啥可谈的，所以当时我根本不给他见面的机会。"双源电力负责人宋广军说。

大事难事看担当。面对这个"大难事"，魏晓蔚赔着笑脸带着诚意，在不到30天的时间里，把宋广军"堵"在办公室里十几次，站在对方长远发展的角度帮着他们分析形势、研究政策，议定为双源电力争取供电业务合法许可、优惠电价政策，最终，宋广军欣然接受了转网。

"企业合法了，又能有优惠电价政策，我们压力也就减轻了，转网也就没了顾虑！"宋广军说。

2021年11月28日，随着110千伏王潘双线送电成功，莘县南部区域跨省供电历史彻底终结。

电厂违规转供是困扰供电企业的顽疾，既影响供电企业市场占有率，又损害国家利益。2020年，聊城共有8家电厂存在违规转供的问题。这些电厂抓住供电公司难以抓到违规转供有力证据，和供电公司斗智斗勇。

习近平总书记指出，要善斗争、会斗争，提升见微知著的能力，透过现象看本质，准确识变、科学应变、主动求变，洞察先机、趋利避害。

在电厂违规转供治理中，魏晓蔚三斗电厂，掌握证据，是他善于斗争的一个体现。

高唐电厂违规向8家企业转供电，他第一次到该厂了解情况，门都没进去。下一次，他以为该厂校验计量装置为由再次前往。这次对方送上一颗"软钉子"，违规转供区域被告知"设备重地"禁止进入，又没拿到证据。

2020年11月，山东省开展安全大督查，他认定这是一个难得的取证机会，马上向市发展改革委汇报，以督查人员的身份进入电厂，并成功取得了违规转供现场证据。

但触碰利益，哪怕事实确凿，电厂仍拒不配合。

2020年11月29日，该电厂因故障机组停运，并网联络线负荷出现倒送。他要求断开电厂并网联络线，停止向转供企业供电。电厂多次请托不同部门和私人关系施加压力，甚至放出狠话，"职工发不出工资，就都去魏晓蔚家吃饭"，但他坚持原则，寸步不让，迫使电厂作出整改承诺。

截至2021年，他累计完成了8座并网电厂违规转供电治理，实现了聊城区域全面"清零"，增供电量16亿千瓦时，典型经验在全省推广。

电费"颗粒归仓"是营销人的头等大事。在电费回收工作上，魏晓蔚时刻先知先觉、先人一步，将各类电费回收风险化解于无形。

2020年以来，受新冠肺炎疫情、中美贸易战等因素叠加影响，部分企业生产经营受到冲击，电费回收存在很多不确定性，为防范电费回收风险，他第一时间组建风险管控团队，实行"日监控日预警"，密切关注重点企业经营状况。

2021年8月15日，聊城市遭遇暴雨天气，而东阿某龙头企业资金链即将断裂，政府要求对其欠费保供的消息更像一盆冷水浇在了他头上。

来不及多加思索，他冒着倾盆大雨赶到东阿，与县政府相关部门、企业等一一对接，紧急商讨对策。

根据团队掌握的企业屋顶外租建设光伏电站的有效信息，他提出"协助加快光伏电站建设，屋顶承租费优惠并抵扣电费"的想法，反复协调光伏电站业主与企业沟通，一周后，促成双方达成电费抵扣合作协议，既解了企业资金链断裂的燃眉之急，又化解了270余万元电费回收风险。

仅2021年一年，魏晓蔚就带领团队化解兴潘特钢、泉林集团等电费回收风险1.4亿元，电费结零工作均按月率先完成。

30年来，魏晓蔚的足迹遍布聊城城乡各地，他用执着、汗水和毅力践行着"人民电业为人民"的宗旨，和千千万万电力人一样，点亮和守护了万家灯火。先后获评聊城市直优秀共产党员、国网山东省电力公司先进工作者。■

顶梁柱　顶得住

国网五莲县供电公司总经理 党委副书记
王洪涛

生于 1975 年 2 月，1994 年 8 月参加工作，中共党员，副总师。荣获国网山东省电力公司先进工作者等荣誉称号。2015 年 12 月，获得国网山东省电力公司集体企业管理创新二等奖。2016 年 12 月，获得国网山东省电力公司集体企业管理创新一等奖；2017 年 2 月，获得国网日照供电公司管理创新三等奖；2018 年 11 月，荣获全国电力行业 QC 小组成果展一等奖；2018 年 12 月，获得国家电网有限公司优秀 QC 成果奖三等奖。

2021 年 10 月 25 日，日照市五莲县突发疫情，确诊了第一例新冠肺炎阳性病例。

一夜之间，全县封控，人员隔离。

传染性极强的奥密克戎型新冠肺炎疫情，让小城五莲彻底告别了往日的安静祥和。

疫情就是命令，防控就是责任。

面对考验，国网五莲县供电公司总经理、党委副书记王洪涛履职尽责、冲锋在前，带领五莲县供电公司构筑起坚强有力的"防控墙"，激发出砥砺奋进的"正能量"，实现了新冠疫情防控"双零"目标。五莲县供电公司被国网山东省电力公司和日照市委称赞为"顶梁柱，顶得住"。

"难，初期确实很难。尤其是稳定员工情绪，太难了。"回想起当时的情况，王洪涛记忆犹新。

2021 年 10 月 26 日，五莲县供电公司按照紧急制定的疫情防控应急预案，全员全方位打响抗疫阻击战。741 名员工就地待命，3 小时完成 6 类用工人员行程轨迹摸排，6 小时完成全员第一轮核酸采样，封闭所有营业场所。

但是，在形势不明朗的情况下，随着确诊病例越来

越多，被隔离的员工人数每天都在增加，员工的亲朋好友被隔离的越来越多，茫然和恐惧的情绪开始在职工群体中蔓延。

封闭值班的情况下，双职工家庭的员工，只能带着孩子吃住在办公室；女职工把年仅 4 岁的女儿寄养在弟弟家，想孩子了只能隔着单位的大门看着孩子大哭一场；职工的老母亲见不到孩子，在家里绝食要求儿子回家……

无人生而勇敢。

责任在肩，所以勇敢向前。

关键时刻，王洪涛向全体员工发出号召："保护好自己就是对抗疫的最大贡献。不提困难，只想办法，坚决守住'双零'目标！"

在省市公司专业指导下，王洪涛迅速稳定员工队伍。他通过手机视频会议的形式，召集全体职工并邀请职工家属一起参会，开展心理疏导，给大家加油鼓劲，坚定信心。

很快，五莲供电公司制定出了"1-5-5"疫情防控服务保障方案。

"1 个组织指挥体系高效运转，5 项保电机制有效落实，5 类支撑保障团队协作有序。各专业梯队互不接触、互为备用、相互保障。我是第一责任人，对接防疫指挥部全部工作。"王洪涛说。

接到政府的抗疫紧急用电需求后，五莲供电公司 4 小时完成弘丰公园 160 套隔离房送电，18 小时完成 178 个临时帐篷送电，32 小时完成医院应急隔离区送电。同时，突击完成两个集中式电取暖项目和热力管网送电，让 4000 多户居民在大风降温前供上暖。

抗疫，没有硝烟的战争。

走上战场，一个党员就是一面旗帜。

"我们公司有 360 名党员，在抗击疫情的战斗中，全体党员发扬'三个不相信'的斗争精神，坚决听从党和政府的指挥，打硬仗，打胜仗。"王洪涛说。

第一身份，共产党员；第一职责，为党工作。

不相信有完成不了的任务，不相信有克服不了的困难，不相信有战胜不了的敌人。

党旗，在抗疫一线高高飘扬。8 支共产党员突击队冲锋在前，在隔离点应急供电施工、客户服务的一线岗位上坚守。

当五莲供电公司接到县政府布置的 5 个小区的包联值守任务后，王洪涛作为第一责任人，迅速组建起由 20 名党支部书记、138 名党员组成的 5 个临时党支部。除了被隔离、封控值班和保电的人员，全部参与疫情防控值守。

"说心里话，当时那个态势，在家里待着最安全，吃喝送上门，垃圾有人收。但是，咱们是党员。我就跟同志们讲，条件最艰苦的岗位，就得党员来干；最有风险的工作，就得党员来承担！"王洪涛说。

平常穿红马甲为客户提供优质服务的党员职工，变身为穿上防护服的"大白"。24 小时轮流开展住户排查、秩序维护、送粮送菜、清运垃圾……

"在抗疫中的每一天，我都时刻谨记我是一名共产党员。在公司里，艰难困苦的事情我得先上，才能起到带头作用；在社会上，急难险重的任务咱们得高质量完成，才能无愧央企的责任担当。"

关键时刻冲得上去，危急关头豁得出来。刚刚做完手术，还在恢复期的党员主动请缨上一线；彩虹共产党员服务队一名女同志主动要求去坚守；连续值守一周的党员把休息的

机会主动让给同事，说"我是党员让我来"；得知人手不够，已经离岗的老党员、老同志主动报名参与防疫工作……

"从最初的手忙脚乱，到最后的有条不紊，我们始终满怀胜利的信心。这种信心，源自市县一体的力量，源自于有日照供电公司、山东省电力公司乃至国家电网公司做我们的坚强后盾。"王洪涛说。

当时，五莲疫情发展速度猛烈。仅 7 天时间就有 14 例确诊、6 名无症状感染者，6000 多人被隔离。对于一座人口只有 10 万多的小城，是前所未有的考验。

"蒋斌董事长'针对抗疫物资短缺等问题，举全省之力给予五莲最迅速、最有效支援'的指示，给我们最强大的支撑。市公司总经理刘昊全面协调指挥，担心我们的队伍有人被隔离，成立后备梯队……让我们腰杆硬了、底气足了。我在视频会上一次又一次地告诉全体员工，我们从来都不是孤军奋战。"王洪涛说。

口罩、防护服、消毒液来了；电缆、线杆、变压器来了；应急发电车来了；在日照市供电公司，500 多名党员主动签名请缨组建的一支"特战队"枕戈待旦，随时准备增援五莲……

有了坚强的堡垒，有了全省的支援。没有过不去的坎，没有打不赢的仗。

王洪涛感慨道："这场疫情让我们充分认识到，党建统领是战胜困难的强大优势，一体同心是夺取胜利的最大法宝。我们切身感受到，五莲供电公司所做的，正是 13 万山东电力人'永创最好'的缩影。"■

志存高远
精益计量路上的追梦人

国网山东营销服务中心量传质检部电器质检室
主管
张 志

生于 1984 年 11 月，2013 年 8 月参加工作，中共党员，高级工程师，博士研究生。曾荣获国网山东省电力公司先进个人等荣誉称号。2016 年度荣获创新创效工作先进个人荣誉称号；获得公司级及以上科技奖励 4 项，申请发明专利 10 项，发表论文 12 篇，参与编写标准 11 项，4 项成果得到推广和应用。

张志，现任国网山东营销服务中心量传质检部电器质检室主管。2013 年从事电能计量工作至今。初出茅庐满怀科研梦想的他，恰逢低压计量箱首次全性能测试，为在规定时限内完成检测，他主动去搬了半个月的计量箱。一百多斤一个的计量箱，可让这个坐惯实验室的小伙子吃尽了苦头。有同事逗趣说："一个博士来干'搬运工'，这不亏了！"他憨厚地挠挠头："一点都不亏，干啥我都能学到东西，不光要干，而且还要认真干好！"梦想面前，他选择做一粒种子，在脚踏实地的埋头苦干中扎根生长。

3 个月的"墩苗"历练后，张志迎来了新考验——建立新增低压电器的全性能检测能力。低压电器不属于计量专业，却是客户用电的安全卫士，涉及材料、结构、化学等多个专业领域，在公司相关标准完全空白的情况下，对于一个职场新人而言，难度可想而知。张志暗下决心，拿出考学的劲头，从 12 本厚厚的国家标准学起，每天睡前最后一件事、起床第一件事都是看书，经过 30 多天的刻苦钻研，最终梳理出 42 条检测项目并依次建立检测能力，在当年调研中，以低压电器专业领域检测能力 100% 排名国家电网公司第一。

随着这次低压领域检测能力的成功，张志深受鼓励和启发，迅速成为电能计量专家，连续多年代表山东公司承担国家电网公司科技项目，成为电器质检室主管，带领班组勇担新技术的研发、测试及推广工作。

"只有具备顶尖的专业技术和勇于创新的精神，才能与时俱进，提供更精益的电能计量专业支撑。"张志的这种认知，为他带来人生最大的、乐此不疲的乐趣——创新，不断地创新。

提起创新，张志最难忘的要数关于"一杯面"的故事。

2018年底，根据国家电网公司加大反窃电工作的目标要求，国网山东省电力公司为进一步加强反窃电技术研究，提高反窃电人员业务能力，提升反窃电工作效率，成立了反窃电实验实训室，以业务见长的张志自然成为实验室及反窃电技术团队的主要负责人。经过调研他发现，80%以上的计量箱都在室外，日晒雨淋、设备老化、人为破坏等因素导致大量计量箱"带病"运行，箱内窃电现象也时有发生。计量箱是保护断路器、电能表等计量设备的第一道防线，每年公司为此投入大量资金，却仍问题重重，他下定决心让这些计量箱改头换面。

张志带领攻关团队白天泡在电脑前搜索国内外相关文献，下班后一头扎进实验室化身"外科医生"，埋头拆解箱体、分析内部构造，探索导线规则、隐蔽分布的方法。偶然的机会，他看到装修工人沿着凿好的凹槽铺水管，等刮完腻子刷完漆，水管就隐藏在墙体里了。他

灵光一现：导线也可以提前预埋，解决箱内明线多的思路出来了！张志团队最终研制出一种新型铜排预埋式计量箱，体积同比减小了 17%，成本降低了 13%。但是，他们卡在了温升试验环节，1 次至少两个半小时的试验，每次做完要详细分析每个端子的温升变化规律，及时对材料、结构进行改进。就这样试验、分析、改进，再试验、再分析、再改进……循环往复整整 200 组。

凌晨一点，最后一次试验。饥肠辘辘的他翻箱倒柜找出一袋方便面，试验室没有碗他只好用茶杯代替。面熟了，试验也成功了，温升终于合格了！那杯面成了他的庆功面、幸运面，是他记忆里最美味的一顿饭。

凭着这种执着进取、孜孜以求，他首次提出电能表接插件"免接线"升温测试方法，系统内首次建立电能表外置断路器检测流水线，新型防电击电能表、模组化铜排预埋式计量箱、内置式锁具等 5 项成果得到推广和应用。

随着国家电网公司新型电力系统建设和"双碳"战略的实施推动，山东省分布式光伏迅猛发展。这对于一个技术创新工作者而言，既是契机也是挑战。

不安于现状，不囿于成规，是张志不断创新的法宝，这次，当然也不会缺席。2021 年，他开始研发一种能够实现可知可控的并网设备，在不改变当时数据采集架构的前提下，利用最少的投资，实现分布式光伏的可知可控。

在无案例参考的情况下，张志带领团队 7 天内论证了 6 版方案，研制出光伏多功能断路器，

短时间内低成本解决了电网对光伏用户的可知可控，助力国内低压分布式光伏首次参与电网调峰工作的圆满完成。在测试阶段，为确保调试效果，什么时间太阳最毒，他们什么时间去测试。断路器经受考验的同时，张志和同事们也经历着"烤验"，烈日炙烤下，被晒得像黑色光伏板一样黢黑锃亮，工作服湿了干、干了湿，一圈盐渍若隐若现，几个文质彬彬、干净整齐的"小鲜肉"，没几天就成了不修边幅的"糙汉子"。

同年 11 月 5 日，这种基于光伏多功能断路器的关键技术通过了中电联的鉴定，鉴定意见为：国际领先！那一刻，他觉得一切辛苦都值得。

"穿过人海，别停下来，趁现在还有期待"，就像他喜欢的歌中唱的那样，他将继续奔赴在精益计量的大路上，每一步都将走得更加执着和踏实，每一步都将走得更加勇敢和闪耀。这就是张志，一个不断创新探索的人，一个被梦想照亮的人。■

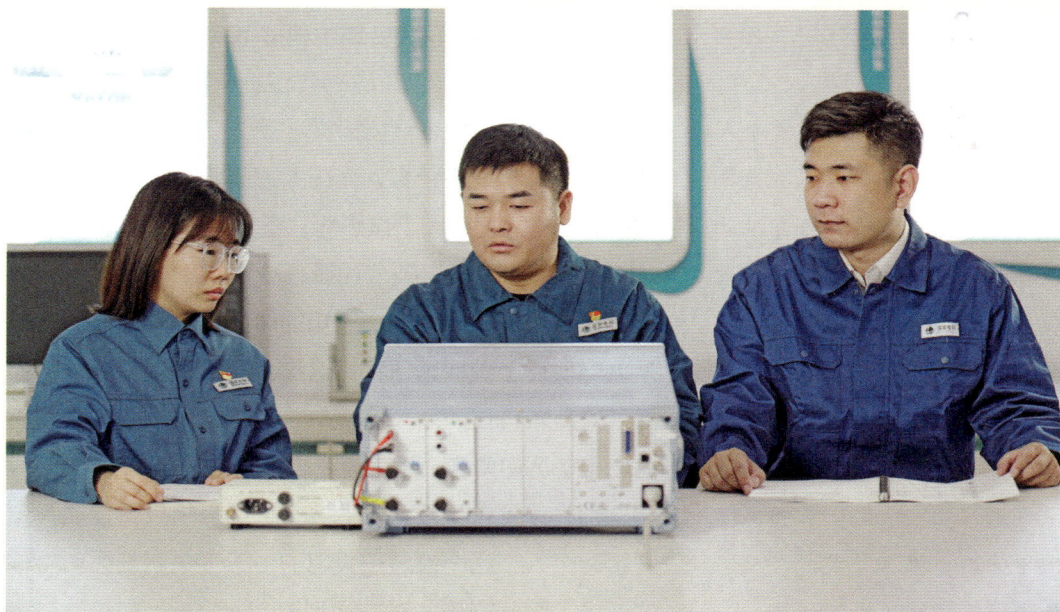

数字技术赋能先锋

鲁软科技公司能源信息事业部设备可靠性产品室
副主管
任成宾

生于 1982 年 11 月，2006 年 11 月参加工作，高级工程师。曾荣获鲁软科技公司先进个人劳动模范等荣誉称号。主持撰写的《中国核电设备可靠性管理系统》管理创新成果分别荣获 2018 年度电力创新奖二等奖和 2019 年度山东电力科学技术奖三等奖。《降低设备状态监测平台计算时间》QC 成果获得 2021 年度山东省优秀质量管理成果二等奖和济南市优秀 QC 成果。

任成宾是鲁软科技公司中国核电项目经理、工程师。他荣获省部级创新奖二、三等奖各一项，多次荣获地市级先进工作者，发表科技论文 3 篇，获得专利 9 项……任成宾获得了很多荣誉，而在大家的眼中，任成宾有着高度的工作责任心和工作热情，还富有拼搏精神。

9 年前，鲁软科技公司派任成宾去中核做设备可靠性数据库建设，接到这个通知的时候任成宾还在湖北荆州火电项目上做数据迁移。这是公司第一次中标核电业务，对鲁软科技而言，这是一个开辟核电市场的希望，这副担子沉甸甸的，是荣誉，更是责任。

那时候鲁软科技人少业务少，项目组只有任成宾和同事两个人，两个都是干火电的，下了车就赶去和中核的设备工程师交流，对方提到 RCM 分析、在役检查、系统监督这些概念的时候，任成宾的脑子都是蒙的，原有的火电知识根本派不上用场。不能给咱山东丢人，不能给公司丢人！既然要做事，就得靠得住，只要这股子劲儿不松，这项目没理由做不漂亮！

在任成宾的坚持下，中核设备可靠性数据库建设项目如期启动，任成宾和同事一边开展需求调研设计，一边恶补核电知识，在核电遇到的人都成为任成宾的师傅，

遇事和老师傅一磨，问题很快冰消雪融。周末不上班，任成宾就到核电科技馆去找各种关于设备可靠性、预防维修、状态检修的相关资料。一开始，核电的人以为任成宾还是个没成家立业的毛头小子，要不然怎么几个月都待在这儿？任成宾总是笑笑过去，对家人的歉意只能埋在心里，那会儿任成宾刚结婚不到一年。历经 4 个月的地毯式学习调研，前期调研和业务结构梳理顺利完成。

核电各厂的业务系统有 52 个，每个系统的数据标准都不统一，只能靠人把所有数据调出来进行逐个比对分析，再梳理出数据之间的逻辑关系，数据接入环节工作量庞大。抽丝剥茧地分析，顺藤摸瓜找源头，神经高度绷紧的状态让任成宾开始失眠，大把大把地掉头发，压力大的时候就和家里人通话缓解一下，他硬是 3 个月靠在项目上没有回家，最终 1671080 台设备、555368 条预维数据，监督 1320 个系统 12368 台大型关键设备206071 测点数据接入，无一差错。

2014 年 12 月系统试运行前向中核集团汇报，任成宾心里就像最初来嘉兴的时候一样忐忑，但是中核的项目负责人却很坦然，上台汇报前，他用手锤任成宾一下，"你们这么可靠的人不行，谁行？"

经过反复测试后的系统稳定性、数据准确性给任成宾提供了可靠支撑，项目最终得到中核集团高度肯定，并在集团内 4 个厂 19 台机组全面推广，从此中核设备可靠性数据库建设项目正式命名为 ERDB 项目！项目越做越大，鲁软科技在核电市场的占有率也逐步扩大，核电项目已经成为鲁软科技业务中举足轻重的一部分！

与此同时，任成宾的孩子也在没有父亲陪伴的日子里一天天长大。任成宾每两周才能回去看他一次，每个假期都因为值班不能带孩子出去玩。倒是在嘉兴海盐的"家"越来越大，也越来越热闹了，从最初的 2 个人到现在的 70 余人。节假日不能回家的时候，任成宾就带着他们买菜、买肉，回来包饺子。

2018 年，中国核电召开了 ERDB 设备可靠性管理系统产品发布会，由任成宾主导做出来的 ERDB 系统凭借坚强的"可靠性"解决了数据孤岛问题，把可靠性管理系统和流程固化在系统里，首次实现了中国核电可靠性数据资产的集中管理与高度共享，这个系统同时也被列入中核集团 4E 系统之一！

看着自己主持开发的产品得到充分认可，熬过这么多个不眠之夜都没掉过泪的任成宾突然鼻子酸了，手机接收到一条消息，点开看是公司党建部采访孩儿他妈的一段视频。

"怀着老二8个月的时候，老大夜里高烧，没办法，一只手拎着老大，一只手捧着肚子，到楼下推出电动车自己去医院挂号、看病，那时候就在想，怎么这么难啊？现在没事儿了，回过头来想想，可能每个母亲都这样吧。"

这么多年，任成宾第一次见爱人哭，那一刻任成宾很恍惚：自己是一个可靠的丈夫和父亲吗？

9年时间，任成宾始终在自己热爱的一线，依然坚守着从零做起来的项目；从山东济南到浙江嘉兴，高铁单程4个多小时的路，已经无法计算有多少时间是在车上度过的。现在鲁软科技的核电业务已经做到了15689万元，鲁软科技的名字在中国核电市场"叫得响""靠得住"！

"鲁软科技的人特别可靠，技术实力也是很强的，任成宾不能说是行业第一，但一定是行业第一梯队。"核电运行研究院副总工程师王欣说。

依然是925公里的路程，从快车换成高铁，速度越来越快，稳定性越来越高……这一路走来，任成宾凭着专注和钻劲，从新手一步步成长为能够独当一面的"领头雁"。在他的影响和带动下，项目组的每一名成员平均每年出差275天以上，大家不辞辛苦、任劳任怨。9年里，项目取得了阶段性成果，但项目团队大多数人却缺席了结婚纪念日，缺席了老人的生日，缺席了孩子成长过程中太多的陪伴……

一路走来，"责任心"如影随形，在客户的心里，任成宾是可靠的，鲁软科技公司是可靠的，山东电力人是可靠的。但他深知，荣誉属于公司，属于项目团队，属于致力于核电信息化建设事业的每一名项目成员。此刻，任成宾依然奋战在项目一线，他和他的团队将持之以恒，让鲁软科技的技术力量更好地支撑中国核电的数字化转型发展，让山东电力的铁军精神在中国核电事业的发展进程中永放光芒。■

当好电网蓝图"擘画者"

国网山东省电力公司发展策划部规划二处处长 王春义

生于 1980 年 4 月，2002 年 7 月参加工作。中共党员，高级工程师，博士研究生。2014 年，荣获国家电网公司发展专业先进个人和优秀共产党员荣誉称号；2018 年，荣获国家电网公司战略管理和智库建设先进个人；2020 年，荣获中国电力、水电行业优秀工程咨询成果二等奖，同年荣获全国企业管理现代化创新成果二等奖、山东省脱贫攻坚先进个人荣誉称号。多次荣获山东省科技进步奖一等奖。

有人说规划就是"鬼画"，图上画画、墙上挂挂；也有人说规划是"龙头"，是引领电网发展的关键。听上去有些撕裂，但说明规划很重要，做好规划很不容易。十几年的职业生涯，让王春义深深认识到规划任务的艰巨繁重，也深深爱上了规划工作。

安全是公司的"生命线"，必须做到"亿万分之一也不失"。蒋斌董事长反复强调的这一理念，王春义早已铭记在心。前几年，说起电网安全，大家都说"两头薄弱"，其中的一头就是配电网。从办公室调到发展部后，王春义有了啃下配电网薄弱这块硬骨头的条件和责任。但真做起来才发现，这块骨头不是一般的硬！

公司拥有 110（35）千伏变电站 3000 多座、线路近 6000 条，10 千伏线路 2.5 万条，公用配变 40 多万台，重要用户 1100 多个。要逐个梳理设备重过载、多级串供、单线单变站、重要用户供电隐患等问题，工作量之大，超乎想象！

有人劝王春义没必要自讨苦吃，慢慢解决吧。但王春义认为，这些问题关乎电网的本质安全，安全的事一刻也等不得！

为制定全省统一的配电网薄弱环节判定标准，规划

二处和经研院的同事们，半个月内组织省公司相关部门、市公司召开多次研讨会。线路重载标准到底应该是 70% 还是 80%、设备过载到底是瞬间过载就算，还是要持续超过 2 小时？大家标准不一，都觉得自己有道理，过去一直这样判定，谁也不想改变。最终，王春义和同事们站在保障电网和设备安全的角度，全面查阅行业、国家电网公司标准，与设备厂商深入沟通，经过反复交流，最终确定了统一标准。又用了近 30 天，动员山东省 17 个市公司、98 个县公司发展、设备、调控等专业人员，高效完成了全省配电网薄弱环节梳理，并对 4000 余项问题逐个制定解决措施，将 1037 项纳入国网山东省电力公司专项督导。3 年内，山东省电力公司督导 30 多次，有力推动了问题解决。

截至 2021 年年底，4000 多项配电网薄弱环节全面消除，并通过推广标准接线，增量薄弱环节得到有效遏制，公司配电网安全水平迈上新台阶。

王春义家离公司不到 200 米，但那段时间，每天出门时孩子还没醒，回家时孩子已经睡了，王春义成了孩子眼中"在济南出差的爸爸"。

配电网投资约占公司电网投资 60%。近年来，公司投资需求大与投资能力不足的矛盾日益突出，配电网规划要做出哪些调整，才能实现精准规划、精准投资？说实话，王春义曾迷茫过。

2018 年，公司领导提出"采用模块化规划方法提升配电网规划精细化水平"，让王春义茅塞顿开。规划二处决定把全省的供电区域划分为若干网格，采用搭积木的方式规划配电网。

但配电网不是积木，而是一个相互联系的网络，如何划分网格？各电压等级间、网格间如何协调？没有经验可以借鉴，王春义和同事们就自己摸索，跑图书馆查资料，跑市公司做调研，跑咨询机构、科研院所向专家请教，看过的资料、形成的材料摆了满满一桌子。那段时间，作为负责人，王春义像着魔了一样，在家里也是书不离手，孩子说他是"爱学习的博士爸爸"。

有人说，王春义是处女座的，太"龟毛"，过于追求完美。我觉得，只有追求完美，才能做到最好。

最终，王春义和同事们集中众智，易稿 30 多次，制定了国内首个《"功能区、网格化、单元制"城市配电网规划指导原则》，出版了《山东配电网规划指导手册》，形成国网领先的配电网规划标准体系。

山东省通过 1323 个网格，串起了网架建设、乡村振兴、扶贫攻坚、双碳发展等任务，实现了以网格为颗粒度的问题、方案、投资、成效精准管理。全省 10 千伏线路联络率、N-1 通过率分别比 2015 提升了 37 和 38 个百分点。

习近平总书记视察威海时提出"威海要向精致城市方向发展"的要求。公司党委迅速行动，提出把威海"精致电网"打造成为公司闪亮名片的目标。

具体组织这项工作的任务，光荣地落到王春义肩上。什么是精致电网？怎样建设精致电网？一系列疑惑萦绕心头，脑袋天天在想，有时做梦都是精致电网，让王春义非常痛苦，压力山大。

"没有枪没有炮，我们自己造。"精致电网没有标准，我们就制定标准。江浙的弹性电网、"三高一特"电网等都是王春义和同事们学习、研究、借鉴的对象，国网河北省电力公司的《日本、新加坡城市配电网规划建设考察报告》让他们如获至宝，国网经研院、中国电科院等单位的专家经常被他们"骚扰"。

在制定建设方案的 2 个多月里，王春义天天早出晚归，回家吃饭成了一天中跟 3 岁小儿子唯一的亲子时光。有一天，王春义吃完晚饭准备回单位，儿子突然跑来拦住他说："爸爸一天只能上一次班！"王春义很惊讶："为什么？"儿子说："爸爸白天去了，晚上就不能去了。"看着儿子仰起的小脸，王春义猛然意识到，已经好久没有正儿八经陪陪他了。

付出终有回报，按照王春义和同事们制定的建设方案，威海"精致电网"新高地已建成一批示范，得到各方肯定。刘吉臻院士等专家高度评价他们的研究成果，认为总体达到了国内领先、国际先进。

回顾过去，成绩属于过去，荣誉归于大家；展望未来，光荣与梦想同在，挑战和机遇共存！王春义相信，通过发展人的共同努力，一定能绘制最好的蓝图、建设最好的电网、创造更好的明天！ ■

电力保供路上的"挑山工"

国网山东省电力公司电力调度控制中心调度计划处处长
游大宁

生于 1977 年 8 月，2000 年 8 月参加工作，中共党员，正高级工程师，硕士研究生。曾荣获国网山东省电力公司先进工作者等荣誉称号。2017 年 12 月，"暂态原理配电网接地故障保护技术的研发与推广应用"成果获得山东省科学进步一等奖；2018 年，"面向智能电网的火电机组涉网性能动态评价与优化控制技术及应用"获得中国自动化学会科学技术进步一等奖；2020 年，"面向大电网运行的火电机组性能评价与控制优化关键技术及应用"成果获得山东省科技进步二等奖。

"上山不怕险、挑担不怕难、坦途不歇脚"，人们这样形容泰山上的挑山工，电网安全重于泰山，在电力保供路上也有这样一位电力人，籍贯山东泰安的他，被身边的同事说有股子挑山工的劲，他就是多年奋战在电力保供一线的游大宁。

2021 年，所有电力人最深刻的记忆，恐怕就是全国性的电力紧缺，山东电网也在当年面临前所未有的考验，保卫万家灯火，这场战役面前就有游大宁和他的同事们。

坦途不歇脚，同样是调度人的精神特质。在调度岗位工作多年的山东省调王勇主任常谈起，"调度人最宝贵的就是坚持底线思维，不光关注眼前的电网运行是否平稳，还预想有可能碰到的风险"。游大宁也习惯性地把困难估计得更多一些。

2020 年年底，南方各省份接连出现限电情况，这引起了游大宁

的警觉，"如果山东也出现用电紧张该如何应对？"怀着这样的担心，游大宁带领团队研究能源供应形势，梳理全省负荷分布和可压降空间，广泛学习其他省份应对手段，预见性提出"有序用电＋企业轮休"应急方案。

2021年9月，正处高位的用电负荷迎头撞上电力缺口，煤电机组发电能力下降超过2340万千瓦，没有豪言壮语，更没有害怕畏缩，游大宁和同事们立时进入"白加黑""5+2"工作模式，白天紧盯用电负荷、调动各种手段，晚上开会讨论分析网情，"方案是否做到了万无一失""到底能不能执行到位"，这些问题时时萦绕在游大宁心头。当务之急是把有序用电落实到位，各地区负荷成分不同，合理分配有序用电负荷不是件容易事。他参考各地历史负荷分解压限任务，逐一联系17家地调了解负荷压限情况和困难，与营销专业一道，还原有序用电前负荷，首先抓好了有序用电这项工作。

"挑担不怕难，再难的道路也能走。"游大宁秉持着这样的信念，也这样鼓舞其他同志。10月18日，山东省有序用电第30天，电力缺口达到1100万千瓦，电力保供面临着前所未有的压力和挑战。调度大厅每个人心头都紧绷着一根弦，直至深夜在营销、调度等专业通力合作下，用尽有序用电、调动试运中沂蒙抽蓄电站等手段，有惊无险度过了负荷最大缺口。游大宁来不及松口气，紧接着又带领同事利用夜晚进行复盘，为第二天做好准备。

那段时间，游大宁难得与家人见上一面，正上高中的儿子后来回忆起这段时光，说道："若不是因为爸爸的工作，可能永远不会觉得，晚自习教室里的灯光会如此动人，这样的学习环境也让我倍加珍惜。"

电力保供工作公司一把手亲自挂帅，指出"'电源稳发增发'是治本之策，要坚决提升电力供需平衡能力"。游大宁和同事们瞄准提升电力供应能力发力，把电力保供看作践行"人民电业为人民"初心的战场。

游大宁深知，电力供给涉及社会各个方面，解决问题的关键在于"寻求理解支持、团结大多数人"。嗓门

大了，脚步急了，沟通有关部门，协调省内发电企业，匆匆奔走于省发展改革委、能源局、能源监管办，促成"四方会签"，督导机组提高出力，全省机组可用率由 52% 提升至 86%，有序用电 39 天零拉闸，终于站稳了电力保供阵地。山东省委省政府领导也来到调度大厅，对公司的保供成绩给予充分肯定。

保供路上，不光有挑担的难，还有上山的险。守牢了保供阵地，游大宁加紧攀登新高地的脚步，继续朝着专业制高点前行。

山东不仅是用电第一大省，还是"风光"大省，光伏、风电装机容量占山东电网装机比例达 1/3，电网"双高"特性凸显。为了找到新能源消纳和大电网安全的最佳契合点，游大宁带领他的团队砥砺深耕、奋楫笃行。经过 130 天的奋战，全国首家源网荷储协同调控平台成功上线，成为电网"超脑指挥官"。

游大宁牵头开展分布式光伏可观可测可控试点等多项试点工作，编制多项新能源消纳方案和技术路线，形成了一套山东做法和山东经验，在国家电网范围内进行推广。他科学测算山东省电力市场基础，结合省情、网情，因地制宜建立源网荷储多元化市场机制，主导编制现货市场交易规则，走出了电力改革的山东路子。

"十三五"期间，山东电网风电预测精度从 91% 提高到 93.3%，光伏预测精度从 90.5% 提高到 94.1%。2021 年，山东电网新能源消纳率达到 98.6%。

游大宁说："选择了调度，就要扛起这份责任。选择了计划，那我就必须冲锋在前。"在守卫电网安全、守护万家灯火的路上，有游大宁和他的同事们这样的"挑山工"，他们泰山压顶不弯腰，"快活三里"不逗留，他们四季不辍、行路不止。■

使命必达"夜归人"

国网山东省电力公司办公室（党委办公室、董事会办公室）副主任

赵　鹏

生于 1980 年 1 月，2003 年 3 月参加工作，中共党员，高级政工师，硕士研究生。曾荣获国网山东省电力公司先进工作者等荣誉称号。2016 年，荣获国家电网公司战略管理和智库建设先进个人；先后荣获国网公司及省公司优秀共产党员、优秀员工等荣誉；2018 年，荣获上合组织青岛峰会电力保障功勋个人荣誉称号；2020 年，获得山东省企业管理现代化创新成果一等奖。

披星戴月，昼夜奋战，在夜深人静时敲打着键盘、赶写稿件，15 年，5000 多个日夜，大部分时间，他是济南这座城市的"夜归人"。

15 年默默耕耘，15 年砥砺前行。赵鹏，十几年如一日拼搏在文字战线，带领团队平均每年完成文字工作量近百万字，勇挑市县一体化、新高地建设等攻坚重担，分管工作始终走在国网系统前列，勇夺国家电网公司保密知识竞赛"双第一"，先后荣获国家电网优秀共产党员、峰会保电功勋个人等称号，他用使命必达的实际行动，书写着"向我看、跟我干、让我来"的铮铮誓言。

习近平总书记曾把办公室工作概括为"地位重要、非常辛苦、事务繁杂、难度很大"。寒来暑往、春去秋回，面对改革难题、空前疫情和电力保供等一场场大仗硬仗，赵鹏始终坚持认真负责的工作作风，在没有硝烟的战场上体会着文字工作的"苦、辣、酸、甜"。

文字工作，苦就苦在加班加点上。写 5 页纸、至少要看 50 页纸。加班后"凌晨四点的城市"、风雪中空无一人的街头，对他都是常态。家在外地时，他经常七八个星期不回家，最忙时三天三夜几乎没有合眼。辣就辣在较真碰硬上。他始终坚持高标准、严要求，公司

两会报告往往要讨论修改 20 多稿，有时大家会为了一句表述争得面红耳赤。酸就酸在愧疚心酸上。文字工作几乎没有节假日、不分上下班，留给家人的时间极少，欠下了很多亲情账。甜就甜在作用发挥时。峰会保电期间，他们起草修改各类材料 40 多个，有 1 天 3 个会议的关键时刻，也有 15 分钟"交卷"的惊心动魄……保电总结会上，国家电网公司领导对公司工作给予了"政治站位高、工作措施实、技术手段新、队伍作风硬"的高度评价。"当公司工作得到肯定时，就会感到无比的自豪，觉得再多的辛苦都值得！"他欣慰地说。

有人说，他办公室的灯是一盏"长明灯"，这盏灯，也是一盏信念的"航灯"，引领他始终忘我拼搏、奉献坚守！

2017 年年底，公司全面启动市县一体化管理工作。"冰冻三尺非一日之寒，解三尺之冰非一日之功"，刚开始不少人都觉得这种历史问题根本不可能解决，有的单位上报的问题清单甚至"零问题"！

"既然要解决问题，首先必须找准问题！"他以问题、任务、制度"三清单"为突破口，带领团队跑了一县又一县，访了一人又一人，给大家讲意义、解疑惑，经过总体"两上两下"、部分"多上多下"反复沟通，组织清单会审 74 次，查找出问题 3044 条，制定对策 3192 项，迈出了艰难的第一步。

市县一体没有现成的模式可借鉴，他迎难而上、带头攻坚，沉下去搞调研、编方案、建机制、抓督办，从"三年三步走"，到"八个一体化"，从"攻坚·争先"双十行动，到市县一体百日攻坚，累计解决各类突出问题 4000 余项，一个个看似不可能打破的"坚冰"——破解！国家电网公司主题教育指导组评价：市县一体化真正为职工所想、为群众所想，是自觉践行初心使命的真实写照。

2020 年，公司以"新高地"建设落实国家电网公司战略。开始大家对什么才算"新高"的认识不统一，有的工作还没达到预期。

"要坚决贯彻公司党委'唯质量、唯成效、唯认同'的标准要求，不能搞花架子！"

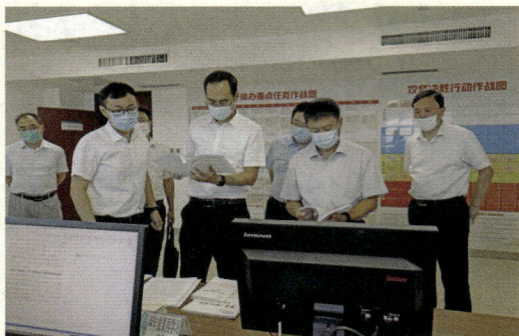

赵鹏带领团队又冲了上去，他们上门服务、反复研究，明确了"专业制高点"主攻方向，加大了推进力度。他们闻令而动、靠前冲锋，策划开展"求实效、做表率、创品牌"攻坚行动，定标准、选题目、抓落实，逐个高地"面对面"调研沟通40余次，形成"专业制高点"47个、任务113项，推动取得一大批领先成果：194项典型经验在国家电网公司推广，12个现场会在公司召开，新高地获评国家电网公司管理提升"标杆模式"！

2022年公司"两会"，他又协助办公室负责人筹办了"新高地"成果展，先后召开研讨会十余次，日夜奋战、反复修改，得到公司领导和职工代表广泛好评。

多彩年华化为精彩绽放，拼搏奉献铸就无悔人生。夜归，放弃的是个人的时间和生活，扛起的是对企业的责任和担当。"我一定珍惜荣誉、不忘初心，把组织的信任当成责任，把肩负的使命视作生命，始终做到忠诚履责、使命必达，一生向阳不止步，不惧风雨永向前！"他坚定地说。■

践行"12"字精神特质
勇攀"一体四翼"高峰

2023 年国网山东省电力公司劳动模范事迹

袁和成　　　国网山东电力公司财务资产部电价管理处处长

刘本运　　　国网济南供电公司项目管理中心副主任

徐　鹏　　　国网青岛供电公司带电作业中心主任、党支部书记

耿　宁　　　国网淄博供电公司变电检修中心（二次检修中心）电气试验班班长

王金生　　　国网临沂供电公司罗庄供电中心高都供电所所长

杜　娟（女）国网冠县供电公司党委组织部（人力资源部）主任

孙　强　　　国网威海市文登区供电公司运维检修部信通运检班副班长

王　震　　　国网东营市垦利区供电公司永安供电所所长兼党支部书记

孙　勇　　　国网日照供电公司东港供电中心客户服务一班班长

焦之明　　　山东鲁软数字科技有限公司副总经济师、智慧能源分公司副总经理

（劳模事迹所涉及数据截至 2023 年 4 月）

"价"值千金

国网山东省电力公司财务资产部电价管理处处长
袁和成

生于 1974 年 4 月，1995 年 7 月参加工作，中共党员，高级工程师。曾荣获国网山东省电力公司先进工作者等荣誉称号。多次获评国网山东省电力公司财务先进工作者和优秀共产党员。2021 年 12 月，主创的《基于大数据分析的"5A"级电费流入预测模型解决方案》荣获中国数字化转型与创新评选"数字化技术应用典范案例"。

我是一名在价格战线上坚守了 20 多年的老兵。提起电价，大家应该都不陌生，它是保障公司生产经营、健康发展的"生命线"。在山东省电价发展历程里，有我一路走来的成长和感悟，今天就选取其中三个故事和大家分享。

第一个是关于 1 毫钱的故事。大家对这些"分币"还有印象吗，有多长时间没有关注过了？但对电价来说，"分"的概念还是太大了，我们平常关注的都是"毫厘"。比如大家熟悉的家庭用电，一度电 5 毛 4 分 6 厘 9 毫，就精确到了毫。可能有同志会问，有必要算到这么精确吗？这 1 毫钱，对应到国网山东省电力公司年收入就是 5000 多万，相当于一个中型企业一年的收入总额，这就相当有必要了！我们的工作理念就是"毫厘必争、寸土不让"。

2016 年，山东省开始全面推行输配电价改革。输配电价三年一核，2022 年正在进行第三轮核价。过程中的艰辛我就不多说了，这里主要讲其中一件事。今年国家发改委核完输配电价征求意见的时候，我发现，给山东少核了 1.6 毫钱，会影响公司年收入减少 8688 万元，这就意味着咱们一年一座 11 万变电站没了。这 1.6

毫钱是怎么少的？为找到原因，我带领电价团队，对整个核价过程进行了全面复盘，挨个步骤核对，挨个数据确认，经过 2 天 1 夜不眠不休的努力，最终发现是国家发展改革委在测算居民农业交叉补贴过程中，舍掉小数位造成的。原因清楚了，这 1.6 毫钱必须找回来！我首先争取到山东省发展改革委的认可，然后再请省发展改革委帮我们一起向国家汇报，经过反复沟通，国家发展改革委最终采纳了我们的合理建议，恢复了小数位，给公司挽回了这个潜在的损失。

这 1 毫钱的故事，在我 20 多年的电价工作中，发生过太多太多；这 1 毫钱的坚持、坚守，是电价人责任担当的真实写照。

当然，我们对价格的敏感不仅仅体现在"毫厘"上，过高的价格也同样牵动着我们的心，下面给大家分享一个关于 10 块钱的故事。

我们平时买一度电四五毛钱，国家规定临时购买省外电的价格上限是 10 块钱，高 20 多倍，实在高得有点吓人了！

2021 年 8 月，出现了全国性的"电力供应紧张"。为了保供，许多省纷纷高价抢电，有的省甚至报出了 10 块钱的顶格上限。一度电，10 块钱！我清楚地知道，高昂的电价必然会带来巨额的电费，如果严重超出了市场用户的承受能力，公司将会面临数十亿垫付资金难以回收的巨大风险，以及极高的社会关注度和无法想象的舆论压力。我内心十分坚定，电必须要供，价也一定也要保！

我把保供稳价这个观点和调控、营销、交易的同事们进行了沟通，大家一致认为要完成这个目标绝不能完全依赖省外来电。我们密切协作，分头沟通政府、电厂和用户，采取用户需求侧响应、省内机组增发顶峰等多项措施，有效遏制住了省间高价购电的规模。公司平稳迈入"亿千瓦时代"，不仅让用户用上了电，还用上了相对便宜的电，与其他省相比，为用户节省了几十亿的电费。

"想方设法，攻坚克难，工作卓有成效！"我们的保供稳价工作也赢得了时任山东省委领导的充分肯定。

10 块钱的故事讲完了，那边，还有 100 万的光伏发电户在等着我们支付购电费！接下来，再给大家分享这个关于 100 万的故事。

100 万，是山东省现在的光伏用户数量，位居全国第一，占到了国家电网总体量的 37%。

一个光伏用户就相当于一个电厂，不管它规模再小，购电费金额再少，哪怕只有几块钱，我们都要同样记账、付款。以前以火电为主的时候，全省一共才 1165 家电厂，现在仅光伏项目就达到了 100 万。近千倍的增长，财务人员的工作量直线上升，用户拿到钱的时间也越来越晚。基层单位的同志们很疲惫，光伏用户也有怨言。

针对这一现状，我暗下决心，要把这些问题都理清楚、解决掉。2022 年，是公司智慧共享财务平台"铺摊子、搭架子"的一年，我抓住财务数智化转型的时机，研究形成了十余种改造提升方案，优中选优，确定了最终的技术路线。改进的方向确定了，我和专家团队一起，加班加点，在短短的半年时间内，开发完成了光伏自动记账、批量委托第三方支付等结算优化功能，并在全省推广应用。把光伏用户购电费平均支付时间，从原来的五个工作日，缩短到 1 个小时，极大地提升了用户电费到账体验，也把财务人员从繁重重复的工作中解脱出来，让财务管理工作更有质量，更有效率。

可以自豪地说，通过我们的技术改进，间接保障了新能源发电企业的健康发展，也为我省节能减排工作贡献了自己的一份力量。

"价"值千金。作为一名财务人，我将继续这"1 毫钱"的坚守、"10 块钱"的担当、"100 万"的服务，和同事们一起，强化价值支撑、促进数智转型，打造一流财务管理体系，为公司实现高质量发展提供坚强保障！■

每一项工程
都是一段旅程

国网济南供电公司项目管理中心副主任
刘本运

生于 1987 年 1 月，2009 年 7 月参加工作，中共党员，高级工程师。曾荣获国网山东省电力公司先进工作者等荣誉称号。相继获得国网济南供电公司优秀共产党员、十佳青年岗位能手等荣誉称号，国家电网公司青创赛一等奖、山东省数字变革创新大赛一等奖、国网山东省电力公司管理创新推广应用成果一等奖、山东省企业管理现代化创新成果二等奖、山东省电力创新成果二等奖获得者。

我是一名普普通通的电网建设者。对于我们建设者来说，每一项工程都是我们努力追光、征服万难的旅程。济南市中区二环以内，15 年没有新落地的 220 千伏变电站，18 万负荷增长受限，电网结构亟须完善。因民事阻挠、控规调整等原因，攻坚 8 年的西河变电站没能落地，这成了我们电网建设人的一块"心病"。

要完成西河变电站建设，首先要解决地基处理和居民投诉问题。2021 年 1 月 15 日晚召开的开工会上，大伙都闷不吭声，3 万方建筑垃圾堆了八年，白天渣土车进不来，晚上扰民车出不去，清不走没法干。工程建设不可避免地扰民，会引发大量的投诉，谁都不敢保证能当年开工、当年投产。

"地基处理方案行不通，那就先研究地基处理方案"。在争分夺秒的四个昼夜里，我们整理出 173 份技术资料，召开 6 次技术研讨会、3 次方案论证会，从方案可行性、施工工法、对周边建筑物的影响等方面进行评估论证，大胆提出了采用孔内深层强夯的方案，这项技术在当时是全省首次应用。

那段时间我天天盯在工地，看着 25 吨子弹头从 10 米高空砸向地面，一声声巨响震得我耳朵第二天还在嗡

嘈响，听不清声音。随着子弹头一次次坚定有力地强夯，3 万方建筑垃圾被夯入地底，工程顺利推进，工期缩短 32 天。

2021 年 3 月，公司董事长来到施工现场，对我们讲："不建变电站怎么供电，没有电居民怎么生活？"这更坚定了我们建好西河变电站的信心！历时 3 个月，5 次打磨变电站外观方案，终于让变电站与周围环境相融合，"变身"城市街角一道靓丽的风景。原本每天上百起的投诉电话，再也没有响起了。

看着居民纷纷点赞，我们就像听到冲锋号的战士，醒目的电力标志，更给我们注入了"敢想敢干、敢拼敢试"的精气神。

2021 年 11 月，我们接到济莱高铁要 2022 年年底通车的通知。

为高铁配套的 220 千伏庄科输变电工程和葫芦套村牵引站供电工程要在 2022 年 7 月投运。常规 13 至 16 个月的工期，缩短到 9 个月，感受着疫情带来的冲击，刨除春节、冬奥会，有效工期只有 6 个月。

时间，像一把剑悬在头顶，供电决不能拖高铁后腿。我们一边协调市铁路建设专班，2 个月召开了 9 次协调会，一边开启"驻村协调模式"，跑遍 6 个街道、42 个村，挨家挨户做民事协调工作。西丝屿村的耿大姐和村主任有矛盾，协调了一个月，都不配合征地建塔。一个雨天，耿大姐从山下挑水回来，我问她山上有井为什么还要去山下挑水，她抱怨说：井口浅，一下雨井里的水都被污染了，没法吃。我立马找施工单位，把施工运水费用省下来打口井。两天后新井打好了，我提着半桶水找到耿大姐，她尝了一口说："真甜！吃水不忘挖井人，工程的事你们干吧。"

工程建设，协调难，办证难。我们提前 35 天完成全部民事协调工作，但我觉得还不够，还要更快！

我又向市交通局提议，建立"手续办理联审联批"机制，由交通局牵头，把分散在 3 个区办理的 12 个跨高速手续流程压缩到 3 个，时间节省了 50%。我们 9 个月圆满完成任务，刷新了济南 220 千伏输变电工程建设新纪录，交出服务"强省会"建设"最快速、最可靠、最环保"三张供电答卷，得到济南市委领导的肯定与鼓励。

2022 年 1 月，我接手了济南市涉及用户最多的铁路局家属区"三供一业"户表改造工程。第一次走进小区，铁路局侯主任呛了我一句："居民不和物业签服务合同，物业就不对电梯、楼道照明开户，这事僵着 4 年我们都没办成，你们也办不了！"我看着建成 40 多年的老旧小区，想着 1 万多户居民长年受停电问题困扰，民生无小事，事事关民心，户表改造这事等不起。

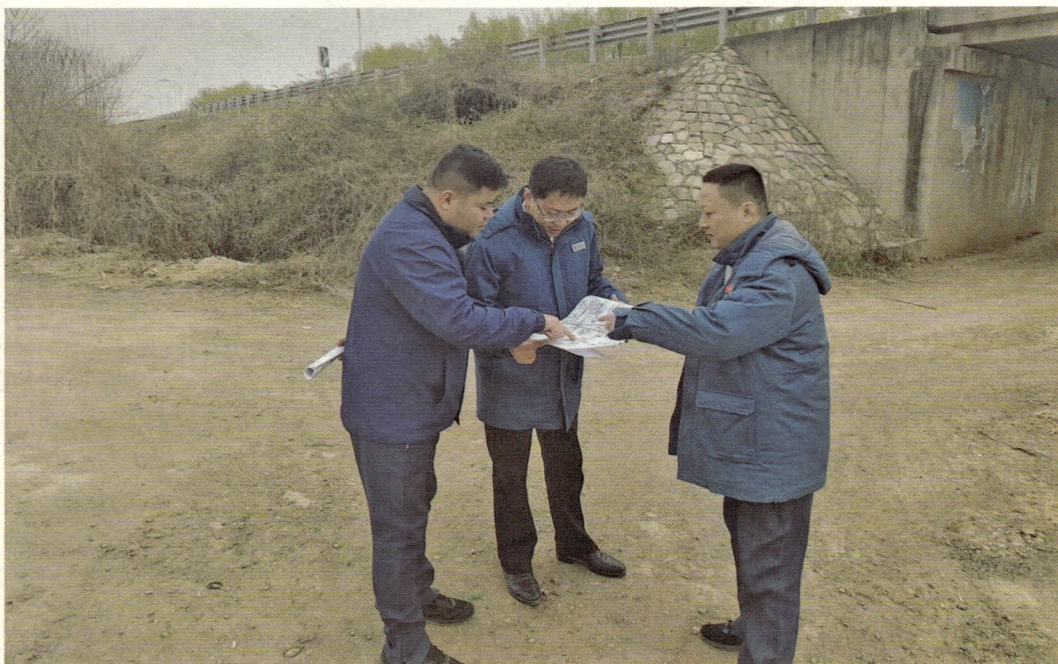

那几天，天还没亮，我就早早蹲在物业办公室门口，跟在他们身后打杂帮忙，就为了谈开户；拎着水果牛奶登门拜访每个投诉居民，一聊就是 4 个多小时，解开心结，获取信任；数九寒天，从早 8 点到晚 8 点，我们扛着 200 多米电缆，爬上 18 层楼梯，给电梯完善双电源，解决了小区拖了 10 多年的生活难题。

最终物业同意开户，居民配合送电，13128 户实现安全有序零舆情送电。我们还"顺手"点亮了 300 多盏沉寂多年的楼道灯，"顺便"修补路面 200 多平方米。送完电那天正是小年夜，寒风刺骨，铁路局侯主任说："刘老师，大家盼这一天盼了 4 年了，今天我也终于可以挺直腰杆，给居民和单位有个交代了！"

每当看到铁路局送给公司的锦旗上写的那句"勇于担当保供电，真情为民惠民生"，我都深切感受到，我们可以用诚心、耐心和爱心换来客户的真心。

作为一名电网建设者，建好电网，服务公司电网发展、服务经济社会发展、服务广大客户用好电的需求，是我们电网建设者承担的重任，更是肩负的责任。无数默默无闻的电网建设者，在面对急难险重任务时，选择了迎难而上，在面对重大风险挑战时，选择了冲锋在前，用担当和汗水，成就银线纵横，电能奔流。■

"老黄牛"的保电征途

国网青岛供电公司带电作业中心主任、党支部书记
徐　鹏

生于 1973 年 12 月，1996 年 8 月参加工作，中共党员，高级工程师。曾荣获国网山东省电力公司先进工作者等荣誉称号。2019 年 3 月，获评国网青岛供电公司优秀党务工作者；2019 年 5 月，获评国网青岛供电公司"中国人民解放军海军成立 70 周年多国海军活动电力保障先进个人"；2022 年 5 月，获评国网青岛供电公司劳动模范。

我是属牛的，大家都叫我"老黄牛"。保电是我们的重要工作，每年要完成大大小小 100 多次的保电任务。

2022 年初，北京举办冬奥会、冬残奥会，这是国之大事，也是全球盛事，电力保障责任极其重大。国网山东省电力公司党委主动请战，我被任命为应急发电组副组长。接到组织的命令，我感到肩头沉甸甸的。

为了确保冬奥会保电"亿万分之一也不失"，我们每天坚持开展高强度、长时间的训练。到达北京当天，夜里下起鹅毛大雪，第二天地上的积雪厚达 20 厘米，温度低至零下 20 多度。这是绝佳的训练机会！我们不顾长途奔袭的疲劳，马上投入到应急演练中。不一会儿，大家的手脚都冻僵了，仍然坚持一遍遍练着，当天就练到凌晨。几天后，我注意到有个队员练习的时候生龙活虎，可只要一休息，两只脚就不停地搓。我跟着他回到宿舍，他坐在床边脱了鞋袜，我这才看到他的脚上又红又肿长了冻疮，我心疼啊！连忙端来温水给他泡泡脚。还有人冻了手和耳朵，但是一有任务大家就嗷嗷叫冲上去，从来没有人喊疼叫苦。

冬奥会保电恰逢春节。大年三十夜里，大伙聚在一起，我忽然发现团队里最小的队员不见了，赶忙出门去

找。后来，看到他一个人坐在发电车旁边，看着远处发呆。我走过去问他怎么了，他说："徐书记，我第一次离家过年，我爸身体不好，我想他了。"小同志边说边抹泪。是啊，团圆的日子谁不想家呢！让他这么一说，亲人的陪伴、孩子的笑脸仿佛就在眼前，我不禁鼻头一酸……在家里，我们是儿子，是丈夫、是父亲……而这千里之外，我们是党员、是战士，重任在肩，不能退缩，也不容退缩。在这个特殊的时期，我们没有办法和家人一起团圆，但我们守护万家灯火，我们是"冬奥守夜人"。

作为北京冬奥会期间唯一进驻闭环区域的外省支援团队，经过 58 天的日夜奋战，我们圆满完成冬奥会、冬残奥会的保电任务。正在大家喜气洋洋归心似箭的时候，新的保电任务接踵而至……

2022 年 3 月 15 日，回山东的路上，我接到支援吉林抗疫保电的任务。当时吉林的疫情形势非常严峻，为尽快给疫情防控提供电力保障，我毫不犹豫带队直奔长春。

在长春保电期间，山东公司团队要承担 8 个区域的应急发电工作，其中有 6 个是方舱医院。方舱医院是疫情防控的关键，是救人的地方。既然来了，就要把电保障好！作为领队，我也感到压力山大，要圆满完成保电任务，更要保证队员们不出事。我必须想在前、做在先！为了确保队员们的健康，我制定了现场疫情防控执行规范；为了保证现场作业安全，我编制了作业指导书、应急处置方案和日常巡检记录卡等 7 个文件；为了保证值班安全，每一个方

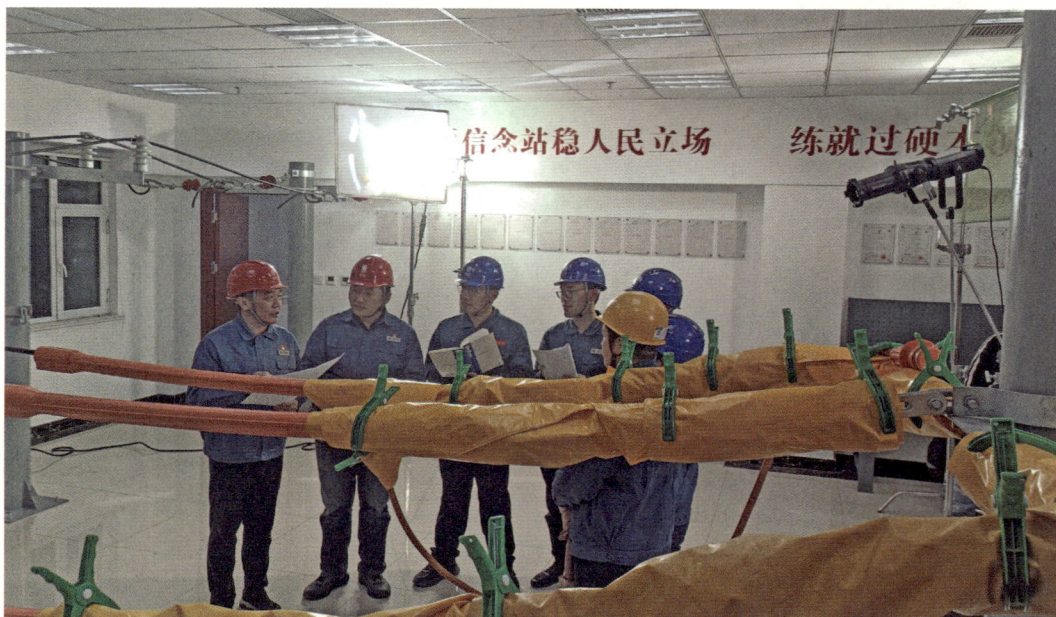

舱医院现场我必须第一个前去勘察。

　　驻扎在最危险的区域，紧张和焦虑的情绪在团队中蔓延，为了缓解大家的压力，我想办法联系到山东省电力医院的专家给队员们开展心理疏导。第一次在方舱医院旁边作业时，有个平时干活积极的小伙子站在车边犹豫，一直没走到作业点。他不是个偷懒的孩子，怎么这么不对劲？"咋回事？身体不舒服吗？"隔着面屏和口罩，我俩边说边比画。"徐书记，我刚结婚，这里全是病毒，我有点害怕……"听到这些话，我想这个时候我必须带头冲在前面。于是我拽着电缆向开关箱走去，没过一会儿，他来到我身边一起放电缆。行动就是最好的语言。

　　奋战 42 天，我们再一次圆满完成保电任务。回家的路上，看见队员们健健康康、生

龙活虎，我这颗悬着的心终于放下了。

电视剧《功勋》里能文能武的李延年是我的榜样，他有一句话让我印象深刻：我这一辈子就想当一个好兵，能打胜仗的好兵！这句话一直鞭策着我，激励着我。

回想起这些年来的工作，我感到只要是保电从来没有小事，因为我们保的是民生，更是民心。

我们保电人，迎接的就是急难险重、大战大考，一定做到召之即来、来之能战、战之必胜，坚决做好顶梁柱，始终做到顶得住！ ■

爱较真的老耿

国网淄博供电公司变电检修中心（二次检修中心）
电气试验班班长
耿　宁

生于 1975 年 11 月，1993 年 8 月参加工作，中共党员，高级工程师。曾荣获国网山东省电力公司先进工作者等荣誉称号。2018 年 10 月，获评齐鲁首席技师，2021 年 11 月，荣获"齐鲁工匠"荣誉称号。主持发明的 2 项成果获得山东电力科学技术职工创新一等奖和全国电力行业优秀 QC 成果一等奖。

　　我是国网淄博供电公司电气试验班的王正男，劳模耿宁是我的师傅，也是我的班长。他常说，咱们试验专业就是和高压做伴，既要保护好自己，也不能伤害别人，啥时候在现场都要瞪起眼来，绝不能有半点疏忽。所以我师傅工作三十年来特认真，不合标准的事在他这统统没门。大家都知道，试验班有一个爱较真的老耿。下面我就讲一讲师傅较真的故事。

　　这较真的第一表现就是严，简单的事情重复做，重复的事情用心做。在现场哪怕是掉个螺丝钉、收错一根线这样的小差错，都得挨顿批。我入职后第一次对 220 千伏电流互感器进行停电试验，工作结束后，设备上的同事把试验线顺了下来，我放下手中的接地线，准备去接，师傅一巴掌狠狠拍在我的手上："仪器没接地，信号线能碰吗？试验流程咋学的？不要命了？"当时就觉得有啥大不了的，这是停电检修的设备，有啥危险。但看到师傅那板着的脸，我也只能闷头把仪器接完地，结果那边同事顺下来的信号线突然发出了"呲呲啦啦"的放电声，原来是周围设备的感应电传递了下来，幸亏听师傅的话没用手接。师傅说："标准、流程都是血写成的，这次你侥幸躲过触电，下一次可能就是大事故。"从那

以后，不论在任何现场，我都不会少一步流程，降一丝标准。

正是师傅的严，严出了"学、问、抓、查"安全管理工作法，今年还被国网淄博供电公司作为春检安全管理典型做法，在国网山东省电力公司推广。师傅说："我脾气急，看到毛病就想说，看看咱们安全活动学的那些人身伤亡事故，教训多么惨痛！你们既是我的同事，更是我的兄弟姐妹，我是班长，我要对我的兄弟姐妹们负责。"

师傅较真的第二表现就是犟，专业问题敢于向权威挑战。记得一台 220 千伏新变压器准备送电，厂家专家和我们都反复做了多次试验，就是有一组数据有问题，到底毛病出在哪里，大家都拿不准。运检部的领导就把我师傅叫到了现场，师傅皱着眉头，蹲在地上，铺开一张张的试验数据，用笔不断地在纸上画着、计算着，最后把笔一丢对在场的人说，"变压器低压线圈接反了"。厂家专家用非常冷漠的口气说："在厂里我是亲自看着一个个配件装配完成的，以我 30 多年的技术经验保证，绝对不会是这个问题。"这时离计划送电时间只有 2 个小时了，师傅也犯了犟脾气，对工作负责人说，"马上办工作票延期，拆开看看，出了问题考核我。"结果验证了师傅的判断，变压器低压线圈完全接反！一旦送电会产生大环流，烧毁变压器。

师傅就是这样，靠着一股子犟劲，凭借着专业的执着，一次又一次守住了安全运行的最后一道关口。现场有他在，大家就有说不出的放心。而这背后，是他三十年来对专业严谨细致，一丝不苟铸就的底气！

师傅较真的第三表现就是细，他天天挂嘴边的就是把细节做好。每次进站工作，都会带着他油腻的记录本，保持着随时记录的习惯。不光是我们自己的检测数据，就连站内表计、设备锈蚀等不属于我们班组的，他都会仔细观察记录。公司 139 座站他不知跑了多少次，记录数据十几万条，光笔记本就用了 318 本。所有的设备在师傅的心里就像有了生命，正是这种用心的呵护和关爱，他独创了避雷器四位一体测温法、开关柜白加黑放电诊断法等绝活，在我们公司推广，仅去年一年就发现并消除了 7 项重大隐患，获得了国网山东省电力公司安全隐患专项奖励。师傅说："个人是专家不行，带好队伍，让每一个人都成为专家才是我的目标。"他将十年来整理的300多个缺陷案例，按照13类设备分述，从检测、分析到处理，编成一本图文并茂的电气百科全书——《电网病例》。这本病例刊出135篇技术论文，汇成4篇EI检索、核心期刊论文，被引用下载3548次，是我们班争相传阅的"传家宝"。

在师傅的言传身教下，我们也在不断成长。我的师兄师姐很多已经成为专业带头人。去年我们在检修任务异常繁重的情况下，未发生一起违章，获得无违章单位，班组获得国家电网公司无违章标杆班组，1人获得国家电网公司安全生产先进个人。2人在国家电网公司技能竞赛中拿到第一名，有3人获评国网山东省电力公司金牌讲师，班组也荣获了全国工人先锋号、国家电网公司核心业务标杆班组等荣誉称号。■

"金"生无悔勇向前

国网临沂供电公司罗庄供电中心高都供电所所长
王金生

生于 1969 年 3 月，1988 年 7 月参加工作，中共党员。曾荣获国网山东省电力公司先进工作者等荣誉称号。荣获国网山东省电力公司"十年春节保供电"先进个人、优秀班组长，国网临沂供电公司成立 50 周年"突出贡献奖"、2020 年劳动模范等多项荣誉。

我参加工作 35 年，一直在供电所干，当了 25 年的所长。说起供电所，我有太多感情，供电所连着千家万户，是服务客户的最前沿阵地。

干了这么多年供电所所长，我最大的感受就是这个所长不好干，但干好了也有很大的成就感。我记得第一次干所长时，是在汤头所，为了让仙子峪 137 户村民用上更稳定的电，需要架设一条 10 千伏线路。我和大家抬着两三千斤重的线杆爬山、架线，那地方山高路险，荆棘丛生，稍不注意就会掉下悬崖。立杆需要在岩石上凿坑，只能用大锤夯，炸药炸。有次一个炸点没爆炸，有个施工人员突然跑过去查看，我大吼："趴下，你不要命了！"我瞬间追上去，把他扑倒，压在身下，这时候，"轰"的一声，爆炸了，乱石砸在我身上。他都吓傻了，哭着跟我说："王叔，多亏你救了俺一命。"村民知道这件事后，都跑来帮我们架线。经过 20 多天连续施工，为村民送上了电，乡亲们敲锣打鼓挎着红鸡蛋来送我们，那种感情我太难忘了。

供电所最难的是维护电力市场秩序，守住我们的市场阵地。2006 年，我们当地一个电厂私自发电，低价转供给企业和居民，不断抢占公司市场，私拉乱接也造

　　成了巨大安全隐患。我心里很着急，一定得把市场夺回来，但必须找到他们违规转供的证据，才能获得政府联合执法支持。为了取证，我装作客商走访企业。没过几天，电厂就知道了我的身份，还派人盯梢，只要发现我，就拿着棍棒追着打，还扬言要卸我一条腿，恐吓电话都打到我家属那里了。我冒着危险，用半个月时间获取到电厂违法转供证据，将所有客户的用电负荷掌握清楚，并且画出了负荷布局图和施工图。

　　证据有了，还得做通用电企业的工作，但是企业图电价便宜，坚持用电厂的电。有一次，电厂地埋电缆烧断，企业全部停电，电厂没有售后，企业解决不了，我听到信息后，主动带队帮他们连夜查出故障点，并修复送电。我利用这个机会，向他们宣传大电网安全稳定的好处，得到了企业认可，但他们还是担心电厂的打击报复，存在矛盾心理。

　　公司根据我提供的证据，联合市经贸委和公安，开展了打击违法转供电专项行动。我带队进去后，没等市经贸委领导宣读完文件，对方上百人就手持木棒围攻我们，公安鸣枪示警才控制住局面。我带领二百多人赶紧安装变压器、敷设电缆、装表，先后为46家企业、146户商铺送上电。执法队撤走后，为防止电厂私自改线，我和队员连夜搭建帐篷，冒雪驻守15个昼夜，终于夺回了我们的电力市场，维护了公司合法利益。

　　供电所最重要的是服务好客户，我在经济园区当所长时，陶瓷和铸造企业有80多家，是当地的支柱产业。2018年，企业煤改电全面技术升级后，有一天，供电所突然涌进了一群人，吵闹着说："用你们的电，把我们的产品弄坏了，就得给我们赔偿。"我一边安抚他们，一边安排人抓紧查询供电负荷。从负荷看，没有问题。想到这里，我就跟着他们去企业查找原因。经过检查，原来是企业技术升级后，部分生产线上装了特定的变频器，出现零点几秒的电压波动，就会导致生产线停运。查清原因后，我白天跑企业，商量解决办法，晚上查阅资料，研究变频器跳闸原因。经过五天反复试验，最终提出由生产厂家调节变频器跳闸延时的方案，解决了电压瞬时波动对生产线的影响，保证了产品质量和客户利益。企业也被我的真诚打动，对我们的供电服务有了更多的支持和理解。

这25年来，我收获了很多，但有一件事儿让我感到很内疚，每年春节保电我都要留下值班。去年除夕，父亲来电话："金生啊，你20多年都没回家吃年夜饭了，我都82了，今年回来吧？"我说："老爷子，所里怪忙，我忙完就回家陪你喝一气。"放下电话，我忍着眼泪，看着窗外万家灯火，心里想，只要能让老百姓过一个亮亮堂堂的春节，这就是我们工作的价值。

作为一名基层所长，守护好一方光明，咱就对得起老少爷们了，再苦再累也值了，这一路风雨，我"金"生无悔！■

铿锵杜鹃　绽放芳华

国网冠县供电公司党委组织部（人力资源部）主任
杜　娟

生于 1982 年 3 月，2005 年 7 月参加工作，中共党员，高级工程师。曾荣获国网山东省电力公司先进工作者等荣誉称号。2018 年，多项管理创新成果荣获山东省企业管理现代化创新成果一等奖。分别当选山东省第十三届、十四届人民代表大会代表。2021 年 4 月，荣获国网山东省电力公司"巾帼建功标兵"称号。

我的爷爷和父亲都是电力职工，到了我这一代，我学的是电，干的也是电。电，对我来说，不仅是事业和未来，更是传承。

爷爷 1952 年加入中国共产党，1978 年受上级组织安排调到了冠县革命委员会电业局，到任后和大家一起建设了冠县斜店变电站。听爷爷说，这是冠县的第三座变电站，大伙都在盼着电，听说要建站，周围的村民自带干粮和水，争抢着参加，那时候没有运输机械，咱们的电力工人和村里的老少爷们喊着口号，手抬电线杆，肩扛开关柜，手脚起了泡，肩膀磨破了皮，也阻挡不了热火朝天的干劲。后来父亲接过爷爷肩上的担子，也成了一名电业职工。说起来往事，他最难忘石聊线架设的情景，那时的环境真叫一个难，山高路窄，杆件搬运费劲，大家都是硬爬上去。在山上，20 多米高的门型杆顶部晃得特别厉害，说实话真害怕，但是他说："我们不上，谁上？"听他们如数家珍地讲过去的这些事，再看到电网日新月异的变化，高考报志愿的时候我毫不犹豫地选择了电气工程专业，我也想和他们一样，成为一名光荣的电力人！

十八年的岁月转瞬即逝，我从一名营销战线的老兵成长为了公司的中层。还记得 2020 年 4 月 24 日，我正在所里加班，手机响了，视频里因为六个月的女儿不配合吃药，平时从不发火的爱人冲着我喊，"地球离了你不能转了吗？你知道孩子发烧吗？哪有你这样当妈的？"在他身后，号啕大哭的女儿烧得满脸通红。正在这时，同事告诉我村里拆迁我们的计量箱被暴力破坏了，我正在着急上火，办公室又闯进一个老人家，不由分说地大声指责："你们咋这么不说事儿，俺地里干得都裂缝了，得抓紧浇地，你们咋给整没电了？你这所长咋管的？"那一刻我感觉自己崩溃了，我的委屈一下涌了出来：我要回家，我要回家！就在我要放下这一切的时候，突然想起了当初坚持要下一线的情景：不是自己说巾帼不让须眉吗？难道你忘了公司对你的信任？作为冠县公司第一位女所长，你就这样退缩了吗？强忍住心情，我站住了，"走大妈，咱过去看看咋回事。"来到地头，哪里是没电，只是大妈不懂操作。待我合上闸，看到井口出了水，大妈脸红了："你看看这事儿闹的，俺不懂电。"等我拖着疲惫的身体回到家，看到发烧的女儿还在等我，我紧紧抱着她，闻着她身上熟悉的味道，眼泪再也忍不住地流了出来。

2018 年，我当选为山东省第十三届人大代表。我深知，这是给予我们全体电力人的荣誉，更是沉甸甸的政治责任。

当好代表，就要反映好老百姓的心声，为咱们企业发声。2021 年在代表工作室和群众交流的时候，大家反映，购买了新能源汽车，却不能很方便地就近充电。于是，在省两会期间，我提出了多建充电桩的建议，得到了参会领导和代表们的重视和热议。既办了老百姓的事，又推广了供电的业务。

还有两件事让我印象深刻。2020 年 9 月，在一起触电案件中，法官认为我们有审核社会电工用电资格的职责，初次判决公司承担赔偿 2% 的连带责任。实际我们的行政管理职能早已移交，没有权利和义务对社会电工进行审查。了解到这个情况后，我先后去省高院跑了 4 次，电话打了不下 30 个，其中一个电话打了两个多小时，终于争取到了省高院对我们合规管理的充分认可，促成了案件的改判。事后我对省高院人大代表联系处表示感谢，他们却说："感谢杜代表，让我们学习和了解了更多！"另一件事是我在一线的时候，

常遇到电力施工被阻拦、被投诉、被漫天要价，还有个别村民不顾劝阻，执意要在高压线下种树……翻开条例，已不适应现在的新形势，我积极向省市公司专业部门请教，在他们的大力支持下，准备了《山东省电力设施和电能保护条例》的修订草案，联合其他15位代表先后三次向省人民代表大会提交，经过不懈的努力，《条例》修订议案在2022年1月26日终于通过了。

最难忘十三届人民代表大会最后一次会议，拿起政府工作报告，脑海中却不断闪过山东电力这十年发展的片段。推进电能替代、供电服务进驻政务大厅、高标准农田电力设施建设、宜商三电四进走访送服务、保障群众防疫用电冲锋在一线……我们所做的这一件件为民实事，与优化营商环境、防治污染攻坚战、脱贫攻坚、乡村振兴、民生保障等党和政府的部署是那么的"同频共振"，与代表委员们关注的热点、广大人民群众的期盼，是那么的契合。作为一名山东电力职工，我真的非常自豪！

人民电业为人民，一代人有一代人的担当，信念始终不变。"最惜杜鹃花烂漫，一声啼处满山红"，我愿让我的青春，挥洒在山东电力这片热土，像杜鹃花一样，在这个最好的时代绚丽绽放！ ■

决胜"无形战场"

国网威海市文登区供电公司运维检修部信通运检班
副班长
孙　强

生于1985年9月，2007年9月参加工作，中共党员，高级工程师，国家电网首席专家。曾荣获国网山东省电力公司先进工作者荣誉称号。相继获评齐鲁工匠、山东省技术能手、新时代山东向上向善好青年等，荣获优秀冬奥网络安全卫士、全国工控系统信息安全攻防竞赛冠军、全国工业互联网安全大赛特等奖等30项省部级以上荣誉。

网络安全摸不着看不见，似乎离我们很遥远，到底是干什么的？2007年，学计算机专业的我毕业来到文登公司信通运检班，那时班里人手少，师傅们不管干啥活，总爱带着我。我也喜欢跟着师傅们跑上跑下，维护公司会议系统、安装和检修信息设备。几年下来，我学到了许多理论知识和专业技能。用师傅的话说："孙强这小伙子，干得真不孬。"2014年，国网山东省电力公司组建网络安全红蓝队，我是第一个被国网威海供电公司推荐加入红蓝队中。我一路过关斩将成为国家电网公司第一批红蓝队员。

网络给我们带来各种便利的同时，也时时面临着信息丢失的各类危险。我就是在这无形的网络战场中，不断地"打怪升级"，构筑电网"金钟罩"。

我开始频繁地往返于文登—济南—北京，从县到市到省再到国家电网，在不断的实战比赛、攻防演练、网络应急处置中，我由一名网络安全小白升级到山东电力"护网先锋"队长、国家各项重大活动网络安全保障国家电网公司执行指挥、国家电网公司首席专家。

一次次保障，就是一场场战斗。就像"狙击手"一样，隐藏在电脑屏幕后，在看不见的战场上防守、进攻，再防守、再进攻，时刻准备着"拦截""射杀"下一个无形的"敌人"。因为我们不知道下一个对手是谁，他到底有多强大。

2020年9月13日，一个极为平常的夜晚，借调省信通公司的我，和往常一样，监测各类网络数据。9时13分36秒，突然发现有一个国内地址，正在扫描掌上电力App后台地址。仅过了1秒钟，又出现了另一个国内地址也在小心翼翼地探测，两种手法是一模一样。它们要干吗？不好，有情况！我嗅到了一丝不同寻常的气息，是黑客，正掩藏身份，试图攻击公司外网。一旦入侵成功，平台缴费系统就会陷入瘫痪中，电费数据会被恶意篡改、客户信息也会趁机被窃取。

绝不让对方得逞！9时14分20秒，我火速登录防火墙封禁这两个地址，不能让它们再有任何可乘之机。紧急组织情报分析组分析黑客来路。时间一分一秒地过去，筛查在紧张进行中。"查到了，恶意攻击源地址来自印度新德里！"那期间，我们正处于中印边境冲突紧张时期。9时30分，我终于确定了黑客身份，他是一名国际惯犯，曾多次恶意攻破过国外多家著名网站，还在国外社交媒体上扬言要攻击中国电力系统。国网山东电力成功抵御境外黑客入侵公司外网的应急处置，获得了公安部的高度认可。网络看似风平浪静，实则暗流涌动。2022年，国家电网公司全网受到的网络攻击有3.53亿次，平均每天就是近百万次。网络安全分秒必争，怎样才能尽快从海量的网络信息中查找蛛丝马迹，筑起安全第一盾呢？除了练就火眼金睛，还要有称手的武器。我带队投入到我们第一个防御"武器"百灵鸟的研发中，为节省时间，直接在办公室搭起行军床，累了就躺下眯会，一天近二十个小时，埋在电脑前。

在最后关头，却因为有一个系统报错问题成了"拦路虎"。我们一次次展开"头脑风暴"，一遍遍复盘研发的每个细节，最终找到了隐藏很深的小"漏洞"。"百灵鸟"综合监控平台研发成功，打通省、市、县三级预警通道，公司网络一旦出现异常，平台就像灵敏机智的百灵

鸟一样，预警一键下发，全网就会立即响应，建立起一道网络安全防火墙。

在全国攻防演习中，"百灵鸟"助力国家电网公司勇夺防守方第一名。随后，我们研发的"牧羊犬"溯源反制系统获国家电网公司推广。"大黄蜂"自动化漏洞检测机器人连续两年夺取百度网络安全技术对抗赛人工智能第一名，实现国家电网公司自动化攻防技术"零"的突破，网络安全阵地更加坚实可靠。以上网络安全工具在 G20、青岛上合峰会、党的二十大、北京冬奥会等三十多项国家重大保电活动中发挥了重要作用。

常年和电脑为伴，摸键盘的手尽管不得不扎上了绷带，但我享受这种付出的过程。在纷繁复杂的网络中，我的守护必须零差错。

同事们常调侃我是"神龙见首不见尾"，其实这是网络安全工作的特性，说走就走的出差是常态。有时夜半三更，也会接到立即赶赴"某地"的信息。这些年来，平均每年出差天数没低过 280 天。■

苔花如米小　也学牡丹开

国网东营市垦利区供电公司永安供电所所长兼党支部书记

王　震

生于 1976 年 6 月，1989 年 7 月参加工作，中共党员，高级工程师。曾荣获国网山东省电力公司先进工作者等荣誉称号。2019 年 6 月，获评国家电网公司"优秀共产党员"，2021 年 9 月，被垦利区政府授予第十一届"黄河口首席技师"。多项创新成果和 QC 成果荣获山东省优秀质量管理小组成果二等奖。

2015 年 5 月，我报名参加国家电网公司东西人才帮扶计划，选择了条件最艰苦的阿里地区，从事计量管理工作。

西藏秘境，天上阿里。平均海拔 4500 米以上，地上没有水，天上没有云，空气没有氧，这是阿里的真实写照。

初次踏上这片土地，是 2015 年 12 月。从海拔不足 10 米的垦利，一下子走上阿里高地，蹲下系个鞋带，起来都会眼冒金星，待在原地喘半天，慢动作是常态。到阿里的第三天，我就因剧烈的高原反应住进了医院。

出院后，为了尽快提升计量自动采集率，白天，我顶着 8 级风沙跑现场，行驶在阿里无人区的"搓板路"上，切实感受到了身上每块肌肉都想逃离身体的痛苦感。晚上，边吸氧边研究技术规约，分析问题，制定方案。办公室里也装满了各厂家的表和终端，厂家提供不了现场技术支持，只能通过终端上传的报文自己一点一点地研究分析。就这样"白加黑"，一干就是 5 个月，处处找问题、找技术、找答案，我成了阿里那个"最爱找事的帮扶人员"。5 个月下来，我体重掉了十多斤，脸也被晒成了"高原红"。功夫不负有心人，国网阿里供电公司终端在线和采集成功率由 60% 提升到 100%，创新项目在当年国家电网公司青创赛中获奖。在西藏公司营销例会上，领导吃惊地问："阿里是怎么做到的？"为此，国网西藏电力有限公司举办了专项培训班，把我总结的两率提升"五步法"进行了推广，大大提高了西藏地区的计量管理水平。能够为西藏贡献自己的微薄力量，我感到十分自豪。

南有阳澄湖，北有黄河口。黄河口大闸蟹是中国十大名蟹之一，我所在的垦利永安镇就是黄河口大闸蟹的主产区。

蟹区振兴，电力先行。2021 年 4 月的一天，我接到永安村蟹农的电话，养殖区突然停电了，十几户蟹农的充氧机、水泵停运。我深知在螃蟹生长的关键期，一旦蟹池水量和供氧不足，容易造成螃蟹大量死亡。事不宜迟，我叫上网格经理快速赶到现场，帮助蟹农处理故障、优化线路布局，第一时间恢复供电。蟹农们纷纷表示感谢："多亏了你，要不螃蟹肯定得减产，十几万的贷款就要打水漂了！"

从那天起，我建立了我的第一本《民情日记》，每天都在记录着蟹农的用电需求。大部分螃蟹养殖户管理粗放，仅有的电气设备就是水泵和充氧机，同时期的阳澄湖大闸蟹亩产已经 200 斤以上了。怎么通过电力赋能帮助蟹农增产增收，成了我的心头病。

"困难面前，不讲难不难，只讲该不该！"我多次与大闸蟹产业园管委会、山东综合能源服务公司研讨论证，动员养殖企业、散户配套全电化、自动化设备，推动智慧能源服务平台成功上线，实时监测蟹池水温水质等关键指标，让大闸蟹养殖更加科学智慧。同时，

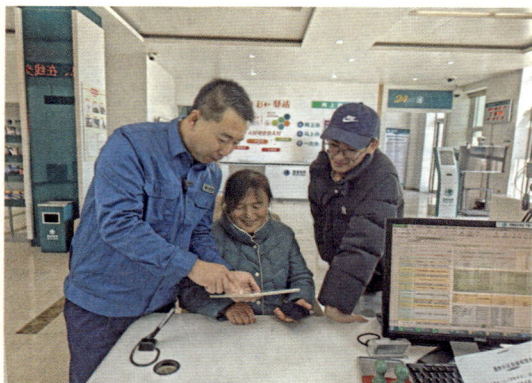

我们在园区设立电力彩虹驿站，保障电力可靠供应。经过一年多的联合实践，大闸蟹养殖更加规模化、智能化、标准化，如今亩产提高到了 200 斤以上，并带动 5000 多人返乡就业，电力的加持让黄河口大闸蟹焕发了新的生机。

东营因油而生、因油而兴，一直以来，东营电网与油田电网既相对独立又交叉共存。从 2017 年组建国网胜利公司，到 2022 年东营融合任务完成，油城人民真正用上了"国网电"、享受到了"国网服务"。

在东营融合的大背景下，永安供电所接管油井近百口，油田客户专用变压器 40 余台，低压客户 3000 余户。油田客户转接后，管理主体发生变化，用电需求也变得更加多样、更加个性。

一位油田退休的赵大姐，接转后总感觉电费交得多。我多次现场查验并上门耐心解释，但她依旧故意"刁难"网格经理。记得有一天下着大雨；赵大姐在电话里焦急地喊着："怎么停电了？家里有病重老人，呼吸机不能用了！"我的心一下子悬了起来，马上组织人员带上应急电源，奔向赵大姐的家，及时为呼吸机接上了应急电源，保障了老人正常呼吸，我们悬着的心也放了下来。在帮她检修了家里的线路后，一切恢复正常。赵大姐激动地握着我的手说："还是国家电网服务好，你们来得真及时啊！"

正是我们用心的服务，赢得了油田客户的认可，这也是东营融合推动国网东营供电公司实现服务更优的一个缩影。

"苔花如米小，也学牡丹开"。作为 13 万山东电力人中的一员，我要像苔花一样，在自己的岗位上热烈绽放，把有限的时间投入到无限为人民的服务中去！ ■

我最熟悉的陌生人

国网日照供电公司东港供电中心客户服务一班班长
孙 勇

生于 1964 年 2 月，1984 年 11 月参加工作，中共党员，高级工程师。曾荣获国网山东省电力公司先进工作者、优秀共产党员等荣誉称号。2012 年，获评国网山东省电力公司"抗台抢险保供电功臣个人"，2007 年获评山东省住房和城乡建设厅"全省热力行业安全管理先进个人"。

今天，我要讲的是我的父亲。2023 年，他有幸被评为国网山东省电力公司劳动模范，作为女儿，我由衷地感到光荣和骄傲。

他叫孙勇，是国网日照供电公司客户服务一班班长。

虽然他是我的父亲，但是从小到大，我们在一起相处的时间并不多。他既熟悉又陌生，看到最多的就是他匆匆忙忙的背影。

打我小时候起，我们家的团圆饭都是在大年初一。那时候，我不了解我爸都在忙什么。

我奶奶说，你爸啊，和别人不一样，人家逢年过节、刮风下雨那都知道往家走，他总是往外跑。

可我爸说，我不在家，你们也一样过年，习惯习惯就好了。可这一习惯，就是 37 年。

记得那是 2019 年的腊月二十九，一个平凡又不平凡的大年夜前夕。那天晚上，他突然接到一通电话，说现在集合，去三奇保电。我爸想都没想就回复了一句，"收到！"然后抓起外套，一边打着电话一边就出了门。还记得那天的脚步尤其匆忙。

三奇作为工信部确认的防疫物资重点生产供应单位，在那个防疫物资奇缺的春节里，它的口罩产能占到

了全国八分之一，如果三奇停电 1 分钟，就会少生产 700 个口罩！

我爸到三奇后，第一时间对厂区设备进行了全面巡视。他发现整个厂区的生产线没有双电源，供电设备老旧也不具备带电改造条件，发电车也无法接入。

为防止唯一供电线路停电，他和同事们连夜研究紧急复电预案，一遍、一遍地演练，尽最大可能缩短停电时间。

那段时间，我每天看着新闻报道中新增确诊和死亡病例的人数不断地攀升，我对我爸的期待只剩下平安回家。

我说："爸啊，你戴好口罩……"没等我说完，我爸就在嘈杂的环境中大声回应："放心吧！我现在忙着呢，一会还得巡检一遍，你们快先睡吧！甭惦记我！"

看着视频中我爸冻得发紫的脸，我忍不住想说，爸啊，你都这么大岁数了，别什么事都冲在前头了……但开口却只剩下"爸，你注意防护，照顾好自己！"

那年，我爸他带领着所里的同事们封闭值守，等再见到他的时候，已经是 59 天以后的事了。

还记得 2009 年，我爸第一次干供电所长，当时河山供电所刚刚成立，租了 8 间小平房，条件也是意想之中的艰苦。

此前，他虽然干过变电、调度、热力……干过那么多岗位，但供电所却是实实在在的第一次。

为了熟悉业务，他跑遍了辖区内 59 个村庄和山丘小道，在最短的时间掌握了 361 公里线路和 156 台变压器的运行情况。

慢慢地，在这 8 间小平房里，他从"外行"变成了"内行"。也是在这 8 间小平房里，他凭着争先的那股劲儿感染着所里的每一个人。

工作氛围的改变，自然也就带来了管理制度的理顺和工作思维的突破。第一年的农网改造，他就已经能轻车熟路解决各种困难，当年就完成了辖区内 7 个村的改造工程。

在我们家里，有一张我爸和 13 面锦旗的合影，被他摆在全家里最显眼的位置。

还记得那是 2015 年，我爸在陈疃供电所。

陈疃是个低山丘陵的乡镇，村村都有蓝莓种植。在一次走访中，他发现老乡们大都用柴油机进行抽水，费用高不说，效率还特别低，使用起来十分不方便，没办法满足产业化发展需求。面对着勤劳淳朴的乡亲们，我爸就在心里给自己定了一个目标：一定要彻底改变陈疃抽水灌溉困难的问题。

为了实现这个目标，我爸的身影穿梭在每一个蓝莓种植园，短短一年多，他就带领着架设改造高低压线路 27 公里，新装变压器 24 台，增容更换变压器 21 台，惠及 8 个单位、26 个村，将线路、变压器架设到田间地头，彻底解决了蓝莓抽水灌溉的问题。

那一年蓝莓大丰收，陈疃蓝莓也逐渐享誉全省。当年底，在陈疃镇镇长的带领下，13 个村的党支部书记一起送来了 13 面锦旗。

从一开始的 8 间小平房，到城关、到陈疃、到两城，一个供电所一段记忆，每处的供电设备、风土人情都深深地烙印在了我爸的脑子里。

特别是 2020 年，他调任客户服务一班时，都已经 57 岁了，但他仍然创新制定技术降损措施，两年内累计 11 次入围了全国线损百强所。

一路走来，他把争先领先、为民服务刻到了骨子里，和同事们一起创造了一个又一个第一：市公司第一个五星级供电所；第一个廉洁高效供电所；第一个电气化示范村；第一个完成集抄改造的供电所；班组对标保持领先……

去年，他又圆满完成了连续十年除夕夜台区零停电的任务。今年的除夕夜，他终于可以安稳地在家吃一顿年夜饭，而我作为春节保供的一员，接过我爸的接力棒，我们家初一吃团圆饭的传统也将继续延续下去。■

把不可能干成一定能

山东鲁软数字科技有限公司副总经济师、智慧能源
分公司副总经理
焦之明

生于 1978 年 3 月，2000 年 11 月参加工作，中共党员，高级经济师。曾荣获国网山东省电力公司先进工作者等荣誉称号。相继荣获山东电力技术革新奖一等奖、山东省企业技术创新优秀成果奖一等奖、山东电力科学技术进步奖二等奖、中国电力发展促进会省部级二等奖。

根据国网山东省电力公司党委决策部署，智慧能源分公司成立于 2020 年 10 月。回首这两年半的时间，有 3 个日子让我终生难忘。

第一个日子是 2020 年 10 月 30 日。这一天，董事长参加了我们业务改革座谈会，董事长的讲话，我现在还记忆犹新。董事长说，"只要大家想干事，能干事，省公司党委一定大力支持、关心关爱，相信大家在新的平台上，一定会创造新的辉煌"。这给了我极大的信心和鼓舞，会上我暗下决心，一定要当个改革的先行者。

会后，我主动请缨，担下分公司第一个急、重、难的任务——一个月内完成 8611 份销售合同，从老公司转签到新公司。这 8611 份合同分布在全国 30 多个省市自治区，我们仅有 60 个销售人员，人均 143 份，有同事说这是不可能完成的任务。但是作为销售战线的一名老兵的我，就是有一种不服输的精神，就是要把"不可能"干成"一定能"！

我马上行动起来，成立专班，进行合同梳理分类。系统内合同，我提出了"歼灭战"的方式，就是在各省公司层面进行统一转签，这样就大大加快了系统内的转签进度。

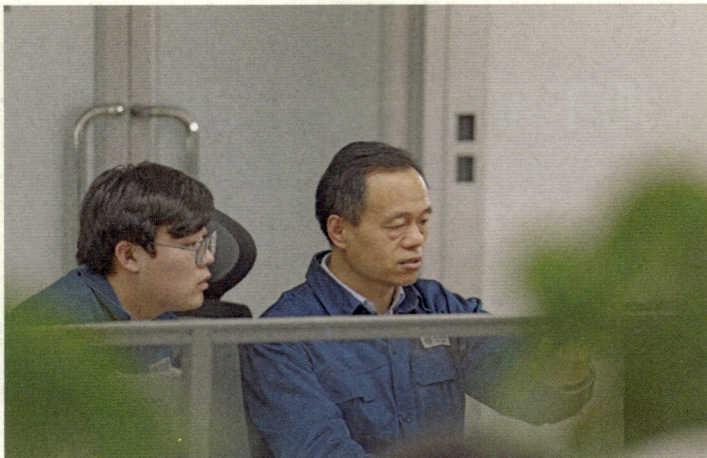

但是最难的还是系统外（756份），需要逐个突破，艰难推进。半个月过去了，蒙西地方电力毫无进展，于是我收拾行囊直奔内蒙古。正赶上内蒙古下大雪，寒风凛冽，雪花打在脸上像刀割一样，但再大的风雪也阻挡不了我前进的步伐。冒着风雪，我马不停蹄地走访蒙西的相关部门，进行了反复沟通汇报，均表示无法牵头推进此事。

有困难想办法，办法总比困难多，为了工作的事求人不丢人。于是我四处寻求帮助，连续打了40多个电话，最后在一位老朋友帮助下，见到了关键部门负责人，在他的协调下，我3天参加了5场说明会，就是坦诚地告诉他们，我们为什么转签，恳请他们一定要相信我们山东电力，所有的项目一定会按期交付，终于完成了内蒙古合同转签。最后，我们历经27天的奋战，全面完成转签任务，把"不可能"干成了"一定能"。

第二个日子是2020年12月26日。这一天是国家电网公司公布我们中标保护监控的日子，这是分公司中的第一标，也正是这一标，鼓舞了人心，稳定了队伍，让大家对分公司的发展有了信心。

这也是来之不易的一个标。事情是这样的：当时我在外地出差，得知因资产交割和合同转签没完成，我们无法购买国家电网公司的标书。于是我立马赶到北京，到总部相关部门进行了多次的沟通汇报，给出的答复均是：想投这批标是不可能的了。

从总部出来，一筹莫展的我走在寒冷的西单大街上，接到儿子的电话，他说"爸爸，今天你能回来吗？我们要开家长会！"我抱歉地说："爸爸的事情还没有办完，爸爸这次又失约了，下次一定参加"，儿子生气了，"我已经不信你了，除非你给我写个保证书"……"保证书"三个字让我瞬间有了灵感，我们可以以保证书的形式承诺，在开标前准备好所有证明材料，否则自愿放弃投标。我马上把这个想法向总部进行了汇报，第二天接到了可行的通知！

我马上组织人员，制定技术方案，分析市场价格，推进资产交割，准备证明材料。最后凭借完美的方案、精确的报价，我们成功中标1343万！这次中标，我再一次把"不可能"

干成了"一定能"。

第三个日子是 2022 年 6 月 30 日。这一天，我们公司党委书记翟季青同志受董事长委托，参加了我的入党支部会，在入党介绍人翟季青和杨勇同志的见证下，我光荣地加入了中国共产党，未来我将更加坚定信念，发扬先锋模范作用，敢于担当，敢于冲锋。

说到冲锋，我想到了 2021 年 11 月，当时全国疫情严重，重庆年度框架即将开标。如果无法和客户面对面沟通，想实现中标基本是不可能的。

于是，我一路逆行到达重庆，经过三天三检，红码解除，但由于疫情管控，还是进不了国网重庆电力公司的大门。了解到相关负责人喜欢走路上班，于是我们每天早上七点，到达国网重庆电力公司门口进行等待。功夫不负有心人，经过几天的等待，终于见到了相关负责人。我把我们软硬融合的优势、产品的亮点、服务的能力进行了详细的汇报，最终凭借过硬的技术能力和执着的精神，实现了此项目中标。

中标以后，我听同事抱怨，国网重庆电力公司招标系统太慢了，上传一份标书需要 30 分钟，在山东用我们鲁软的易书招标系统，上传一份标书只需 5 分钟。我想这应该是个市场机会，于是向公司领导进行了汇报。我们公司领导郑总马上带队到重庆进行"四进送服务"，推进项目落地，这就是软硬融合一体化发展的优势。■

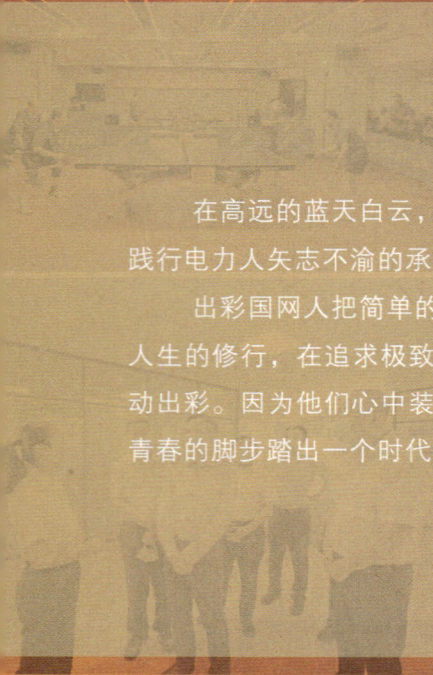

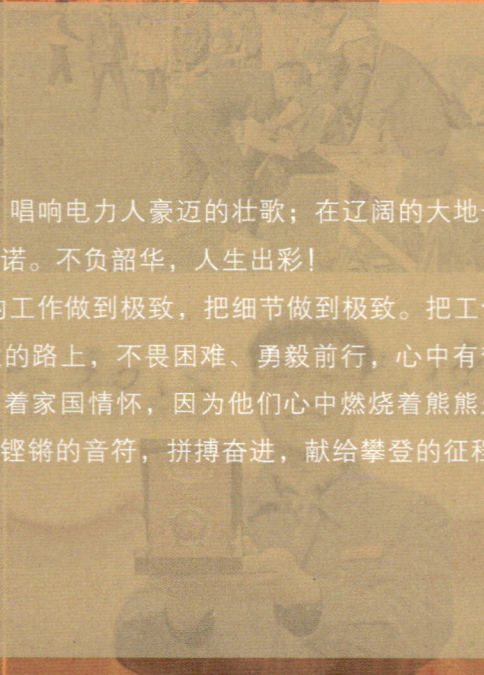

在高远的蓝天白云，唱响电力人豪迈的壮歌；在辽阔的大地长河，践行电力人矢志不渝的承诺。不负韶华，人生出彩！

出彩国网人把简单的工作做到极致，把细节做到极致。把工作当作人生的修行，在追求极致的路上，不畏困难、勇毅前行，心中有梦，行动出彩。因为他们心中装着家国情怀，因为他们心中燃烧着熊熊火炬。青春的脚步踏出一个时代铿锵的音符，拼搏奋进，献给攀登的征程。

群星众闪耀
出彩国网人

出彩 国网人 王 进

国网山东超高压公司输电检修中心四级职员、输电带电作业班副班长

出彩点 国家电网公司第一位获得"大国工匠年度人物"称号的职工

2019 年，王进被中华全国总工会、中央广播电视总台授予 2018 年度"大国工匠年度人物"荣誉称号，是国家电网公司第一个获得"大国工匠年度人物"称号的职工。

2014 年，王进在德州平原县境内的 ±660 千伏银东线 2012 号铁塔上，完成了世界首次 ±660 千伏直流输电线路等电位带电作业，是国家电网公司第一个完成 ±660 千伏带电作业的职工。±660 千伏银东直流输电线路是世界首条 ±660 千伏电压等级输电线路工程，占山东省总负荷的近十分之一，被称为"不能停电的线路"。2011 年 10 月 17 日，在 30 多家媒体的见证下，王进作为等电位电工，在不到 1 个小时里，成功完成了带电检修任务，成功完成世界首次 ±660 千伏直流输电线路带电作业，被誉为 ±660 千伏带电作业"世界第一人"。

出彩 国网人　冯新岩

国网山东超高压公司变电检修中心五级职员、电气试验班副班长

出彩点 国家电网公司唯一获得 2022 年"大国工匠年度人物"的职工

2022 年，冯新岩荣获中华全国总工会、中央广播电视总台颁发的"大国工匠年度人物"证书，是国家电网公司唯一获得 2022 年"大国工匠年度人物"的职工。

冯新岩独创大型变压器内部放电源位置的特高频定位法、GIS 内部接头发热红外检测技术等一系列行业内领先的检测及诊断方法，在查找带电设备隐患方面，达到业内顶尖水平。研制首套便携式变压器典型局部放电信号发生装置以及具备远程诊断功能的局部放电综合监测装置，不断攻坚特高压变压器智能监测技术难题。先后荣获全国电气试验技能竞赛团体第一名，国家电网带电检测技能竞赛团体第一名、个人第一名。2021 年当选国家电网公司变压器检修专业首席专家，2022 年当选党的二十大代表。

出彩 国网人 刘 凯

国网潍坊供电公司输电运检中心输电运维

> **出彩点** 国家电网公司唯一获得 2015 年全国电力行业职工乒乓球比赛男子团体、单打两项冠军的职工

刘凯自幼结缘乒乓球，经过自身不断拼搏努力，走上专业道路，并以全国青少年男子削球第一的成绩，进入国家乒乓球队参训。2013 年，刘凯到鲁能乒乓球俱乐部担任女队主教练，之后多次代表公司参与乒乓球比赛，斩获佳绩。其中，2014 年，代表国家电网队参加中央企业第七届"国家电网杯"乒乓球比赛，获总分第一名；2017 年，参加全国电力行业职工乒乓球比赛，代表国家电网队获混合团体冠军，男子单打、男子双打季军。2019 年，代表国家电网队参加全国电力行业职工乒乓球比赛，获得男子青年组团体冠军。2020 年，代表国网山东省电力公司工会参加"全民健身 活力中国"2020 年全国乒乓球业余系列赛（山东青岛赛区）荣获团体第四名，男子 31~50 岁组单打冠军，并被授予"球王"称号。2023 年，代表中电联体协参加中国职工乒乓球联赛，荣获总决赛男子团体亚军。

出彩 国网人　彭　静

国网临沂供电公司供电服务指挥中心（配网调控中心）主任、党支部书记

出彩点　获得 2005 年国家电网公司供电营业"服务之星"劳动竞赛"十佳服务之星"个人第一名的职工

2005 年，国网临沂供电公司彭静在"真诚服务，岗位创新——争创国家电网公司供电营业'服务之星'"劳动竞赛活动中获得个人第一名，被授予国家电网公司"供电营业十佳服务之星"称号。

凭借扎实的业务基础、刻苦钻研的学习毅力、勇于创新的服务热情，被选拔参加首届"国网公司服务之星"竞赛，经过严格的业绩考核、服务理论和业务考试、演讲、答辩等综合素质考评，充分展现了一线电力服务人员耐心细致、专业专注、责任担当的职业素养与优质服务形象。多年来，彭静始终坚持"始于客户需求，终于客户满意"的服务理念，积极推行"首问负责制""一柜通""走动式服务""再快一分钟抢修服务"等亲情化、专业化客户服务，扎根沂蒙老区，辛勤奉献，踏实走在服务老区经济建设的赶考路上。先后获得中央企业知识型先进职工、国家电网公司劳动模范、全国劳动模范、百名沂蒙榜样等荣誉称号，赢得了社会和广大客户的赞誉，是积极践行"为美好生活充电、为美丽中国赋能"发光发热的典型代表。

出彩国网人 黄 华

国网山东信通公司调控运行中心信息调控技术兼网络安全监测室主值

出彩点 国家电网公司唯一荣获两届（2019 年、2020 年）百度 AI 网络安全技术对抗赛总冠军的职工

获得 2021 年全国能源化学地质系统首届网络安全职业技能竞赛个人一等奖并被授予"金牌技工"称号的职工

"目标要设得再高一些，得和自己较劲，才能一步步往上走。"参加工作以来，黄华扎根公司网络安全一线，刻苦钻研前沿技术，保障公司业务系统安全稳定运行。为了这些目标，他不顾一切地坚持，每一天都拿出高考时的拼劲，爬论坛、翻论文、搞实战，天天学习到深夜，逐渐将技术磨练到极致，先后入选公司红队、国家电网公司红队、国家电网公司尖兵部队。他牵头研发的 AI 网络安全渗透机器人，通过高效的智能识别和资产测绘能力，智能识别网络安全漏洞风险。作为国家电网公司尖兵部队湛泸队队长，负责带领国家电网公司五个最顶尖的战队之一，出色完成全国两会、建党100 周年等重大网络安全保障任务 30 余项，先后两年带队参加国家级网络安全专项演习攻击队，蝉联三届中央企业网络安全大赛个人第一名，获得包括 12 个冠军在内的 20 余个奖项，并被人力资源社会保障部授予"全国技术能手"荣誉称号。

出彩 国网人　朱恒顺

山东济宁圣地电业集团有限公司微山电力安装分公司职工

出彩点　发起成立地方蓝天救援队的国家电网第一人

2018 年 3 月，朱恒顺发起成立微山县蓝天救援队，成为国家电网公司职工发起成立地方蓝天救援队的第一人。朱恒顺作为救援队长，32 年不畏艰险救人于危难，累计参与救援任务 110 余次。先后荣获"中国好人"、山东省道德模范荣誉称号。

2013 年，朱恒顺在国网微山县供电公司的推荐下参加了应急救援培训班，从那时起，他开始接触中国红十字蓝天救援组织，并先后多次参加救援培训。通过努力学习，他取得了多项应急救援证书。2014 年，朱恒顺加入山东蓝天救援队后，积极参与了多起应急救援任务、抗洪救灾、救援打捞、溺水救援等，被他救起的生命也越来越多。微山湖水域面积广，除了沿湖而居的几十万居民，游客也在不断增多，落水、溺水事故时有发生，政府救援力量难以覆盖全境。了解情况后，朱恒顺发挥自身特长，主动联系身边长期从事公益救援的爱心人士，于 2018 年 3 月发起成立了微山县蓝天救援队。

出彩 国网人 周威涛

威海海源电力集团有限公司海都分公司市场营销部经理

出彩点 国家电网公司唯一担任《印记抗疫》《印记初心》《印记东奥》大众篆刻作品展评委的职工

国家电网公司第一位被中国美术馆馆藏作品的职工

2020年8月，周威涛受邀参加"以美扶智——中国美术馆脱贫攻坚美术作品展"，他创作的篆刻作品"同奔小康路"被中国美术馆馆藏，是国家电网公司第一位被中国美术馆馆藏作品的职工。他是"国网印吧"职工文艺活动带头人之一。

自2019年以来，周威涛先后担任"印记中国""印记抗疫""印记脱贫攻坚奔小康""印记初心""印记冬奥""印记留学报国""印记北京中轴线"等一些列大众篆刻作品展的评委，通过勤恳专业的工作，对外展现国家电网职工文艺的风貌，让"国网印吧"职工文化品牌受到社会各界的广泛认可和赞誉。

周威涛艺术造诣全面，书法、篆刻、绘画、诗词、陶瓷、创意设计、文字写作等方面都有所建树。担任《国网印吧丛书》（全三册）编写组副组长，总结"国网印吧"特色创建经验、传播篆刻创作和普及应用知识。该丛书由中国电力出版社出版发行。担任《大众篆刻十八讲》（由西泠印社出版社出版发行）一书的编写组组长，全面总结了大众篆刻理念推行二十年来的经验和成果。自2017年以来，担任国家电网职工书法篆刻美术作品展和职工文创大赛评委，是组织、策划、评审之一，并完成了作品展和成果汇报展的展厅设计工作。此外，他还是教育部一至五届《印记中国》全国师生篆刻大赛评委，中国电力书法三十强，国家电网公司外事活动礼物（印章、陶瓷等）的设计者。

出彩 国网人 王美鹤

国网威海市文登区供电公司营销部营销综合管理

出彩点 国家电网公司唯一参加 2023 年央视春晚演出的女职工

2023 年，王美鹤参加央视春节联欢晚会《早安阳光》演出，以行业代表的身份与来自全国各地的百姓歌手合唱一首歌，是国家电网公司唯一参加 2023 年央视春晚演出的女职工。

王美鹤负责国网山东省电力公司（文登）彩虹共产党员服务队的管理工作，带领队员们长年服务 19 家敬老院、42 个困难家庭，为 527 名老年人送文艺、送关爱、送帮助，组织服务队成立了彩虹文艺志愿小分队，开展文艺帮扶 430 余场。彩虹共产党员服务队获威海市级优秀志愿服务组织、山东省"四个 100"最佳服务组织、国网山东省电力公司优秀共产党员服务队等荣誉，"彩虹相伴夕阳红"志愿服务项目荣获威海市 2019 年度"四个 100"最佳志愿服务项目称号。

王美鹤代表国网山东省电力公司参加国家电网公司两会暨职工文化成果展演及公司举办的各大汇演活动 500 余场。获山东省"华能杯"演唱大赛一等奖、"国网好声音"山东赛区金奖、全国赛区银奖，荣获"威海市最美志愿者""优秀职工""优秀党员"等荣誉称号。

合唱《早安，阳光》

出彩 国网人　赵国良

国网广饶县供电公司输配电运检中心输电运检二班输电线路运检

出彩点　国家电网公司第一位书法作品被联合国永久收藏的职工

2013年，赵国良参加"企盼和平——百位联合国官员、中国书法家相聚中国太庙同书《联合国宪章》百米长卷"创作，作品入选"中国梦 世界梦，企盼和平"——联合国官员与中国书画名家作品展，是国网第一个书法作品被联合国永久收藏的职工。

赵国良是中国书法家协会会员、中国楹联学会会员、中国电力书法家协会理事。先后获国家电网公司"十大书法家"、山东省五一文化奖、东营市政府"黄河口文艺奖"、东营市"黄河口文化之星"等。2012年全国第三届青年书法篆刻展"特约作者"。2017年9月，国网山东省电力公司书法美术协会东营创作基地、国网山东省电力公司赵国良书法工作室在广饶隆重举行了揭牌仪式，是山东电力唯一以职工姓名命名的个人书法工作室。2017年荣获中国电力书法家"送万福进万家"活动先进个人，作品多次获国家电网公司、山东省总工会等单位作品评选最高奖。

出彩国网人　徐可

国网山东省电力公司党委宣传部（对外联络部）融媒体中心策划协调处处长，《国家电网报》驻山东记者站记者

出彩点　特高压拍摄国家电网第一人

自 2006 年我国开工建设第一个特高压工程以来，徐可先后累计行程 10 万余公里，奔赴 20 项特高压工程开展宣传报道，拍摄记录了大量影像作品，是特高压拍摄国家电网第一人。

徐可影像作品在《人民日报》头版、新华社通稿、中央电视台《新闻联播》《焦点访谈》《东方时空》《大国工匠》等栏目发表，摄影作品入选第 29 届全国摄影艺术展，入选中央网信办"中国正能量图片"，两获国资委"国企好新闻"和山东新闻奖，共在《工人日报》《国家电网报》头版等媒体发表作品 7000 余篇（幅）。摄影作品曾在联合国网站，国家电网公司 Facebook（脸书）、Twitter（推特）等海外媒体账号发表，实现中国特高压国际传播。2018 年，他作为全国唯一摄影记者和电力行业选手，参加由中宣部、中国记协举办的第五届"好记者讲好故事"，讲述拍摄特高压创作经历，获"优胜选手"称号并参加全国巡讲。

近年来，徐可获中国电力"改革开放 40 周年电力影视工匠"、英大传媒集团优秀记者、山东省"富民兴鲁"劳动奖章、国网山东省电力公司"十大杰出青年""十大摄影师"等荣誉称号。

出彩 国网人 吕明玉

国网威海供电公司供电服务指挥中心（配网调控中心）服务质量管理

出彩点 第一位"两次捐献造血干细胞和淋巴细胞"的国家电网公司职工

　　吕明玉是第一位两次捐献造血干细胞和淋巴细胞的国家电网公司职工，获 2010—2011 年度全国无偿捐献造血干细胞奉献奖荣誉称号。是两次捐献造血干细胞和淋巴细胞的"山东第一人"，又是国网威海供电公司第一位扶贫女书记，还是志愿者联合会第一任会长。

　　吕明玉驻村帮扶，带领乡亲们创建山东省乡村振兴示范村。以我行率众行，带领服务队助力"精致城市"建设。先后获得全国最美志愿者、首届中央企业金牌青年志愿者、全国无偿捐献造血干细胞奉献奖、山东省优秀共产党员、山东省富民兴鲁劳动奖章、山东省第四届道德模范、山东省优秀志愿者、国家电网公司优秀党务工作者、国家电网公司"最美国网人"等荣誉称号。

出彩 国网人　牛德成

国网成武县供电公司汶上集供电所副所长

出彩点 国家电网公司获得《一种高压线路施工用多功能施工车》发明专利且排序第一的职工

　　2013 年，牛德成作为第一排序人研发了《一种高压线路施工用多功能施工车》，并获发明专利证书。

　　2015 年 12 月，牛德成创新工作室被山东省总工会命名为"牛德成劳模创新工作室"。2021 年，"牛德成劳模创新工作室"获全国示范性劳模和工匠人才创新工作室。领衔的创新产品有 17 项荣获国家发明专利，29 项获得实用新型专利，1 项成果获中国电力企业联合会职工技术创新奖二等奖，1 项成果获全国化学能源地质系统创新成果三等奖，2 项成果获山东省科技创新二等奖、三等奖，1 项成果获山东省职工创新创效竞赛特等奖。研制"多功能电力施工车""申杆旋切机""电杆钻孔机""配网标准化预制平台""微型遥控开沟机"等国家发明专利 12 项和实用新型专利 30 项，解决农村配电网工程建设中线路架设损坏农作物、大型施工机械无法进场等问题，填补国内农网升级改造施工机械空白。

出彩 国网人 "善小"志愿者服务队

国网淄博供电公司"善小"志愿者服务队

出彩点 国家电网公司第一个由企业注册的教育类志愿服务品牌的团队

2009 年，国网淄博供电公司"善小"志愿者服务队在国家工商总局注册，是国家电网公司第一个以企业身份注册教育类志愿服务品牌的团队。

"善小"志愿服务队成立以来，以"自愿义务为他人做有意义的事"作为唯一入会标准，在淄博掀起善行义举热潮。国网山东省电力公司曾召开现场会，全面推广"善小"实践。曾被评为全国优秀志愿服务项目、全省助人为乐模范、国家电网精神文明建设创新成果推广奖。获国家电网公司青年志愿服务优秀集体称号和精神文明建设创新奖。

出彩 国网人　管　朔

国网东营供电公司数字化与通信工作部（数据中心）信息运检班班长

出彩点 国家电网公司 2019 年大数据应用暨信息运行和网络安全技能竞赛网络安全专业个人第一名，2019 年中国技能大赛（中国技能大赛——全国信息安全管理职业技能竞赛）冠军

　　管朔自参加工作以来，立足信息专业一线，主持参与 SDN 网络改造、信息网二平面改造和能源大数据中心建设等重要工作，均为山东电力首家完成。积极参加创新创效活动，发挥传帮带作用，成功打造两门山东电力金牌课程和优秀管理创新成果，根据多年攻防经验形成攻防元素周期表等重要成果在国家电网公司推广，牵头设计完成的流程助手在山东省广获好评。作为国家电网公司网络安全红队队员，管朔多次以资深网络安全专家的身份被抽调至党和国家重大活动现场，圆满完成上合峰会、海军节、建党 100 周年等重大活动和历年护网演习的网络安全保障工作，第一时间发现并处置一百余万次国内外攻击。

　　一直坚持事事"高标准"，提升自己"硬实力"。从一名网络安全"小白"成长为国家电网公司个人第一、全国第一，在十余项省部级和国家级网络安全竞赛获奖，连续两次获百度网络安全技术对抗赛总决赛冠军，先后被授予全国技术能手、国家电网有限公司技术能手、山东省电力行业十大杰出青年、国网山东省电力公司青年五四奖章等荣誉称号。

在绿水青山之间，山东电力人用一副铁肩膀挑起希望的灯盏。枕着星星入眠，视野看到的风景，是流金岁月的积淀。举起镜头的瞬间，捕捉最美的身影，定格新时代的图片。大漠孤烟，长河落日，行走的队列高唱奋斗之歌。胸中铺锦绣，笔下走龙蛇，抒写铁塔银线绵延千里的神奇传说。一张张质朴的笑脸，在烈日下，在风雨中，绽放电力人的顶天立地。用独特的视角诠释艺术的唯美和纯粹，描绘时代壮丽的画卷。

追光山水
丹青春秋

职工美术作品

国网山东省电力公司『翰墨颂楷模』职工美术作品一等奖

家园新绿　曹广迎　国网泰安供电公司

职工美术作品

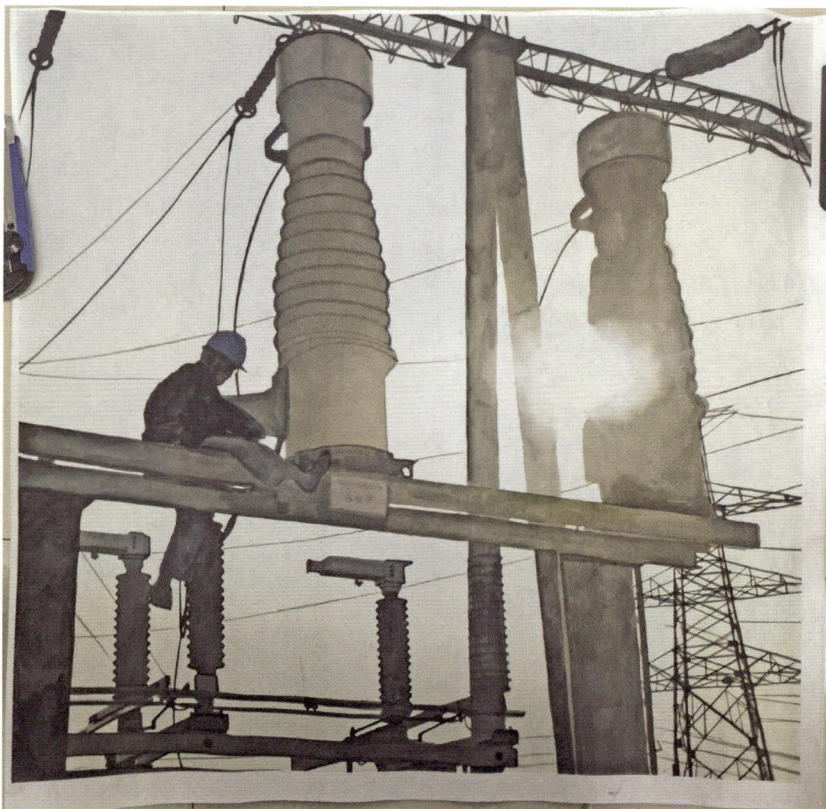

国网山东省电力公司『翰墨颂楷模』职工美术作品一等奖

冬日暖阳下的『电力人』　李文利　国网枣庄供电公司

学劳模勇登高、聚力量走在前　孙毓洁　国网淄博供电公司

国网山东省电力公司『翰墨颂楷模』职工美术作品一等奖

职工美术作品

国网山东省电力公司『翰墨颂楷模』职工美术作品二等奖

露浴荷塘花自艳　崔崇涛　国网汶上县供电公司

国网山东省电力公司『翰墨颂楷模』职工美术作品二等奖

莲　孔凡亮　国网枣庄供电公司

职工美术作品

光明颂　孟晓静　国网东营市垦利区供电公司

国网山东省电力公司『翰墨颂楷模』职工美术作品二等奖

国网山东省电力公司『翰墨颂楷模』职工美术作品二等奖

光明使者时代楷模　宋　杰　国网烟台市蓬莱区供电公司

职工美术作品

助力放舱　杨舒静　国网沂源县供电公司
国网山东省电力公司"翰墨颂楷模"职工美术作品二等奖

光明之路

张　薇　国网微山县供电公司

国网山东省电力公司
"翰墨颂楷模"职工美术作品二等奖

职工美术作品

电力天路　曹广迎　国网泰安供电公司
国网山东省电力公司"中国梦·劳动美——喜迎二十大　建功新时代"职工美术作品一等奖

职工美术作品

国网山东省电力公司『中国梦·劳动美——喜迎二十大 建功新时代』职工美术作品一等奖

绿色电力进万家 宋 杰 国网烟台市蓬莱区供电公司

万家灯火电力情深 孙 峻 国网济宁供电公司

国网山东省电力公司『中国梦·劳动美——喜迎二十大 建功新时代』职工美术作品一等奖

职工美术作品

山路元无雨　崔崇涛　国网汶上县供电公司

国网山东省电力公司"中国梦·劳动美
——喜迎二十大　建功新时代"职工美术作品二等奖

职工美术作品

国网山东省电力公司『中国梦·劳动美——喜迎二十大 建功新时代』职工美术作品二等奖

一堂清气满乾坤 徐 舟 国网枣庄供电公司

国网山东省电力公司『中国梦·劳动美——喜迎二十大 建功新时代』职工美术作品二等奖

泰山松 林泉生 山东送变电工程有限公司

职工美术作品

山村光明路 张 薇 国网微山县供电公司

国网山东省电力公司『中国梦 劳动美——喜迎二十大 建功新时代』职工美术作品二等奖

古木听琴 韩 强 国网阳信县供电公司

国网山东省电力公司『中国梦·劳动美——喜迎二十大 建功新时代』职工美术作品二等奖

职工美术作品

春和景明　曹广迎　国网泰安供电公司
国网山东省电力公司第十四届文化体育节职工美术作品一等奖

职工美术作品

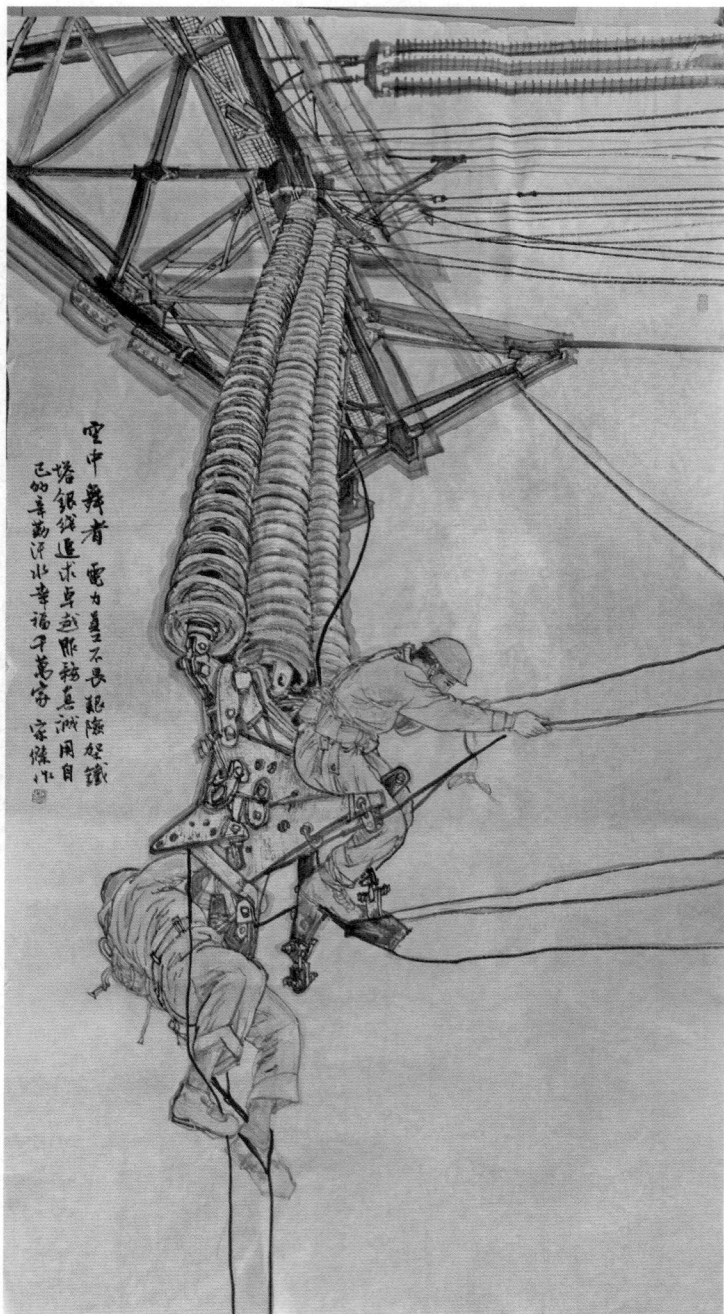

空中舞者　宋　杰　国网烟台市蓬莱区供电公司

国网山东省电力公司第十四届文化体育节职工美术作品一等奖

职工美术作品

跋山涉水追光明　崔崇涛　国网汶上县供电公司

国网山东省电力公司第十四届文化体育节职工美术作品一等奖

职工美术作品

国网山东省电力公司第十四届文化体育节职工美术作品二等奖

水墨人物　孙　峻　国网济宁供电公司

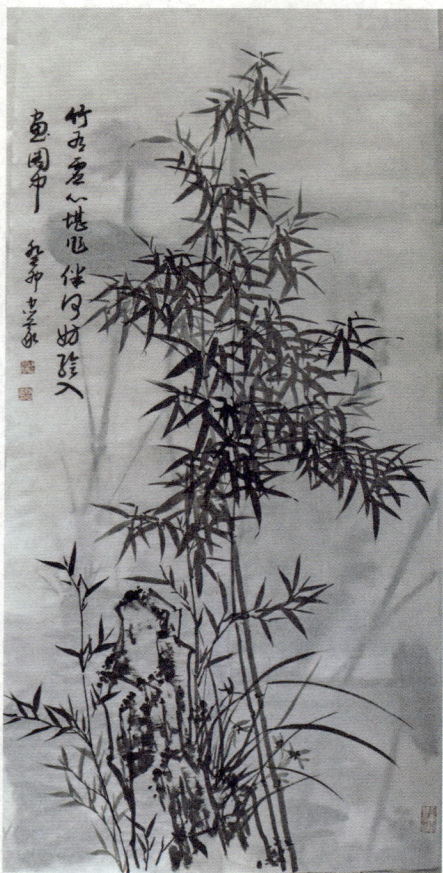

国网山东省电力公司第十四届文化体育节职工美术作品二等奖

竹石图　陈忠义　国网济宁供电公司

职工书法作品

盛世花开　王秋萍　国网聊城供电公司

国网山东省电力公司第十四届文化体育节职工美术作品二等奖

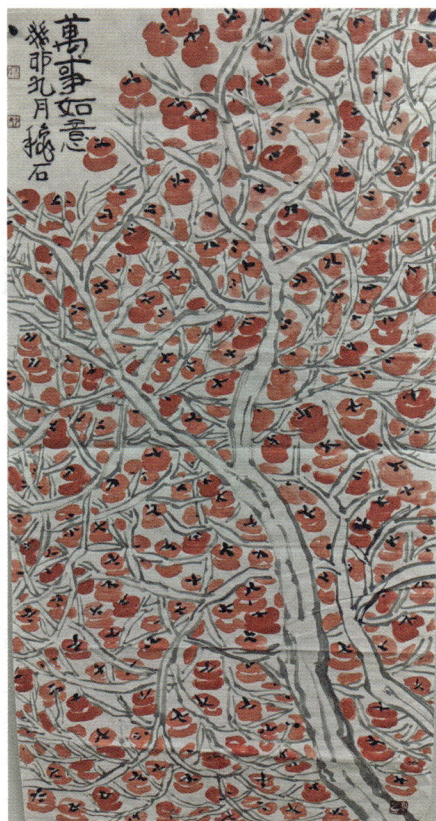

万事如意　王胜春　国网郯城县供电公司

国网山东省电力公司第十四届文化体育节职工美术作品二等奖

职工美术作品

群龙呈祥　赵锦亮　国网威海市文登区供电公司

国网山东省电力公司第十四届文化体育节职工美术作品二等奖

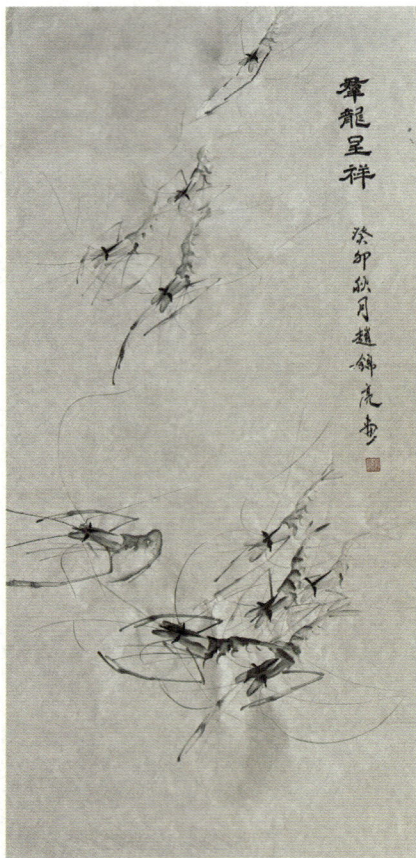

开画春天无他香　徐　冉　国网枣庄供电公司

国网山东省电力公司第十四届文化体育节职工美术作品二等奖

职工书法作品

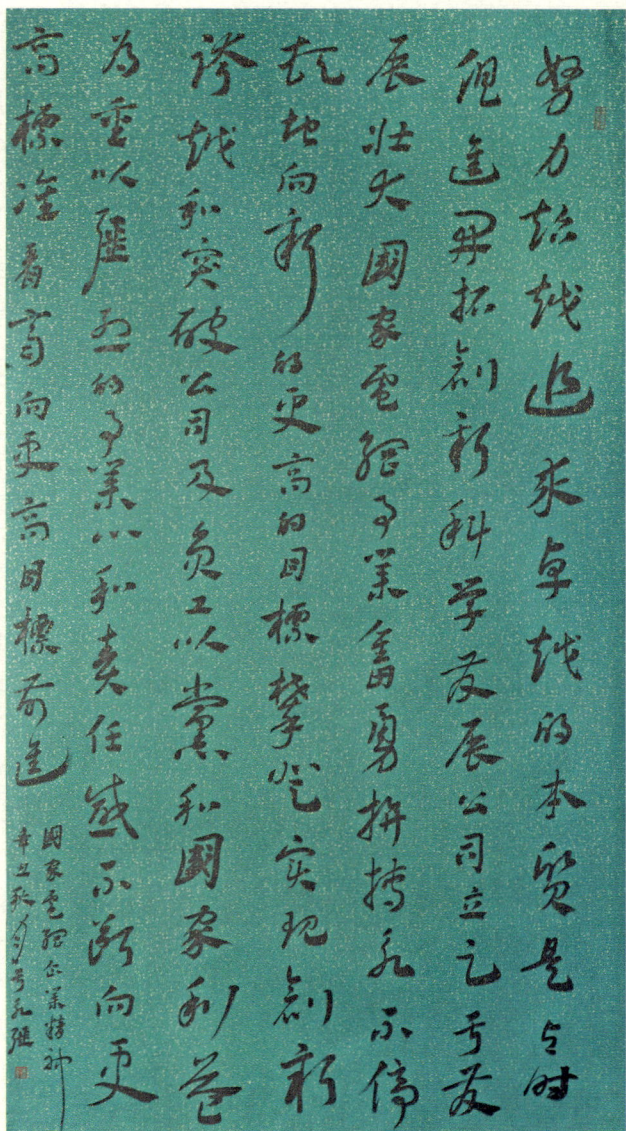

国网山东省电力公司『翰墨颂楷模』职工优秀书法作品

第八届全国电力职工书法作品展优秀作品奖

国家电网理念　于永强　国网乳山市供电公司

职工书法作品

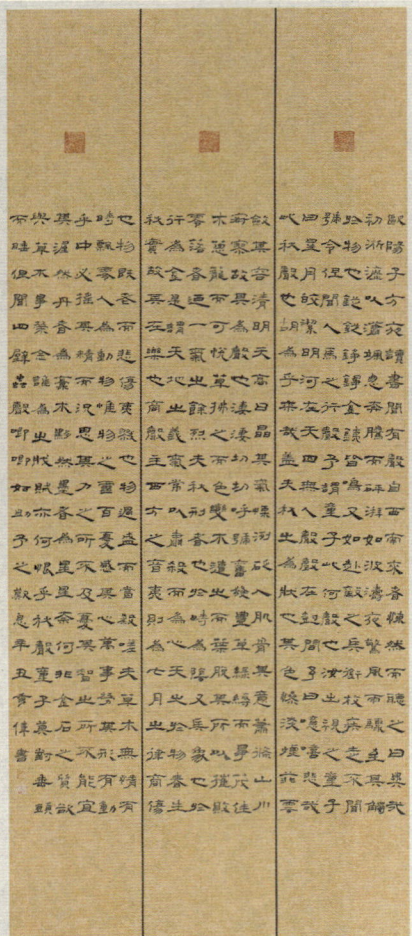

国网山东省电力公司第十四届文化体育节职工书法展优秀作品一等奖

第八届全国电力职工书法作品展优秀作品奖

龙奇印稿　李龙奇　国网菏泽供电公司

第八届全国电力职工书法作品展优秀作品奖

秋声赋　李秀伟　国网沂水县供电公司

职工书法作品

第八届全国电力职工书法作品展优秀作品奖
李商隐诗数首　宋　杰　国网烟台市蓬莱区供电公司

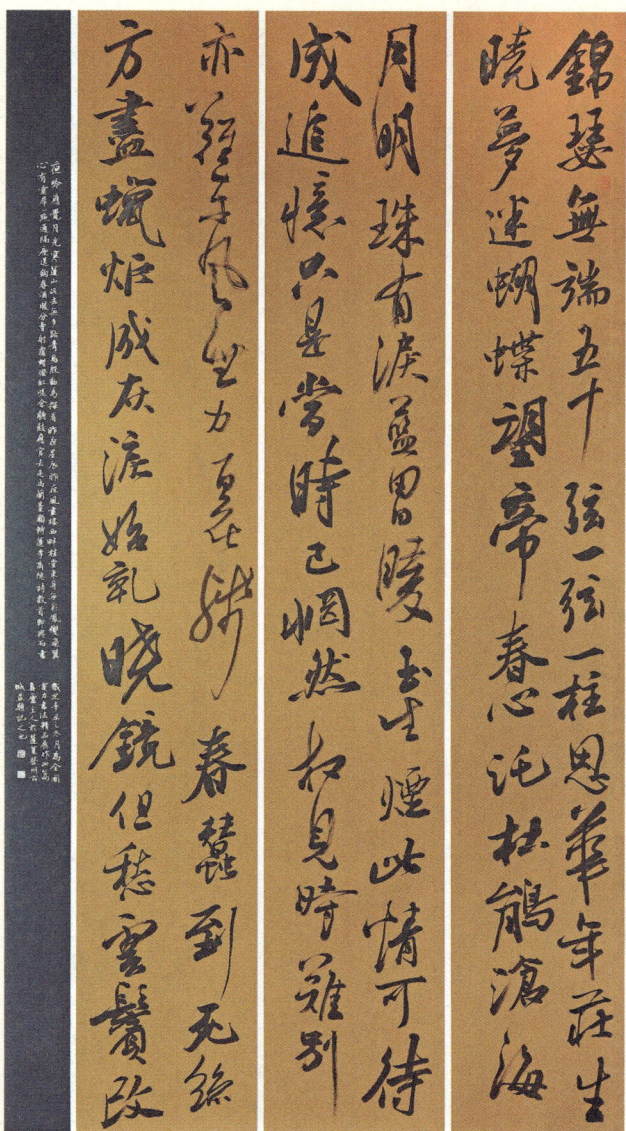

锦瑟无端五十弦 一弦一柱思华年 庄生
晓梦迷蝴蝶 望帝春心托杜鹃 沧海

月明珠有泪 蓝田暖玉生烟 此情可待
成追忆 只是当时已惘然 相见时难别

方尽蜡炬成灰泪始干 晓镜但愁云鬓改
亦 春蚕到死丝

职工书法作品

第八届全国电力职工书法作品展优秀作品奖
铿锵看我联　张志勇　国网潍坊供电公司

第八届全国电力职工书法作品展优秀作品奖
镜鉴路寻联　范东升　国网泗水县供电公司

职工书法作品

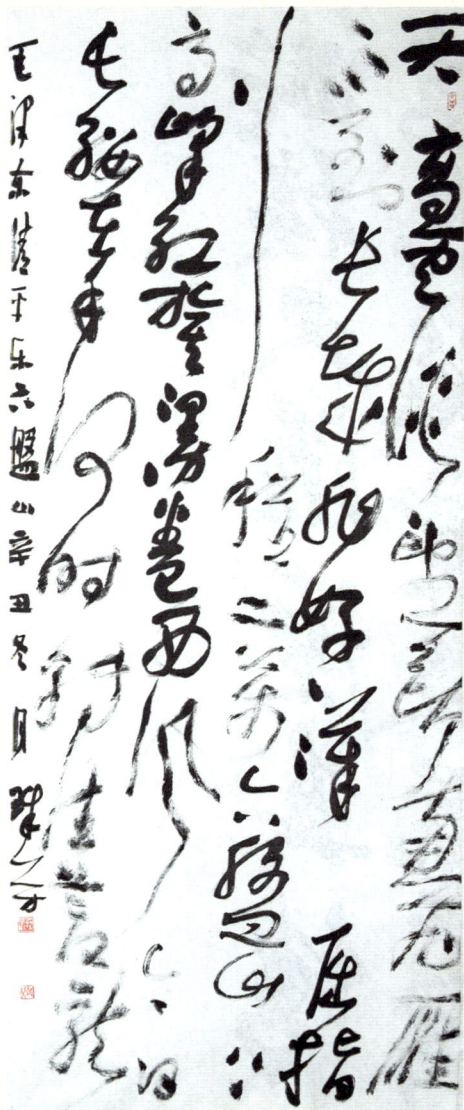

第八届全国电力职工书法作品展优秀作品奖
清平乐·六盘山　邵珠芳　国网菏泽市定陶区供电公司

第八届全国电力职工书法作品展优秀作品奖
周威涛红色主题印痕　周威涛　国网威海海都分公司

职工书法作品

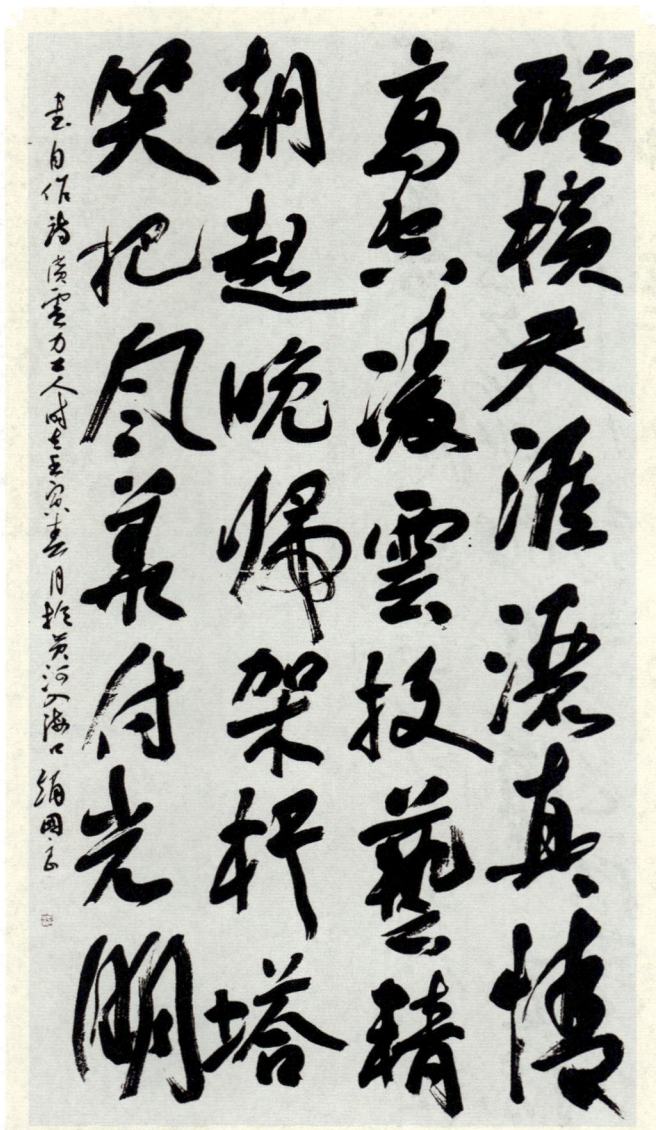

第八届全国电力职工书法作品展优秀作品奖
七律·长征 葛峰 国网曹县供电公司

职工书法作品

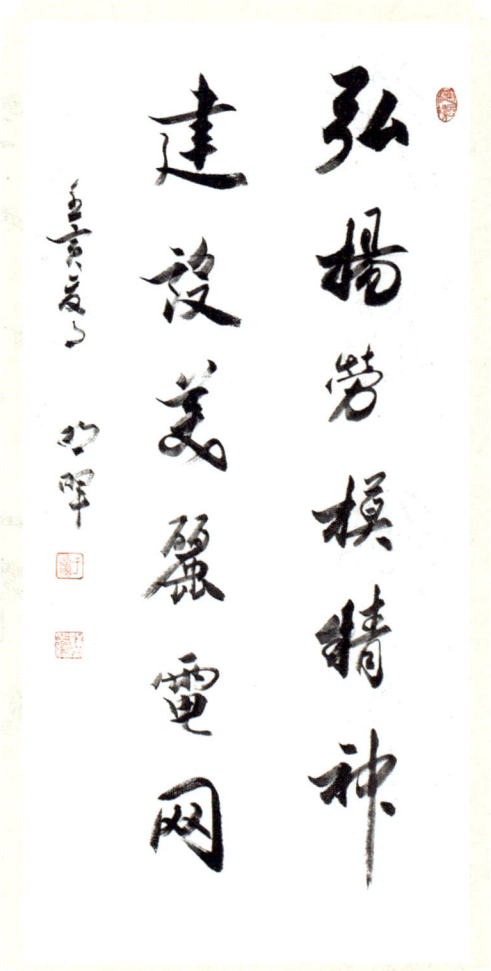

国网山东省电力公司『翰墨颂楷模』职工优秀书法作品一等奖

弘扬劳模精神　建设美丽电网　于明晖　国网临邑县供电公司

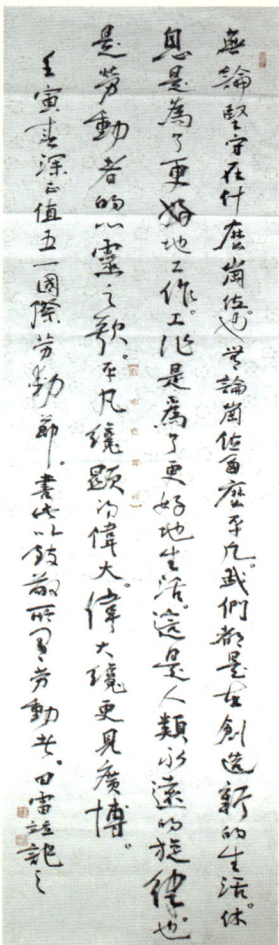

国网山东省电力公司『翰墨颂楷模』职工优秀书法作品一等奖

劳动者之歌　田　雷　国网汶上县供电公司

职工书法作品

国网山东省电力公司「翰墨颂楷模」职工优秀书法作品一等奖
电力安全联　陈希龙　国网临沭县供电公司

国网山东省电力公司「翰墨颂楷模」职工优秀书法作品一等奖
以读从积联　韩艳波　国网沂水县供电公司

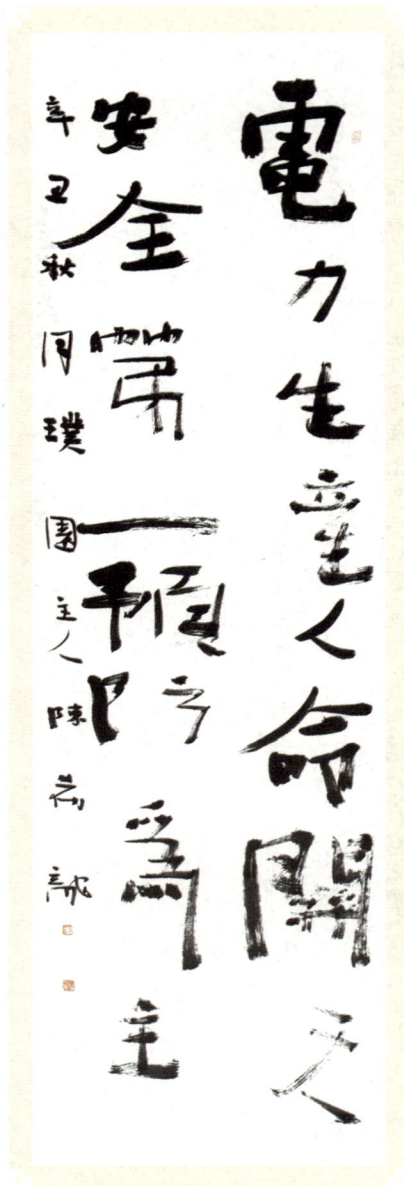

职工书法作品

国网山东省电力公司『翰墨颂楷模』职工优秀书法作品一等奖
春江花月夜　马国辉　国网武城县供电公司

国网山东省电力公司『翰墨颂楷模』职工优秀书法作品一等奖
篆刻印屏　于月欣　国网莒县供电公司

职工书法作品

石林元先生诗一首　毛洪国　国网滨州供电公司

国网山东省电力公司『翰墨颂楷模』职工优秀书法作品一等奖

习近平讲话选抄　范东升　国网泗水县供电公司

国网山东省电力公司『中国梦·劳动美——喜迎二十大　建功新时代』职工优秀书法作品一等奖

职工书法作品

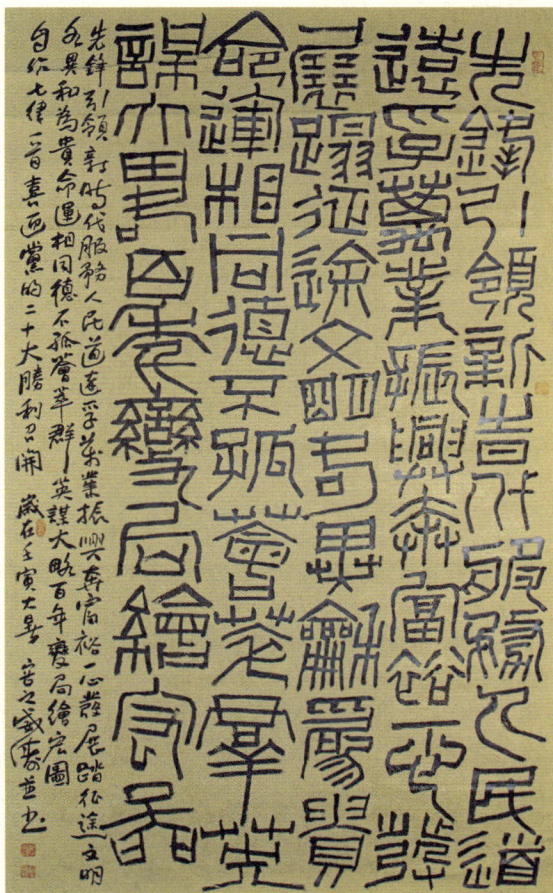

国网山东省电力公司『中国梦·劳动美——喜迎二十大　建功新时代』职工优秀书法作品一等奖

自作七律　周威涛　国网威海供电公司

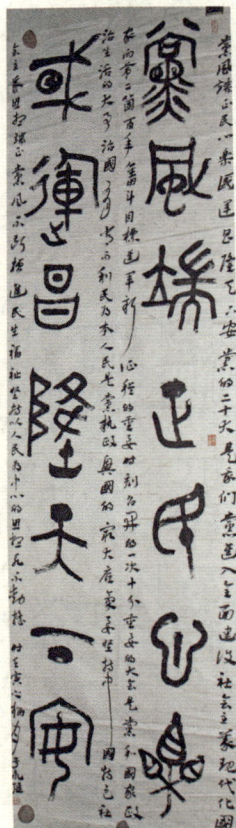

国网山东省电力公司『中国梦·劳动美——喜迎二十大　建功新时代』职工优秀书法作品一等奖

党风国运联　于永强　国网乳山市供电公司

职工书法作品

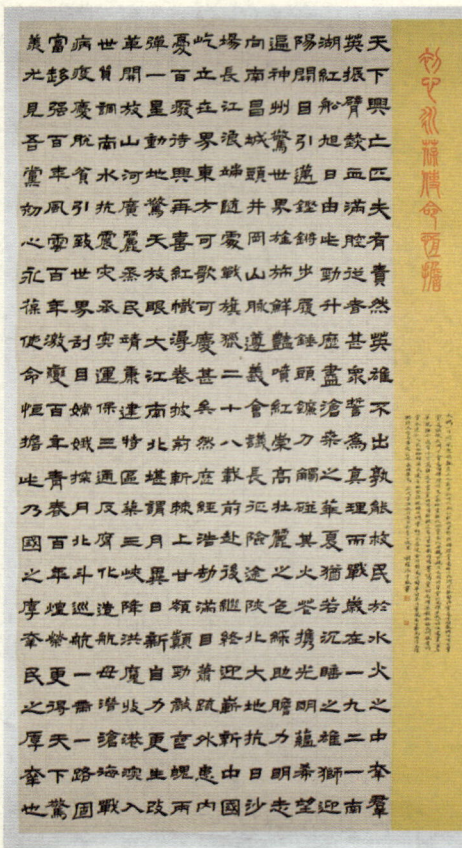

国网山东省电力公司『中国梦·劳动美——喜迎二十大 建功新时代』职工优秀书法作品一等奖

初心永葆使命担当 胡 伟 国网费县供电公司

国网山东省电力公司『中国梦·劳动美——喜迎二十大 建功新时代』职工优秀书法作品一等奖

墨梅 韩艳波 国网沂水县供电公司

职工书法作品

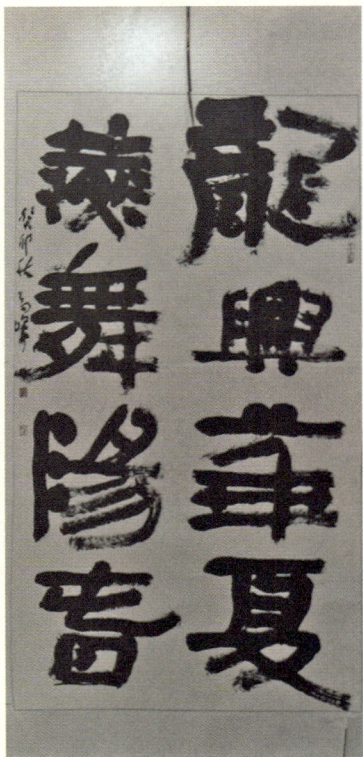

龙兴燕舞二言联　葛　峰　国网曹县供电公司

国网山东省电力公司第十四届文化体育节职工书法展优秀作品一等奖

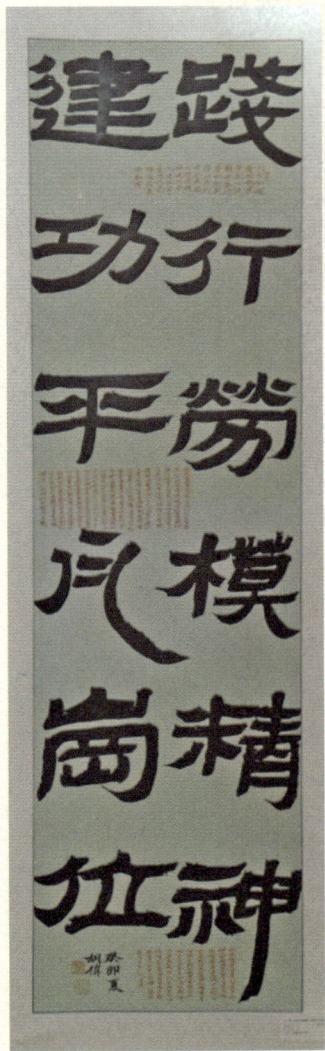

践行劳模精神　建功平凡岗位　胡　伟　国网费县供电公司

国网山东省电力公司第十四届文化体育节职工书法展优秀作品一等奖

职工书法作品

异代先生二言联 范东升 国网泗水县供电公司

国网山东省电力公司第十四届文化体育节职工书法展优秀作品一等奖

宋词四首 李 辉 国网莒南县供电公司

国网山东省电力公司第十四届文化体育节职工书法展优秀作品一等奖

职工书法作品

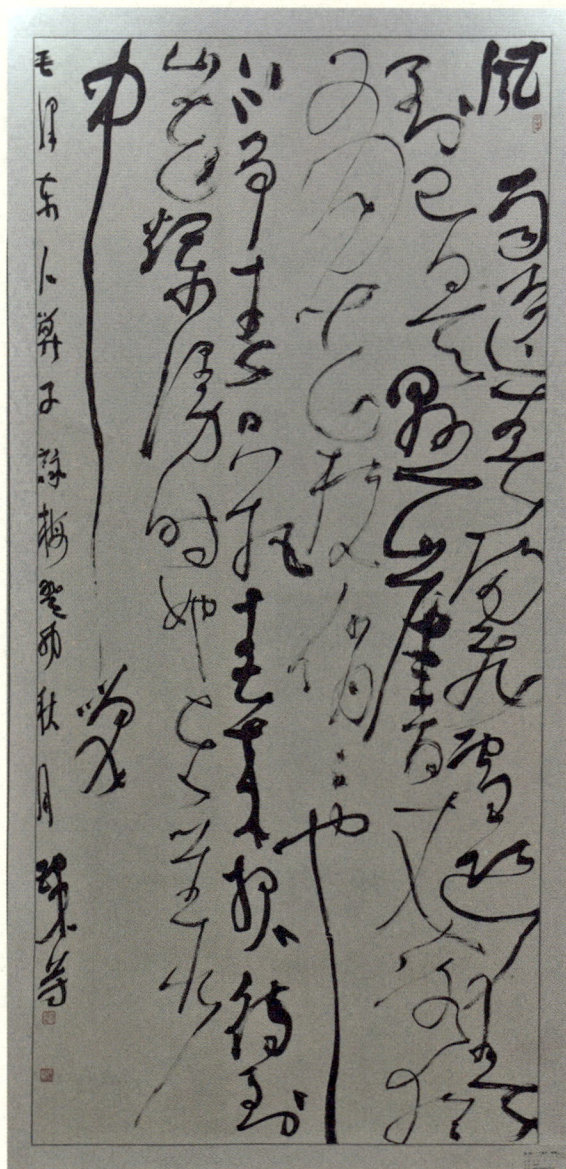

国网山东省电力公司第十四届文化体育节职工书法展优秀作品 一等奖

卜算子·咏梅　邵珠芳　国网菏泽市定陶区供电公司

职工书法作品

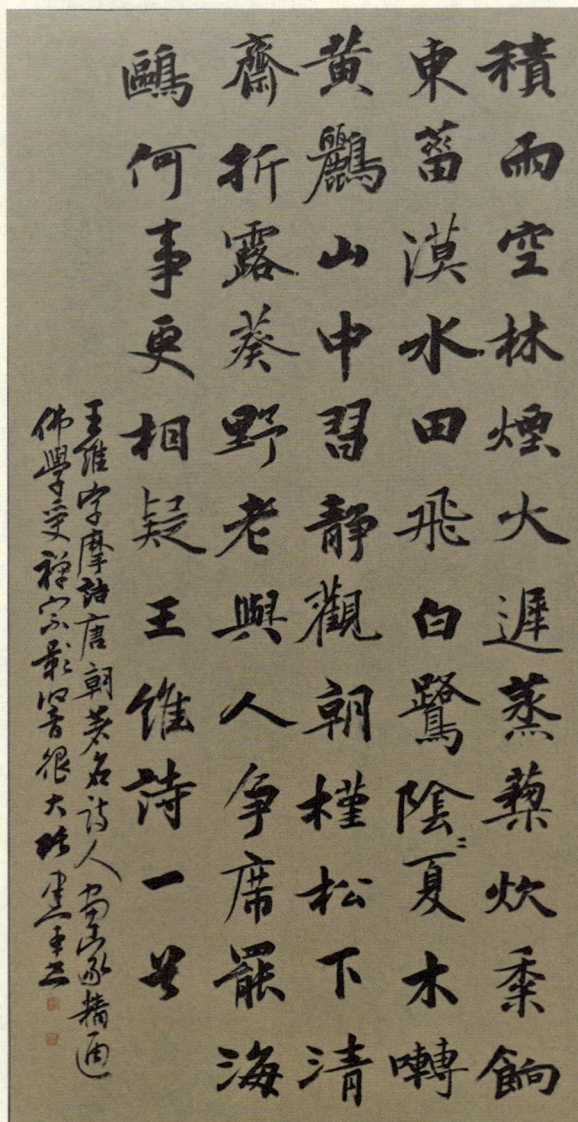

国网山东省电力公司第十四届文化体育节职工书法展优秀作品一等奖

古诗抄录　张建军　国网鄄城县供电公司

国网山东省电力公司第十四届文化体育节职工书法展优秀作品一等奖

愿得何许二言联　安百胜　国网沂南县供电公司

国网山东省电力公司第十四届文化体育节职工书法展优秀作品一等奖

颂伟业　赋新诗　王新文　国网汶上县供电公司

职工书法作品

古诗一首　韩艳波　国网沂水县供电公司

国网山东省电力公司第十四届文化体育节职工书法展优秀作品一等奖

职工书法作品

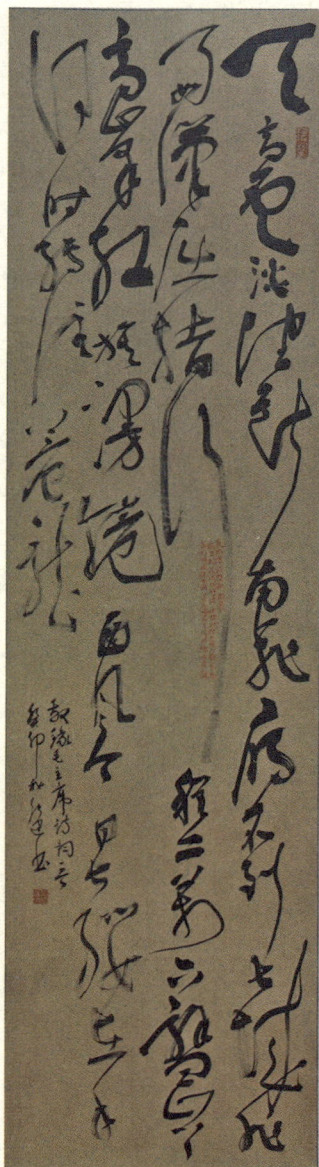

清平乐·六盘山　张　建　国网青岛供电公司

国网山东省电力公司第十四届文化体育节职工书法展优秀作品一等奖

职工摄影作品

徐可摄影作品 | 国网山东省电力公司公司党委宣传部

雪地上行走的火焰
入展第 29 届全国摄影艺术展

徐可摄影作品 │ 国网山东省电力公司公司党委宣传部

特高压之上（组图）

徐可摄影作品 | 国网山东省电力公司公司党委宣传部

特高压之上（组图）

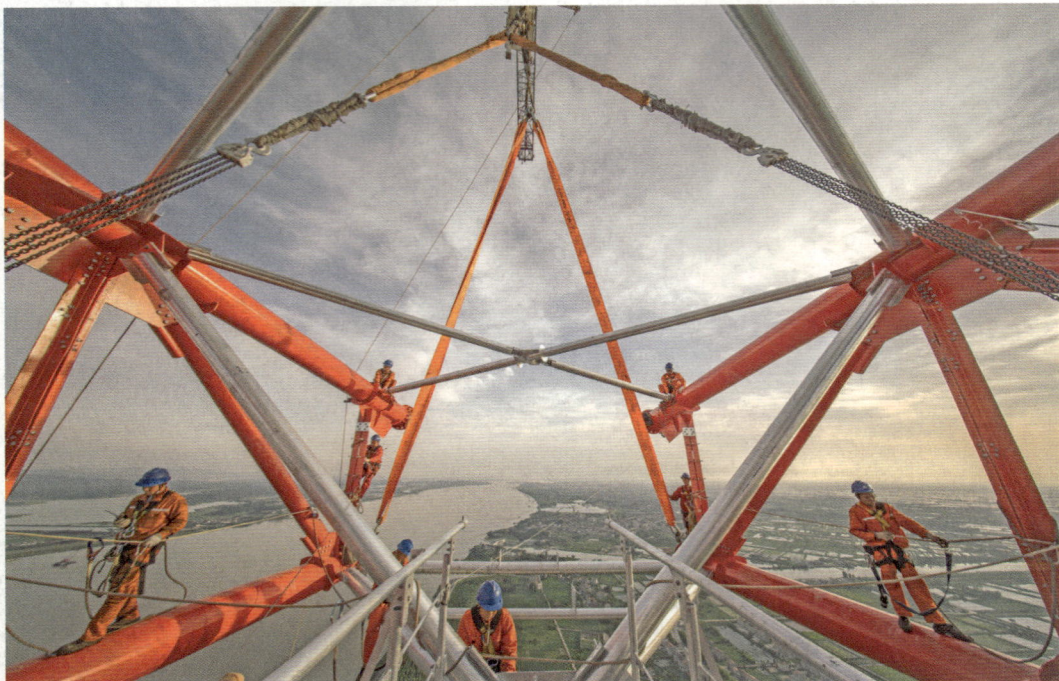

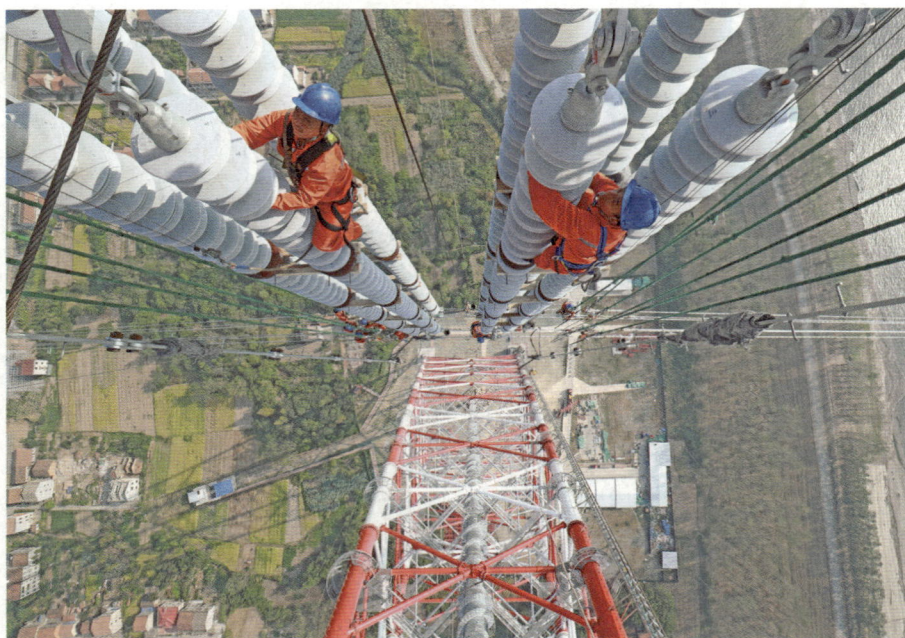

徐可摄影作品 | 国网山东省电力公司公司党委宣传部

特高压之上（组图）

王斌摄影作品 │ 国网山东电科院

凝时瞬间（组图）

方军摄影作品 │ 国网东平县供电公司

光明音符（组图）

方军摄影作品 | 国网东平县供电公司

光明音符（组图）

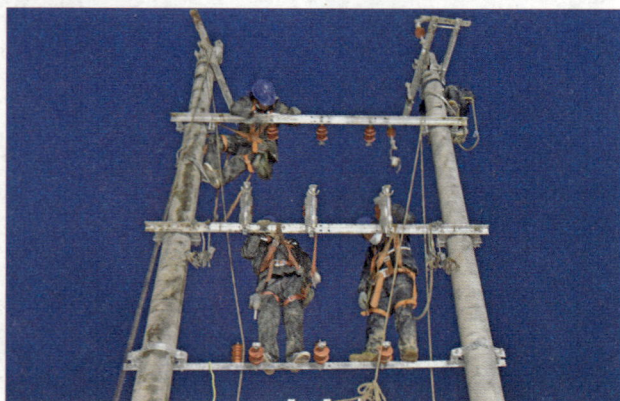

方军摄影作品 | 国网东平县供电公司

光明音符（组图）

宋伟龙摄影作品 │ 国网德州市陵城区供电公司

光伏电站水上漂（组图）

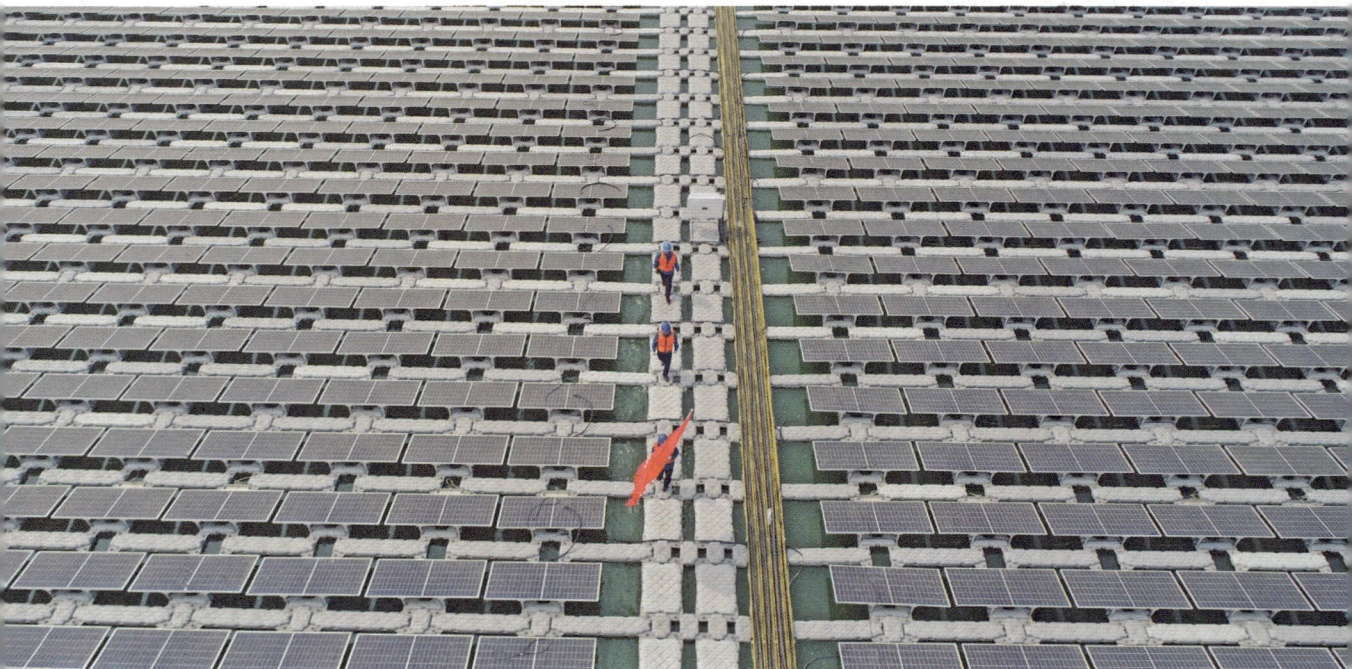

宋伟龙摄影作品 | 国网德州市陵城区供电公司

光伏电站水上漂（组图）

王者东摄影作品 | 国网嘉祥县供电公司

高空舞者（组图）

高空舞者（组图）

马雷摄影作品 │ 国网莘县供电公司

水上光伏（组图）

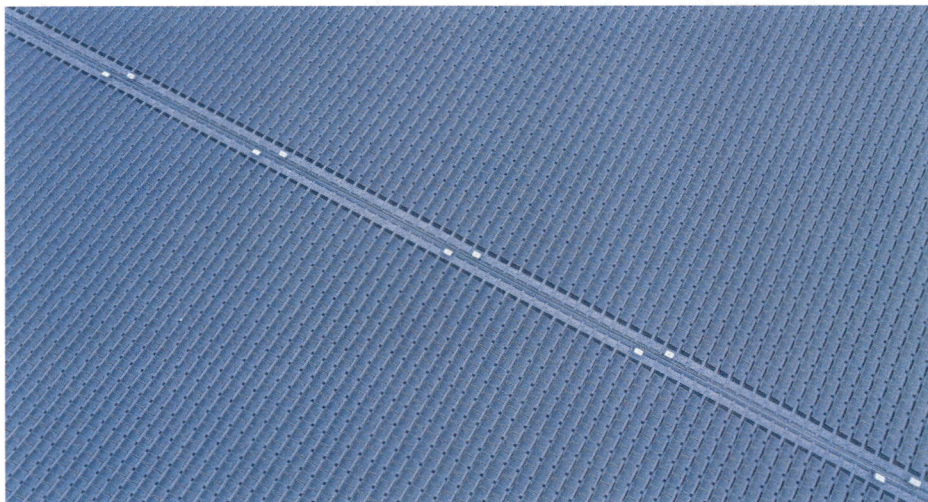

马雷摄影作品 │ 国网莘县供电公司

水上光伏（组图）

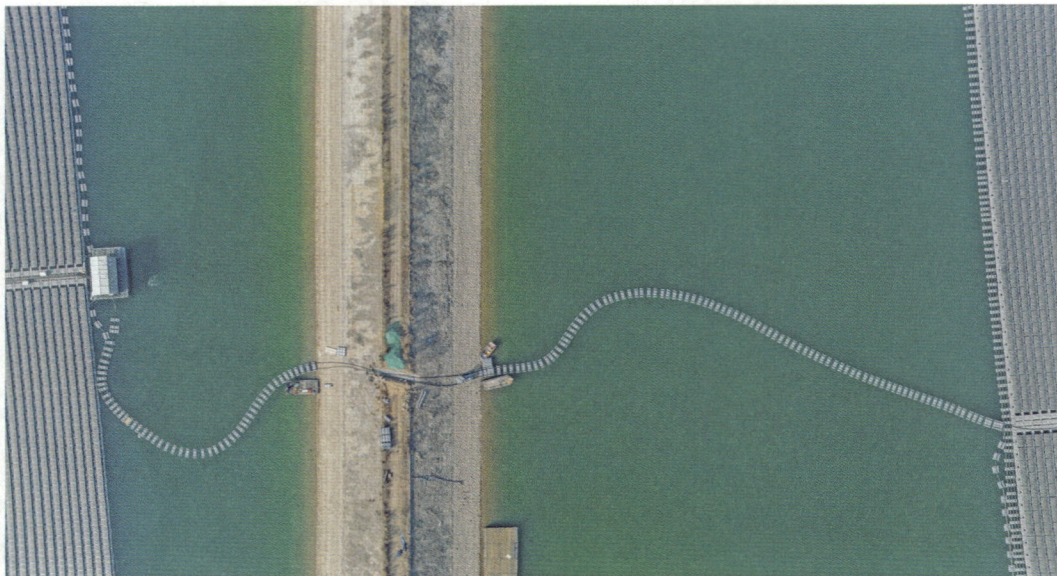

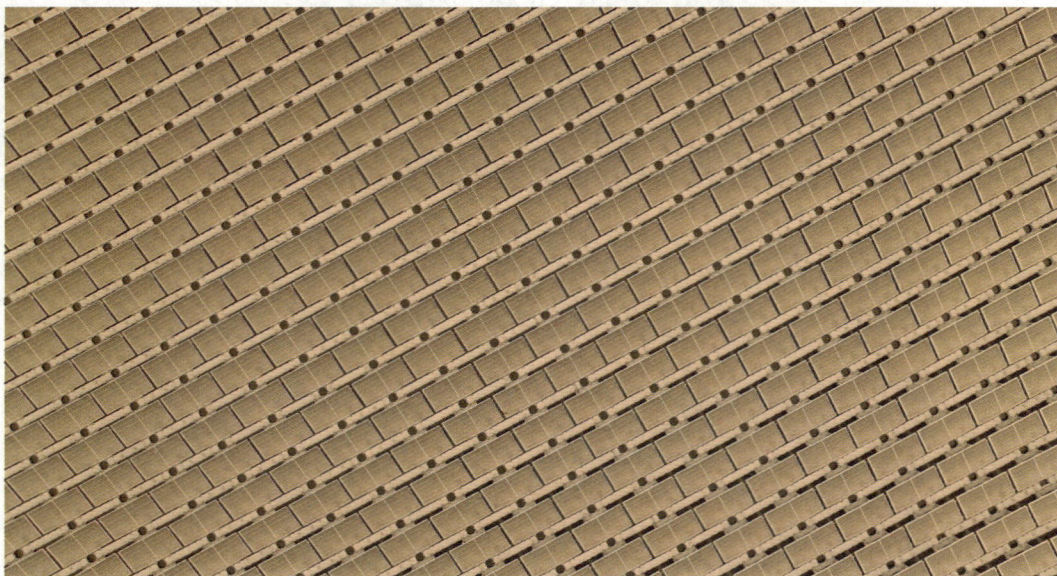

高杨摄影作品 | 国网东营供电公司

光明守护者（组图）

高杨摄影作品 | 国网东营供电公司

光明守护者（组图）

任梦雪摄影作品 | 国网栖霞市供电公司

风雪保电　日夜兼程（组图）

任梦雪摄影作品 | 国网栖霞市供电公司

风雪保电　日夜兼程（组图）

刘新清摄影作品 ｜ 国网莱阳市供电公司

电力天路　日夜兼程（组图）

刘新清摄影作品 | 国网莱阳市供电公司

电力天路　日夜兼程（组图）

王者东摄影作品 | 国网嘉祥县供电公司

电力巡线入画来

赵丁摄影作品 | 国网沂源县供电公司

风能山上舞

谭建伟摄影作品 | 国网威海市文登区供电公司

风雪夜归人

石庆喜摄影作品 ｜ 国网临沂供电公司

空之"舞"

史本坤摄影作品 ｜ 国网乳山市供电公司

你用电我用心

宋忠政摄影作品 | 国网滨州市沾化区供电公司

渔光一体

汤纪奎摄影作品 ｜ 山东送变电工程有限公司

织网人

为电网放歌，为职工抒写，承载梦想，凝聚力量，是每一位山东电力作家的使命与担当。从一盏灯到一座城市的辉煌，从一支笔到一首诗的吟唱。历史留下一瞬间的思绪，在作者笔下，汹涌澎湃着战地飞歌的波浪。

　　泰山巍峨，黄河奔腾。齐鲁大地绿水青山、鸢飞鱼跃，举目眺望诗与远方。山东电力打造了一支信仰坚定、思想过硬、作风扎实的队伍。作家扎根基层，心系职工，在新时代奋进的冲锋号中，奋发向上、勇于进取，创作了许多优秀文学作品，获得了一系列优异成绩。价值引领、文化凝聚、精神推动为高质量发展提供了动力。

激扬文字
放歌时代

李铁峰

山东省作家协会会员、中国电力作家协会会员；山东省作协第六届高级研修班学员、鲁迅文学院首届中国电力作协高级研修班学员；第六届、第八届"沂蒙文艺奖"评委。在《山东文学》《脊梁》《青海湖》《时代文学》《鸭绿江》《精短小说》《今古传奇》《三角洲》等杂志发表文学作品。著有诗集《与大地一起飞翔》、散文集《孤岛上的清泉》《绿茵追梦》。诗歌《六月的阳光下》获《山东文学》征文二等奖；散文《茅屋里那一豆灯火》获山东省总工会《职工天地》全国散文大奖赛征文一等奖；小说《品相》获国家电网公司庆祝新中国成立70周年征文三等奖；散文《彼岸的灯光》获国网山东省电力公司"喜迎二十大·一起向未来"征文一等奖。供职于国网临沂供电公司。

电力彩虹服务队里的硬汉

冬日的一天，国网临沂供电公司市中区抢修班办公室的门被推开，走进来一个弯腰驼背拄着拐杖的老太太。她步履蹒跚，脸上都是皱纹，身穿干净的棉衣，头上戴着圆溜溜的绒帽。她一只手扶杖，另一只手提着一个灰扑扑的小布包。队员刘芳赶紧扶着她坐下，倒了一杯水放到她面前的茶几上。老太太喘息方定，抬头扫视一遍办公室的十几个人："俺找你们这里那个硬汉。"队员笑了，回答说："老奶奶，您有什么事需要帮忙？我们大伙儿都能帮您。""不，俺就找你们这里那个硬汉。"一直埋头整理资料的班长郑春阳笑着说："老人家，我们都是硬汉，您有事大家都能帮忙。"老太太摇摇头，说："你们这些小伙子都能帮忙不假，可你们不是俺说的那个硬汉，他剃着光头，脸上平常总带着笑。整天背着一个黄色工具包，走路很快的那个。俺来给他送几个煮鸡蛋，这可是个好孩子。"办公室的人都笑了，老太太执意要找的人，原来是彩虹服务队的老队员张志军。

张志军四岁没了母亲，父亲曾是部队工程兵，在部队干的是打山洞的活儿，后来染上了肺硒病，晚年都是张志军侍奉。张志军刚结婚没几年，他父亲就去世了。每逢过节，张志军就很沉默，下了班坐在办公室里不吭声，一直到深夜才回家。每年的除夕，他都要求加班。一个人守着两部电话。没有报修任务他也一直坐在那里。看着万家灯火，他眼泪汪汪不说话。同事知道他命苦，体谅不让他干危险工作，但他很倔强："你们能干的活儿，凭啥我就不能去干？"

2008 年，国网临沂供电公司基于为民服务便捷，以抢修班为基础，成立了沂蒙彩虹服务队。沂蒙彩虹服务队刚成立没多久，达维台风席卷莒南临港区。临沂供电公司连夜部署抢险救灾工作，需要抽调上百名队员赶赴灾区。张志军听说后，从家里赶到单位，一再请求班长在抢修队名单上加上他。就这样抢险队连夜出发了，他甚至没来得及跟家人说一声。

台风过后，莒南县临港区十几个村庄遭受风灾，树木成片被刮倒，脸盆口粗的树被台风拦腰拧断，露出参差不齐的白茬。由于树木倒伏砸到线路，那些电线杆上的横担受力后，从 180 度拧成 90 度，瓷瓶更是碎裂一地，现场惨不忍睹。树木横在路上，抢修车辆无法前行，需队员一根根移走。队员们一边开路，一边抢修线路。八月的天气异常炎热，由于断电，大家吃饭喝水都是问题。后勤保障尽可能搞来一些包子，里面是粉丝拌酱油的馅，每人发两瓶矿泉水，喝进去的水很快就化作汗水流出来。在临港区四天三夜抢险救灾保供电，等回到单位，张志军和队员们脸上全部晒爆起一层皮，嘴唇上全是血疱。

电力抢修和施工相比是个小活儿，仔细干起来却包罗万象，是有心人才能干的工作。需要完全熟悉整个城区的一千多台高压设备，和所携带的几千台低压配电设备情况，以及上万条电缆及线路走向。更需要掌握八百个居民生活区的具体位置甚至楼房方位，还要掌握整个城区的交通及高峰期的最佳路段，因为抢修坚持的一点就是"再快一分钟"。

2009 年 8 月的一个深夜，正在值班的张志军接到了一个 95598 工单，他马上抄起电话联系客户落实具体地址。客户带着浓重的苏北口音说，他叫刘井垒，是来自江苏邳县的卖唱盲人，租房住在铁路附近。他刚到临沂不知道自己住在哪条路哪个小区，只知道在焦庄居住。张志军心里想，焦庄面积很大，有成千上万的租房户，这样找无异于大海捞针。又想到一个盲人行走不便，但他有很好的听力和嗅觉，就问道："你能听到什么？或者闻到什么？"客户说能听到火车在附近经过，并且感觉到火车经过时房屋的震动，还闻到一股垃圾的臭味。

放下电话，张志军带上队员郭勇，马上驱车前往。到了焦庄街头，他吩咐郭勇沿着铁道南侧的一排板房寻找，有集中放垃圾箱的附近就是，他们开始分头寻找。二十分钟后，他们汇合到铁道旁边一排垃圾箱附近。在一棵柳树旁边的板房处发现了敞开的门，一个三十多岁光着背的盲人坐在门口。打过招呼确认后，他们打开手电筒刚走到门口，就被一股酸臭的气味呛得直想呕吐。屋内一个破床垫子铺在地上，一台落地扇放在垫子旁边，一只黑乎乎的碗上落满了苍蝇，拆碎的方便面调料袋丢得满地都是。

借着手电光，张志军发现墙壁上一个刀闸烧坏了。根据产权划分，应该由客户购买，帮助更换。张志军看着眼前这个破败的家，啥也没说，从工具包里拿出备用的开关，随着工具钳和螺丝刀快速动作，不到两分钟就恢复了送电。看着地上的小风扇转起来，他扶着刘井垒坐到垫子上，就离开了。他没有回单位，而是驱车到街头商店买来了一些食品、矿泉水和两盒电蚊香。再次回到刘井垒家里把电蚊香插上，把食物交到他手上。

在第二天工作交接时，他把那个开关的钱交给了班长，并把刘井垒的信息填入单位的特殊客户帮扶档案。此后的十几年时间里，张志军夏天送蚊帐，冬天送棉衣，一直帮扶刘井垒，直到刘井垒离开临沂。

2011年10月19日，国家电网公司成立了彩虹共产党员服务队。临沂供电公司以沂蒙彩虹服务队为基础，在市县公司成立了十支彩虹共产党员服务队。市中区沂蒙彩虹服务队更名为市中彩虹共产党员服务队。随着彩虹共产党员服务队的建立，各项规章制度和服务标准也逐步高标准严要求推进。张志军是党员外的优秀队员，他记不清自己做过多少好事，只是一如既往地秉持着任劳任怨的工作作风在做事。

电力抢修服务不仅在于技术的掌握，更在于勇于担当。2012年夏天，某小区的地下电缆烧断了。当时这个小区的电力设备还没有交给供电公司管理，几百米电缆在地下，物业方不会因为一个故障点就整根换掉，只有抢修。找不到冒着风险去抢修的人，他们就向供电公司求援。张志军接到求援电话带着队员过去查看。一看头就大了，电缆在下水道里面，正是酷暑天气，打开下水道井盖，看到里面的粪便发酵泛着泡沫，一堆蠕动的蛆虫滚成团，臭味扑鼻而来，他当即呕吐不止。

五座楼停电影响几百户，个别居民在旁边说风凉话："一个个穿得像喝茶的，别指望他们修电。"

张志军不理会那些闲言碎语，吩咐队员沿着电缆走向，逐个打开下水道井盖。他沿着井盖走了一圈，拿出车上常备的挖藕的皮衣皮裤穿上，将手电筒放进工具包，再用一层层塑料袋把工具包包裹好。年轻学员一看慌了："这不是公司产权设备，你这样做冒着很大风险，下面情况不明，万一……"他看了学员一眼说："在我这里只有修电，没考虑其他。"并肩作战多年的同事刘自学了解他，啥也没说，早就把压线钳和抢修材料包裹好，也穿好了下井的服装，并在衣服一侧装上了好几个大塑料袋。

他俩先后屏住气慢慢进入井里，井里的粪便淹到脖子，那身挖藕的皮衣领口并不封闭，污水顺着领口进入了衣服里面，给他们来了个透心凉，蛆虫顺着他们的脸在爬。张志军的脸憋得通红，硬硬压住呕吐，顺手在探查通往主管道的进口，五分钟后，终于找到了。他们消失在人们的视野里，围着井口的人群谁也不说话了，一个个用焦灼的眼神盯着井口。

事后据刘自学讲，进入主管道口后，里面漆黑一片。他们打开包着塑料袋的手电，爬过横七竖八的管道进入下水道主网，身边是齐胸的污水，里面还有流淌的粪便和卫生纸。深一脚浅一脚地摸索行进，工具包始终顶在头上。借着手电光走了70米后遇到了最大的阻挡，一根根交错的铁管子横在中间，要想穿过去，只有从污水下面钻。他们从上衣兜里拿出两个透明的塑料袋套在头上，从污水下钻了过去。在遍布蛛网的污水井里，老鼠不时沿着管道在身边穿梭，这是它们的领地。他俩一个打着手电，一个抢修，用了两个多小时才完成作业。等到他们从井里爬上来，围观的居民从家里端来一盆盆清水浇到他俩身上，为他们清洗。

"年年岁岁花相似，岁岁年年人不同。"抢修服务始终要"不忘初心、牢记使命"，秉承"人民电业为人民"宗旨。2020年5月的一天，张志军带领一名队员在梨园小区抢修，抢修结束开车到巷口，听到一阵阵老人的哭喊声。他马上停车下去观察，看到西边巷子里浓烟滚滚，一位老大爷站在巷口大喊"救命"。张志军马上把抢修车停到路边，带领队员迅速跑到巷子里。只见里面一个收废品的小院浓烟滚滚，伴随着"噼噼啪啪"的爆炸声，火舌随着风在旋转，眼看就烧到附近的居民房屋。当他知道屋子里还有一个老大娘困在里面时，迅速从赶来救火的人手里抢过一桶水浇到自己身上，快速冲进被火包围的小屋。找到哭喊的老大娘，抓起一条破被子披在她身上，抱起她冲出来。放下老人，他又加入了救火队伍，等到把火扑灭，他坐在地上，一点劲儿也没了，才发现自己手多处被烤出了血泡。

张志军是个很善于用心工作的人。冬天雪后很冷，他接到了东关街一个抢修任务。经过勘察是地下电缆坏了，波及周边几百户居民家中停电。由于电缆深埋，一时无法判断故障点，需要用检测仪做打压试验。检测仪做过打压试验后，由于城区改造电缆地埋接近两米，具体位置还是不好确定。张志军蹲在雪地上观察，稍后指着一处地方说："从这里开挖两米深，长度大约三米。"队长说："这可不是开玩笑，一旦开挖费了很大工夫找不到故障点，可能更耽误时间，你必须确定。"张志军说："相信我的判断，绝对在这里。"几名队员快速使用铁锹开挖，一小时后，准确找出了故障点。抢修结束，在技术分析课上，队长一定要让张志军讲一下如何发现的故障点，张志军哈哈一笑，说道："你们没注意观察，这条电缆已经深埋了十年了，锈蚀和老化时间也差不多了，平时肯定有放电现象。在地下不容易被发现，可放电会让土壤发热，上面的草肯定无法存活，这是一点。另一点就是最近彻底放电烧断了，随着剧烈放电，上面刚下的雪比其他地方融化快，周边的雪没有融化，只能是这个放电点融化了雪。再就是在你们开挖中，我捏起一撮泥土闻了闻，就是电缆绝缘皮放电烧糊的气味，所以我坚信自己的判断。"一堂课让他三言两语讲完了，也让年轻队员学到了丰富的抢修经验。

"路见不平一声吼，该出手时就出手。"张志军爱听这首歌，他骨子里就充满了热血衷肠。受军人父亲影响，他总是爱管"闲事"。2021年的春天，他在北园小区抢修完毕返回单位途中，看到一位中年妇女弯腰站在路边冲着行驶的车辆挥动手臂。他马上将车停靠路边跑上去问怎么回事。他看到妇女一只手血肉模糊，部分手指露出了骨头，血滴到地上一片。原来她是一个馒头店的打工者，因为手挤进了馒头机，被辊子挤伤了手，一直站在路边挥手拦车，但行驶的车辆没人停留。

张志军赶紧将她扶到车上，快速驱车赶往就近的医院，同时让另一名队员马上联系医院做好手术准备。20分钟后抢修车赶到了医院，看着伤者失血过多已无法走动，张志军抱起伤者冲进手术室。又跑出去垫付了身上仅有的六百元钱，办理了住院手续。看着伤者开始手术后，张志军才带领队员默默离开。

事情过了一个月，直到有一天客户带着一面锦旗找到公司表示感谢。公司查阅了抢修车辆行驶轨迹，最后确定是张志军和队员干的。张志军不好意思地说，我这也是公车私用，违反了公司制度。市中彩虹党员服务队队长深情地说："你没有违反制度，你是履行了我们有难必帮的服务承诺，谁说抢修车不是救护车，在急难险重面前，我们只有挺身而上敢于担当，才配得上这面彩虹党员服务队的旗帜。"《沂蒙晚报》在报道中用"抢修车成了救护车"作为标题刊发了这条新闻。

张志军以一名普通彩虹服务队员的身份，用自己的行动践行着入队宣誓的誓言，影响着千百个工作在基层的队员，弘扬新时代济危救困、见义勇为的正能量。国网临沂供电公司彩虹共产党员服务队自成立以来，始终秉承"你用电·我用心"的服务理念，党员带头"亮身份、亮职责、亮承诺"，以服务客户需求为导向，坚持"有求必应、有难必帮、服务客户、奉献社会"，积极为客户排忧解难，主动送光明、送温暖。用无私奉献、真诚服务，架起了党和群众的连心桥，点亮沂蒙革命老区的火热情怀，彰显了国家电网良好品牌形象。该服务队先后获全国五一劳动奖状，省、市工人先锋号，省公司抗台抢险保供电功勋集体，抗冰抢险先进集体，先进党支部，创先争优金牌团队，省青年安全示范岗以及市抢险先进集体等荣誉。1名队员获全国劳动模范，2名队员先后被评为省级和全国人大代表，5名队员获振兴沂蒙劳动奖章。人民日报、新华网、大众网、中国电力报、山东电力报等多家省级以上媒体进行了专题报道。

（本文获临沂市总工会、市文联"致敬最美劳动者"征文二等奖）

董　丽

中国电力作家协会会员，山东省作家协会会员，淄博市作家协会理事。作品散见于《脊梁》《班组天地》《国家电网报》《亮报》《淄博日报》、电网头条、书香国网等杂志、报刊和公众号。《姐妹》获安徽省"润方家谱杯·我家的故事"全国征文三等奖；《父亲的爱好》获国家电网公司工会"喜迎二十大·永远跟党走"职工文学艺术作品创作活动优秀奖（不分等）；《追光》荣获国网山东省电力公司"喜迎二十大·一起向未来"主题征文一等奖。就职于国网桓台县供电公司。

读书，让我梦想成真

1990 年，我初中肄业，背着简单的行李，去县棉纺厂参加工作，在前纺车间的粗纱工序做了挡车工。三班倒，夏天温度达到四十度，每天汗流浃背。冬天还好，依然到了三十度。车间里棉絮飞舞，不时钻到鼻孔里，沾到皮肤上，让人浑身瘙痒不止。每个班都要不停地在机器旁来回巡逻，以免棉纱出现次品，影响质量，一个班下来差不多走上几十里路。那时年轻，没有觉得多么累。

上班忙碌的时候还好，很充实，没有时间想别的事情。等到下班以后，躺在宿舍床上，我看着空荡荡的屋子，心里也空荡荡的。忍不住问自己：人生最美好的年华就这样碌碌无为地度过吗？我需要做点什么才能改变这种现状呢？我一没有学历，二没有文化，拿什么去改变呢？一度让我很自卑，也很焦虑。

想起上学的时候就喜欢看书，还因为上课偷偷看了太多的小说导致功课落下太多，实在无法继续学业，才辍学参加工作。如今没有任何牵绊，而且经济独立，我为什么不能继续看书呢？想明白了这些，我就一个人跑去了县城的新华书店，购买了《人生》《荆棘鸟》《平凡的世界》等名著，开始了每天的阅读。

每天下了班，我洗漱完毕，一个人躺在床上，把帘子一拉，远离喧嚣，青灯一盏，书本一卷，细嗅书海里文字的芬芳，品味经典里的华美篇章。在读《平凡的世界》时，我被男主人公孙少平的经历深深吸引。他是一名生活在底层的挖矿工人，却利用工作之余继续学习，为报考煤矿技术学校做准备；他希望学习更先进的采煤技术，提高矿区的采矿效率，改变煤矿工作生死悬于一线的不幸命运。虽然时间过去许多年，他仍然是一名工人，看似命运没有改变，但其实已经发生了一些变化，他的心胸思想和格局都不同于常人。这得益于他一直保持着阅读的习惯，既开阔了视野，又提高了格局。他是那么平凡，却又那么耀眼。我脑海里闪过一个念头：我也想像孙少平一样，从阅读中汲取力量，提升自己的修养，不管外面是阴晴圆缺还是雨雪风霜，都能以平静心态去拥抱生活。

从孙少平身上我看到了光明和希望，他在那么艰苦的情况下都能静下心来学习，与他相比，我的生活顺利、工作顺利，我还有什么理由不去努力呢？于是我报名成人中专教育电气自动化及其工程专业，每天挑灯夜战，孜孜不倦地汲取知识。因为我的基础薄弱，这个过程很难，还好，我没有放弃。皇天不负苦心人，我终于拿到了人生的第一张文凭，这也改变了我的命运。

1998 年，我从棉纺厂调到了电业局，我已经成家有了两个孩子。每天的时间和空间都被柴米油盐、烟火生活充满和占用。大部头的书看不了，只能抽时间看点小短文。如果哪天没有读点书，我就有了一种负罪感，好像这一天的时间白白浪费了。"书卷多情似故人，晨昏忧乐每相亲。"每天的阅读洗去我一天的疲惫，让我从烟火生活中沉静下来，静静地享受这属于我的温馨时刻。

如今的我工作顺利，家庭和睦，儿女双全，这样的人生也算圆满，这样庸常的生活也很幸福。可心灵深处总是有一个声音在呐喊：我要做点什么，我要为我自己留下点什么。就像农民种庄稼，有收获的喜悦；就像我在棉纺厂干挡车工，看到棉花纺织成棉纱后的快乐，那也是我一天工作的成绩。

我从小就有个文学梦，可是这个梦想总是因为我的自卑，还没有萌芽就被我一次又一次地扼杀。在我心中，一直认为写作只有高水平高学历的人才能做。像我这种学历的人怎敢去写作。这成了我心中一个过不去"结"，这个结让我作茧自缚，剪不断理还乱。

可是，人生总要去挑战自己。很多著名作家学历也不是很高，不照样给世人留下脍炙人口的作品吗？想到这里，我再也坐不住了，怀揣的那个文学梦又开始躁动。我不再犹豫，不再自卑。我开始拿起笔，尝试我生命中最重要的一件事：写作。这一年，我已经 38 岁，年近不惑。这一年，我还在班组，因为农网改造，正在加班加点地校验电能表。

不惑之年，一切迈步从头越，很难，但是我喜欢这种挑战的过程。刚开始写，不知道从哪里下笔，也不知道怎么去组织语言，就像记流水账一样记录身边的小事，两个孩子的成长变化、小时候的记忆、父母亲那辈印象深刻的事情……也把读书中遇到好词好句记下来，这样的流水账曾经记了好几本。

2012 年暑假，我带着孩子去河南云台山旅游玩，回来写了一篇《云台山游记》。投到山东电力系统网站的"职工之家"，获得了月度二等奖。就是这一个奖励让我写作信心倍增，写作热情日渐高涨，从此一发而不可收拾。因为写作，我从班组调到了办公室，我用努力赢得了人生的自我转变和救赎。这让我想起网上流行的一句话："人生没有白走的路，每一步都算数。"

在努力工作的同时，我利用业余时间继续笔耕不辍。2016 年母亲节，适逢母亲 65 岁生日，我给母亲准备了礼物，蛋糕，还做了一大桌子菜。那天，我的散文《母亲的退休金》在《淄博财经报》上发表。这是我的第一篇变成铅字的文章，特别有纪念意义，就拿这篇文章送给母亲，作为一份特殊的生日礼物吧。母亲十分高兴："这份礼物比什么都好，这是你努力的结果，也是你的成绩。"

曾经父母因为我的辍学一直耿耿于怀，认为是他们没有及时阻止而导致的，后来看我认真读书，努力学习，终于释怀。

我用真心和真情记录工作和生活中发生的点点滴滴，让这些文字带给我生活的感动和愉悦。我的作品陆续在报刊、杂志和公众号发表，参加各类征文活动也获得多次奖励。加入了中国电力作家协会、山东省作家协会，还创办了自己的公众号，不断更新自己的文章。

这些成绩都是因为读书的缘故。若没有读书，我哪里会懂得那么多道理，又如何会有现在这些收获呢？读书不仅改变了我的人生轨迹，让我圆了梦想，也改变了我的性格，让我不再自卑。熟悉我的人都说我变了，变得沉稳，变得有气质，也变得自信起来——这都是读书带给我的改变。

在爱上读书的这些年，我凭借自身阅读构建起的小世界，已经能以体恤的温柔来化解我生活里的酸甜苦辣。书本给了我智慧和感情，我相信眼睛到不了的地方，文字可以。

选择读书，就像选择了一个人，这一选择，便是一生。这一生，让我受益匪浅，让我感恩铭记。感谢书籍，在人生这条路上让我梦想成真。

（本文获河北省作家协会第十二届"我的读书故事"征文优秀奖）

李晓燕

鲁迅文学院电力作家高级研修班学员，山东省作协会员、中国电力作协会员，莱西市作协副主席。作品散见于《脊梁》《青岛文学》《国家电网报》《青岛日报》《黄山日报》等报刊、杂志。出版散文集《纸上流年》。就职于国网莱西市供电公司。

潴河之上

薄雾中太阳从东方缓缓升起，红晕慢慢洇开，微风轻拂。河水缓缓流淌，白鹭临水照影，各自翩跹；水鸟游出草丛，水面漾起波纹，虫鸣声渐渐隐退。一条蜿蜒的小河自北向南揽城而过，深情地眷恋着这片土地。这是如今潴河两岸清早的景致。随着生态环境的改善，白鹳、白鹭成群，各种珍稀鸟类不断迁徙，它们对水源丰美地具有天生的感知力，也因此吸引了许多摄影人早出晚归，流连忘返。

逐水而居，水滨结庐，自古是人类亲近自然的本性。到今天的乡村、城市，大多以河流为中轴线发展，缓缓流动的水是一个城市蓬勃发展、人类生生不息的象征。

莱西小城是青岛唯一不靠海的地方，境内有大沽河由北往南穿过，被称为莱西的母亲河。潴河是大沽河的分支，或许是对小城的依恋，大沽河在离小城城区近处——莱阳，伸出臂膀揽抱小城。曲水有情，古人认为曲水是天赐之物。潴河水一路走走停停，像一曲抑扬顿挫的千古名曲，不动声色地滋润着两岸。潴水为泊，河水绵延五十多公里，在辇止头村北回到大沽河的怀抱。

我对潴河的认知，是从潴河（洙河的旧称）大桥开始的，这座桥在城区的南段潴河上。潴河大桥是由北而来到水沟头赶集的必经之地，水沟头大集是小城最有历史的传统集市。传统的手作和特色农产品如今依旧在那里能找到，每到腊月集我都喜欢去赶集，时常会被带进旧时光。

潴河大桥东面的彩虹桥是潴河上的一枚彩色戒指，夜里霓虹闪烁，它便呈现各种色彩反复循环，如同绚丽的彩虹，为小城增添了时代感。辐射两岸建成的潴河公园，每到春天花红柳绿，年复一年形成独特的樱花大道，任往来的小城居民欣赏、摆拍。儿时向往的月湖公园在桥的北边，引流潴河水而建，以月牙的形状镶嵌在老城区中心，成为小城的地理坐标。月湖步行街，月湖早市也由此而生。可见小城的美丽大都由河而来，河赋予了人类生生不息的生命和智慧。

城区的北段潴河，在北京路与上海路之间，是离我家最近的临水处。往日送小花（女儿）上学的路上必经此处，每到春天两岸葱绿。起先引起我注意的是河边的芦苇，它们以原始的姿态在河的两边顺势蔓延。

我喜欢芦苇，每年秋天都会到湿地看芦花，大片的芦苇随风摇曳，像一首沧桑浑厚的歌谣，带着淡淡的轻愁。芦苇坚韧、挺拔，无论在哪里扎根，始终不急不躁。我对芦苇的喜爱是从春天开始的，它悄悄感知到季节，不动声色地披上绿衣。诗经里把它称作蒹葭：蒹葭苍苍，白露为霜。所谓伊人，在水一方。可见芦苇的诗意，在人类文明懵懂时期就已形成。

不知为何芦苇丛总让我想起抗战年代，那时的游击战曾利用芦苇荡做掩护，因此多了些革命色彩。王久辛老师曾写过一首长诗《芦花白，芦花红》，纪念默默无闻的抗战女英烈朱丹，令人动容：

> 一望无际的芦苇荡
>
> 仿佛一道屏障
>
> 肩并着肩叶挽着叶
>
> 根连着根壁垒森严

秋天芦花开时，我在潴河边寻芦苇密集处给朋友拍照，一处成排的芦苇丛就能虚拟整片芦苇荡。劲风吹过，芦花摇动着时光的锦旗，疏落处鸟儿飞翔。

月前，有消息宣传"洙河客厅"，我对它的具体位置有些疑惑，想起曾看到北京路的桥头用蓝色围墙围起，猜想到大概位置。

晚上，我跟朋友从小区门口往东，临近大桥处随着人群往南，在一排长长的台阶低处，看到了照片中的"洙河客厅"。

吸引我的依旧是河里的芦苇，叶挽着叶肩并着肩，步伐整齐，连成一片。它们漫过平台，以诗经里伟岸的身姿站立，精神奕奕。它们是这里的原居民，正以主人的身份迎接往来的客人。此时晚霞映红天边，两岸的芦苇便披上了霞光。

开街仪式后第二天晚上再来到这里，秋日的清凉正从夜里开始。灯光璀璨中从高处看"洙河客厅"，如同一条光彩夺目的彩色项链系挂在潴河上，仿佛步入童话世界。游人显然少于前一天，路边不时有卖气球、零食的小贩。经过酒水青春集市，特色的手工头饰显得格外醒目，一个身穿汉服的小美女正细心地为客人介绍："全是手工做的，二十元一对。"手工制作是她的亮点。

一面写着"专业求婚策划，生日惊喜，后备箱惊喜"的圆形牌子更吸引目光，下边标有二维码。这个创意虽然不新鲜，摆在这里却更合时宜，增添了轻松愉悦感。

在模拟钢琴键盘处，孩子们在上面来回走动，跃动着城市音符，给夜色增添了雅致。我尝试用手机慢门拍了几张照片，虚实相间，多了些律动感。蜿蜒到对面的白色栏桥上，不断有人经过，桥下面就是成片的芦苇。在此遥望对岸的"凌波亭"格外醒目，如同天上的街市在夜色里熠熠生辉，恍惚间分不清天上人间。

我是被音乐声吸引到对岸的，"凌波亭"里悠扬哀怨的二胡和清亮的笛声，正在合奏《葬花吟》。秋风初凉，乐声令这芦苇丛生的河边多了些伤感。我停下脚步聆听，才看到旁边小黑板上写着"莱西吕剧，弘扬传统文化，观赏潴河美景。"原来是莱西吕剧团的专场表演。对面架起打光的圆形灯旁，一部手机正在同步直播。想起流行音乐兴起的那些年，许多地方戏演员转型唱流行歌曲，面临挑战后，地方戏以厚重的底蕴在时光里沉淀，如今越发被世人接受。黄梅戏《天仙配》《女驸马》，越剧《天上掉下个林妹妹》等曲目久唱不衰，经典是永恒的。

两岸的濠咖啡、九鼎庄园、红著红酒馆、夜猫子潮店、微醺休闲清吧为街区增添了时尚感。这里是小城情感的宣泄地，让人们在喧嚣快节奏的忙碌中得以舒缓；又是一处会客地，河水流淌处品茶聊天，读书抒怀，诗情画意扑面而来。一苇渡江，说的是人生的欢喜悲苦不过是一念之间。这半城芦苇半城河，似乎在告知人们草木一秋，即使遭遇黑暗，依旧要诗意地活着。

潴河客厅位于城区的潴河北段，发源于莱阳的潴河水从远处蜿蜒而来，顺势往南，小城在此以盛情迎接它。潴河像一条长长的纽带情牵两地——莱西和莱阳，河水一路婉转轻唱，河边鸟儿欢腾。

小城的故事从这里开始……

（本文获中国水利文学艺术协会"我与母亲河"全国散文诗歌征文大赛入围奖）

朱 强

中国电力作家协会会员，山东省散文学会会员。作品散见《齐鲁晚报》《当代散文》《国家电网报》等，作品多次在国网山东省电力公司举办的征文活动中获奖，入选《劳动最光荣》等文集。就职于山东送变电工程有限公司。

小小银行卡见证大变迁

"眨眨眼，抬抬头，低低头，向左转脸……"

"审核通过！"

这几句简短的提示对话，您猜到在干啥吗？

对！这是我在用某银行客户端进行金融业务操作呢！

刷脸就能办业务，让我觉得自己的脸值钱了！

只要不是现金业务，这几年不用到银行或 ATM 机，照样能够办理金融业务，让我们感受到了银行的服务形式在不断升级迭代，突飞猛进。"存折"的时代渐行渐远，数字化、智能化时代融入了我们生活。

年过半百，回想自己参加工作三十年，虽然挣钱不多，可也没少和银行、人民币打交道。腰包里稍稍富足时，就把省下来的"几两碎银"存入银行。买房子手头紧巴，也厚着脸皮向银行张张口、伸伸手，抵上身家，当上"房奴"。现在看来，信息化数字化时代，哪有什么钱不钱的，转来转去就是一堆数字。要说起来，还真是难忘当年拿着存折到银行存取钱时，手里攥着花花绿绿票子的真实感呢！

三十年前，作为一名新入职的"职业小白"，我满怀激动从家乡来到济南工作。我们同年一批工作的 40 余人，高高兴兴地参加了单位组织的 17 天入职培训。培训结束后就各奔前程，带着满腔热血到全省各地的电网建设施工现场发光发热。临下工地的头一天，我从部门出纳刘虹老师手里领到了自己的第一份工资存折，顿感扬眉吐气，心中暗想，从此咱也是能挣钱的工人了！

我始终觉得，有个关心职工生活的单位真好！十几岁就离开家里住校过集体生活，参加工作了，单位就是自己的天，管着自己的一切。就算离开家乡和亲人，也没觉得孤独。

吃在职工食堂，住在单位宿舍，出差时路费报销，还发了工作服等劳保用品。最初，一个月163元的工资，再加上少许的出差费和津贴，对于一位快乐的单身汉绰绰有余。

随着经济的好转和基础建设的投资加大，我们的收入也是芝麻开花节节高，和银行打交道的时候也越来越多。1998年，结婚后单身汉变成了二人世界、三口之家。妻子在娘家就有花钱大手大脚的习惯，结婚后也是挣得少花得多。2000年左右，我建议她到单位附近的银行办一个定期存折，每个月固定存上500元。看到能攒下一笔钱，她心里还真是高兴。爱美的她，连着存了2年零存整取，刚到期就取出钱来，跑到西市场的一家商店，为自己添了一件心仪的翡翠手镯。

庆幸自己赶上社会发展的快速时期，家里多少都有点家底子。作为20世纪70年代生人，享受到了改革开放的红利，见证了居民口袋渐渐鼓起来。可把钱放在哪里最放心，每个人、每个家庭都会掂量掂量。胆子大的下海一搏投入股市，整天眼盯着红红绿绿的屏幕，寻求着牛市的喜悦，感受着熊市的刺激。胆子小的总觉得还是存银行里放心稳妥。我就是属于胆子小的，股市从没开过户，也没投过一分钱。遥想当年股市火爆的时候，身边的同事、朋友拿着BP机，盯着大盘看，茶余饭后畅谈股市风云。可是对于我来说，这些都是身外之物，没做过尝试。

2005年以后，银行的理财产品多了起来，才多次少量买过一些基金。投了好几年，在一次动了想换房子的念头后，亏了几千元钱，赎回了本金。从工地回来，每每到银行柜台听着打印机"叮叮叮"清脆的打字声，接过柜员递过来的存折，看着本本上一行行的数字，心里觉得还是这个最踏实、最舒心。

1998年之前，我长期出差在外，日常也花不着什么钱，平时就把存折放在宿舍或者家里。两三个月回来才到银行打一次存折，取上几百元钱作为生活费。后来单位又通知要把员工工资存折换成储蓄卡。

任何新生事物，总是有一个逐渐接受的过程。当时有些年龄大点的同事还不愿意换储蓄卡，认为不如存折方便，发了多少钱，打出来一目了然。年轻人倒是无所谓，只图个随身携带方便。当时除了柜台办理业务之外，周围的几个营业点里也有了自助存取款机。而且是既有能打存折的端口，又有插卡的口。各取所需，很好地解决了老年人喜欢用存折、年轻人喜欢用银行卡的习惯。

2006年左右，能透支的信用卡又悄悄来到了我们的身边。当时我办主卡的时候，同时申请了一张副卡给媳妇。她每次刷卡的账单信息也会发送到我手机短信里。后来她觉得刷我的副卡总有被人监视的感觉，就自己也办了一张信用卡，悄悄地刷，潇洒地刷。可每到还款的时候，大手大脚的她经常入不敷出，我只好危难之际显身手。

　　我家闺女从小自理能力就比她妈强。闺女十岁的时候,我就带她去派出所办理了身份证。上初中的时候,为了方便,也是为了锻炼她的独立生活的能力,2011年我又把信用卡副卡给了闺女。为了控制她使用的范围,我们提前约法三章,仅限于买食物、文具等。如果自己想买衣服或超出一定数额时,需要征得家长的同意和陪同。一张小小的信用卡,陪伴她近十年。庆幸的是,孩子从小养成的自觉和自律,以及我有效的引导,使得这张信用卡既方便了她生活,也培养了孩子的独立人格。

　　虽然我也办理了私人护照,可从来没有迈出国门。可闺女上大学之前,凭着一张身份证、一张信用卡、一张护照,早早地行了万里路,实现了"世界这么大,我想去看看"的小目标。不说国内各地自由行,她和同学一起先后跟团去过了日本、俄罗斯、马来西亚、新加坡等地旅游。大学时,她恰巧选在了我们家庭所在的城市上学。节假日时,别人忙着回家。她总是结伴而行或和同学邀约,天南海北到外地去游玩。一直到2021年她参加工作,自食其力了,这张信用卡副卡才光荣地完成了使命。

　　鼓励孩子自己出国游学之事,那时也没有这个词。是我和孩子之间启蒙教育时的约定,也是孩子成长过程中的一件有意义的事情。在家庭条件允许的前提下,一定要让孩子出去长见识,这也是我给广大家长的建议。

　　2008年,为了解决我们员工日常工作中个人垫付资金问题,单位上又为每位员工办理了一张商务信用卡。一般的业务,可以先刷卡支付,报销后再还信用卡。企业和银行之间的相互扶持,有效地解决员工垫资的难题,真好!不过我是公私分明的,直到现在,个人家庭水电暖、电话费、购个人物品等支出,都是关联自己的信用卡。涉及到公务事项时,才刷商务信用卡。

　　惠民性政策也离不开银行支持。近几年,针对农民工工资拖欠给付不及时的问题,中央出台了农民工工资保护制度。要求把劳务工资由建设或施工单位通过银行实名制转账,直接把工资逐月发放到农民工手里,有效解决了农民工工资拖欠的社会性问题,也是力促社会保障一举多得的好政策。

　　在我家卧室里电脑桌的抽屉里,静静地躺着四只不同银行的密钥(加密狗)。可惜用了不到十年的时间,它们就退出了我们办理银行业务的环节,可见服务手段日新月异。一只只形态各异的密钥,见证了时代的辉煌沉浮,见证了行业的激烈竞争,见证了居民财富的积累变化……

　　就像段子里写的那样:谁能抓住男人的胃,就能赢得男人的心。进入了手机智能时代,一机一卡在手,手机囊括了我们的所有,近乎于统治了我们的一切。在光怪陆离的刺激下,我们花在手机上的时间,比工作、吃饭、睡觉等任何事情都要多!打开手机里银行App,

深度捆绑关联着各种信息，让我们应接不暇。就像文章一开头的那样，刷个脸、或输入一个密码，一切事情都轻轻松松搞定了！

随着社会的智能化、系统化不断提高，也许将来每人只用唯一的终身社会保障号或社会身份代码就可以取代繁多的身份证、银行卡、公交卡、职业认证书等，这样大家就不用再记繁多的密码，占用或浪费大量的社会资源。也不再会有冒用身份、金融诈骗、电信诈骗之类的现象发生。

向阳而行，社会大同，我期待着这一天早日到来。

（本文获《齐鲁晚报》第三届"青未了"金融散文文学奖二等奖）

郝晓庚

中国电力作家协会会员，山东省作家协会会员。从小爱读书，参加工作后，从文秘宣传起步，开始文学创作，写通讯报道、也写过散文、诗歌和网络小说。先后在《人民日报（海外版）》、《中国艺术报》《国家电网报》等报纸杂志上发表文学作品三百余篇。作品多次在改革开放 30 周年、建党 100 周年、五月的芳华等国家电网公司、国网山东省电力公司和社会征文活动中获奖。就职于国网东营市河口区供电公司。

新淤地上的守望者

千里黄河携滚滚泥沙而来，在渤海岸边徘徊驻足，百余年间数易入海口，龙尾摆荡，泥沙淤积，形成了今天的黄河三角洲。

老东营人都知道这句话——电线杆子比树多，输油管子比路多。自打采油机在海滩上扎根以来，电线杆子一直是这片土地上海拔最高的物体。行走在黄河三角洲国家级自然保护区，时常可见电线杆上的大鸟窝，那是国家一级保护动物、濒危鸟类东方白鹳的巢。

自 2003 年东方白鹳在黄河三角洲筑巢以来，累计繁殖超过 1600 只。中国野生动物保护协会于 2010 年授予东营市"中国东方白鹳之乡"称号。每到冬季，黄河三角洲国家级自然保护区就成了鸟的天堂。滩涂上，湿地里，天鹅、东方白鹳、丹顶鹤、海鸥、白鹭等各种鸟类飞舞嬉戏。

在鸟儿眼中，线杆比柽柳和芦苇更高，比槐树更牢固也更安全，是盐碱滩上难得的筑巢之地。

鸟儿守望着巢穴，而高新军守望着鸟儿。

他的心里有一本账，覆盖了东营地区所有鸟类活动频繁的线路。哪些线路发生过因鸟害原因导致的跳闸事件，他都心里有数，因为这本账是他对每次跳闸进行深入分析，结合地域分布，研究鸟类习性，首次提出的"科学防鸟"工作法。他还特别关注对珍稀鸟类的保护，通过试点安装东方白鹳人工鸟巢，实现了鸟类与线路和谐共处。这一消息曾在山东电视台新闻频道黄金时段播出。

黄河三角洲上有很多这样的爱鸟护鸟人士。但高新军怕的是鸟巢影响线路运行。他是国网东营供电公司输电运检室输电运维二班班长，本职工作通俗点讲，就是爬杆。

这是一片零海拔的土地。登上黄河胜利大桥边 85 米高的输电铁塔俯视大地，他的表情依旧安之若素。你怎能想象到，三十年前的他，却是一个连十几米的水泥杆都不敢爬的新兵蛋子。

"90 年参加工作那会儿，我只有 18 岁，那时的线路工区输配不分、高低压统管，满打满算总共 7 条线。那年秋检，班长带我去 110 千伏胜沙线清扫绝缘子，区区十几米高的水泥杆，把我吓得哆嗦了一路。直到杆立在了我眼前，我才知道这一劫是躲不过去了。于是我心一横，哆哆嗦嗦地往上爬，到顶之后紧紧抱住杆子不敢往下看，磨磨蹭蹭半天才下来。"

回来后他对自己说："我就是干线路的，跟线杆本就是一家，不是我怕它，就是它怕我。"高新军没有想到，这个怕字从此与他如影随形，几乎伴随了整个职业生涯。

刚开始是怕高。打第一次"杆囧"之后，他就和电杆较上了劲。每逢需要上杆总是冲在最前面，抢着爬、争着上。从木头杆、水泥杆，再到杆塔、铁塔，海拔越高，他越怕，越爬。

后来不怕高了，又怕业务不赶趟。高新军随身带着两个小本子，一个用来记录现场看见的和师傅念叨的，一个用来总结自己不懂的和突发奇想的。一有空就跑到仓库去研究金具怎么搭配、绝缘子怎么组装、工器具怎么使用。巡完线就反复画图回想线路怎么走、跨了几条路、过了几条河。久而久之，杆塔分布图在他心里扎了根。每次抢修，他都能一口说出最快捷、高效的路线。功夫不负有心人，在 1996 年线路工区技能比武中，高新军勇夺第一。

多年以后的一个夜晚，当他登上铁塔，向下俯瞰的一瞬间，看到整个城市的轮廓从苍茫大地与暮色四合中一点点亮起来的时候，感到很自豪。这一刻，他才明白：那不仅仅是因为自己已经把恐惧踩在了脚下，更是因为自己是在用微薄的臂膀守护着油城的万家灯火。

怕狂风，怕暴雨，怕结冰，怕大雪，怕所有的恶劣天气，怕线路跳闸，怕倒杆停电，这是电力运维人的通病了。作为东营市一千余公里 35 千伏至 220 千伏输电线路的守护者，他更是怕得食不甘味夜不能寐——那是全市供电的主动脉啊！什么叫战战兢兢，如履薄冰，在电网面临考验的每一个重大关头，这种感觉尤为强烈。

"每当下雨刮风，别人都忙着往家跑，他却往外跑，线路都快成他的娃了。"高新军的妻子嗔怪道。

对高新军来说，线路就是他的臂膀，铁塔就是他的孩子。线路出了问题，他比谁都害怕。

2020 年 2 月 14 日凌晨，渤海湾风暴潮骤起，海港地区遭遇大面积停电。高新军像往常一样召集部下，不由得吃了一惊——一个班组 10 个人，有 7 个因为家在外地隔离回不来！大家的目光齐刷刷望向他：有高班长在，天大的困难也不在话下。

他把手一挥，"出发！"

2019 年 8 月，台风"利奇马"过境，东营港地区海堤决口，导致严重的倒塔断线事故。高新军在第一时间赶赴现场，连夜制订故障抢修方案。他带领全体抢修人员，经过连续两周奋战，恢复了东营港地区输电线路的正常运行。

2017 年春节前夕 35 千伏乐岭线故障，2005 年大年初七暴风雪 110 千伏胜沙线故障跳闸……多少个春节前后，多少个风雨之夜，这样的日子连他自己也数不清了。参加工作 30 年来，高新军爬过的杆塔可以组成一座森林，巡过的线路可以绕地球半个圈，长期的野外劳作和不规律的作息时间给他带来了胃病、肩周炎等一大堆毛病，这个铁塔一样的汉子也熬出了白发。

运维班里的记录记得清楚，这些年来，高新军累计发现线路缺陷 1200 余处，其中重大隐患 60 处，避免重大事故 15 次，挽回经济损失数以亿计。国网山东省电力公司先进个人、优秀共产党员，国网东营供电公司劳动模范，一串串闪光的荣誉，国网东营供电公司的荣誉室记录下他不断前行的脚步。

"怕，始于敬畏，源于热爱。干一行爱一行，爱一行精一行，我这辈子肩离不开铁塔，脚离不开线路，让输电线路在我手里安安稳稳地不出问题，就是我日夜惦记的事。"在公司劳模座谈会上，高新军如是说。

晨曦中鸟儿先苏醒，一群海鸥从清风湖畔飞起，飞过高高的电视塔，飞过雪莲大剧院，那是这座城市的新地标。

伴随着鸟儿欢快的翅膀，还有一架白色的无人机轻盈地升起。操纵无人机的，是一个叫马超的小伙子，无人机巡检队长，曾荣获山东省"技能兴鲁"无人机技术竞赛第三名。

早在 2010 年的时候，喜欢玩军事航模的高新军就敏感地注意到了无人机这个新玩意。他觉得，也许在不久的将来，望远镜和铁鞋不再是运检人的标配。于是他辗转托人购入一台二手小型直升机——亚通 450 进行线路巡视试飞，又召集了一帮小青年积极尝试、主动参加无人机专业培训，组建了国网东营供电公司输电无人机巡检队伍。目前拥有无人机 14 台，操纵员 9 人，2019 年累计巡检线路上千基、340 公里，发现缺陷 156 处。

高新军幽默地说："你看我们现在的装备，头戴安全帽，手持望远镜，头顶飞着无人机，车上拉着激光炮，是不是很科幻、很拉风？"

无人机与白鹭齐飞，铁塔共滩涂一色。无人机的眼睛和翅膀，正代替他守望着这片日新月异的土地。

五月的黄河口，空气中弥漫着一丝淡淡槐香，那是这片土地上特有的刺槐。这里诞生了华北最大的油田——胜利油田，有华北平原上最大规模的人工刺槐林。疫情过后，这片共和国最年轻的土地上灯火辉煌依旧。

灯火阑珊背后，无论是年满 59 岁依然奋战在一线的调度人李金泉，还是跋山涉水永攀登的运检人高新军，他们都是守望光明的人。正是有了他们，这片新淤地才会被光明点亮，成为黄河尾闾一颗璀璨的明珠，闪耀在渤海之滨。

（本文获第十一届全国品牌故事大赛三等奖）

宋英红

中国电力作家协会会员。先后有《一种情怀是读书》等近百余件作品在《时代文学》《雷锋》《国家电网报》等报纸杂志发表。报告文学《一粒麦子的成长》获全国能源化学地质系统庆祝建党100周年征文二等奖，报告文学《昆嵛山下的红色妈妈》获中国电力作家协会庆祝建党100周年征文二等奖，散文《快乐的心灵》获国家电网公司工会"书香阅读 幸福生活"征文一等奖，散文《写给母亲的一封信》获山东省总工会女职工征文一等奖，报告文学《匍在大地上》获山东省总工会、省作家协会征文二等奖。就职于国网威海市文登区供电公司。

刘中华

新华社签约摄影摄像师、人民日报签约记者，国家电网报、中国电力报十佳通讯员，山东电力十大融媒创客。融媒体作品《攀登》《丫字背影》《这个女子的夏天40℃》曾获新华社山东分社年度图片、全国产业经济新闻一等奖；全国党媒十佳短视频、国家电网年度图片、英大传媒年度作品等。就职于国网威海供电公司。

匍在大地上

你知道一粒麦子是如何长成的吗？你瞧见过这一粒麦子是怎样秋种冬藏春长夏收及至磨成面粉蒸出香甜的花饽饽吗？她见过，且亲自带着乡亲们一步步这样实现过。她叫吕明玉，是一名供电公司员工，又是驻村扶贫第一书记。除了这些，其实她身上还有好多闪光的标签：山东省首位两次造血干细胞捐献志愿者、山东省道德模范、全国最美志愿者、最美国网人、山东省优秀共产党员……她说，我是一个普通人，是一名共产党员。生长在我们这个好时代，我就是想多做一些有意义的事。特别是做了扶贫第一书记后，深切接触到乡村里的大事小情，触摸着村里的每一处角落，感觉自己就像一粒麦子，匍在大地上，感觉很幸福……

—

吕明玉左手食指中部有一道疤痕，过去很多年了，这道疤痕没有变深，也没有变浅。

　　三十多年前，她还在上小学，麦收的时候，农村的学校会放假，她当电工的父亲忙着伺候村南村北的几台脱粒机，顾不上自己家里的活。吕明玉和姐姐帮着母亲去麦田里割麦子。中间休息的空儿她去拿水，被麦秸绊倒了，手摁在了镰刀的刀刃上。手指流了很多血，母亲心疼地捏着吕明玉的伤口，在她走不动的时候，将她背起来往村里赶，吕明玉趴在母亲的肩头，竟然晕沉沉睡着了。

　　多年后，吕明玉每每想起这些总是说，我的血滴在那片土地上，像是一个红色的约定，梦里，则是一眼望不到边的麦田。

　　冥冥之中，这个约定来了。2018 年 6 月 6 日，吕明玉到威海市文登区环山街道办事处孙家西山村任第一书记的申请获得批准。那天晚上，她翻来覆去，直到后半夜才睡着，梦到了和母亲一起割麦子的那个上午，还有那大片大片的麦田。

　　6 月 8 日，吕明玉来到了孙家西山村。在踏入村头小路的那一刻，吕明玉望着不远处的村庄想，未来的一段时间，这就是自己安身立命的地方了。

　　她能感觉到脚下的这片土地，荒芜，但并不衰败。迎接她的人们，虽都年老，但很和善，和善的眼神中却又透露着不信任。吕明玉能理解他们，村民们是盼星星盼月亮地盼着上面能选派一位看起来能干的第一书记来改变他们的现状，可来的第一书记不仅是个女的，听说还没带来一分一毫的扶贫款。这还来村里干个啥，能干出什么名堂？看着村民们不信任和失望的神情，吕明玉有些挫败感，临来前的意气风发消失得干干净净。同时，她想到了临来前，有四十多年党龄的老父亲那番语重心长的话："在村里工作可不像在单位上班那样一板一眼。作为村里的领头人要想干好，就得俯下身子犁好那一亩三分地，把责任区当成'责任田'精心耕耘，才会有'好收成'。"吕明玉暗下决心：我是农民的孩子，自小就对泥土有着很深的感情，我一定要干出成绩来。

　　入村初期，吕明玉走东家串西家，挨家挨户走访，房前屋后细打量，发现梦想很丰满，现实很骨感。那时候的孙家西山村，房前屋后杂物遍地堆积，私搭乱建到处都是，河道臭气熏天。这样杂草丛生、脏乱不堪的村庄和涣散的民心怎么可能有积极向上干事的劲头儿？

　　从村民最关心、最关注、最不满意的事情着手。母亲说过，麦田里，不长麦子就长杂草。她要改变现状，她要改变孙家西山村脏乱差的面貌，她要让村民的腰杆子挺起来！

　　.一条小河沟连着很多家，问了这家问那家，都认为这不是自己家或者不是自己一家的事儿，委婉地把吕明玉挡在了门外。

　　2018 年 7 月，一大早，吕明玉挽起袖子，拿着铁锨，穿上厚重的水靴，跳进了村民门前的水沟中，一点一点地清除着里面的垃圾。水沟里蚊子和苍蝇乱撞，吕明玉脸上和胳膊上被咬了好多包，难闻的酸腐味熏得她想吐。73 岁的老书记孙本昌也进到沟里弓着身子清理杂物，接着，村"两委"成员跳进了沟里。再接着，路边袖手旁观看热闹的村民们站不住了，各自回家，拿了铁锹铁挠子，一个个跳进了沟里……那一刻，吕明玉鼻子酸酸的，眼睛胀胀的，但心里又充溢着幸福。

吕明玉每天早起晚归在村里忙碌，村里 82 岁的李水芹大娘看不下去了，她寻到吕明玉，拉着她的手干叮咛万嘱咐："闺女，快歇会儿，干活不差那一会儿。你瞧你现在黑瘦黑瘦的，这脸上也起了晒斑。刚来我们村那会儿可是葱俊儿葱俊儿的。"李大娘很心疼吕明玉。早在 2011 年时，她就从电视里认识了吕明玉。那时央视的《新闻联播》报道了吕明玉半年内先后两次捐献造血干细胞和淋巴细胞挽救陌生白血病患者的事，这给大娘留下了很深的印象。没想到多年后，真人竟来到了眼前，还要帮着村里致富呢，这让李大娘又欣喜又不忍。吕明玉扶着老人家的手说："大娘，没事的，我就是咱村的闺女，给自己村干活不嫌累。"从那时起，吕明玉就真正成为村里的闺女了。她和乡亲们清违建、整河道、除杂草、建花池，又在供电公司帮助下，改造线路、建光伏路灯……街道变得整洁干净了，乡亲们开始喜欢出门散步了，就连附近的外村人也都喜欢到村口那座清清的河塘边洗衣服了。

人只要看到了希望，浑身就都是劲。吕明玉和乡亲们用两个月的时间完成了对村南河道的疏浚、浆砌，建设了观光长栏。当年，完成对村内街巷的整修改造，实施了污水处理、改厕等基础配套工程，彻底改善了村居环境。四个月的时间，在广大党员和村民代表以及街道办事处领导的见证下，村子摘掉了"软弱涣散"的帽子。吕明玉虽然晒得黝黑，瘦了近十斤，但心里却美滋滋儿的。很多人都惊讶村子变化的速度，只有她心里清楚，农民的闺女且工作在电力部门，走哪儿都不会掉链子。

二

孙家西山村村口道路两旁分布着村民们的田地，地里种着麦子。每次进村，吕明玉总喜欢到地里转一转。她喜欢看着那成片的绿油油的麦苗不停地拔节、灌浆、吐穗，直至变成金黄的滚滚麦浪。每每这时，她都会像村里上了年纪的乡亲一样，俯身抽下一穗，搓着饱满的麦粒，闻一闻……粒粒都承载着乡亲们的收获与憧憬，含着对粮食的热爱，那是深深印在骨子里的家国情怀啊！

麦子收获了，如何才能让它发挥最大的效用？问题一直盘桓在吕明玉的心头。她心里揪着一个结，那就是从根本上让乡亲们脱贫。孙家西山村全村 152 户，人均不到七分地，中青年都外出打工了，村里只有老弱病残，没有任何集体经济来源。在走访中，吕明玉看到村里的大妈们做出来的花饽饽、巧果等面食模样好、味道棒。胶东花饽饽是山东省非物质文化遗产，村里又有一座闲置的大院，何不将精准扶贫与传承非物质文化遗产相结合，建个面食加工厂呢？吕明玉脑海中形成了脱贫致富的初步想法：以花饽饽为主建设村支柱产业，围绕支柱产业打造产业链，围绕产业链构建村产业体系。思路有了，推进落实却是一个艰难的过程。光是摸清市场这一步就难迈——花了一个多月的时间，把文登大大小小的花饽饽生产企业跑了个遍，不仅没带回一个好消息，还被"浇"了几盆冷水，买设备、建厂房，干啥都要钱，可这个经济空壳村根本负担不起。

吕明玉又换了个思路——向现有企业"借鸡生蛋"。跑细了腿，磨破了嘴，吃了好多"闭门羹"，多家花饽饽企业将吕明玉的请求拒之门外。吕明玉的情绪有些低落，老支书和村妇女主任安慰她："会好起来的，慢慢来，一口吃不成个胖子，我们一起加油。"

在碰了一鼻子灰的时候，终于有家企业伸出了橄榄枝，愿意借用场地、设备，并给予无偿的技术指导，前提是不能影响人家的生产。就这样，歇人不歇机器，吕明玉和村里的大姨大妈们开始了别人下班她们上班的忙碌日子，打酵发面做花饽饽。一个好吃的花饽饽要经过搅、发、揉、醒、造型等十几道工序。每一道工序里，都承载着乡亲们的期盼。

烟气蒸腾中，一屉屉各式各样散发着浓浓麦香的花饽饽出锅了。借着别人的锅蒸出了自己的第一锅饽饽。那双在她们最难的时候伸出来的手，格外温暖。

孙家西山村的花饽饽顺利上市，仅一个月的时间，就赚了5万块钱。这5万块钱对多年来没有集体收入的孙家西山村尤其重要，它像黑暗中的一束光，让老百姓知道，他们土地上长出的麦子，磨成粉，发成面，揉捏之后蒸成花饽饽，能卖那么多钱。旧村委大院改造成了生产车间，购置了花饽饽生产设备，腾鑫面食专业合作社建起来了。但怎样打开销路，获得更多的订单？村里的妇女们只有制作传统花饽饽的手艺，但却不知如何创新各类花样。吕明玉四处学习，边学边摸索创新花样，手把手地教给大家。

2018年11月，吕明玉带着乡亲们蒸制的花饽饽做客山东电视台，让广大观众认识了孙家西山村的花饽饽。一时间，网上商城、微信群、客户电话订购等一系列线上线下销售，以花饽饽为主打产品的孙家西山村的面食产品摆到了全国各地乃至海外更多人家的餐桌上。村"两委"把挣来的钱分到乡亲们手中，乡亲们欢喜得合不拢嘴。大伙儿和吕明玉的对话也由刚进村时的"你带了多少钱来我们村啊？"变成了"吕书记，你看咱们再上个什么项目？弄点儿什么营生？"

扶贫先扶志，扶贫必扶智。村民脑子里有了想法，心中有了奔头，开始为之而努力，没有什么比这更让人欣喜的了。吕明玉又和村"两委"因地制宜，带着乡亲们从村里附近山上挖取山苜楂根，建起四座山野菜大棚，兴办了集采摘游为一体的益民田园专业合作社。

66岁的村民孙桂岐有了用武之地，以前他虽有一把种地好手艺，但也只是看着自己的一亩三分地，收入微薄。现在，他被选为野菜大棚管理员，每天给棚里的野菜除草、通风、浇灌、采摘。这些工作对他来说轻车熟路，每月还有了一份收入。他老伴殷玉玲，如今也成了在家门口面食加工厂上班儿的"城里人"。村里没有了闲置劳动力，村集体和村民的收入都在增加。就像有一粒粒小麦种子在他们心中萌发了，一切都在变得越来越好。

吕明玉驻村近三年时间，孙家西山村实现销售收入 160 多万元，孙家西山村成为国家电网公司服务脱贫攻坚试点示范基地，入选山东省乡村振兴创建示范村。吕明玉被推举为区里首批乡村振兴首席专家。

在为村里欣喜的同时，吕明玉内心深处有对家人的亏欠。2020 年 7 月，她正为村里的益民田园专业合作社申请商标时，73 岁的老父亲因肝胆总管癌症住进了医院。她家离医院很近，步行只需 10 分钟。可就是这短短的路程，在父亲动手术住院的一个多月时间里，吕明玉只在医院陪护不足十天时间。老父亲说："我在村里生活了七十多年，这村里看似都是鸡毛蒜皮的小事，每一件都马虎不得。咱既然入了村，就得老老实实地待在村里，踏踏实实地为村里办好每一件事。"深明大义的老父亲是吕明玉坚强的后盾，不论是在九年前捐献造血干细胞救人，还是她进村做第一书记时，父亲都给予了吕明玉无私的支持。就是母亲三次压缩性骨折，也都是做完手术就出院，没让吕明玉多操一点心。女儿有时也会抱怨吕明玉说："你整天早出晚归的，我都看不见你个影儿。就不能好好地和我待一天？就一天！"每次看着女儿那期待的眼神，吕明玉特别愧疚。

在村里工作没有固定的上班时间，太阳一升起，工作就开始了，孙家西山村的新生活也开始了。

走在村里，吕明玉喜欢闻一闻乡亲们家门前花圃里的沁人花香，听一听村里的鸡鸣犬吠，和乡亲们唠一唠家长里短。她更喜欢蹲在麦田中，忙碌在花饽饽制作车间里。轻抚金灿灿的麦穗、饱满香甜的麦粒，还有那雪白的面粉、柔韧的面团、各种花饽饽，那一刻吕明玉心中暖暖的，似有一股脉动在阳光下跳跃，且越跳越强……

（本文获山东省总工会、山东作家协会"劳动最光荣"主题征文二等奖）

姜铁军

中国作家协会会员、中国电影家协会会员、中国电视艺术家协会会员。出版长篇小说、纪实文学《国宴——1949》《橘焰》《血搏》等9部。编剧电影故事片《内联升传奇》（央视电影频道／院线），编剧28集电视剧《幸福生活》（济南电视台）。

曾获首届中国电力文学奖、全国梁斌小说奖（三届）、中国微型小说2013年度奖；工信部中国工业文学大赛电影剧本奖（两届）、浙江省电影剧本"凤凰奖"（三届）、广电总局第十届国际新媒体短片节优秀电影剧本奖（长片）；江苏省电视剧创意大赛"十佳作品奖"；澳门首届全球华人微小说大赛二等奖、台湾第五届新月文学奖。供职于山东网瑞物产有限公司文化传媒分公司。

秦岭，银线放歌

前方十几米远的草丛里趴着一只三米多长的巨蟒，吐着红信子，眼睛盯着他们！几个山东送变电公司员工不知所措，这是进入秦岭腹地施工第一次遇到这么大的蟒蛇，有人吓得腿都哆嗦了。

"快跑！"不知谁低声喊了一嗓子，几个人转身撒丫子就往山下跑。

一路狂奔，到了山下，互相看看，一片狼狈：有人鞋子跑掉了，有人脸被树枝刮伤……这不是惊险电影镜头，是实实在在发生的事。

尽管遇到想不到的险情，尽管施工很难很苦，尽管工期因疫情很紧张，他们依旧坚守在青豫线（青海至河南）±800千伏特高压直流输电线路秦岭段（陕3标段）工地上，情满秦岭、爱洒秦岭、奉献秦岭……

2019年2月，春寒料峭，山东送变电公司秦岭项目部来到秦岭腹地，参加青豫线±800千伏特高压直流输电线路建设。项目部以青年员工为主，他们朝气蓬勃，特别能吃苦、特别能战斗、特别能奉献，急、难、险、重冲锋在前，是山东送变电公司的"青年电力铁军"。

与以往不同，这次输电工程项目建设首先请来了当地的环保人员和消防人员，向建设者普及环保知识和消防知识。大家既觉得新鲜，也感到了施工难度，与以往参建的电力项目有很大不同。环保人员介绍说，野外作业既要保护动植物，也要保护自己。秦岭旱蚂蟥多，虎蜂多，毒蛇多，都不是好惹的……秦岭是中国重要的环保区域，具有举足轻重的地位。国家一级保护动物就有四种，大熊猫、朱鹮名胜远播；红豆杉更是被称为"植物大熊猫"，十分珍贵。其他国家保护动物和植物，能拉出长长的名单……

在这样的地方施工，还没等进入工地，就知道有多难。

在秦岭腹地施工，建设铁塔最高处海拔1850米。最高的4829号铁塔，上山要6个小时，一般情况下到其他铁塔塔位，爬山也得两三个小时。

安全员孙洪浩和几个员工从早上开始爬，到塔址已经过了中午。放眼脚下，密密麻麻全是树林。如果扯开嗓子喊，在别的山区都会有回声，但在这里基本没有，声音被大森林吸纳，传不了多远。

开工前，首先要对每个设计的铁塔进行定位。设计院在勘察设计时，都设立了标志杆。因为勘察设计和施工之间有段"空窗"期，怕受到人为移动、自然灾害破坏，施工前必须对铁塔塔位进行确认。

项目部分几个复测小组，带复测仪器上山。

仪器有好几种，几个人分开携带。全标段有123个铁塔塔位，最少要复测一次，有的要复测两次。如果在自然环境好一些的地方，也许不是什么难事，但在秦岭却困难重重。

不要说背着仪器翻山越岭，就是空手都气喘吁吁，累得不行。有的地方坡度有60度，每往上爬一步，都要拽住身边的小树或者灌木，小心翼翼不敢大意。山坡太陡峭了，站不稳就会滚落。他们首先想到的不是自己受伤怎么办，而是如果仪器摔坏，耽误施工就是失职。同时还要防备树上、草丛里的毒蛇，万一被咬伤不是闹着玩的。

最令人恐惧的是土蝮蛇，被它咬伤半个多小时毒性就会发作，严重危及生命。上山时，项目部给每个人都发放蛇药，一再强调安全第一。秦岭因为环境保护得好，土蝮蛇特别多。繁殖期的时候，会从大树上往下掉，胆小的人根本不敢上山。

爬不了多久，就大汗淋漓了，张口喘气。开始感觉仪器不太沉，这会儿觉得好重啊！浑身上下都是汗，能有个地方洗洗就好了。

前面不远有一条小溪，有人高兴得叫起来。跑到溪边脱掉上衣，想往身上撩水凉快一下，马上被组长制止了。不可以！

为了保证大家的人身安全，项目部严格规定不允许下河洗澡。一是不知道河水深浅，怕溺水出问题；二是怕水里有寄生虫，染上疾病影响工作。当然也不允许在野外喝泉水，再渴也不行！

溪水很清，发出欢快的响声在山石间奔流，几个人只能望溪兴叹。大面积施工后，最远的施工队离洋县县城有几十公里，员工只能在每个月休息日跑到县城去解决洗澡问题……

好不容易爬到山顶，坐下来喘喘气。脚下是密密层层、莽莽苍苍的森林，由近及远，浅绿、中绿、深绿、墨绿，像一幅有层次的山水画。禁不住拿出手机拍上几张，从微信发给朋友看看。

竟然没发出去，无人区里没信号，心里怅然……

抓紧时间进行复测，每一步都按照规程，来不得一点马虎。复测完这基铁塔的塔位，还有下一个等着。午饭携带的是方便食品，大家早习惯这种生活了。几个年轻人都是乐天派，对着大山唱起自己喜欢的歌。

下山的时候，孙洪浩真正体会到"上山容易下山难"。坡度陡峭，下山每迈出一步，膝关节都要承受不小的压力，没多久开始酸疼，双腿打哆嗦。不小心一步踏空，惊呼一声，伸手赶紧抓住旁边的灌木，死死握住，双脚拼命蹬地，不让身体下滑……

好不容易走到山下，回到项目部已是漆黑一片。

感觉腿部火烧火燎的，赶紧脱下裤子，看到腿上有两条旱蚂蟥叮着。它们平时潜伏在竹叶上防不胜防，在秦岭施工的送变电人没有一个不被叮咬的。一旦被叮咬拽都拽不下来，只能用烟头烫，用鞋底子使劲拍打。伤口很难结痂，三四天都往外流血水，弄不好会被感染。为治旱蚂蟥，请教当地老乡，从药店购买一种烟药膏涂抹防治。

每当回忆当时的情景，孙洪浩会有些后怕。他说，在秦岭施工难，不仅仅是山地环境，还有恶劣的天气和交通。

进入6月，意想不到的麻烦来了：开始降雨，接连二十多天不停，中间还多次有强降雨。眼巴巴地看着天老爷的脸色，一点办法没有。

不好的消息接连传来：因为强降雨，道路塌方，有的地方甚至形成堰塞湖，在山上的一支施工队二十多人被隔绝，生活遇到很大困难。

项目部经理刘圣威立刻组织人员带着生活物品进行救援。

大雨"哗哗"下个不停，崎岖山路上，救援队员们吃力地手脚并用，心里只有一个念头：不能叫山上的施工队有任何闪失！

大风吹动雨衣帽子"呼呼"地响，大雨倾盆"哗哗"地不停。风雨中，大家互相提醒。

"小心脚下！"

"注意安全"！

终于赶到施工队，看到救援的人来了，施工队的队员们禁不住热泪盈眶……

本以为在山上挺几天，天气转晴好干活。可天空仿佛是一个破水桶，一直漏个没完没了。只好打破原来计划，施工队撤离。为安全起见，特意找到当地一位老乡带路。

走到乡村公路时，路已被洪水冲毁无法通行。老乡只好带他们走另一条小路，一边走一边说，乡亲们现在也被困住了，好难啊！

说者无心，听者有意。项目部的人返回后，立刻组织调配生活物资，给被阻隔在山村里的乡亲们送去……

一个老大娘拉住项目部的人不撒手，眼含热泪。"孩子，你们就是活菩萨啊！"那一刻，乡亲们被深深感动着。送变电人不光搞电力建设，也牵挂山里的老百姓。他们的那片真情播洒在秦岭深处，这是山东送变电一贯的优良传统和作风，令人敬佩。

山高林密，大型机械无法作业，掏挖铁塔基坑只能人工操作。特高压输电线路的铁塔基坑不是一米两米，最深的要十几米。基坑位置一般都在山坡和山顶，人工往下掏挖比较危险。一遇到塌方，会把掏挖作业人员埋进去；掏挖的洞里空气稀薄，容易造成人窒息。

这时候，安全监督至关重要。人命关天的事，来不得半点麻痹大意。不管多高的山，只要有工地就要爬上去；不管多密的林，只要有掏挖，就得到现场。作为专职安全员，孙洪浩视现场监督为工作头等大事。

掏挖塔基，有时会遇到意外。

有一基铁塔的基坑，在往下掏挖时，忽然遇到一个大空洞。这种情况比较棘手，必须进行实测寻找应对办法。

项目部总工段修渭陪着设计院的技术人员一起到山上工地测量。忙活了半天，测量完毕往山下走的时候，段修渭和他们说："在秦岭走路得特别小心，不光要防备虫叮蛇咬，还得防备偷猎的夹子。上次我们有个同志就被偷猎夹子夹住了，很危险……"

大家小心翼翼往山下走，生怕出意外。

怕什么来什么，一个技术员脚下一陷，踩到了地窝蜂的巢。这种地窝蜂的巢不在地面，也不在树上，筑在地下，外表不明显。一旦遭到外力破坏，就真"捅了马蜂窝"，蜂巢里的地窝蜂倾巢出动，追着他们蛰。几个人撒丫子往山下跑，无奈跑不过地窝蜂。落在后面的段修渭的脸被蛰得肿胀起来，好多天不消……

在秦岭腹地施工，必须要小心才行，不知道有什么陷阱等着。

这天早上，孙洪浩准备去铁塔工地。忽然有人叫他的名字，回头看，是项目部的张广慧和李宣儒。昨天，她们和孙洪浩说，要一起去山上工地。他以为说说而已，没想到两个年轻姑娘动真格的。张广慧是技术员，李宣儒是资料员，两个人去工地都有自己的事情做。

张广慧是2018年到山东送变电公司工作的，开始在某项目工地做施工员，工作踏实认真，进步很快。青豫线陕3标段项目部成立后，她被任命为技术员，兼职做宣传员。开始到项目部她还有点找不出头绪，虚心向别人学习请教，很快就熟悉了自己的工作，能够独当一面。

李宣儒做资料员，那是个细致的工作，每次去工地，都把需要的仔仔细细检查好几遍，生怕有遗漏。"这么远的路，这么高的山，爬上去没把资料带回来，都对不起自己！"

三个年轻人开始爬山，呼哧呼哧地喘。孙洪浩心里很佩服：二十多岁的女孩子，平时都要好好保养容颜，现在到这里和男员工一样摸爬滚打，巾帼不让须眉。山东送变电的女员工，真是好样的！

到了工地，张广慧不仅仅要照看工程上的事，作为一名共产党员，她还负责党建工作。了解青年进步情况，了解电建工作，共产党员当先锋、做表率，时时处处都要做出表率。张广慧把了解到的一切细心记录，写成宣传报道稿。

从山上回来，两个女孩子都变了模样，一身泥土，脸上也花里胡哨的。有人开玩笑"都成唱戏的大花脸了"。她们匆匆忙忙洗把脸，又投入紧张的工作。年轻人的雷厉风行在她们身上体现得淋漓尽致。

很快，山东送变电公司网站就把张广慧采写的报道展示出来，不光有文字，还有图片，让更多的人了解工程进展情况。老员工看了都说："这丫头，还真有两下子！"

项目部一些员工的事迹令人感动。技术员崔扬有一次去工地，正走着，忽然听到一声巨响，前面路边一处悬崖突然塌方，落下的石头把路堵住了。在他身后，有个老乡拉一辆地排车，上面装满了蔬菜。崔扬从塌方的公路下边绕路可以过去，那个老乡就没办法了。

崔扬见状返身回来，蹲下身搬塌在路上的石头。

用了一个多钟头，崔扬和老乡终于把路上的石头全部清理完毕。看着老乡拉车往上坡路走很吃力，崔扬又在后面帮着推车，直到上了坡顶，才停住脚步……

这个项目部是由年轻人组成的团队，90后占了大部分，平均年龄只有32岁。他们不光积极参加特高压输电线路建设，更把自己的一片爱心奉献给这片热土。当水灾发生，老乡被困时，项目部购买生活物资给予援助；当堰塞湖堵住村里出路，乡亲们无法出行时，这群青年人主动疏通道路；疫情发生时，他们主动把防疫物资送给当地老百姓，大家共克时艰……

受疫情影响，工程有效工期被进一步缩减，施工项目部面临"计划不调、任务不减、目标不变"的严峻形势。要实现"6·30双极低端带电投运"的建设目标，只能加班加点拼命干。从山下运来的施工材料，无法找到一块平地安放，放在陡峭的山坡上很不安全。怎么办呢？施工队想了一个办法，在山坡上打起拉线，把施工材料堆放在拉线内，解决了滑坡问题。

千辛万苦把铁塔基坑开挖好，混凝土浇筑又成为难题。在施工条件好的地方，混凝土可以先搅拌好，再送往工地。在秦岭，条件不允许，只能现搅拌现浇筑，这对施工来说是个很大考验。项目部全体出动去现场，只要开始浇筑就不能停下，24小时连轴转。深夜最难熬的时候，队员们不住拍打自己的脸，千万不能打盹啊……

那是怎样的争分夺秒啊，那是怎样的忘我作业啊！铁塔一座座组成，在阳光下闪着银光，如披着铠甲的武士。不由得让人想到送变电人，这是他们的化身吧，不管多难多苦，永不言退，永远向前！

　　铁塔上的银线不断伸向远方，像空中的五线谱弹奏动人的乐章。不由地让人想到送变电人，这是他们延展的手臂吧，把青海的电流输送到中原大地，点亮万家灯火。在灯火的背后，是他们的无私奉献，默默付出！

　　2020 年 6 月 29 日 0 时 58 分，山东送变电公司参建的青海—河南 ±800 千伏特高压直流输变电工程全线线路及双极低端顺利实现带电，国家电网公司的计划目标安全优质高效完成。他们全力以赴做好疫情防护、安全管控、工程质量、工程施工、资源保障等多方面工作，彰显了山东送变电公司"青年电力铁军"的风采。

　　秦岭记得这支敢打硬仗的电力施工队伍，记得这群任劳任怨的青年送变电人。他们日夜奋战建设特高压线路，勇担重任满怀豪情。他们的情怀、他们的壮志、他们的拼搏、他们的奉献，犹如抒情的诗行在秦岭写下辉煌的一页，像跃动的音符汇入时代壮丽的交响……

　　（本文获首届"万家灯火掌灯人"征文一等奖）

用心演绎光明真情，用歌传唱电网峥嵘。山东电力文艺团队在历史发展与现实变革中，迸出原创思想的火花，通过一幕幕剧情，一支支歌曲，展现新时代电力服务工作的正能量和价值观，引领职工队伍无私奉献、追求卓越。

　　着力打造文艺队伍，发现人才、培养人才，用好人才。倡导文艺为电网放歌，为职工服务。送文化到基层，在杆塔银线下，在荒郊野外，在酷暑严寒中，说学逗唱身边事，歌颂传递正能量。现场采访一线工作中的故事，萃取生活精华，艺术创作不断创新，获得一系列荣誉，为山东电力发展凝聚力量，作出贡献。

荧屏传佳视
音符递真情

微电影作品

假如你要认识我

国网烟台市牟平区供电公司

获中华全国总工会中工网"这十年.奋斗在路上"主题视频类三等奖

中国能源传媒 2022 年度"能源奥斯卡"MV 组一等奖

剧情简介

　　MV《假如你要认识我》以 20 世纪 80 年代和新时代两个年代为时间分界点，以青年突击队为载体，以歌声传递供电人好声音，以劳动彰显供电人高大形象。每一代供电人以"电"为媒，以"岗"立足，通过不同时期电力青年的爱情故事，展现不同年代电力工人肩负的责任使命。MV 表现形式贴近生活、画面语言真实自然，塑造出电力青年青春、质朴、奋斗的光辉形象。该片在中华全国总工会中工网、电网头条、中电传媒等媒体刊播。

大山里的约定

国网招远市供电公司

获中国能源传媒 2022 年度"能源奥斯卡"一等奖，中国电力新闻奖，全国品牌故事大赛（电力赛区）微电影二等奖，"视觉新国企·强国新图景"优秀作品，国家电网英大传媒 2023 年度优秀视频作品一等奖、最佳编导奖

剧情简介

　　《大山里的约定》以"微光"公益行动发起人——国网招远市供电公司职工杨向伟等人到四川省凉山彝族自治州金阳县资助贫困学生为主线，真实记录、全景呈现了公司积极履行社会责任，援建学校，助力梦想，帮助上百名孩子考入大学"走出大山"的事迹。微电影展现了电网企业深入践行"善小"，"奉献爱心、服务社会"的理念，展现国有企业在履行社会责任、参与社会治理过程中的责任与担当。截至 2023 年年底，"微光"公益行动已结对帮扶学校 17 所，资助学生 1186 名，为学校捐助资金 17 万元。

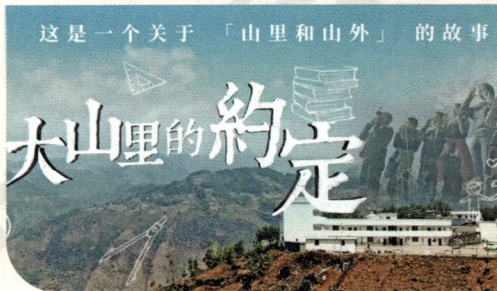

回响

国网淄博供电公司

获 2022 年全国企业民主管理微视频大赛优秀作品奖
山东省企业民主管理微视频大赛一等奖

剧情简介

　　《回响》讲述了山东省第一家职工诉求中心——国网淄博供电公司职工诉求服务中心的故事。国网淄博供电公司职工诉求服务中心成立于 2014 年，"事事有回应、声声有回响"是他们多年来始终坚持服务职工的庄严承诺。视频分别从不同人物视角和部分诉求事件，全面真实地展示了职工诉求服务工作在新时代产业工人队伍改革、企业民主管理工作中的重要意义，是企业民主管理工作的创新举措。职工诉求服务中心密切了党群关系，拓宽了企业民主管理的渠道，架起了企业党委与职工的"连心桥"。

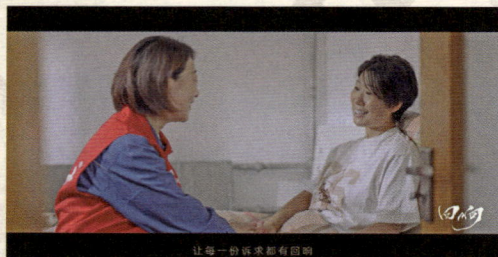

烈火青春勇担当

国网烟台市蓬莱区供电公司

获中国能源传媒 2022 年度 "能源奥斯卡" 优秀影视综合类二等奖

剧情简介

　　《烈火青春勇担当》以五四运动爆发为背景，通过诵、演、歌舞等形式讲述 1921 年中国青年团成立后，青年人为了新中国的胜利抛头颅洒热血。通过《八女投江》《董存瑞》和改革开放时期为了电力事业拼搏奋进的故事，展现青年学生们在国家危难时的青春担当和新时代青年青春梦想。在党的领导下，共青团团结带领一代又一代中国青年在革命建设、改革开放的不同历史时期，用青春和热血书写了壮丽的青春篇章。激励广大电力青年 "不忘初心、牢记使命"，为电力发展作贡献。

衣家村的第三条路

王维利　山东网瑞物产有限公司文化传媒分公司

获英大传媒投资集团有限公司 2023 年度优秀视频作品微电影三等奖

剧情简介

　　衣家村是一个坐落在大山深处的小山村，全村仅有几十户人家。靠山吃山的衣家人以种植果树为生，千百年来一直靠天吃饭。风调雨顺的好年景，丰收的水果运不出去，还是丰产不增收。为了帮助村民彻底摆脱贫穷落后的局面，村支书带领村民自己动手开山修路，在大山上修出一条环山路，解决了水果运输问题。又带领村民打深水井，解决了靠天吃饭的问题。然而，解决了道路、水路问题的衣家村还是没有找到村民致富的路。

　　来自国网栖霞市供电公司的柳晓明对口帮扶衣家村。看到衣家村还在用传统的方式浇果树，村里也没有产业，积极为村里架起了输电线路。在线路勘察架设的过程中，柳晓明宁愿自己多吃苦，也不破坏衣家村的绿水青山。线路通电后，村民再也不用拉水浇果树了，轻轻一合电闸，果树就浇好了。柳晓明还多方奔走，帮助村里引进了蘑菇种植、香猪养殖产业，并积极帮助他们寻找销路。衣家村成为了远近闻名的富裕村，供电公司架起的输电线路成为衣家村通向致富路的第三条路。

老胶鞋

魏　茜　葛永青　宋瑞昕　国网潍坊供电公司

第十一届全国品牌故事大赛（济南赛区）微电影类二等奖

剧情简介

　　微电影《老胶鞋》突破常规叙事方式，选取一双"老胶鞋"的"职业生涯"为故事切入点。用幽默风趣的自述形式，讲述电力员工与"老胶鞋"共同走过的非凡之路。通过"一双鞋"的寒来暑往，折射"一群人"的精神内核。影片以一名普通电力员工真实经历为创作原型，讲述电力员工小李在工作若干年后，偶然间翻出了那双承载着自己青葱岁月和师徒情谊的"老胶鞋"。"老胶鞋"款式老旧，做工与用料也不考究，却跟着小李历经了无数磨砺，见证了小李跟师傅老李的师徒传承。小李曾因为"老胶鞋"不合脚、款式丑、常磨脚让它坐了"冷板凳"，因为师傅一句"等你脚上磨出了茧子，你就出徒了"而重返战场。"老胶鞋"带着小李去过很多地方，见到了很多人，见证了小李大学毕业、初入职场、师傅退休等人生重要时刻。跟着小李爬过无数座山、走过无数条路，把电送到了十里八乡，见证了新时代乡村振兴的蓝图实现。

职工原创音乐作品

光明的信仰

孙建伟 乐 风 词
闫胜华 曲

1=F 2/4

♩=111 坚定有力 抒情地

(6‖ 3 - │ 3 - │ 2 - │ 1 2 │ 3 - │ 4 5 │ 6.6 #5.6 │ 7 - │ 7 - │ i - │ 7.6 i │ 7 - │ 7 5 │

7. 7 │ i 7 │ 6 - │ 6 - │ 3 - │ 6 - │ 6 32 │ 1 - │ 2 23 │ 5 6 │ 2 i │ 6 6.6 │

6) 6.6 ‖: 3. 2 │ 3 3 │ 3. 3 7 1 │ 6 - │ 2. 1 │ 2 3 │ 5. 5 2 │ 3 - │
我们 迎 着 晨 曦 呼 唤 朝 阳, 披 星 戴 月 脚 步 铿 锵,
努 力 超 越 旗 帜 领 航, 追 求 卓 越 斗 志 昂 扬,

6 6 6 5 │ 6 6 5 │ 5 3 23 │ 1 - │ 2 2 2 3 │ 5 5 3 │ 2 3 1 7 │ 6 - │ 6 6.6 ‖:
座 座 铁 塔 挺 起 了 奋 进 的 脊 梁, 条 条 银 线 点 亮 了 遥 远 的 家 乡。 我 们
巍 巍 丰 碑 映 照 出 光 明 的 信 仰,

[2.]
2 2 2 3 │ 5 5 3 │ 5 3 57 │ 6 - │ 6 33 │ 3. 24 │ 3 - │ 3 - │
点 点 光 亮 激 励 着 前 行 的 力 量。 党 旗 指 引 方 向,

6 22 │ 2. 31 │ 6 - │ 6 - │ 2 2 3 │ 2 6 6 │ 1. 12 │ 3 - │
五 星 闪 耀 东 方, 无 愧 今 天 的 使 命 担 当,

4 4 4 4 5 │ 6.6 #5.6 │ 7 - │ 7 - ‖: i - │ 7.6 i │ 7 - │ 7 5 │ 2. 2 │ 5 7 │ 6 - │
不 负 明 天 的 伟 大 梦 想。 看 万 家 灯 火 在 心 中 点 亮,

6 - │ i - │ 7.6 i │ 7 - │ 7 5 │ 7. 7 │ i 7 │ 6 - │ 6 - │ 3 3 │ 3 6 6 │
我 挽 起 太 阳 为 复 兴 歌 唱。 电 力 的 使 命

6. 6 │ 3 2 │ 1 - │ 2 2 3 │ 5 6 │ 2 i │ 6 - │ 6 - ‖:
无 尚 荣 光, 光 明 的 事 业 灿 烂 辉 煌。 DC

结束句
2 2 2 3 │ 5 5 6 │ 2 - │ i - │ 6 - │ 6 - │ 6 - │ 6 - │ 6 0 0 ‖
光 明 的 事 业 灿 烂 辉 煌。 FINE

国网栖霞市供电公司
国家电网有限公司司歌征集职工创作优秀作品，入选国家电网"光明组曲"
国网山东省电力公司"喜迎二十大 歌唱新时代"国家电网公司司歌创作一等奖

情暖山河

赵树生　段昌一　李铁峰　词
赵润泽　曲

1=F 4/4

坚定 自豪地

6 6 6 5 6 | 5. 3 2 3 6 - | 1 1. 2 1 6 | 5 5 5 2 2 5 3 3 |
向着太　阳，向　着地平线　我们　勇向前 推动时　代的航船

6 6. 6 6 5 6 | 2 1 2 3 1 2 2 | 5 5 5 6 5 3　3 | 7 7 7 7 7 5 6 |
跋涉　在泥泞上，穿过激流险滩　灯塔照亮长夜，是　我们永恒的信

3 - - - | 6 6 6 5 6 | 5. 3 2 3 1 6 6 | 1 1. 2 1 6 | 5 5 5 2 5 3 3 |
念　　向着北　斗，向　着雪山高原　银线　织锦绣，牵起血脉相连

6 6. 6 6 5 6 | 2 1 2 3 2 - | 5 5 5 6 5 3　0 | 7 7 7 7 7 5 6 |
镌刻　在大地上，滚烫的眷恋　光明情暖山河，　响彻我们的誓

6 - - - ‖: 6 6 5 3 | 7 7　5 6 - | i i 6 i | 6 5 5　2 2 5 3 3 |
言。　风雨相送，群山　绵延　我们担起　三山五　岳的重担

6 6 5 3 | 2 2 2 1 3 2 2 | 5 5 5 6 5 3 3 | 「1 7 6 5 6 6 - :‖ 「2 7. 6 5 6 |
向着梦想，向着时代召唤。　我们推动民族　复兴的航船。　复兴的航

结束句

6 - - - :‖ 5 5 5 6 5 3 3 | 7 7 7 7 - | 7 - 5 6 | 6 - - - | 6 - - - |
船。　我们推动民族　复兴的　　航船。

6 0 0 0 ‖

国网临沂供电公司
国家电网有限公司司歌征集职工创作优秀作品
国网山东省电力公司"喜迎二十大　歌唱新时代"国家电网公司司歌创作一等奖
国网山东省电力公司第十四届文化体育节职工优秀音乐作品"十佳原创歌曲"

我们是国家电网人

王卫东 词
刘雨辰 王卫东 曲

1=G 4/4

‖: 6 3·23 3·6 | 1·12 6 - | 1 1·61 1·2 | 3·323 - |
每 一 束 光芒 都 照耀 大地， 每 一 颗 初心 都 滚烫 无 比。
每 一 段 历程 都 艰辛 崎岖， 每 一 个 使命 都 牢牢 铭 记。

(1·1)

3 6·56 6·6 | 5·653 - | 2 2·34 4·4 | 3·3343 - |
每 一 滴 汗水 都 写满 忠诚， 每 一 个 故事 都 可歌 可 泣。
每 一 张 笑脸 都 阳光 灿烂， 每 一 句 誓言 都 铿锵 有 力。

2·346 | 5 323 - | 2·3445556 | 3 - 0 0 | 2234 6 |
我 们是 国 家 电网 人， 无怨无悔拼搏进 取。 我 们是 国家
我 们是 国 家 电网 人， 追求卓越所向披 靡。 我 们是 国家

5 63 3 - | 7·776 55 3 6 - 0 67 | 1·176 |
电 网人， 奉 献光明 山河 壮丽 1.2.啊! 我 们是
电 网人， 求 实创新 再创 奇迹。 我 们是

5·3776 - | 5·556775 | 3 - 0 23 | 4·321 1 |
国 家电网人， 旗帜领航信仰如炬。 为 美 好 生活
国 家电网人， 不负重托雄风再起。 为 美 丽 中国

7 166 - | 7·7771·17 | 6 - 0 0 | (间奏略) :‖ 6 - 0 67 ‖
充 电 温暖送进人民心里。 利。 啊 D.S.
赋 能 拥抱未来走向胜

结束句

6 - 0 0 | 7 7 7·7 1 | 7 0 5 - | 6 - - - | 6 - 0 0 ‖
里 拥 抱 未来 走 向 胜 利。

国网聊城供电公司
国网山东省电力公司"喜迎二十大 歌唱新时代"国家电网公司司歌创作一等奖

光的模样

孟 博 词
光明乐队 曲

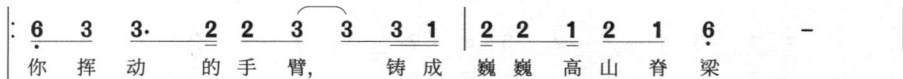

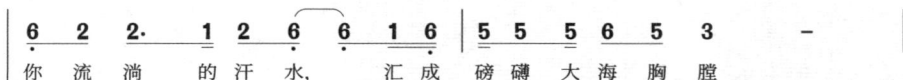

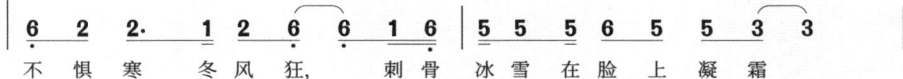

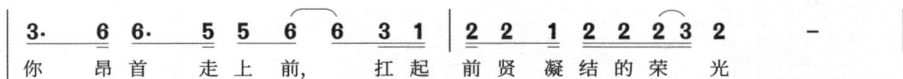

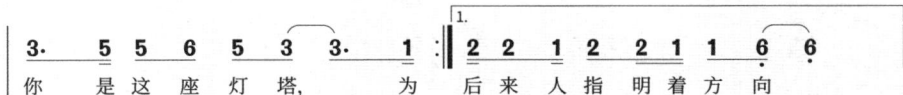

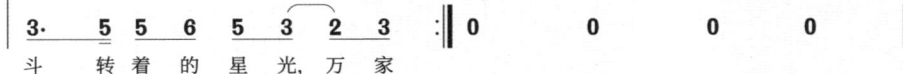

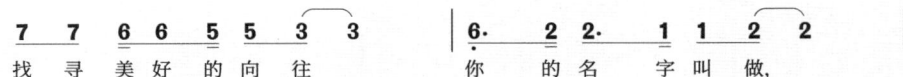

1=C 4/4

♩=70 深情地

5 6 5 3   — | 3. 6 6. 5 6 i i |
电 力 工 匠   传 递 不 变 初 心,

i i i i 6 i 2   2 5 6 | 7. 7 7 i 2 2   i |
诠 释 奋 斗 的 力 量   你 用 匠 心 凝 聚 光 明 信

6 — — 0 5 5 6 | 2/4 7. 7 7. i | 4/4 2 3 3   3 3 i |
仰   带 我 们 走 向 前 方, 走 向   辉

6 — — — |
煌

2/2

国网潍坊供电公司
国网山东省电力公司"喜迎二十大　歌唱新时代"国家电网公司司歌创作一等奖

黎明之光

男高音独唱

葛　阳　词
毛世华　曲

国网泰安供电公司
国网山东省电力公司"喜迎二十大　歌唱新时代"国家电网公司司歌创作一等奖

都是平凡的

1=C 4/4

```
032 211 1556 13· | 033 21·616 5 | 033 211 1111 53· | 033 215 612 2 |
都是 平凡的 被叫做 路人   不必 赞叹 歌颂的   都是 模糊的 行走在 光里   只有 轮廓和 脚印的

033 211 1556 13· | 033 21·616 5 | 033 211 1111 53· | 0333 21·711 135 |
都是 平凡的 被叫做 我们   不必 记得 感动的   都是 模糊的 宁静的 望着   被那些 蓝色印记的 谁的

66· 065 3·32 | 232 261 2·35 | 66· 017 3·32 | 232 261 1 03565 |
双眸 坚定的 倔强 的不屈 的勇敢的 谁的 注视 温柔的 期盼 的微笑 的流泪的 谁亮起了

6 - - 65 | 6· 5 3 3·2 | 2 3·2 2 12 | 35 33 3 35 |
灯 升起 那 烟火 斑驳 的 长明的 撕碎 了黑 夜 火热

6 - - 1 | 7·3 3 - 3·2 | 2 3·2 2 61 | 1 - - - |
的 等 待着 讲述 那一 段段平安 的

033 211 1556 13· | 033 211 616 5 | 033 211 1111 532 | 033 211 612 235 |
都是 平凡的 不知你 姓名   沉默的 守着 承担的   都是 模糊的 不知你 模样   习惯的 陪着 彷徨的 谁的

66 6 - 65 | 3 - - 3·2 | 2 3·2 2 12 | 3 - - 3·5 | 6·66 - 17 |
身影 匆忙的 疲惫的 搀扶 的拥抱 的 谁的 声音 响亮

3 - - 3·2 | 2 3·2 2 61 | 1 - - 3565 | 6 - - 65 |
的 动听 的自豪的 哽咽 的 谁叫醒春 天 绚丽

6· 5 3 3·2 | 212 232 212 212 | 3· 5 3 35 | 6 - - 17 |
了 人间 挽住 狂风的 捧起 雨滴的 亮起 道彩虹牵手 的 对视

3 - - 03 | 2· 3 261 | 1 - - - | 56 16 33· 3 | 32 21 62 2 |
着 是你 是我 和熟悉 的 谁走 在了 光里 谁留 下了 脚印

563 2 563 2 | 211 61 1 - | 23 2 - - | 023 2 - - | 61 1 - - ‖
谁的 记忆 谁的 叮咛 留在了 心里 平凡 的 微笑的 永恒 的
```

山东网瑞物产有限公司
国网山东省电力公司"喜迎二十大 歌唱新时代"国家电网公司司歌创作一等奖

向着太阳飞翔

葛　阳　词

沁　遥　曲

1=♭E　2/4

♩=112　摇滚风格，热情、奔放的

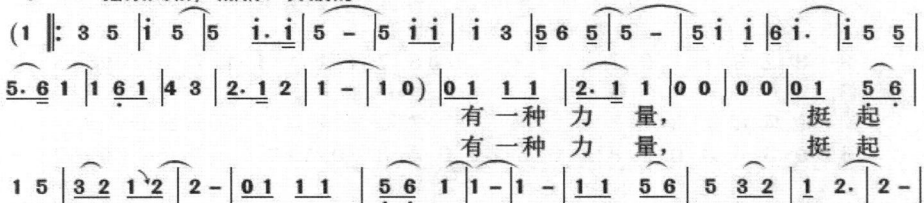

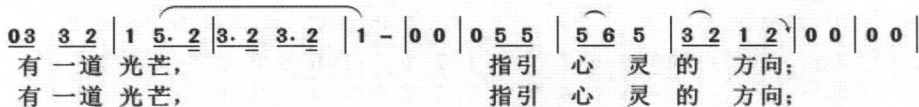

有一种力量，　　　挺起
有一种力量，　　　挺起
泰山的脊梁；　有一股暖流，　　注入黄河的胸膛。
泰山的脊梁；　有一股暖流，　　注入黄河的胸膛。

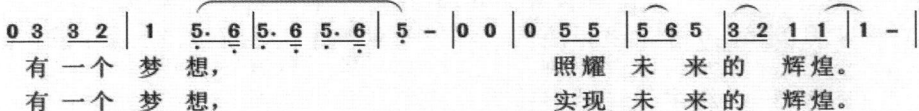

有一道光芒，　　　指引心灵的方向；
有一道光芒，　　　指引心灵的方向；

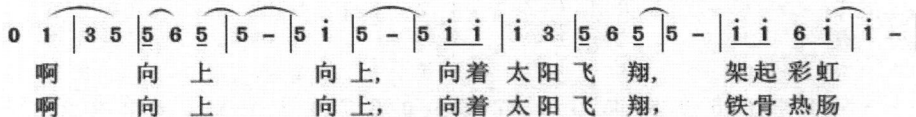

有一个梦想，　　　照耀未来的辉煌。
有一个梦想，　　　实现未来的辉煌。

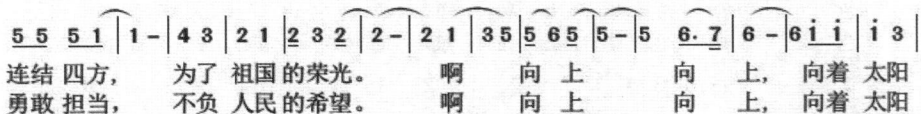

啊　向上　向上，　向着太阳飞翔，　架起彩虹
啊　向上　向上，　向着太阳飞翔，　铁骨热肠

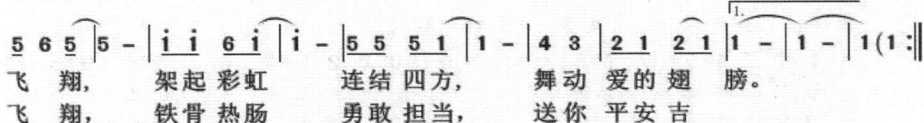

连结四方，　为了祖国的荣光。　啊　向上　向上，向着太阳
勇敢担当，　不负人民的希望。　啊　向上　向上，向着太阳

飞　翔，　架起彩虹　连结四方，　舞动爱的翅膀。
飞　翔，　铁骨热肠　勇敢担当，　送你平安吉

渐慢

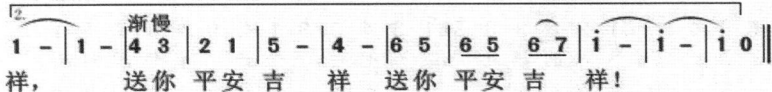

祥，　　送你平安吉　祥　送你平安吉　祥！

国网烟台供电公司

国网山东省电力公司"喜迎二十大　歌唱新时代"国家电网公司司歌创作二等奖

希望之光

1=♭B 4/4

```
0    0    0    012│3·324·33231│1 — — 012│
          让我们奏响光明乐章,        让我
          让我们寻找永恒方向,        让我

3·32311675│5 — — 067│iiiii7i7065│
们黎明之前低声歌唱,    伸手推开黑暗中的窗,拥抱
们逆风而上自由飞扬,    掌心握着说不出的伤,重生

605430023│46660 6·4·330021│2 — — 012│
灿烂阳光,时间的旋律还静静流淌。        让我
之后倔强,生活的蓝图还描摹渴望。        让我

3·324·33231│1 — — 012│3·32311167│
们通向遥远彼方,        让我们记录生命每次绽
们回到原来地方,        让我们默默祈祷不再绝

5 — — 065│671iii7i7 7065│6·5543023│
放,指尖触碰留不住星光,指引迷途归航就算
望,瞬间回眸看不清的人,早已泪湿眼眶说生

46660 6·4·3345│5 — — 03│ii77i2·ii7│
一个人也坚定信仰。        这一次将黑夜点
命最初不变是善良。        这一次将黑夜点

5 — — 03│ii77i2·7753│3 — — 023│
亮,这一生我不再迷惘,        看白
亮,这一生我不再迷惘,        看白

4·336505│#5355 77i067│iiiii63·221│
色翅膀在蓝天上翱翔,逆境中许下人间最美愿
色翅膀在蓝天上翱翔,逆境中许下人间最美愿

2 — — 03│ii77 7i2·ii75│5 — 03│
望。那一夜你诉尽过往,        那
望。那一夜你诉尽过往,        那

iii7i2·7753│3 — 3·0023│4·336505│
一刻我学会坚强,        听生命之光在
一刻我学会坚强,        听生命之光在

#535572i0i2│333330i64·3·3i2│0ii7iii│
天地间回荡,远方的彩虹绽开七色光芒承载着希望。
天地间回荡,远方的彩虹绽开七色光芒永恒的希望。

i — — — ‖
```

国网临沂供电公司
国网山东省电力公司"喜迎二十大 歌唱新时代"国家电网公司司歌创作二等奖

点亮灯光

曹　阳　词
范文博　曲

1=D 4/4 ♩=90

```
| 3  3  3· 1 | 1 - - - | 4  4  34 1 | 2 - - - |
  高 高 的 铁塔        一    字 成 行
  蓝 色 的 工装        微    笑 的 脸庞

| 5 5 5 5  5  1 2 | 3 - - - | 4  4  7 2 | 1 - - - |
  一 根根 银线        通 向 远    方
  双 脚比 路长        山 河 之    上

| 3  3  3· 1 | 1 - - - | 4  4  34 31 | 2 - - - |
  繁    星 点 点       万 家 灯火 闪亮
  风    雨 兼 程       关 山 万里 丈量

| 5 5 5 5  5  1 2 | 3 - - - | 4  4· 4 6 | 5 - - - |
  追 着光 前行         最 美 的 模 样
  让 夕阳 勾勒         挺 起 的 肯 梁

| 6  6  6 7  7 | 6 5 5 5 3 1 1 | 6 6 6 6 7  i | 5 - - - |
  心 之 所想    我们 素履 以往    流动 着的 光 和 热
  青 春 之名    一起 点亮 灯光    跳跃 着无穷的 能 量

| 6 6 6 6 7  6 6 | 5  2 i i  5 5 | 6 6 6  7 7 7 5 | 2 i i - - - ‖
  初心 和使 命 同行 的 路上    我们 用青 春 燃烧 万道 霞光
  初心 和使 命 同行 的 路上    星辰 大海 我们 一起 乘风 破浪
```

D.C.

国网菏泽供电公司
国网山东省电力公司"喜迎二十大　歌唱新时代"国家电网公司司歌创作二等奖

最美家园

1=C
bpm=90

赵　萍　词
马溟科　曲

国网济宁供电公司
国网山东省电力公司"喜迎二十大　歌唱新时代"国家电网公司司歌创作二等奖

光明颂

女高音独唱

葛　阳　词
毛世华　曲

国网泰安供电公司
国网山东省电力公司"喜迎二十大　歌唱新时代"国家电网公司司歌创作二等奖

新时代之光

王卫东 词
赵安营 曲

1=F 2/4

♩=120 进行速度 坚定自豪地

国网聊城供电公司
国网山东省电力公司"喜迎二十大 歌唱新时代"国家电网公司司歌创作二等奖

因为有你

杜文凭　词
成鲁山　曲

1=D 4/4 ♩=73

（i·775 3 - | i·77 i 3 - | 5443 1·34 | 54432 - | i·775 3 - |

i·772 35 | 4 - ♭6 i | 2 - - - ）| 544333 - | 543211 - |
有一份初心　　照亮了晚霞，

434544 - | 434522 - | 543455 56 | 7763 - |
照亮每个人　前进的步伐，　努力和拼搏　镌刻在　脸颊，

432344 5656 | 655 - 0 ‖: 544333 323 |
你用双手点　亮万间广　厦。　　有一份责任　托起
　　　　　　　　　　　　　　　工作岗位上

543211 - | 434544 - | 434522 - |
希望的火把，　托起电力人　心中的牵挂，
你神采焕发，　倾力奉献　不怕风吹雨打，

543455 56 | 7 7763 - | 443223 46 i |
你的模样是那　最美的画，　为守护那份光明添砖
你用青春的　火花点亮平凡，　谱写出新时代的最美

∫ 1.2.反复后转1=♭E
655 - 0 | i·775 3 - | i·77 i 3 - | 4·44456 - |
加瓦。　众志成城，　聚沙成塔，　因为有你，
年华。　众志成城，　聚沙成塔，　因为有你，

6·77 i 5 - | i·775 3 - | i·772 6 - | 4·44456 - |
爱开出花。　不论春秋，　不论冬夏，　你的身影，
爱开出花。　以梦为马，　不负韶华，　因为有你，

1.2.
6·77 i 2 - | 2 00 3·772 | i - - 0 ‖: 6·77 i 2 - :‖
汗水挥洒，　汗水挥　洒。　　汗水挥洒。 D.S.2.
温暖万家，　温暖万　家。 D.S.1.

结束句
6·77 i 2 - | 2 0 3·772 | i - - - | i - - 0 ‖
温暖万家，　温暖万　家。

国网日照供电公司
国网山东省电力公司"喜迎二十大　歌唱新时代"国家电网公司司歌创作二等奖

国家电网之歌

宋炳茹　词
刘　建　曲

1=#F 4/4

奋进地自豪地

```
5·  1   2  3   21  6    5  |   5·  1   2  33   5331   2  |
我们   是  火  我们是   光，   我们   是能量  奔腾的  汪  洋。
向风   要  火  聚核为   光，   山川   汇溪流  热血也  飞  扬。

5   5   5  3   2221   6  |   5·  11   3  2   5 ·5   2  3  |
我们   追  月  我们逐   阳，   夸父的  心跳  始  终   滚
我们   攀  登  我们歌   唱，   沧海变  桑田  都  市   苗

    1   —   —   —  |   1 ·7   6  1   7776   5  |
    烫！              大国   重  器  国家电  网，
    壮！

6   1  6656   3   —  |   2  3   55 5   6   —  |
开辟  未来生  活，       点亮  无限梦  想。
勇为  发展顶  梁，       呼唤  绿色希  望。

1 ·7   6  1   7776   5  |   6  61   1  7   7 ·6   5  6  |
大国   重  器  国家电  网。   为腾飞  中  国  插  上   翅
                            在新时  代  里  扬  帆   起

| 1   —   —   —  |
  膀。
  航。
```

国网滨州供电公司
国网山东省电力公司"喜迎二十大　歌唱新时代"国家电网公司司歌创作二等奖

点灯人

王卫东　王宏斌　词
袁忠宜　曲

1=D　4/4　♩=72

```
5 4 3  3 2 3 3  3. 2 | 1 1   2 3   3  -  | 4 4 4  4 3 4 3 4  4. 4 3 |
每一次  出发  都 脚步  匆匆     每一个  承诺  都

2 2  3 2 2  -  | 5 4 3  3 2 3 3  3. 3 | 5 5   7 6  -  |
倾注 忠诚     每一种  渴望  都 记 在  心 间

4 4 4  4 3 2 2 6 6 7. 5  -  -  0 | 1 7 1  1 3 5  5. 5 |
每一回 告别都看到笑 容       每一次  召唤  都

1 1  6 5 5  -  | 1 7 1  1 5 3  3. 6 | 5 5   1 2  -  |
慷慨 前行     每一个  期待  都 有 求  必 应

3 2 3  3 3 5  5. 3 | 5 5   3 6  -  | 6 6 6  6 4 1 1  1 3. |
每一种  服务  都 贴心  入微     每一回 褒奖都感到光

2  -  -  0 3  2 | 3  -  -  0 2  4 | 3  -  -  0 2  3 |
荣       点 灯 人       点 灯 人       你

4 4 4  3 4 4  5 | 2  -  -  0 3  2 | 3  -  -  0 4  3 |
点亮了百姓  心 灯     点 灯 人       点 灯

4  -  -  0 2  3 | 4 4  3 4  4 7  2 | 1  -  -  -  :|
人       微 光  成炬  照亮 共富 征 程
```

国网聊城供电公司
国网山东省电力公司"卓越之路　音为有你"职工原创音乐优秀作品一等奖

最美黄河

葛 阳 词
王吉利 曲

1=G 4/4

♩=87 豪迈地，赞颂地

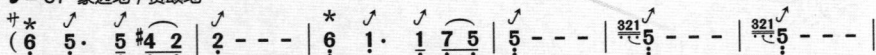

（京腔朗诵）白日依山尽，黄河入海流。欲穷千里目，更上一层楼。

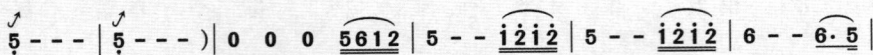

呦…… 吼！嗨 呦，嗨 呦。嗨 呦，嗨

呦。　　　　　　　　　闯 过 泥 泞 险 滩，
世 代 炎黄子孙，

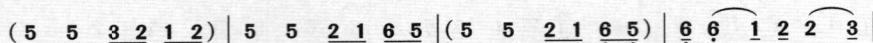

闯 过 泥 泞 险 滩，越 过 万 水 千 山。越 过 万 水 千 山。满 腔　豪 情
世 代 炎黄子孙，力 挽 狂 澜 扬 帆。力 挽 狂 澜 扬 帆。筑 我　华 夏

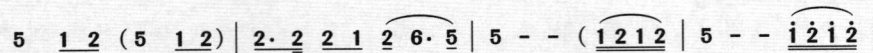

赋 予 了，赋 予 了，九 曲 黄河 蜿　　蜒。嗨　　呦　嗨
魂 魄，魂 魄，巨 龙 腾飞 图　南。嗨　　呦，嗨

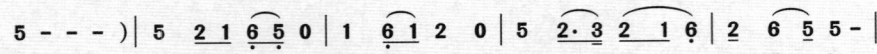

呦。　　一 抔 土，一 寸 心，步 千 秋，泪 满 衫。
呦，　　一 樽 酒，黄 河 倾，立 潮 头，使 命 传。

英雄 打　马 呦，烈酒 迎　风 呦，唱 一 首
袖里 乾　坤 呦，壶中 日　月 呦，唱 一 首

♩=120 富有激情地

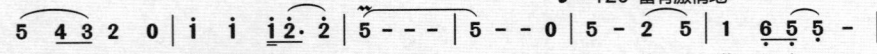

最　美，黄河信天　游。　　最 美 黄河 水，
最　美 黄河 入海　流。　　最 美 黄河 水，

1 1 6̣ 1 | 2̃ − − − | 2· 5 2 2 1 | 2̂ 1̂ 6 − − | 1 1 1 2 6̂ 5̂ 6̣ | 5 − − − |

最 美 黄 河 水，　你 是 母 亲 的 乳 汁，　哺 育 儿 女 成 仁。

最 美 黄 河 水，　你 是 坚 强 的 臂 弯，　守 护 家 园 平 安。

5· 6̣ 1 6 1 | 2 3 2 − − | 2· 5 2 1 2 | 1̂ 6̂ 0 0 5̣ 5̂ 6̣ 1̂ 6 1 |

你 是 梦 想 的 摇 篮，　孕 育 文 明 的 源 泉，　我 爱 你 深 情 的

你 是 圣 洁 的 玉 带，　舞 动 复 兴 的 诗 篇，　我 爱 你 铿 锵 的

2 3 2 2 − | **1.** 4· 4 4 2 6 7 6 | 5 − − (5 6 1 2 | 5 − − 1̇ 2̇ 1̇ 2̇ | **回原速**

眼 波，　照 亮 锦 绣 中 国。　嗨 呦，　嗨

脉 搏，

5 − − 1̇ 2̇ 1̇ 2̇ | 6 − − 6· 5 | 5 − − − | 0 0 0 0 | 0 0 0 0 | 0 0 0 0 |

呦，　嗨 呦，　呦。　（童颂）九曲黄河万里沙，浪淘风簸自天涯。昔日大禹巧治水，

0 0 0 0 | 0 0 0 0 | 0 0 0 0 | 0 0 0 0 | 0 0 0 5 6 1 2 |

今朝绿洲映彩霞。黄河入海安天下，良田丰谷共繁花。喜看两岸春潮涌，海晏河清是我家。

5 − − 1̇ 2̇ 1̇ 2̇ | 5 − − 1̇ 2̇ 1̇ 2̇ | 6 − − 6· 5 | 5 − − : | **2.** 4· 4 4 2 4 | 5 6 − − |

跃 动 幸 福 欢 歌，

4 4 2 1̇ 2· | 5 − − 1̇ 2̇ 1̇ 2̇ | 5 − − 1̇ 2̇ 1̇ 2̇ | 5 − − | 1̇ 2̇ 1̇ 2̇ | 6 − − 6· 5 | **回原速**

幸 福 欢 歌，　嗨 呦，　嗨 呦，　嗨 呦，　嗨

rit.　　　　　　　　　　　　　　　　　　　　　　　　_ppp_

5 − − 1̇ 2̇ 1̇ 2̇ | 5 − − 1̇ 2̇ 1̇ 2̇ | 5 − − 1̇ 2̇ 1̇ 2̇ | 6 − 6· 5 | 5 − −) 0 ‖

呦，　嗨 呦，　嗨 呦，　嗨 呦，　嗨 呦。

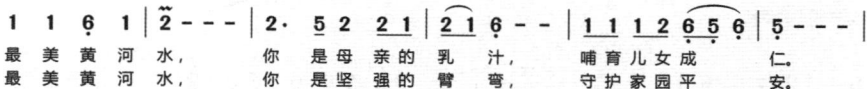

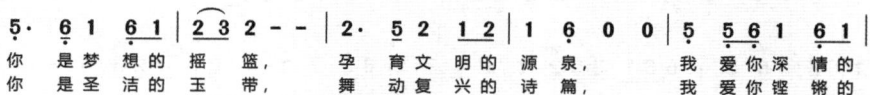

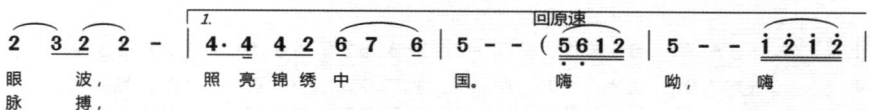

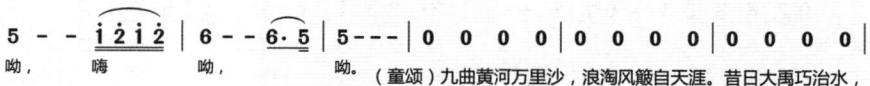

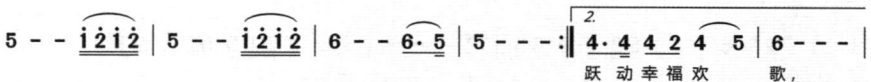

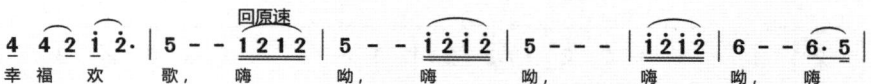

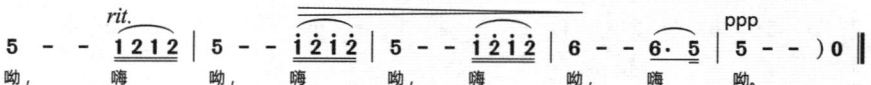

国网泰安供电公司
国网山东省电力公司"卓越之路　音为有你"职工原创音乐优秀作品一等奖

亮在人心头

常 霞 词
韩 旭 曲

1=D 4/4

♩=60 赞颂地

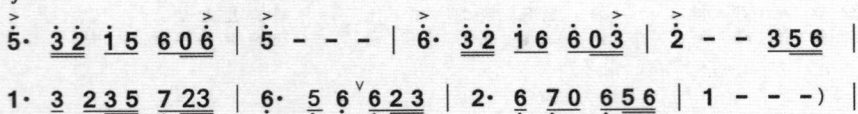

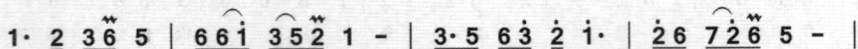

越过多少岭，跨过多少沟。你让绿色光明，跟着梦想走。
圆了多少梦，洗掉多少愁。你让绿色光明，亮在人心头。

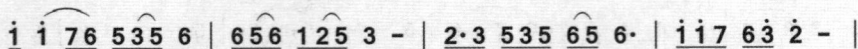

平地 起高楼，大地 庆丰收。你不平凡的岁月，化作了爱在流
万家 灯火红，功名 留身后。你那熟悉的身影，又向着太阳走

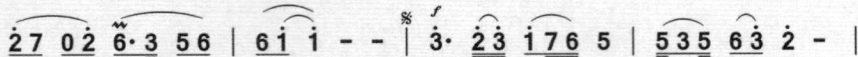

爱 在 流。 你像铁塔立风口，
太 阳 走。 你像银线连神州，

默默 奉献写春秋。扎根大地，为爱坚守。
丹心 热血写风流。创新发展，卓越追求。

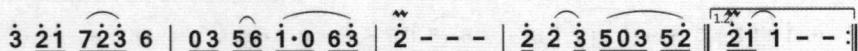

让幸福花开，天长地 久 天长地 久。 DC
让梦想花开，灿烂锦 绣 灿烂锦 绣。 DS

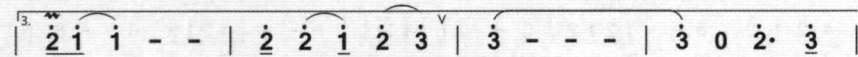

绣。 让梦想花 开， 灿烂

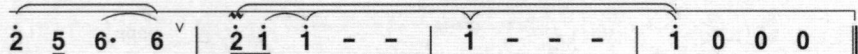

锦 绣。

国网烟台供电公司
国网山东省电力公司"卓越之路 音为有你"职工原创音乐优秀作品一等奖

光明电力

石文杰　词
吴　宁　曲

1=C 4/4

```
3 5 3 5 5    0 3 3 2 1 2 | 3  -  -  - |    3 5 3 5 5    0 2 3 5 6 3 |
党建统领      业务骑上快 马                      亮旗登高      党建潜心默

2  -  -  - |  6 6 5 6 6    0 6 6 5 6 5 | 3  -  -  - |
化                不忘初心      常把百姓牵 挂

3 2 1 2 2    0 1 2 5 6 | 1 2 2  -  0 ‖: 3 5 3 5 5    0 3 3 2 1 2 |
牢记使命      爱用行动  表达              妙手丹青      把新型电网绘
                                      忠诚企业      风雨中并肩同

3  -  -  - |  3 5 3 5 5    0 2 3 5 6 1 | 2  -  -  - |
画                纤巧银线      光明送千万 家
行                以人为本      表率使命必 达

6 6 5 6 6    0 6 6 5 6 5 | 3  -  -  - |
诚信服务      为百姓温暖的 家
奉献社会      为乡村振兴助 力

3 2 1 2 2    0 2 2 2 6 5 | 5  -  5    0 5 |
效益提升      不会让自己落 下              啊
共同发展      让一体四翼开 花

3    3 2 1 2  - | 7 7 2. 7 1    0 5 6 |
   光 明 人      奔走在乡 下      三个
                                国花

1 1 1 1 1 1 6 5 6 5    0 5 6 | 1 1 1 3 5 1 3 3 2    0 5 |
服务是不懈的追 求      六个  力量是永恒的担 当 啊  啊
牡  丹美 冠天 下      光明  精 神传 遍华 夏

3    3 2 1 2  - | 7 7 2. 7 1    0 5 6 | 1 1 1 1. 6 5 6 5    0 5 6 |
   光 明 人      挥汗阳光 下      不论 寒冬酷暑秋 凉春夏  总有

1 1 1    3 2 1 2 1 1 | 1  -  -  - :‖ 3 3 3    4    2. 1 |
我们    匆匆的步 伐              匆匆    的    步

1  -  -  - ‖
伐
```

国网菏泽供电公司
国网山东省电力公司"卓越之路　音为有你"职工原创音乐优秀作品二等奖

黄河入海，绿电未来

李文杰 刘 飞 词
宋 健 曲

1=D 4/4

```
3 3 3 5 5 1 3 | 2 3 2· 0 | 1 1 7 1 1 1 2 | 3 6 5· 0 |
大河 尾 闾 交织 着  黄和蓝   秋风 在渤海湾 铺  就红毯

6 7 1 1 1 2 | 1 1 5 3· 0· 5 | 4 3 4 4 3 1 | 1 3 2· 0· 5 |
铁塔 间飞舞 着  东方 白鹳  用  银线 勾勒出碧  海蓝天  从

‖: 3 3 3 5 5 1 3 | 2 2 3 2· 0 | 1 1 7 1 1 1 2 | 3 3 6 5 0 |
油井 光伏 到景 区  船舶 岸电   坚强 的电网 流动 着  绿色能源

6 7 1 1· 1 2 | 1 5 3· 0· 6 | 4 4 3 4 4 4 1 | 1 1 3 2 0 |
黄河 入 海 口的  电网 人  在  可持续性发展 中  谱写诗篇

5 3 3 4 3 2 1 | 2 2 2 3· 2 0 | 5 1 1 2 1 7 6 | 7 7 7 1· 5 0 |
我们 是黄河 岸边  挺拔 的塔 杆  我们 是入海 口最  温暖 的灯 盏

6 6 7 1 0 | 1 5 2 1 0 | 6 1 1 6 1 0 1 6 1 | 3 4 4 2· 0 |
和谐 共 生   命运 相连   我们 守护着  三 角 洲  湿地 家园

5 3 3 4 3 2 1 | 2 2 2 3· 2 0 | 5 1 1 2 1 7 6 | 7 7 7 1· 5 0 |
我们 是黄河 岸边  挺拔 的塔 杆  我们 是入海 口最  温暖 的灯 盏

6 6 7 1 0 | 1 5 2 1 0 | 6 1 1 6 1 0 1 6 1 | 4 3-2 | 1 - - 0· 5 :‖ 1 - - |
牢记 使 命   绿色 发展   我们 守护着 新生 的  国土 摇篮   从 篮

6 1 1 6 1 0 1 6 1 | 4 3 - - | 3 - - 2 | 1 - - - ‖
我们 守护着  新生 的  国 土        摇 篮
```

国网东营供电公司
国网山东省电力公司"卓越之路 音为有你"职工原创音乐优秀作品二等奖

人民电业为人民

常增军　词
赵安营　曲

1 = D 4/4

进行曲风格　自豪地

高耸的铁塔辉映着朝阳，　汗水和银线汇聚成电网，
奔腾的电流传递着希望，　青春和奉献凝聚成信仰，

千家万户的光明是你点亮。时代的巨轮有你才有力量。
灯火阑珊的生活是你照亮，幸福的花儿有你才会绽放。

电力工人身影闪光，　电力工人大国工匠，
电力工人无尚荣光，　电力工人大国工匠，

人民电业为人民，　人民电业向前方。煌。
人民电业为人民，　人民电业创辉

煌。　人民电业创辉煌。

国网聊城供电公司
国网山东省电力公司"卓越之路　音为有你"职工原创音乐优秀作品二等奖

中国劳模

1=C 4/4

♩=86

王广成　词曲

你是群众的一座灯塔，引领人们拼搏奋发。
你是民族的精神脊梁，艰苦奋斗朴实无华。

你是人民的一座丰碑，指引人们思想升华。
你是祖国的一朵花啊，

高尚品德灼灼其华。中国劳模，中国劳模，

中国劳模，精益求精，努力研发。严格作业，
中国劳模，争优创先，厚积薄发。日月经天，

以厂为家，温文尔雅，如诗如画。D.C.
江河行地，忠于祖国，爱我中华。

结束句 rit
爱我中华。

Fine

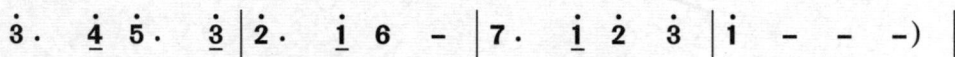

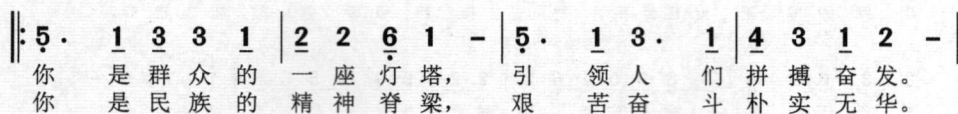

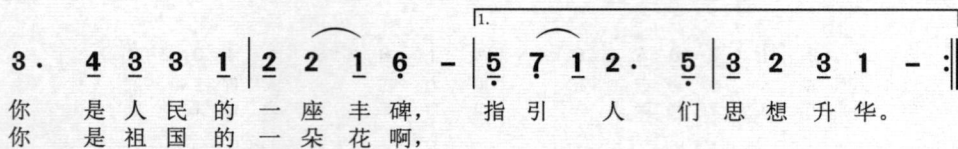

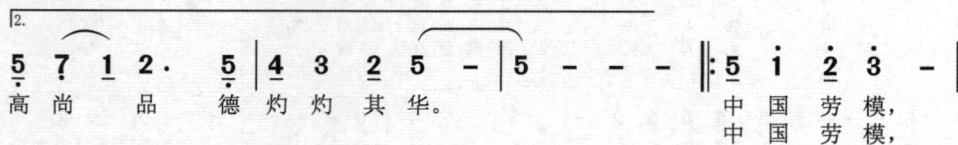

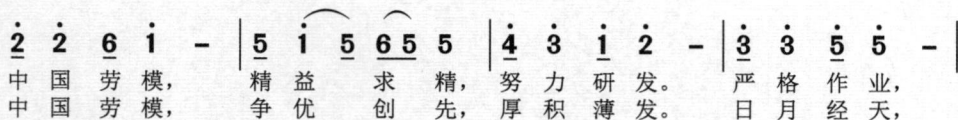

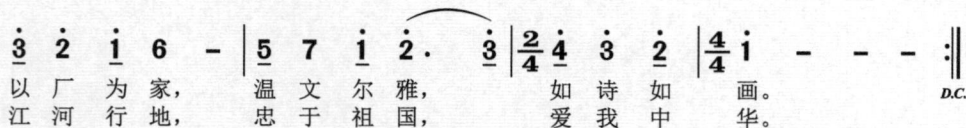

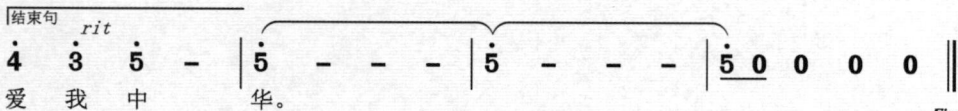

国网菏泽供电公司
国网山东省电力公司"卓越之路　音为有你"职工原创音乐优秀作品二等奖

明天我要做你的新娘

葛 阳 词

李亚平 曲

1= bB转B　速度: 69　4/4

A: 5 3 3 2 3 3 0 3 4 | 5 5 5 5 3 2 2.0 | 6 6 7 1 1 0 1 7 1 | 7 7 7 7 7 7 6 5.0 | 6 1 1 1 2 1 1 0 7 6 |

1. 寂静的晚上　思念　伴着雨丝飞扬　　天这么凉　你还在　特殊的战场奔忙　想你肩头的伤　想你
2. 雨打着心窗　祈祷　风沙不要肆扬　　夜这么长　你还在　远方的战场奔忙　想你温暖怀抱　想你

5 5 5 5 3 3 0 2 3 | 4 4 4 4 4 5 4 0 2 3 | 4 4 4.0 3 2 1 | 1 - - 0 2 3 |

加没加　衣裳　想你　愁愁的模样　想你　陪你　去远　方　　想你
宽厚的　胸膛　想你　微笑的模样　想你　去见　爹和　娘　　想你

B: 4 4 4 0 4 3 2 1 3 | 3 - - 0 2 3 | 4 3 4 4 3 2 2 5 6 | 5 - - 0 6 7 | 1.1 1 7 6 5 6 5 | 5 - - 0 |

1. 怨你　爱你没商量　　相思的泪水默默流淌　你是　铮铮　铁骨好儿郎
2. 怨你　爱你没商量　　相思的泪水默默流淌　爱你　的　平凡与坦荡

6 7 1 1 3 2 1 1 2 2 | 2 - - - | 2 - - 0.5 |

把光明　带给了家　乡　　　哦
爱你的　信念与理　想　　　哦

C: 3 2 1 3 2 1 3 2 1 1 5 6 | 5 - - 0 6 7 | 1.1 1.1 6 6 1 | 2 - - - | 0 7 7 7 5 5 | 3 2 1 1 0 6 7 |

1. 亲爱的亲爱的你是否和我一　样　　把思　念在心中珍　藏　　不提苦累　不提伤　明天
2. 亲爱的亲爱的你是否和我一　样　　在风　雨同舟的路　上　　只传家书　报安康　明天

1 1 1 1 1 6 3 3 2 2 6 7 | 1 1 1 1 1.0 3 2 1 | 2 1 1 - - | 1 - - - |

我要来到你的身　旁　明天　我要做你　幸福的　新娘
我要飞到你的身　旁　明天　我要做你　幸福的　新娘

国网泰安供电公司

国网山东省电力公司"卓越之路　音为有你"职工原创音乐优秀作品二等奖

一阕爱莲说

1=F 2/4

♩=66 舒缓 深情地

王卫东 词
赵安营 曲

```
5̣ 6̣ 1̣ 6̣ | 3 - | 2 2 2 6 | 3 - | 2 2 3 2̂1̂ | ½2 - | 2 3 2 6̂ | 5 - |
我 有 一 首 歌，   一 阕 爱 莲  说，   清 风 拂 面  来，   莲 香 醉 心 窝。
我 有 一 首 歌，   一 阕 爱 莲  说，   清 风 拂 面  来，   莲 香 醉 心 窝。
```

```
5̣ 6̣ 1̣ 6̣ | 5 - | 6 6 5 2 | 3 - | 2 2 3 2̂1̂ | ½2 - | 2 2 1 6̂ 6̂1̂ | 1 - |
我 有 一 首 歌，   一 阕 爱 莲  说，   唱 尽 天 下  人，   名 利 有 几  多。
我 有 一 首 歌，   一 阕 爱 莲  说，   唱 尽 天 下  人，   名 利 有 几  多。
```

```
6 6 6 3̂5̂ | 5 - | 6 1̇ 3 6̇· | 5 - | 6 5̇·6̇ | 5 2 ²3 | 2 3 5 6 | ½2 - |
一 阕 爱 莲   说，   我 唱 你 来  和，   不 染   世 间 尘，   修 身 以 养  德。
一 阕 爱 莲   说，   我 唱 你 来  和，   初 心   坚 如 磐，红 心 不 改  色。
```

%
```
                                                                    ⌜1.⌝
6 6 6 3̂5̂ | 5 - | 6 1̇ 3̂6̂5̂ | 3 - | 2 2̇·3̇ | 6 5 3 | 2 1 ²3 6 1̇ | 1 - :|
一 阕 爱 莲   说，   我 唱 你 来  和，   人 廉   家 和 美，   家 廉 人 祥   和。
一 阕 爱 莲   说，   我 唱 你 来  和，   留 得   清 白 在，   任 凭 后 人
```

```
⌜2.⌝   ⌜结束句⌝
1 - ‖ 1 - | 2 2̂3̂ | 6 5̇· | 6̇ 1̇· | 1 - | 1 - ‖
说。 D.S. 说。   任 凭 后  人   说。
```

国网聊城供电公司
国网山东省电力公司第十四届文化体育节职工优秀音乐作品 "十佳原创歌曲"

夜归人

葛 阳 词

王 蕾 曲

1=C 4/4
♩=70

```
0  0  0  3215 | 1   121 1·5 561 | 7 7 717 7  7127 |
      今夜你在 赶  路  吗    有没有和 月亮说说话  多少次迎

2 2 234 4  345 | 4 4 432 2  3215 | 1  121 1  1 5 |
着星辰出 发  寒风撩 起飞奔的发   追逐梦想 的 生 活  尝 遍

3  323 3  3453 | 4  4·3·4  3454 | 4·4 411 12·2 X |
酸 甜苦辣 跌倒爬起 咬 紧 牙  告诉自己  再坚持一 下   哦

0 XXX XXXX 0 XX XXXXXX | 0 XXXX XXXX XXXX XXXX |
今夜的 你在何方 月色 何曾将你遗忘  白衣天使 救死扶伤 无冤之王 连轴采访

XXXX XXXX XXXX XXXX | XXXX XXXX XXXX XXXX |
的哥的姐 送客路上 警察叔叔 值班站岗  光明使者 抢修电网 学弟学妹 备考课堂

                          5612
XXXX XXXX XXXX XXXX | 345 03455  345 5 33 43 3  456 |
                           哦
建筑工地 彻夜明亮 谁在把春天里唱响 夜 未央 人未央 何人不 是 夜 归 人  城市慷

6 44 456 6  66 | 5565 532 2  5612 | 353 03533  345 |
慨亮 整夜光  相望  归来不惧岁月长  哦   夜 归 人 夜 归 人  我们 都

5 33 433  2144 | 4 1644  343 | 565 532·2231 1 - 0 0 |
是 夜 归 人  倦者归心  离者归家 夜归的 灵魂啊 照亮世界繁华

0  0  0  0 | 0  0  0  0  0 | 0  3215 | 1  121 1  5515 |
                                家人还在 熟睡吗  孩子梦中

7 767 7  7127 | 2 2 234 4  345 | 44 412 3215 | 1 121 1  1 5 |
喊 着爸妈  多少次想 紧紧的拥抱  却只轻 轻吻干泪花 跨上时光 的 骏马  扬起

3  343 3  2343 | 4·  3 4  345 | 44 412 2  0 X |
浮 生芳华  白天可懂 夜 的 黑 真情是 最美的抵达  哦
```

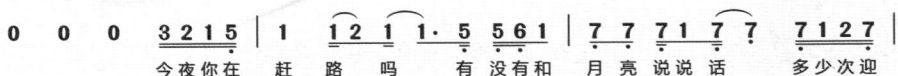

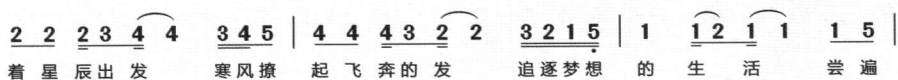

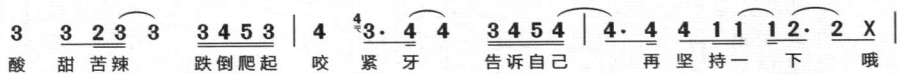

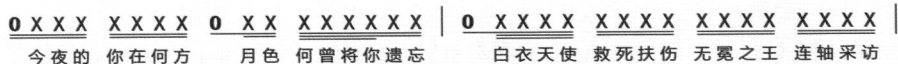

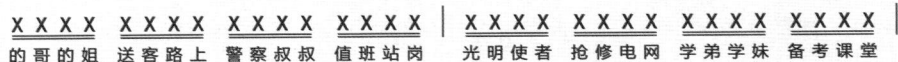

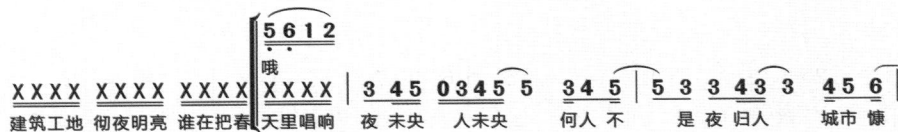

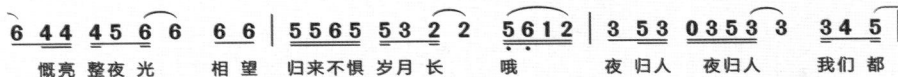

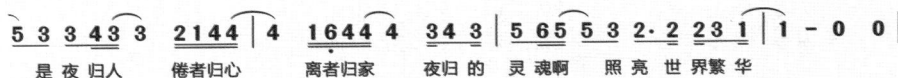

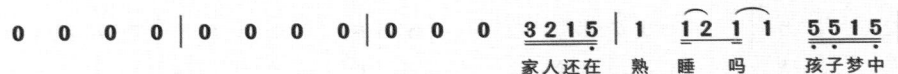

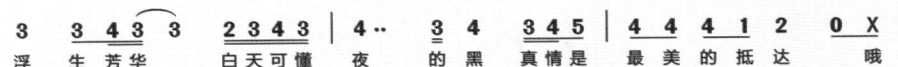

国网泰安供电公司

国网山东省电力公司第十四届文化体育节职工优秀音乐作品"十佳原创歌曲"

永恒的信仰

黄文龙 词曲

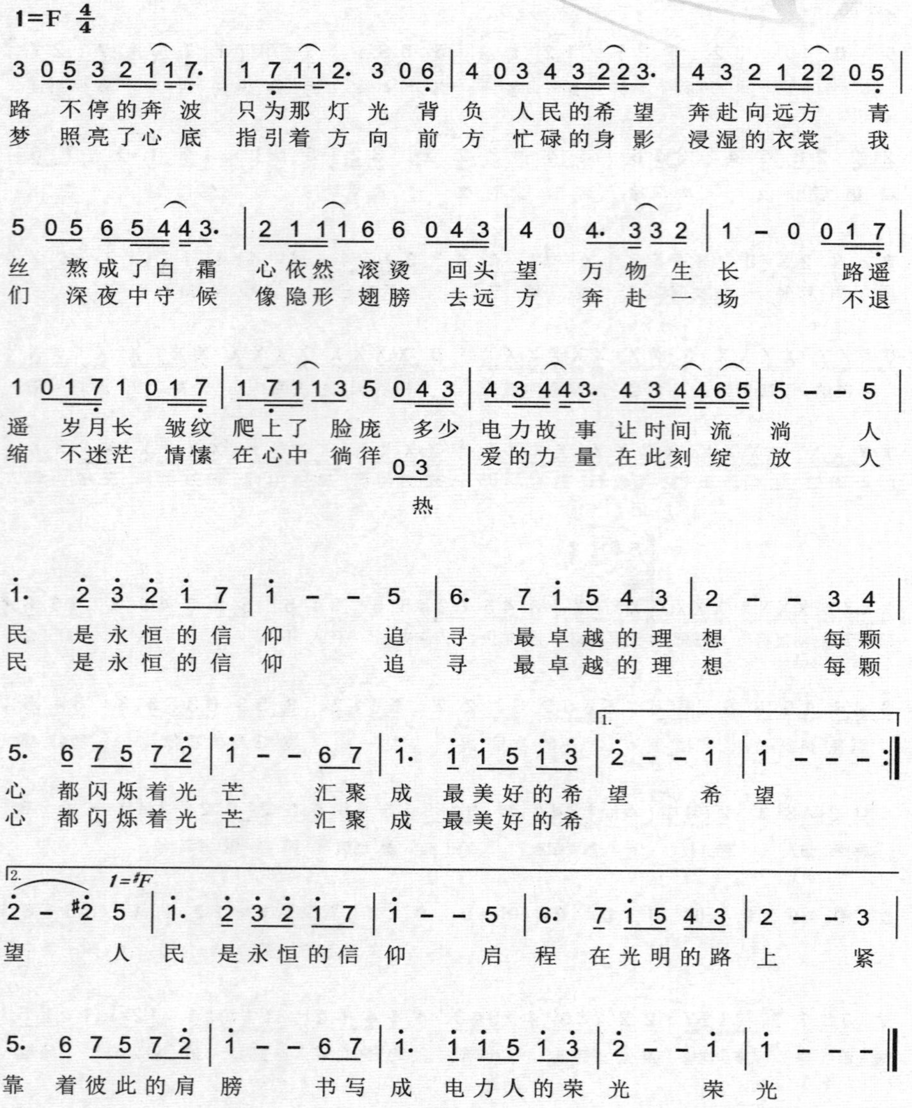

国网淄博供电公司

国网山东省电力公司第十四届文化体育节职工优秀音乐作品“十佳原创歌曲”

灿烂星河

王卫东　词
梁守朋　曲

1=F 4/4

♩=75 大气豪迈地

(0 5̣ 1 3̇ 2̇ 1 - | 0 6̣ 1 2̇ 6̣ 5̣ - | 0 1 2 3 6̇ 7̇·6̇ | 5 - - - |

0 3̣ 6̣ 1̇ 2̇ 1 - | 0 7̣ 3 5̇ 7̇ 6̇ - | 0 5̣ 6̣ 4̇ 3̇ 2·6̣ | 1 - - -)

‖: 5̣ 6̣ 5̣ 3̣ 3 - | 0 5̣ 6̣ 1̇ 7̇ 6̇ 6̇ | 2̇ - - - |
光 阴 如 梭，　　编 织 着 幸 福 生 活。
漫 漫 长 路，　　道 不 尽 万 千 坎 坷。

0 3 2̣ 3 5 3· | 0 3 2̣ 3 5̇ 6̇· |
从 繁 华 都 市　　到 乡 间 村 落，
心 属 于 家 国　　爱 融 入 山 河，

┌1.
1̇ 2̇ 3̇ 1̇ 7̇ 6̇· | 6̇ 5̇ 3̇ 5̇· | 5 - - 0 :‖
深 沉 的 爱 难 以　　难 以 诉 说。
风 雨 兼 程 点 亮

┌2.
6̣· 1̇ 6̇ 2̇· | 2̇ - - 0 ‖ 1̇ 2̇ 3̇ 1̇ 3̇ 2̇ 1̇ |
万 家 灯 火。　　　　薪 火 传 承 走 过 峥 嵘
多 少 优 秀 儿 女 多 少

7̇ 6̇ 6̇ - - | 7̇ 1̇ 2̇ 1̇ 7̇ 6̇ 6̇ 3̇ |
岁 月，　　　义 无 反 顾 只 为 人 民
传 说，　　　祖 国 大 地 绽 放 天 香

6̇ 5̇ 5̇ - - | 2̇ 3̇ 5̇ 3̇ 2̇ 3̇ 6̇ |
嘱 托。　　　华 灯 初 上 辉 映 城
国 色。　　　中 华 有 梦 复 兴 有

3̇ - - 0 | 6̣ 1̇ 1̇ 1̇ 2̇ 1̇ 1̇ | 6̣ 2̇ - 3̇·2̇ |
郭，　　那 是 人 间 灿 烂 的　　星 河， 星
我，　　一 网 情 深 引 吭 再　　高 歌， 高

结束句
1̇ - - - :‖ 2·1̇ 3̇ | 3 - - - ‖
河。　　　　D.C.　高　歌。
歌。　　　　D.S.　高 歌。

国网聊城供电公司
国网山东省电力公司第十四届文化体育节职工优秀音乐作品"十佳原创歌曲"

起点

1=F 4/4

```
3 2 | 1 - 0 1̇ 7 5 | 3 6 - 5 3 | 2 - - 1 6̣ | 1 4 2 3 - |2/4 0 5 6̣ 5 |
```
有 一 个

```
4/4 3 · 2 1 2 · 1 1 6 | 1 - - 0 | 0 5̣ 6̣ 1 6 · 5̣ 5 1 | 3 2 · 0 3 5 |
```
梦 始终 在 我 心 间　　要寻找光 明 的 起点　回首

```
5 - 0 5 6 5 | 3 - - 0 5 5 6̣ 1 | 1 1 2 2 3 1 2 | 2 - 0 3 2 |
```
望　　百年前　　德县亮起的那个光 点　　一群

```
1 · 1 1 1 1 6 | 5 3 2 3 3 0 |2/4 0 3 1 3 2 |4/4 2 - 0 3 1 3 2 |
```
人 为了光 洒万 家的诺言　前仆后　继　肩挑背

```
2 - 0 2 2 3 |2/4 6 · 3 3 6 |4/4 5 - - - | 0 0 0 5 6 | 1̇ - 1̇ 1̇ 1̇ 3̇ |
```
抬　奋斗了 一百 多 年　　听得见　你铿锵的

```
6̇ · 5̇ 5 0 3 5 | 6 · 6 6 6 6 1 3 | 3 2 · 0 2 3 | 5 - 0 5 3 5 |
```
誓言　看得见 你铺满风霜的 脸　守护着　光明的
　　　　　　　　　　　　　　　　守护着　光明的

```
2̇ · 1̇ 1̇ 0 6 5 3 | 2 - 0 6 5 1 | 2 - 0 2 2 3 |2/4 6 · 1̇ 1̇ 5 6 |4/4 5 - - - |
```
承诺　你的故 事　化作种子　融进了 天地之 间
家园　你的汗 水　化作银线　融进了 山水画

```
0 5̣ 5 5 5 3 · 2̇ 2 1 |4/4 3 - - - ‖ 5 - - 0 | 3 · 2 1 1 0 7̣ 1̇ ‖ 2 - 0 7̣ 1̇ |
```
融进了天地之 间　　　　　　　　啊

```
6 - 0 6̣ 1̇ 6 | 5 2 3 0 | 4 · 3 2 · 1 ‖ 1 - 0 5 6 5 | 3 · 2 1 2 · 1 1 6 |
```
啊　　　　啊　　　有一个梦 始终在我心

1/2

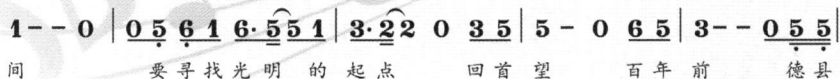

间　　要寻找光明的起点　　回首望　百年前　德县

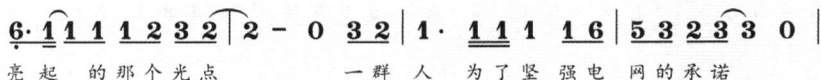

亮起　的那个光点　　一群人　为了坚强电网的承诺

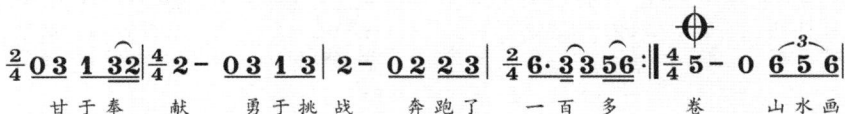

甘于奉　献　勇于挑战　奔跑了　一百多　卷　山水画

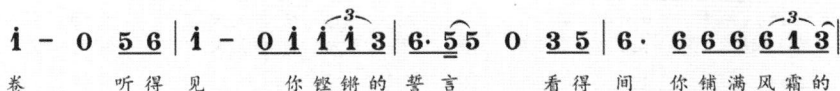

卷　听得见　你铿锵的誓言　看得间　你铺满风霜的

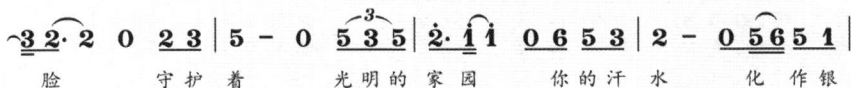

脸　守护着　光明的家园　你的汗水　化作银

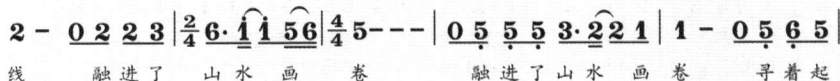

线　融进了　山水画　卷　融进了山水画卷　寻着起

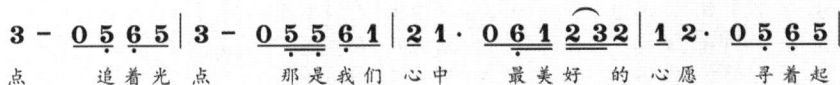

点　追着光点　那是我们心中　最美好的心愿　寻着起

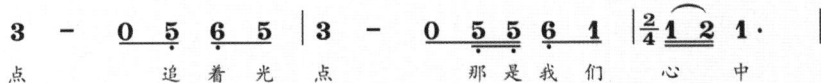

点　追着光点　那是我们　心中

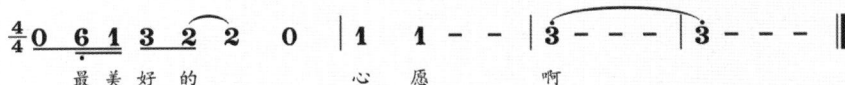

最美好的　　　心愿　啊

2/2

国网德州供电公司

国网山东省电力公司第十四届文化体育节职工优秀音乐作品"十佳原创歌曲"

最美电力人

范文博　词

范文博　付士帅　曲

1=♯C　4/4

♩=70　热烈、深情地

(3 - 5 3 5 i | 5 4 3 4 1·2 | 3 - 5 i 5 3 | 5 4 4 3 1 5 | 2 - - -)|

3 5 5 6 5 5　0 5 5 5 | 6·i i 7 5 - | 6 i i i 2 i i　0 5 5 5 | 4·3 3 1 2 - |

旭 日 朝 阳　升 起 在 灿 烂 东 方　年 轻 的 电 力 人　让 我 们 动 情 歌 唱

旭 日 朝 阳　升 起 在 灿 烂 东 方　年 轻 的 电 力 人　春 风 中 激 情 回 荡

6 6 6 7 i i　0 5 5 5 | 3·2 2 2 2 i 2 i5 6·55 | 6 i i i i i·i i i | 2 - - 0 5 |

一 代 青 年　阳 光 中 神 采 飞 扬　因 为 有 你 灯 火 才 照 耀 四 方　勇

电 缆 线 传 承　父 辈 真 挚 的 希 望　因 为 有 你 灯 火 才 照 耀 四 方　勇

𝄋 I=D

3　0 i i 3 2 i i i 5 5 | 6·i i i i i 3 5 5 | 6 i i 2 i 5 5 5 |

敢　坚 强 的 电 力 人　雨 雪 风 霜　无 法 阻 挡　你 用 双 手 点 亮

敢　坚 强 的 电 力 人　雨 雪 风 霜　无 法 阻 挡　你 用 双 手 点 亮

6 i i 4 3 3 2·2 5 | 3　0 i i 3 2 i i i 5 5 | 6 i i i i 2 i 2 3·3·5 |

点 亮 世 纪 东 方　骄 傲　光 荣 的 电 力 人　你 用 爱 心 汗 水　书 写 荣 光　请

点 亮 世 纪 东 方　骄 傲　光 荣 的 电 力 人　你 用 爱 心 汗 水　书 写 荣 光　请

6·7 7 i 4·3 3 3 | 2 - 0 5 5 3 2 3 | 2 i i i - - ‖

让 我 们 告 诉 世 界　电 网 情 深 大 爱 无 疆

让 我 们 告 诉 世 界　电 网 情 深 大 爱 无 疆　D.C.D.S

国网菏泽供电公司

国网山东省电力公司第十四届文化体育节职工优秀音乐作品"十佳原创歌曲"

信仰之光

1=A 2/4

你是昨日的 一抹亮光 点燃 我心中的那片希望

你是胸前的 那枚勋章 点缀 我最爱的蓝色工装

1. 坚守初心 （哦，初心） 信仰不变
2. 银线勾勒 （哦，勾勒） 你的摸样

夕沐尘雾 征服险阻
铁塔铸就 你的脊梁

迎着酷暑 寒天飞翔 雨雪风霜中

铸牢航向 日复一日 地老天荒 使命不变拥抱初生

的太阳 迎着科技之光 逐浪 积极进取中

乘风破浪 年复一年 地久天长 1.2.初心
3.初心

不 变 铸就 腾飞的电网
不 变 永不 忘信仰之光

国网滨州供电公司
国网山东省电力公司第十四届文化体育节职工优秀音乐作品"十佳原创歌曲"

一路芬芳

流行唱法　女声独唱

葛　阳　词
毛世华　曲

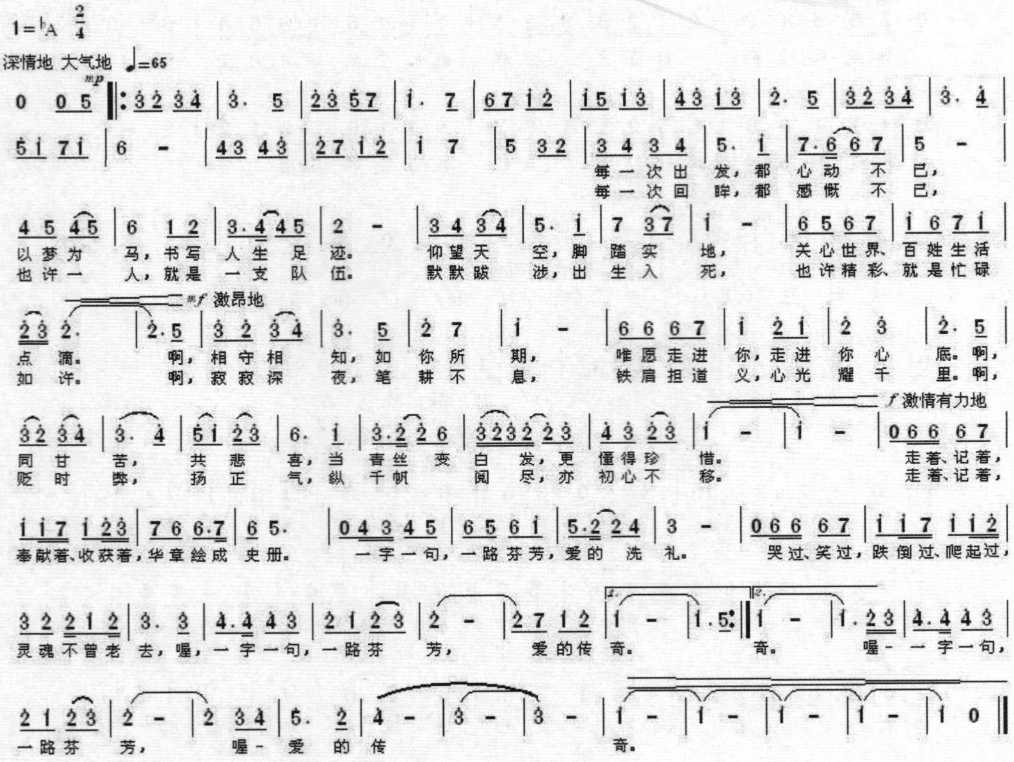

国网泰安供电公司

国网山东省电力公司第十四届文化体育节职工优秀音乐作品“十佳原创歌曲”

电靓青春

邵 欣 词
高 航 曲

1=D 4/4 ♩=140

```
7 1  7 7 5. | 7 1  7 7 - | 7 1  7 7 5  3 | 3 - - - | 7 1  7 7 5. |

7 1  1 1 - | 7 1  2 2 7 1 | 1 - - - ‖ 5  4 3 4 5  4 3 | 3 1  1 1 - |
                                      1.我 是新时代的追  梦 人
                                      2.3.我 是新时代的追  梦 人

6 5 4 5 6  1 6 | 6 5  5 5 - | 5  4 3 4 5  4 3 | 3 1  1 1  5 5 |
怀着激情梦 想向  前 跑    踏实走好人 生每  一 步  我要
承着澎湃动 力向  前 跑    勤学苦练走 好每  一 步  我要

         1.              2.
4 3 2 1 2 - | 2 - 0 0  2/4 2 0 0 : ‖ 0 0 5  4/4 7  1 1 1 - | 7  1 1 1 0 5 |
处处向着光            我 要成为    你的光  让
处处闪着光

1 7 6 7 6  6 5. 5 0 5 | 7  1 1 1 - | 7  1 1 1 0 5 | 1 7 1 2 |
青春慢慢绽 放    我要成为    你的路  让青春慢慢

3  1 2 2 - | 2 - - - | 5 - - | 2/4 5 0 6  4/4 : 3 2 1 2 3 5 5  5 - 0 3 4 5 |
被照亮      哈    敢    靓的青春不一样  要敢闯
                           靓的青春不一样  要敢想

5 - 0 5 4 3 | 4  3 4 4 5  6 | 6 - 0 4 5 6 | 6 - 0 4 3 | 4 5 6 6 6  7 |
有爱就要 向 前跑  为梦想    就算不站C 位也
有梦就要 用 力闯  为信仰    就算微光渺 小也
```

5 - 0 5 4 3 | 4 3 4 4 5 | 6 6 - 0 4 5 6 | 6 - 0 4 3 | 4 5 6 6 6 7 |

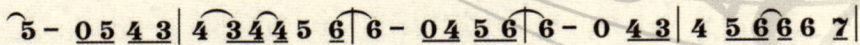

有爱就要 向 前跑 为梦想 就算不站C位也
有梦就要 用 力闯 为信仰 就算微光渺小也

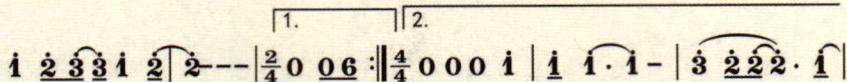

i 2 3 3 i 2 2 - - - | 2/4 0 0 6 : | 4/4 0 0 0 i | i i · i - | 3 2 2 2 · i |

1. 　　　　　　　**2.**

努力发着光　　　　　爱　　light for you　beautiful　youth
守护那道光

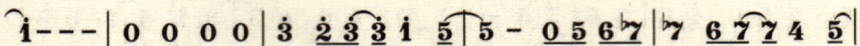

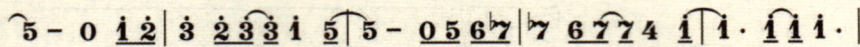

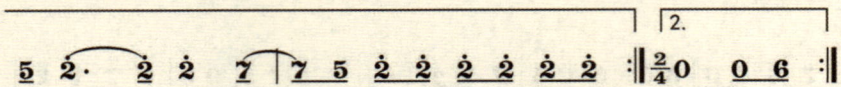

i - - - | 0 0 0 0 | 3 2 3 3 i 5 | 5 - 0 5 6 7 | 7 6 7 7 4 5 |

5 - 0 i 2 | 3 2 3 3 i 5 | 5 - 0 5 6 7 | 7 6 7 7 4 i | i i · i i i · |

2.

5 2 · 2 2 7 7 5 2 2 2 2 2 2 : | 2/4 0 0 6 : |

D.S.1　　　　　　　　　　　　敢
唱主歌第二段词　　　　　　　D.S.2

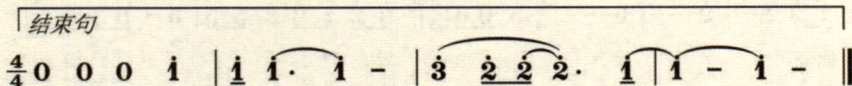

结束句

4/4 0 0 0 i | i i · i - | 3 2 2 2 · i | i - i - |

light　for you　　beautiful　　youth　　**Fine**

2/2

国网德州供电公司
国网山东省电力公司第十四届文化体育节职工优秀音乐作品"十佳原创歌曲"

赋能新征程

周承壮　词
宫少英　曲

1=F 4/4
抒情地

```
1 2 3 i 6 - | 6 1 5 3 - | 6 6 6 1 2 - | 2 3 6 5 - |

1 2 3 i 6 - | 5 6 6 5 3 - | 5 6 1 5 2 - | 3 2 6 1 - )|

5 6 1 2 3. 23 | 2 1 6 1 - | 1 2 3 5 5. 12 | 3 2 1 2 - |
```
曾　经的路，总是风雨兼程，满腔热　情，力聚时代引擎。
未　来的路，依然你我同行，心中有　梦，化作战鼓催征。

```
3 5 5 6 5. 12 | 3 2 1 6 - | 5 6 1 5 3. 23 | 2 1 6 1 - |
```
雪中送　炭，传递多少温情，锦上添　花，更加精益求精。
铁塔林　立，跨越多少高峰，银线交　织，连通日月星空。

```
1 2 3 i 6 - | 6 1 5 3 - | 6 6 6 1 2 - | 2 3 6 5 - |
```
创业故　事，人人传颂，奋斗精　神，代代传承。
精致城　市，智慧眼睛，城乡联　动，全面振兴。

```
1 2 3 i 6 - | 5 6 5 3 - | 5 6 1 5 2 - | 3 2 2 6 1 - :‖
```
创业故　事，人人传颂，同舟共　济，转换新动能！
精致城　市，智慧眼睛，行稳致　远，赋能新征程！

```
5 6 1 5 2 - | 5. 6 2 6 | i - - - | i - - - |
```
行稳致　远，赋能新征　程！

```
i 0 0 0 ‖
```

国网威海供电公司
国网山东省电力公司第十四届文化体育节职工优秀音乐作品"优秀原创歌曲"

巡线路上（新）

安华岩　词曲

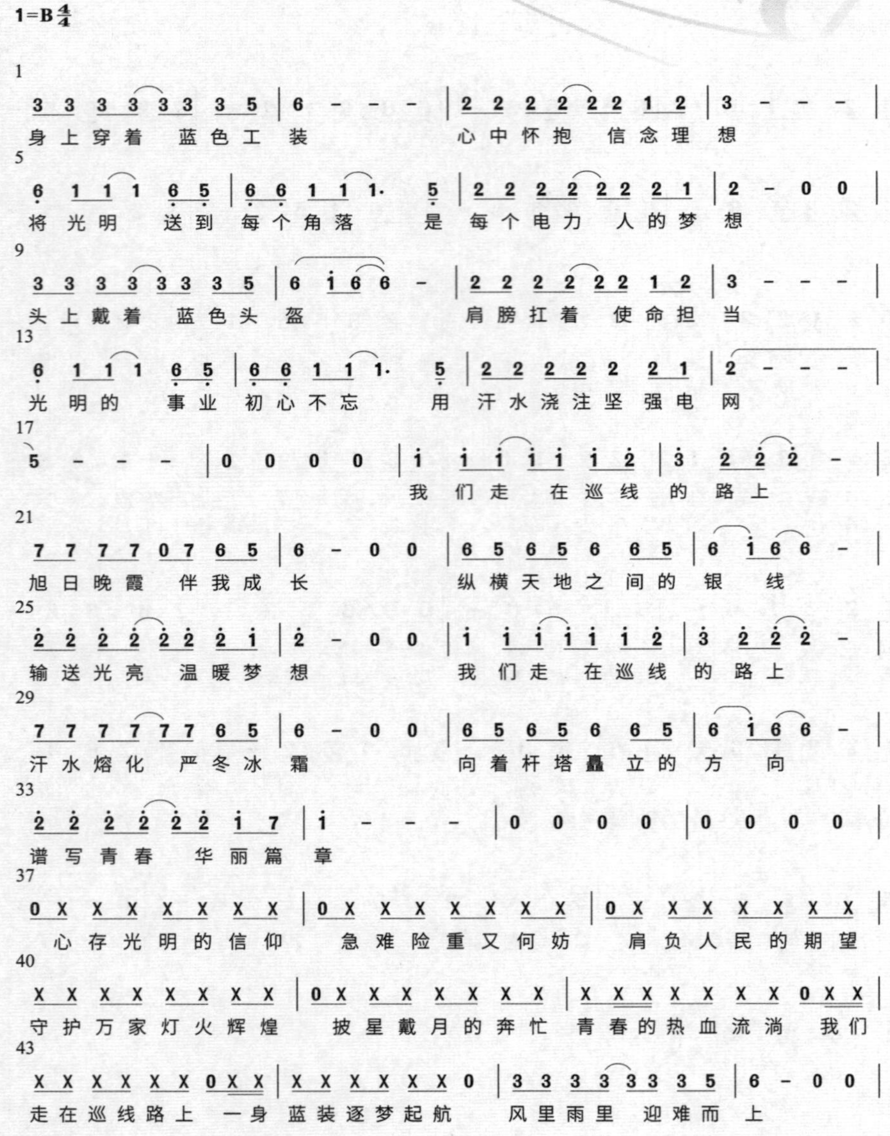
1=B 4/4
身上穿着 蓝色工装 心中怀抱 信念理想
将光明 送到每个角落 是每个电力人的梦想
头上戴着 蓝色头盔 肩膀扛着 使命担当
光明的 事业 初心不忘 用汗水浇注坚强电网
我们走 在巡线 的路上
旭日晚霞 伴我成长 纵横天地之间的银线
输送光亮 温暖梦想 我们走 在巡线 的路上
汗水熔化 严冬冰霜 向着杆塔矗立的方向
谱写青春 华丽篇章
心存光明的信仰 急难险重又何妨 肩负人民的期望
守护万家灯火辉煌 披星戴月的奔忙 青春的热血流淌 我们
走在巡线路上 一身蓝装逐梦起航 风里雨里 迎难而上
1/2

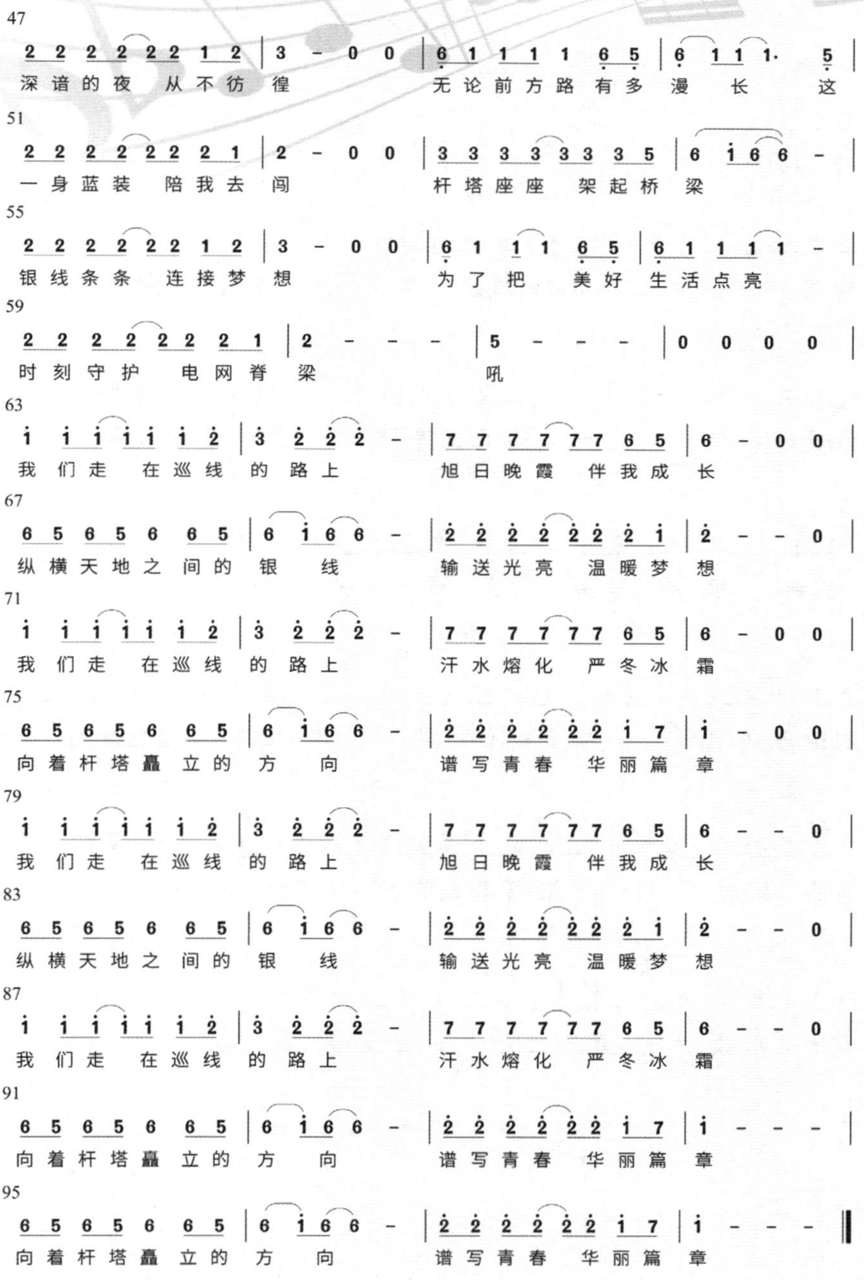

2/2

国网济南供电公司

国网山东省电力公司第十四届文化体育节职工优秀音乐作品“优秀原创歌曲”

清风

刘子昂 许 伟 词曲

1=C 4/4 ♩=69

朗朗乾坤在心中　清清白白过一生　不忘初心方得始终

每双眼都见证　廉政信念同坚守　坦坦荡荡的笑容　不

为名利　也不低头　是平淡的　追求　清

风吹拂在风雨后　一身正气心中留　似梅花风霜显傲骨　是党

不灭的薪火　日月昭昭奔赴前路一片赤诚在心头　似

莲花出水显芬芳　是我们　一生追寻的梦

国网济南供电公司
国网山东省电力公司第十四届文化体育节职工优秀音乐作品"优秀原创歌曲"

共筑光明梦

崔纪丽　词曲

1=[♭]B　2/4　4/4
♩=70

3 4 5.̂6̂5 - | 1̇ 1̇ 7.̂1̇ 5 - | 6 6 6̂7̂ 1̇ 1̇. 1̇1̇ | 4 1̂4̂ 3̂2̂2 - |
仰望蓝　天，　拥抱阳　光，　巍峨的铁塔　诉说岁月的沧桑。

3 4 5.̂6̂5 - | 1̇ 1̇ 7.̂5̂6 - | 6 6 6̂5̂5̂6̂6. 6̂6 | 4.̂3̂3̂2̂1 1 - |
走过山　川，　穿越海　洋，　绵延的银线　追寻心中方　向。

2/4 1 - ‖: 3 4 5.̂6̂5 - | 1̇ 1̇ 7.̂1̇ 5 - | 6 6 6̂7̂ 1̇ 1̇. 1̇1̇ | 4 1̂4̂ 3̂2̂2 - |
　　　代代电　网，　铸就坚　强，　你用智慧　弹奏动人的乐　章。

3 4 5.̂6̂5 - | 1̇ 1̇ 7.̂5̂6 - | 6 6 6̂5̂5̂6̂6. 6̂6 | 4.̂3̂3̂2̂1 1 - |
光明事　业　点亮四　方，　万家灯火里　绽放最美梦　想。

2/4 1. 5̂5 | 1̇1̇ 1̇ 2̇3̇. 2̇ 3̇. | 4̇ 3̇ 2̇1̇. 1̇2̇ - | 1̇ 1̇ 2̇2̇ 3̇ 6. 6̇1̇ |
我们　情系电　网，　豪迈奔　放，　携手同　行　啊
我们　情系电　网，　使命担　当，　踔厉前　行　啊

2̇ 2̇ 1̇.2̇3̇2̇ 2. 5̂5 | 1̇1̇ 1̇ 2̇3̇. 2̇ 3̇. | 4̇ 3̇ 2̇1̇. 1̇2̇ - | 1̇ 1̇ 2̇2̇ 3̇ 6. 6̇1̇ |
神采飞　扬。我们共筑电　网，　奋力开　创，　前进路　上　我们
斗志昂　扬。我们共筑电　网，　充满力　量，　奋进新征　程，　共同

1. 2̇ 2̇ 2̇3̇ 1̇1̇ - | 1̇ - (间奏)‖: 2. 2̇ 2̇3̇ 1̇1̇. 5̂5 :‖ 3. 2̇ 2̇3̇ 1̇1̇ - |
光芒万　丈。　　　　　　　创造辉　煌。我们　创造辉　煌。
D.S.

2/4 1̇. 6̇1̇ | 2̇2̇. 2̇3̇. | 1̇ - - | 1̇ 0 0 0 ‖
　　共同　创造辉　煌。

国网威海供电公司
国网山东省电力公司第十四届文化体育节职工优秀音乐作品"优秀原创歌曲"

光芒

1=C转#C 4/4 ♩=112

李恒蔚　词曲

| 3· 3̲3̲ 4 | 5 - - 4̲3̲ | 4· 4̲4̲ 5 | 6 - - 7̲ 1̲ |

| 2̇· 2̲̇2̲̇ 5 | 7· 6̲6̲ 5 | 4 - 3· 2 | 1 - - 1̲ 2̲ |

沐浴

| 3· 3̲3̲ 1 | 4 0 5 6 | 5 2· 3 4̲ | 3 - 0 2̲3̲ |

黎明星光　奔赴光明战场　　汗水

| 4 4 5 6 | 5· 1̲1̲ 0 | 6̣· 4 4̲3̲ 2̲ | 2 - 0 1̲2̲ |

折射光芒梦　想　照耀着前方　头顶

| 3· 3̲3̲ 5 | 4 0 5 6 | 5 2· 3 4̲ | 3 - 0 2̲3̲ |

烈日骄阳　不惧雨雪风霜　　条条

| 4 4 5 6 | 5 3̲1̲ 0̲1̲ | 4 3 2· 1 | 1 - 0 1̲1̲2̲ |

银线纵横把万家　的灯火点　亮　　我们的

| 3 5 0 0̲5̲ | 1̇ 5̲5̲3̲5̲ 3̲·3̲3̲1̲ | 2 - 0 2̲2̲3̲ | 4 6 0 0̲6̲ |

光芒　万水千山用脚步丈量　我们的光芒　彩

| 6· 7̲7̲ 1̇ 1̲̇·7̲7̲6̲ | 6 - - - | 5 - 0 3̲3̲4̲ | 5 1̇ 0 0̲1̲̇ |

虹关情用真诚吟　唱　　我们的光芒　追

| 1̇· 5̲5̲5̲ 5̲·3̲3̲1̲ | 6 - 6· 5̲ | 6 - 0 6̲5̲3̲ | 3 2 0 2̲2̲1̲ |

求卓越是不变的　信　仰　　我们的光芒　在新的

| 3· 2̲2̲2̲ 2̲3̲ | 1 1 - - | 0 0 0 1̲2̲ | 3· 3̲3̲ 1 |

时代璀璨绽　放　　　踏着奋斗节

| 4 0 5 6 | 5 2· 3 4̲ | 3 - 0 2̲3̲ | 4 4 5 6 |

拍　初心从未更　改　肩上使命不忘

1/2

国网潍坊供电公司
国网山东省电力公司第十四届文化体育节职工优秀音乐作品"优秀原创歌曲"

缘来有电

葛 阳 词
毛世华 曲

1=#F 转 B 4/4

♩=116

‖: 3 3 3 2 3 4 0 | 3 3 3 2 3 1̇ 7 | 3 3 3 2 4 3 0 | 6 6 6 1 7̇ 6 6̇ |

走过黄河泰山　脚步越来越铿锵　听从内心召唤　握紧手中梦　想
身随银线飞翔　心胸越来越宽广　欢呼盛大舞台　点赞青春剧　场

0 6 6 6 1̇ 6 7 | 0 6 6 6 3 2 3 | 0 3 3 3 4 3 5̇ | 6̇ 6̇ 6 1 6̇ 0 |

相信最好的选择　奔向最美的远方　有爱的地方　就　会绽放希望
每个角色闪闪亮　感动掌声如海浪　有光的未来　一　定创造辉煌

转 1=B

1 1 1 0 5 5 | 0 7̇ 7̇ 0 5 5 | 0 6̇ 6̇ 0 3 3 | 0 7̇ 7̇ 0 5 5 |

Oh, come on,　come on　鲁电　来电　come on　come on　有缘　有电

0 6̇ 6̇ 6 4 3 2 | 0 5̇ 5̇ 5 3 2 1 | 0 6̇ 6̇ 6 2 | 2 3 3 2 2 |

我们一网情深　唱响幸福乐章　不负使命　干得漂　亮

1 1 1 0 5 5 | 0 7̇ 7̇ 0 5 5 | 0 6̇ 6̇ 0 3 3 | 0 7̇ 7̇ 0 5 5 |

Oh, come on,　come on　鲁电　来电　come on　come on　有缘　来电

0 6̇ 6̇ 6 4 3 2 | 0 5̇ 5̇ 5 3 2 1 | 0 6̇ 6̇ 3 | 2 3 2 5 · 0 |

我们一网情深　唱响幸福乐章　超越巅峰　赢得荣光!

X X X X X X | 0 X X X X X 0 | X X X X X X | 0 X X X X X |

来电来电鲁电　欢迎你来电　来电来电来电　有缘就有电

X X X X X X | 0 X X X X 0 | X X X X X X | 0 X X X X 0 |

爬爬泰山逛　逛趵突泉　吼吼黄河游　游渤海湾

X X X X X X X X | 0 X X X X 0 X X X X | 0 X X X X X X X X |

拜拜孔孟问道蓬莱仙　哈哈啤酒　尝尝河海鲜　美景美食三天说不完

0 X X X X X X X | X X X X X X X X X | 0 X X X X X X X X |

齐鲁文化美名传　国泰民安福地多圣贤　山高水长故事一串串

0 X X X X X X | X X X 0 | 0 0 0 0 | 0 0 0 0 |

中华精神薪火代代传!

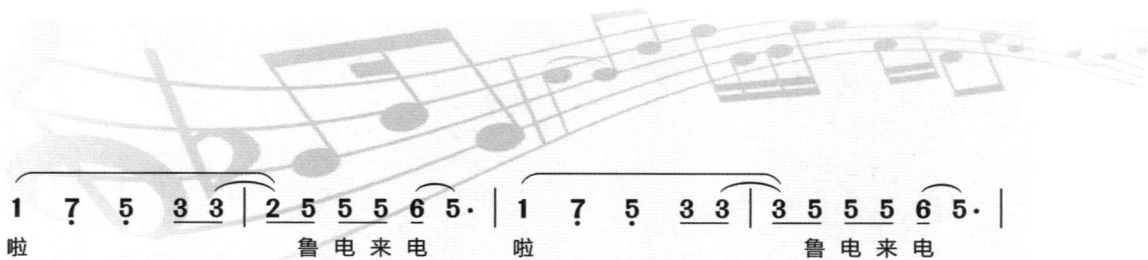

| 1 7̣ 5̣ 3 3 | 2 5 5 5 6 5· | 1 7̣ 5̣ 3 3 | 3 5 5 5 6 5· |
啦　　　　　鲁电来电　　啦　　　　　鲁电来电

| 4 3 2 5̣ 3 | 3 2 1 1 0 | 1 1 1 1 5 5 | 5 - 0 0 :‖ |
啦　　　　　　　　　come on come on come on

X X X X | X X X X 0 | X X X X | X X X X 0 |
光　明　使　者　共　绘　同　心　圆　　有　志　青　年　闯　出　一　片　天

X X X X X XXXX | X X X X XXXX X | X X X X XXXX X |
能源互联绿色智能安全　特高压工程世界刮目看　关爱职工生态文化圈

X X X X XXXX X | X X X X XXXX X | X X X X XXXX X |
建功建家心里真温暖　相亲会上牵手好姻缘　亮出精彩人人增才干

X X X X | X X X X 0 | 0 0 0 0 | 0 0 0 0 ‖
国　网　精　神　书　写　新　诗　篇!

2/2

国网泰安供电公司
国网山东省电力公司第十四届文化体育节职工优秀音乐作品"优秀原创歌曲"

传承

1=♭E 4/4

杜育霏　词曲

0 1 1 1 1 2 3 5 | 0 1 1 1 1 2 3 ²3 | 0 1 1 1 1 2 3 2 | 2 3 3 2 2 1 7 |
鸿蒙初开的土壤　有一盏灯被点亮　打开了那一束鲁　南之光

0 1 1 1 1 2 3 5 | 0 1 1 1 1 2 3 5 | 5 2 2 0 1 2 3 | 3 3 3 3 #5 5 6 |
汗水里霓虹闪耀　铁塔下彩虹在微　笑一切过　往都皆为序章

0 6 5 6 6 5 6 6 | 6 5 6 7 i 5 | 5 5 3 5 6 5 | 5 5 3 #5 5 5 6 |
传承接力棒　来到我们手上　上天揽星辰　寻那一缕微光

0 6 5 6 6 5 6 | 0 6 6 5 6 7 i 5 | 0 5 5 3 5 3 5 5 | 0 5 5 5 #5 5 6 |
we are on the way　用青春点燃希望　守护千万家灯火　书写绚烂篇章

6 - - 6 5 | 6 - - 6 7 | i - - i 6 7 | 7 - - - | 0 X X X X X X X X X X |
喔奥　喔奥　奥　百年前铁道游击队的故乡

0 X X X X X X X X X X X | 0 X X X X X X X X X X X |
在中兴煤矿点起第一盏灯光　无论带电作业还是户户点亮

0 X X X X X X X X X X X X | X X · X X X X X X X X X X |
我们枣电人都一直走在前方　你看班组大讲堂在这里首创

X X · X X X X X X X X X | X X · X X X X X X X X X X |
你看鲁班奖终来到他的故乡　你看红石榴在这里孕育希望

X X X X X X X X X X X X X |
工业强市产业兴市会有我们的力量

国网枣庄供电公司
国网山东省电力公司第十四届文化体育节职工优秀音乐作品"优秀原创歌曲"

灯火人间

1=C 4/4

```
1 - - 0 1 | 4 - 5 4 3 1 | 3 - - 0 1 | 4 - 5 4 | i· 1 2 3 0 3 | 4 - 5 4 |

5 - 4 3 ‖ i - 0 3 4 | 5· 5 5 0 3 2 1 1 | 4 - 0 0 7 1 |
                      撑起银线      在山 水间          静静

2· 2 2 3 4 0 4 4 3 2 2 | 3 - 0 3 3 | 5· 5 5 0 3 2· 1 | 4 - 0 0 7 1 |
守护复兴 一年又 一年    绿水青山    大美人间          窗外

2· 2 0 2 3 4 4 3 2 1 | 1 - 0 3 4 ‖: 5· 5 5 0 3 2· 1 | 4 - 0 0 7 1 |
万家 灯火让你笑开 颜      架起 光明    在天地间          默默

2· 2 2 3 4 0 4 4 3 2 2 | 3 - 0 3 4 | 5· 5 5 0 4 4· 5 | 6 - 0 0 7 1 |
串联 儒韵 一天又 一天      霓虹 闪烁    星光灿烂          动人

2· 2 0 2 3 4 4 4 3 2 2 1· 1 0 1 2 1 | i· 1 1 0 7 7· 5 | 6 - 0 0 2 3 |
故事 萦绕我的脑海心 田    人间灯火    灯火人间          击毁

4· 4 4 6 5 0 5 5 2 2 3 3 0 0 | i· 1 1 i 2· 2 0 | 3· 2 1 1 0 6 6 5 |
黑暗 迎接 光明惊 叹      辉煌在脚下 梦  圆幸福的

5· 6 0 6 6 6 3· 2 1 1 2 1 | i - 0 3 4 ‖: i - 0 1 1 | i· 1 1 0 7 7· 5 |
脸庞 洋溢着坚定 的信念      架起 念      人间灯火    灯火人

6 - 0 0 2 3 | 4· 4 4 6 5 0 4 5 2 | 2 3· 3 0 0 | i· 1 1 i 2· 2 0 |
间      铁塔 银线 筑起 梦想家 园      铿锵 现代化

3· 2 1 i 0 6 6 5 | 5 6 6 0 6 6 3 2 i 2 i | i - - 0 ‖
征  战 用智慧和汗水  建设美好的家 园
```

国网济宁供电公司
国网山东省电力公司第十四届文化体育节职工优秀音乐作品 "优秀原创歌曲"

微光彩虹

1=C 4/4
BPM=67.0

赵 萍 词曲

```
3 345 1·2 | 3 - - 1·1 | 6 654·3 3 1 | 2 - - 1·1 |
我 升腾于微  光，  用 真  情点亮灯火， 我

6 654 654 | 3 - 1 123 | 4 4 3 5 2·3 | 2 - - 5·5 |
走 过原野 山川， 用银线编织家  园， 红是

3 345 1·2 | 3 - - 1·1 | 6 654·3 3 4 | 2 - - 1·1 |
传 承接力的我， 橙是分  秒必争的你， 绿是

6 654 654 | 3 - 1 123 | 4 1 2 2 7 | 1 - - 5 |
赋 予大地 的甘， 蓝是挥汗如雨的甜， 啊！

3 3 2 1 7 7 1 | 5 - - 5·5 | 4 3 2 2 1 | 2 - - 5·5 |
微 光彩  虹风 吹动脚下升腾， 用

3 2 1·7 7 5 | 6 - - 6·7 | 1 7 1 1 2 | 2 - - 5 |
旗 帜覆盖村庄， 用 传承留下永恒， 啊！

3 3 2 1 7 7 1 | 5 - - 5·5 | 4 3 2 2 1 | 2 - - 5·5 |
微 光彩  虹情 涌动赋予新能， 用

3 2 1·7 7 1 | 6 - - 6 7 | 1 2 1 1 7 | 1 - - 0 :||
蓝 色谱写新篇， 把 绿色留在家园。
```

国网济宁供电公司
国网山东省电力公司第十四届文化体育节职工优秀音乐作品 "优秀原创歌曲"

点亮山川

岳卫国　闫红鹏　词
房　静　曲

1=♭E　4/4

♩=80

```
(0 1  21 | 6 - 61216 | 5 - 5353 | 2 - 2212 | 3 - 3121 |
6 - 61216 | 5 - 5353 | 2 - 2123 | 1 - - -) |

0 5  535 32 | 16. 065 | 61. 06 16 | 5 - - 0 |
```
海岱明川，中国 泉乡　仲子 故里，　圣源名扬。

```
66 6560 | 35 56321 | 2 - 0113 | 2 - - 0 |
```
赞春华秋实，　颂泗电风韵。忆往昔，　流年似水，

```
5. 35 32 | 16. 065 | 61. 06 16 | 5 - - 65 |
```
看 今朝，岁月如歌，　电力"三为"，"两美"使命　做好

```
66 6565 65 | 35 56321 | 2 - 0323 | 5 - 0121 |
```
电力 先行官打赢 脱贫攻坚战新时代，　勇毅前行　文以弘

```
‖: 6 - 61216 | 5 - 55653 | 2 - 22321 | 3 - 3121 |
```
道，　思 政聚魂。　对 党忠诚　初 心如磐。　架起党

```
6 - 61216 | 5 - 5653 | 2 - 2323 | 1 - 1121 |
```
群　连 心桥梁　绿水青山　齐鲁样板。　璀璨灯

```
6 - 61216 | 5 - 55653 | 2 - 22321 | 3 - 3565 |
```
火 照亮山川。　绚丽彩虹　艳丽如彩　人民生

```
               1.
6 - 61216 | 5 - 55653 | 2 - 22 3 2223 | 1 - - - |
```
活 幸福美满　助力乡村　振兴发展。

1/2

6 - 6 1 2̇ 1̇ 6 | 5 - 5 3 5 3 | 2 - 2 1 2 3 | 1 -) 0 1 2 1 :‖

文 以 弘

渐慢

[2.]

1 - 0 1 2 1 | 6 - 6 2̇ 1̇ 6 | 5 - 5 5 6 5 3 | 2 - 2 2 3 2 2 3 | 1 - - - ‖

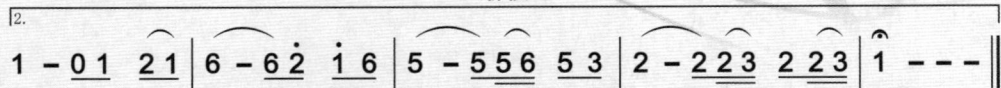

展, 泗电人 强企报国, 不 负人民 谱写新 篇!

2/2

国网济宁供电公司

国网山东省电力公司第十四届文化体育节职工优秀音乐作品 "优秀原创歌曲"

电力人的家常话

$1=\text{F}$ $\frac{4}{4}$

♩ = 120 悠扬自豪的

王 乾 词曲

5 5 | 3 2 3 3 | 3 2 | 3 2 1·1 | 6 - - 5 5 | 6 1 6 1 -

我想写一首　　赞美电力人的歌　可是文采有限
我想说一说　　战疫保电的赞歌　还有烈日严冬

1 5 5 3 2 1 | 2 - - 5 5 | 3 2 3 3 | 3 2 | 3 2 1 1 6 | 6 - - 5 5

有些不知所措　我翻阅了　许多许多的诗歌　　最后
和那狂风暴雨　我们经历了　许多艰难的时刻　　动人

6 1 1 1 - | 3 2 2·1 | 6 1 1 - - | 1 2 3 - - | 3 2 2 3 2 1

我还是　　家常的说一说　　最在乎　　那服务的
的旋律　　唱响山河

1 2 6 - - | 1 2 3 - - | 4 - 3 1 | 2 - - - | 4 3 4 5 2

承诺　　　守护着　　万家灯火　　经济的脉搏

5 5 4 3 3 3 | 2·2·7 | 1 - - - | 1 1 - 1 | 1 2 1 1·1 7 | 6 5 - 3

奋进的征程　波澜壮阔　　多少个夜晚与繁星相

3 - - - | 3 4·4 5 6 | 5 - 4 3 | 2 - - - | 1 1 - 1 | 1 2 1 2 7 - 5

伴　　多少个角落不再黑暗　　多少次穿梭在

5 - 3 6 7 | 6 - - - | 2 3 4 - | 1 7 6 6 7 | 5 - - 1 | 1. 5 5 5 3 -

丛林田间　　多少次　　肩并肩向前　　这是我们

3 2 2 2 | 2 7 7 - - : | 2. 5 5 4 | 3 3 3 | 3 2·2 2 | 7 1 - -

一生的承诺　　　光明的事业　　闪耀中国

5 5 4 | 3 3 3 | 5 5 6 7 | 1 - - -

光明的事业　　闪耀中国

国网潍坊供电公司
国网山东省电力公司第十四届文化体育节职工优秀音乐作品"优秀原创歌曲"

力量

1=C 2/4

♩=76 欢快，有力地

张英英　彭殿龙　词

管　明　闫　磊　曲

国网临沂供电公司

国网山东省电力公司第十四届文化体育节职工优秀音乐作品 "优秀原创歌曲"

我们是圣地人

刘海涛　词曲

1=F 4/4

♩=116 慷慨、激昂

5 6 5 3· | 2 3 1 6 5 - | 6 6 5 6 1 | 5 6 5 3 2 - |
1.迎 着 朝 阳　沐 着 晨 露，　汗 水　架 设 光 明 之 路。
1.乘 风 破 浪，　泛 舟 而 行，　万 家　灯 火 湖 面 倒 映。

5 6 5 3· | 2 3 1 2 6 - | 5 5 6 1 2 3 | 5 3 5 2 1 |
送 走 晚 霞　戴 月 披 星，　城 市 的 灯 火 百 姓 的 生 活，
崇 山 之 巅，　俊 路 蹊 径，　到 处 都 有 我 们 的 脚 步

2 2 2 3 2 5 6 | 1 - - - ‖: i - 3· i | 7 5 6 - |
融 入 我 们 赤 子 情。　　　我 们 是 圣 地 人
矫 健 的 身　影。

6 6 6 5 6 3 5 - - - | i - 3· i | 7 5 6 - | 2 2 2 1 6 3 |
肩 负 责 任 奋 勇 进，　　　我 们 是 圣 地 人　不 忘 当 初 那 颗

2 - - - | i - 3· i | 7 6 5 - | 6· 6 6 1 6 5 3 | 5 - - - |
心。　　　我 们 是 圣 地 人，　勇 攀 高 峰 日 月　新。

6 6 5 6 3 | 2 1 2 - | [1. 5 5 5 3 2 6 | 1 - - - :‖
党 的　嘱 托 交 我 身，　人 民 群 众 请 放 心。

[2. _rit._
5 5 5 3 2 6 | 1 - - - | 5 5 5 3 5 2 | i - - - ‖
人 民 群 众 请 放 心。　　　人 民 群 众 请 放 心。

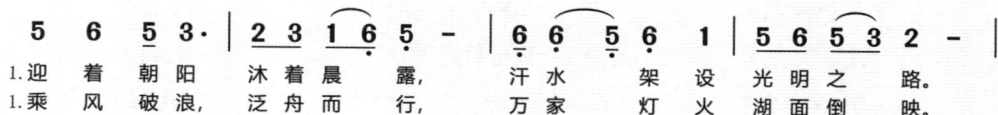

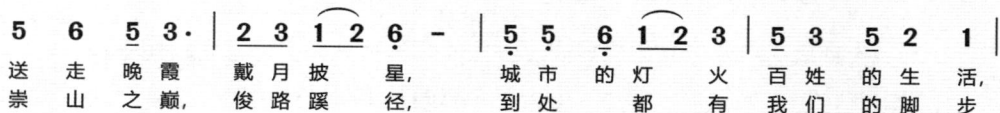

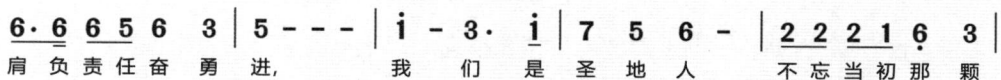

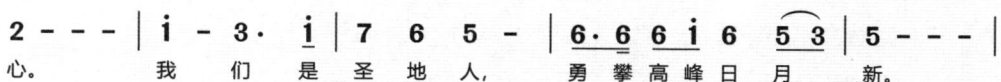

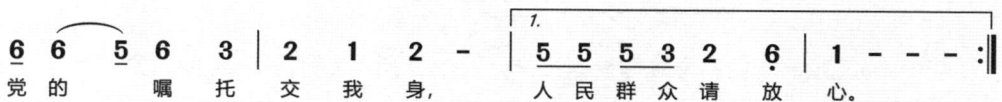

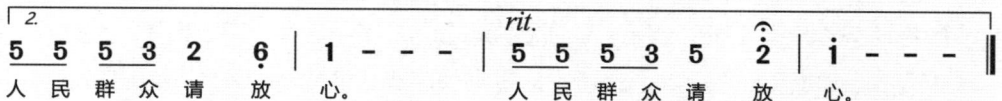

国网济宁供电公司
国网山东省电力公司第十四届文化体育节职工优秀音乐作品"优秀原创歌曲"

后 记

　　玉兔传喜报，金龙迎新春。

　　经过编辑组紧张工作，《携手共创职工美好生活——国网山东省电力公司第十四届文化体育节成果集》完成编纂出版，与广大职工读者见面了。两年来，第十四届文化体育节以职工为中心，以突出顶层设计、创新驱动、品牌效应为主线，引领职工文化建设步步登高，取得了丰硕成果。

　　突出顶层设计，把握正确导向。本届文化体育节，工会结合时代主题、立足电网特色，确定了"喜迎二十大　一起向未来"这一主题，结合公司工作主线完善活动方案，确保各项活动驶入正确赛道。各单位因地制宜、广泛发动，形成了活动精彩纷呈、职工热情参与的良好氛围。公司工会充分发挥各分会组织优势，以专业协会为主阵地，坚持"工会搭台、基层承办、达人牵头"，突出职工需求导向，公司层面 25 个协会，各基层单位 300 余个协会分会形成互动，纵向上专业全贯通，横向上片区全覆盖，使每个职工都能发挥自己的专长，找到自己的"兴趣圈"。同时，坚持"建、管、用"相结合，不断完善文化场所建设，努力打造好育人才、创精品的平台。

　　突出创新驱动，赋能文化提升。文化建设工作只有坚持创新，才能不断满足职工日益提高的精神文化需求。公司工会紧紧围绕服务企业、服务职工这个中心，始终以创新思维助推职工文化建设步步迈上新台阶。坚持理念创新，主动适应移动互联发展趋势，不断深化 S365 平台应用，实现线上与线下相融合，新增开设了职工艺苑、歌曲展播、马拉松等 10 余个活动板块，有效拓展了活动项目和职工参与范围。通过与外部专业机构合作，主动邀请高水平教练、导演等参与进来，借助社会资源优势，有效提升了活动质量和品牌价值，实现了共建双赢。同时，坚持激励创新，以提升职工达人成就感和职工参与获得感作为有效手段，通过评选职工文化活动"达人"、讲述"达人"故事、以职工名字命名文化创作工作室、推荐参加高层次培训等，有效提升了职工参与文化活动的主动性和对企业的归属感。

突出品牌引领，激发参与活力。工会始终坚持以品牌建设为抓手，以品牌价值提升带动职工文化建设提升。把握引领性。以弘扬劳模精神工匠精神为载体，连续 10 年召开"五一"劳模表彰暨事迹讲述大会。通过评选宣传十大劳模、十大工匠，发挥其示范引领作用，促进劳模身边再出劳模、能手身边再出能手。强化专业性。充分发挥各协会主体作用，让内行人办专业事。音乐协会主动创作，推出《顶梁柱》《电工老张》等深受职工好评、接地气的原创歌曲，成为了公司的文艺品牌。羽毛球、乒乓球协会与驻济五大发电单位和能源企业创办了"网源聚力杯"羽毛球、"光明先锋杯"乒乓球赛事，成为了公司对外文化交流的品牌。作家协会发挥文化纽带作用，主动与读书、影视等各协会联手推出《文化体育节成果集》《劳动最光荣》等系列丛书。姜铁军的长篇小说《国宴——1949》入选第十一届茅盾文学奖参评目录，2022 年入选国家广电总局、中国作协向各省、区、市广电部门和影视制作机构推荐适宜影视转化优秀文学作品。赵静怡的短篇报告文学《风云一举到天关》、姜铁军的电影剧本《英雄列电》获"首届中国电力文学奖"，成为公司企业文化的特色品牌。注重群众性，面向全体职工，推出"健步行""半马健步行"等参与人数多的健身运动品牌，得到职工肯定。第十四届文化体育节期间，各单位、各协会举办各类活动 2300 余项，吸引 10 余万人次参与。

为高质量完成十四届文化体育节成果集编纂工作，公司工会抽调 9 名职工作家参加编辑审稿。李铁峰接到通知后，提前结束《今古传奇》杂志社颁奖大会行程，到编辑组报到；潘雪冒雪提前一天从威海启程，准时参加编辑审稿集中办公；赵萍患重感冒，仍带病加班加点工作……大家都非常努力，为圆满完成编辑工作作贡献。集中办公期间，编辑组先后召开 4 次统稿会，对所有稿件进行审稿、编辑、加工；对编辑文案进行深入讨论，力求全面展示文化体育节盛况；用心查阅核实每幅图片，反复推敲每一段文字，精心提炼，打造精品。编辑组累计收集查阅素材文稿近百万字、图片近千张，最终将本成果集呈现给读者。

在此，感谢国网德州、淄博、威海、临沂、济宁、枣庄供电公司和山东网瑞物产等公司对本成果集编纂工作给予的大力支持。

第十五届职工文化体育节即将开启，相信会有更多职工积极参与，一定会取得更丰硕的成果。我们热切期待着！